Tratado Geral de Semiótica

Coleção Estudos
Dirigida por J. Guinsburg

Equipe de realização – Tradução: Antônio de Pádua Danesi e Gilson Cesar Cardoso de Souza; Revisão: Geraldo Gerson de Souza e Valéria Oliveira de Souza; Produção: Ricardo Neves, Juliana Sérgio e Sergio Kon.

Umberto Eco

TRATADO GERAL DE SEMIÓTICA

Título do original italiano
Trattato di semiotica generale

Copyright © 1976, Indiana University Press

Dados Internacionais de Catalogação na Publicação (CIP)
(Câmara Brasileira do Livro, SP, Brasil)

Eco, Umberto, 1932- .
  Tratado geral de semiótica / Umberto Eco ; [tradução
Antônio de Pádua Danesi e Gilson Cesar Cardoso de
Souza]. — São Paulo : Perspectiva, 2014. — (Estudos ; 73
/ dirigida por J. Guinsburg)

  Título original: Trattato di semiotica generale.
  5ª edição
  Bibliografia.
  ISBN 978-85-273-0120-6

  1. Semiótica 2. Signos e símbolos I. Guinsburg, J. II.
Título. III. Série.

05-5169   CDD-401.41

Índices para catálogo sistemático:
1. Semiótica : Lingüística   401.41
2. Signos : Lingüística   401.41

5ª edição
[PPD]

Direitos reservados em língua portuguesa à

EDITORA PERSPECTIVA LTDA.

Av. Brigadeiro Luís Antônio, 3025
01401-000 – São Paulo – SP – Brasil
Telefax: (0--11) 3885-8388
www.editoraperspectiva.com.br
2019

Sumário

PREFÁCIO	IX
NOTA SOBRE OS CRITÉRIOS GRÁFICOS	XIII

0. INTRODUÇÃO – RUMO A UMA LÓGICA DA CULTURA 1

0.1.	Limites e fins de uma teoria semiótica	1
	0.1.1. *Objetivo da pesquisa*	1
	0.1.2. *Confins da pesquisa*	3
	0.1.3. *Uma teoria da 'mentira'*	4
0.2.	Campo ou disciplina?	5
0.3.	Comunicação e/ou significação	5
0.4.	Limites políticos: o campo	6
0.5.	Limites naturais: duas definições de Semiótica	9
	0.5.1. *A definição de Saussure*	9
	0.5.2. *A definição de Peirce*	10
0.6.	Limites naturais: inferência e significação	11
	0.6.1. *Signos 'naturais'*	11
	0.6.2. *Signos não intencionais*	12
0.7.	Limites naturais: a soleira	14
	0.7.1. *O estímulo*	14
	0.7.2. *O sinal*	15
	0.7.3. *A informação física*	15
0.8.	Limites naturais: o umbral superior	16
	0.8.1. *Duas hipóteses sobre a cultura*	16
	0.8.2. *A produção de instrumentos de uso*	17
	0.8.3. *A troca de bens*	18
	0.8.4. *A troca familiar*	20
	0.8.5. *A cultura como fenômeno semiótico*	21
0.9.	Limites epistemológicos	22

1. SIGNIFICAÇÃO E COMUNICAÇÃO 25

1.1.	Um modelo comunicativo elementar	25

1.2.	Sistemas e códigos	28
1.3.	S-códigos como estruturas	31
1.4.	Informação, comunicação, significação	33
	1.4.1. *Algumas distinções metodológicas*	33
	1.4.2. *A informação na fonte*	34
	1.4.3. *A informação de um s-código*	35
	1.4.4. *A transmissão física da informação*	37
	1.4.5. *A comunicação*	38

2. TEORIA DOS CÓDIGOS		39
2.1.	A função sígnica	39
2.2.	Expressão e conteúdo	40
2.3.	Denotação e conotação	45
2.4.	Mensagem e texto	48
2.5.	Conteúdo e referente	48
	2.5.1. *A falácia referencial*	48
	2.5.2. *Sinn e Bedeutung*	50
	2.5.3. *A falácia extensional*	52
2.6.	O significado como unidade cultural	56
2.7.	O interpretante	58
	2.7.1. *A teoria peirceana*	58
	2.7.2. *A variedade dos interpretantes*	59
	2.7.3. *A semiose ilimitada*	60
	2.7.4. *Interpretantes e teoria dos códigos*	62
2.8.	O sistema semântico	62
	2.8.1. *As oposições do conteúdo*	62
	2.8.2. *Subsistemas, campos, eixos*	65
	2.8.3. *A segmentação dos campos semânticos*	66
	2.8.4. *Campos semânticos contraditórios*	70
	2.8.5. *Fisionomia metodológica do sistema semântico*	72
2.9.	As marcas semânticas e o semema	73
	2.9.1. *Marcas denotativas e marcas conotativas*	73
	2.9.2. *Denotação de nomes próprios e de entidades puramente sintáticas*	75
	2.9.3. *Código e regras combinatórias*	78
	2.9.4. *Requisitos da análise componencial*	80
	2.9.5. *Alguns exemplos de análise componencial*	83
	2.9.6. *Uma primeira definição do semema*	84
2.10.	O Modelo KF	86
	2.10.1. *Solteiros*	86
	2.10.2. *Dicionário e enciclopédia*	88
	2.10.3. *As marcas semânticas como interpretantes*	89
	2.10.4. *As marcas conotativas e os 'settings'*	90
	2.10.5. *A natureza espúria dos 'distinguishers'*	91
2.11.	O Modelo Semântico Reformulado (MSR)	94
	2.11.1. *Organização do semema*	94
	2.11.2. *A codificação dos contextos e das circunstâncias*	99
	2.11.3. *O semema como enciclopédia*	101
	2.11.4. *Análise componencial de expressões não verbais*	103
	2.11.5. *Análise componencial dos índices*	104
2.12.	O Modelo Q	110
	2.12.1. *Recursividade semântica infinita*	110
	2.12.2. *Um modelo n-dimensional: o modelo Q*	111
2.13.	Estrutura do espaço semântico	113
2.14.	Hipercodificação e hipocodificação	117
	2.14.1. *Os determinantes não codificados da interpretação*	117
	2.14.2. *A abdução*	118
	2.14.3. *A hipercodificação*	121
	2.14.4. *A hipocodificação*	123

2.14.5. *A competência discursiva* 124
2.14.6. *Gramáticas e textos* 125
2.15. A interação dos códigos e a mensagem como forma aberta ... 127

3. TEORIA DA PRODUÇÃO SIGNICA 131

3.1. Plano geral 131
  3.1.1. *O trabalho produtivo* 131
  3.1.2. *Tipos de trabalho semiótico* 132
  3.1.3. *Como ler as secções seguintes* 136
3.2. Juízos semióticos e juízos fatuais 137
  3.2.1. *Analítico vs Sintético e Semiótico vs Fatual* 137
  3.2.2. *Assertos* 138
  3.2.3. *Assertos não verbais* 139
  3.2.4. *Outras questões* 140
3.3. A referência ou menção 141
  3.3.1. *Juízos indicais* 141
  3.3.2. *Significado e referência* 142
  3.3.3. *O processo de referência* 143
  3.3.4. *As ideias como signos* 145
  3.3.5. *|É| como artifício metalinguístico* 147
  3.3.6. *Predicar novas propriedades* 148
  3.3.7. *O atual rei da França é solteiro?* 149
3.4. O problema da tipologia dos signos 151
  3.4.1. *Verbal e não verbal* 151
  3.4.2. *Canais e parâmetros expressivos* 154
  3.4.3. *Entidades discretas e "continua" graduados* 155
  3.4.4. *Origens e fins dos signos* 156
  3.4.5. *Símbolos, índices, ícones: uma tricotomia insustentável* 157
  3.4.6. *Replicabilidade* 158
  3.4.7. *Duplos* 159
  3.4.8. *Réplicas* 161
  3.4.9. *"Ratio facilis" e "ratio difficilis"* 162
  3.4.10. *Topossensitividade* 164
  3.4.11. *Galáxias expressivas e nebulosas de conteúdo* 166
  3.4.12. *Três oposições* 168
3.5. Criticado Iconismo 169
  3.5.1. *Seis noções ingênuas* 169
  3.5.2. *"Ter as propriedades do objeto"* 170
  3.5.3. *Iconismo e similaridade: as transformações* 172
  3.5.4. *Iconismo e analogia* 176
  3.5.5. *Reflexões, réplicas e estímulos empáticos* 177
  3.5.6. *Iconismo e convenção* 180
  3.5.7. *Similaridade entre expressão e conteúdo* 181
  3.5.8. *Fenômenos pseudo-icônicos* 183
  3.5.9. *As articulações icônicas* 187
  3.5.10. *A eliminação do 'signo icônico'* 189
3.6. Tipologia dos modos de produção .... 190.
  3.6.1. *Urna classificação quadridimensional* 190
  3.6.2. *Reconhecimento* 194
  3.6.3. *Ostensão* 198
  3.6.4. *Réplicas de unidades combinatórias* 200
  3.6.5. *Réplicas de estilizações e de vetores* 203
  3.6.6. *Estímulos programados e unidades pseudocombinatórias* 206
  3.6.7. *Invenção* 208
  3.6.8. *A invenção como instituição de código* 212
  3.6.9. *Um* continuum *de transformações* 217
  3.6.10. *Traços produtivos, signos, textos* 220
3.7. O texto estético como exemplo de invenção 222
  3.7.1. *Relevo semiótico do texto estético* 222

3.7.2. *Ambiguidade e auto-reflexividade* 223
3.7.3. *A manipulação do* continuum 225
3.7.4. *A hipercodificação estética: a expressão* 227
3.7.5. *A hipercodificação estética: o conteúdo* 229
3.7.6. *O idioleto estético* 229
3.7.7. *Experiência estética e mudança de código* 232
3.7.8. *O texto estético como ato comunicativo* 233
3.8. O trabalho retórico 234
    3.8.1. *Herança da retórica* 234
    3.8.2. *A* elocutio *como hipercodificação* 235
    3.8.3. *Metáfora e metonímia* 236
    3.8.4. *A mutação retórica de código* 240
    3.8.5. *A comutação retórica de código* 243
3.9. Ideologia e comutação de código 245
    3.9.1. *A ideologia como categoria semiótica* 245
    3.9.2. *Um modelo* 246
    3.9.2. *A manipulação ideológica* 248
    3.9.3. *Crítica semiótica do discurso ideológico* 249
    3.9.4. *O último limiar da semiótica* 254

4. O SUJEITO DA SEMIÓTICA 255

REFERÊNCIAS BIBLIOGRÁFICAS 259

Prefácio

> "Qu'on ne dise pas que je n'ai rien dit de nouveau: la disposition des matières est nouvelle." *
>
> (Pascal, *Pensées*,
> 22ª ed., Brunschvicg)

Este livro é fruto de oito anos de trabalho e nasce de outros quatro anteriores:

a) *Appunti per una semiologia delle comunicazioni visive*, Milão, Bompiani, 1967, edição esgotada: dessa obra, permanece nas páginas que se seguem o problema de uma definição do iconismo, mas profundamente reformulada, dando-se uma nova dimensão ao objetivo – que se revelou impossível – de reduzir a comunicação icônica a uma completa convencionalidade.

b) *La struttura assente*, Milão, Bompiani, 1968: pouco resta aqui dessa obra, salvo a hipótese epistemológica de fundo. O modelo informacional, ali desenvolvido em A.l, é retomado, mas conduzido a conclusões mais cautelosas. A seção B, sobre signos visuais, é integrada a um discurso mais amplo, que lhe altera por completo o alcance. O capítulo A.3, sobre mensagem estética, retomado parcialmente, assume no contexto de uma teoria da produção sígnica um sentido diverso e se apresenta como prova periférica do discurso teórico central.

c) *Le forme del contenuto*, Milão, Bompiani, 1971: esse livro já recolhia partes reescritas do precedente para uso das traduções estrangeiras; referir-nos-emos a muitos de seus ensaios, tendo permanecido o esquema

---

* "Não se diga que eu nada disse de novo: a disposição das matérias é nova." (N. do T.)

X TRATADO GERAL DE SEMIÓTICA

geral da *Introdução*. Do longo ensaio "Os percursos do sentido", vários elementos foram retomados, depois de sofrerem radical transformação: como exemplo, enquanto lá intentávamos elaborar uma semiótica puramente intencional, em detrimento do fato irrefutável de que usamos signos também para nomear estados do mundo, ou coisas e eventos, aqui a divisão entre teoria dos códigos e teoria da produção sígnica integra ao discurso semiótico o problema dos referentes.

d) Il segno, Milão, Isedi, 1973: a experiência daquele livrinho corroborou inúmeros pontos do presente tratado; mas, ao passo que lá, por exigências de tema (o livro integrava uma coleção dedicada a termos filosóficos clássicos), partia-se do conceito ingênuo de 'signo' para levá--lo gradualmente a dissolver-se na noção relacional de função sígnica, aqui se parte decididamente dessa presunção; ademais, fala-se também de operações semióticas que não dão ensejo à produção de signos isolados, a saber, mensagens e textos.

O presente livro, por isso, tenta reduzir a categorias unitárias (e presumivelmente mais rigorosas) todas as minhas pesquisas semióticas anteriores, delineando os limites e as possibilidades de uma disciplina que se estabelece como conhecimento teórico apenas nos confins de uma praxis dos signos. Se alguém já não tivesse tido uma ideia análoga, muito me agradaria chamá-lo *Critica da semiótica pura e da semiótica prática*: tal título diria bem de minhas intenções, mas, por infelicidade, o temor reverente, o senso das medidas e do humor se conluiaram para desaconselhar-me tamanha impudência.

Como quer que seja, este manual tem uma vantagem sobre o modelo a que, entre o sério e o faceto, ousei aludir*: é, decisivamente, mais enfadonho. E isso por razões tanto linguísticas quanto psicológicas. O primeiro esboço deste livro foi vazado diretamente em inglês (pelo menos num inglês que, depois, a paciência de David Osmond-Smith tomou mais aceitável), para ser publicado como *A Theory of Semiotics*, da Indiana University Press. Minhas carências lexicais e sintáticas, além do receio de atirar-me a ousadias estilísticas, fizeram com que me valesse de uns poucos termos técnicos, sem empregar sinônimos nem arriscar substituições metafóricas: isso me obrigou a dizer tão só o que tencionava dizer (ou o que o argumento exigia) e não o que a linguagem às vezes diz sozinha, tomando a mão de quem escreve. Daí, segundo presumo, o nível "baixo" do tratado e sua consequente secura.

Devendo resumir o sentido deste "tratado" em relação às minhas demais obras, direi que ele se apresenta como crítica parcial das minhas pesquisas anteriores sob cinco aspectos: (i) distingue melhor sistemas de significação e processos de comunicação; (ii) procura introduzir no quadro semiótico uma teoria do referente que antes me parecia dever ser descartada por razões de pureza teórica; (iii) funde os problemas tradicionais da semântica e da pragmática em um único modelo, que procura resolvê-los a todos de um só ponto de vista; (iv) critica a noção de signo e a de tipologia dos signos; (v) aborda a noção de iconismo mantendo a

---

* Trata-se de Kant e suas obras *Crítica da Razão Pura* e *Crítica da Razão Prática*. (N.doT.)

PREFÁCIO XI

crítica à afirmação ingênua de que "os ícones são naturais, analógicos e não convencionais" sem no entanto substituí-la por esta outra igualmente ingênua, para a qual "os ícones são arbitrários, convencionais e completamente analisáveis em traços pertinentes". A substituição de uma tipologia dos signos por uma tipologia dos modos de produção sígnica (que considero um dos pontos sólidos deste trabalho) presta-se, espero, a dissolver a noção 'faz-tudo' de iconismo num conjunto de operações mais complexas e diversamente interligadas.

Para alcançar esse resultado, decidi reconhecer e delinear dois domínios (dialeticamente correlatos) de uma disciplina semiótica: uma *Teoria dos códigos* e uma *Teoria da produção sígnica*. Isso, do ponto de vista metodológico, deu ao livro uma estrutura complicada.

Na verdade, uma teoria dos códigos propõe um número limitado de categorias que podem ser aplicadas a qualquer função sígnica, respeitante tanto ao universo verbal quanto ao universo dos artifícios não verbais, a função sígnica sendo predicada tanto a uma unidade minimal (convencionalmente chamada 'signo') quanto a uma unidade mais macroscópica (como os 'textos' ou as 'nebulosas textuais'). Assim, a operação toda se coloca sob os auspícios do princípio de Occam, que reza: *Non sunt multiplicanda entia praeter necessitatem**.

Quando, ao contrário, parte-se para uma teoria da produção sígnica, então o empreendimento, por assim dizer, muda de ramo: tem-me parecido que muitas das confusões existentes nasceram da tentativa de fazer uma tipologia simplificada dos vários tipos de signos, em particular reduzindo-os à tricotomia peirceana de símbolo, ícone e índice, que considero já insustentável. Só restava aumentar as categorias, invertendo o princípio de Occam: às vezes, *entia sunt multiplicanda propter necessitatem***.

Como fica este tratado, pois, em relação aos livros precedentes?

Tivesse eu vivido há dois séculos e o problema não se colocaria: *o* livro seria este, e os demais escritos teriam circulado à guisa de epístolas aos colegas, academias e sociedades *sçavantes*, redigidas a mão em cópia única e remetidas a amigos e adversários por intermédio de um correio a cavalo. Mas já sustentei alhures que o desenvolvimento da imprensa permite, em nossos dias, trazer a público até mesmo as fichas de anotações sob a forma de livros 'provisórios' – o que não é dissipação, mas ótima prática de controle. Com efeito, nunca eu teria chegado às conclusões que esboço nestas páginas se não pudesse valer-me de inúmeras recensões, polêmicas e observações de leitores voluntários. Digamos, pois, que, em nosso século, nunca um livro é produto definitivo; mas acrescentemos que, dentre os meus, o que o leitor ora tem em mãos é um pouco mais definitivo que os outros.

Espero verdadeiramente que não seja definitivo de todo: a semiótica é uma disciplina jovem (tem dois mil anos, mas só se legitimou há pouco) e desenvolve-se de dia para dia. Um tratado não é uma constituição. Simplesmente registra o *estágio atual*.

* "Não multiplicar sem necessidade." (N. do T.)
** "Multiplicar em caso de necessidade." (N. do T.)

XII TRATADO GERAL DE SEMIÓTICA

Só resta agora pedir desculpas ao leitor por submetê-lo a tantas manifestações de garrulice. Elas me custaram mais que a ele, porém é a ele que devo alguns reparos.

Por isso, quem enfrentar pela primeira vez os problemas semióticos tem duas alternativas: se quiser apenas uma visão geral desses problemas talvez lhe seja ainda útil a leitura de *La struttura assente*, contanto que não vá lamentar-se daquela ausência de rigor de que aqui faço publicamente penitência; mas se tenciona proceder a um estudo rigoroso, é melhor ir direto a este livro.

Quanto aos leitores que já leram os livros precedentes, constituem no fundo os verdadeiros destinatários desta obra, que retoma assuntos consabidos mas os reformula segundo linhas arquitetônicas mais precisas. Caso eu pareça estar aqui a fazer promoção comercial ao aconselhar-lhes a compra de mais este livro, não me resta senão sugerir que o leiam na biblioteca: pois, doravante, só aceitarei discussões sobre os limites e as possibilidades da semiótica com base nas páginas que se seguem.

Milão, julho de 1974.

P.S.: Nos livros anteriores, já desfiei uma lista impressionante de débitos. Ela aumentou de tal modo que passou a identificar-se com a bibliografia. Só permaneceram, e de coração, dois agradecimentos, a Ugo Volli e a Paolo Fabbri, com quem discuti tantas destas páginas e de quem recebi críticas severas e o presente de muitas ideias.

Nota sobre os Critérios Gráficos

Ao longo de todo o livro, as barras |xxx| indicam que se está falando de algo entendido como significante, expressão, veículo de um dado conteúdo. Uma vez que estão fora de questão os problemas fonológicos, os termos linguísticos entre barras serão dados segundo a transcrição alfabética normal, mas, na falta de esclarecimento explícito, entendem--se como expressões da linguagem enquanto falada. Finalmente, uma vez que o livro (que é de semiótica e não de linguística) aborda vários casos de significantes não verbais, mas se vê forçado a dominá-los verbalmente, sempre que um objeto não linguístico for nomeado *como* objeto (e não como palavra que nomeie aquele objeto), ele aparecerá entre barras duplas em itálico (‖*xxx*‖). Dessa forma, |automóvel| está para a palavra que nomeia o objeto correspondente assim como ‖*automóvel*‖ indica que se está falando do objeto-auto-móvel enquanto portador de significado. As aspas simples ('xxx') evidenciam um termo, as aspas duplas ("xxx") implicam citação de frases ou termos alheios e as aspas angulares («xxx») esclarecem que se faz referência ao conteúdo de uma expressão, ao significado de um significante. Entenda-se, pois, que o significante |xxx| veicula o significado «xxx». Somente por razões de brevidade o significado será anotado com a mesma 'palavra' que representa o significante; e, como se verá na discussão sobre a composição do significado, à palavra entre aspas angulares corresponde, na verdade, uma rede hierarquizada de unidades ou componentes semânticos.

Algumas partes do livro vêm em corpo menor, e constituem exemplos, esclarecimentos, discussões de outros autores. Mas integram o fio do discurso e não podem absolutamente ser saltadas sem que isso comprometa o entendimento da argumentação.

Introdução
Rumo a uma Lógica da Cultura

0.1. LIMITES E FINS DE UMA TEORIA SEMIÓTICA

0.1.1. Objetivo da pesquisa

O objetivo deste livro é explorar as possibilidades teóricas e as funções sociais de um estudo unificado de todo e qualquer fenômeno de significação e/ou comunicação.

Esse estudo assume a forma de uma TEORIA SEMIÓTICA GERAL capaz de explicar qualquer caso de FUNÇÃO SÍGNICA em termos de SISTEMAS subjacentes correlatos de um ou mais CÓDIGOS.

Um projeto de semiótica geral[1] compreende uma TEORIA DOS CÓDIGOS e uma TEORIA DA PRODUÇÃO SÍGNICA; a segunda teoria leva em consideração um grupo muito vasto de fenômenos, tais como o uso natural das diversas 'linguagens', a evolução e a transformação dos

---

1. Malgrado a diferente origem histórica dos termos 'semiologia' (linha linguístico-saussureana) e 'semiótica' (linha filosófico-peirceana e morrissiana), no presente livro se adota o termo 'semiótica' como equivalente a semiologia, levando em conta a carta constitutiva da International Association for Semiotic Studies – Association Internationale de Sémiotique, 1969. Há tentativas prestigiosas de atribuir aos dois termos funções semânticas diferentes (Hjelmslev, 1943; Metz, 1966; Greimas, 1970; Rossi--Landi, 1973). Digamos que os objetos teóricos ou os pressupostos ideológicos que aqueles autores procuraram nomear por meio de uma distinção entre os dois termos devam ser reconhecidos e estudados; no entanto, é arriscado jogar com uma distinção terminológica que não conserva um sentido único nos vários autores que a empregam. Não ousando etiquetar com um expoente cada acepção do termo em questão, buscar--se-ão pouco a pouco artifícios linguísticos com que solucionar tais diferenças.

códigos, a comunicação estética, os vários tipos de interação comunicativa, o uso dos signos para mencionar coisas e estados do mundo, e assim por diante. Já que o presente livro representa uma exploração preliminar de tais possibilidades teóricas, seus primeiros capítulos estão condicionados pelo estado atual das questões, e não podem ignorar alguns problemas que, à luz de um desenvolvimento futuro, poderiam ser postos de parte. Caberá, em especial, examinar a noção imprecisa de 'signo' e o problema de uma tipologia dos signos para se chegar a uma definição mais rigorosa de função sígnica e a uma tipologia dos modos de produção sígnica.

Por isso, um primeiro capítulo será dedicado à análise da noção de 'signo' para que se distingam os signos dos 'não signos' e se chegue a traduzir a noção de signo na de FUNÇÃO SÍGNICA (que encontrará seu embasamento no âmbito de uma teoria dos códigos). Semelhante discussão nos permitirá distinguir 'significação' de 'comunicação'. Diremos desde já que, em princípio, uma SEMIÓTICA DA SIGNIFICAÇÃO se desenvolve a partir da teoria dos códigos, ao passo que uma SEMIÓTICA DA COMUNICAÇÃO diz respeito à teoria da produção sígnica.

Fique claro que a distinção entre teoria dos códigos e teoria da produção sígnica não corresponde exatamente à que existe entre *langue* e *parole* nem entre *competence* e *performance* (assim como não corresponde à que existe entre *sintática* e *semântica*, de um lado, e *pragmática*, de outro).

Uma das ambições deste livro é exatamente ultrapassar semelhantes contraposições e delinear uma teoria dos códigos que leve em consideração as mesmas regras de COMPETÊNCIA DISCURSIVA, de FORMAÇÃO TEXTUAL, de QUEBRA DE AMBIGUIDADE CONTEXTUAL E CIRCUNSTANCIAL, propondo assim uma semântica que resolva em seu próprio âmbito os problemas comumente adscritos à pragmática.

Não é casual serem as categorias discriminantes as de 'significação' e 'comunicação'. Como se verá nos capítulos 1 e 2, há sistema de significação (e portanto código) quando existe uma possibilidade socialmente convencionada de gerar funções sígnicas, independentemente do fato de serem os funtivos de tais funções unidades discretas, chamadas 'signos', ou vastas porções discursivas, contando que a correlação tenha sido estabelecida, precedente e preliminarmente, por uma convenção social.

Pelo contrário, tem-se um processo de comunicação quando as possibilidades de um sistema de significação são utilizadas para produzir FISICAMENTE expressões, e para diversos fins práticos. Assim, a diferença entre os dois pontos de vista desenvolvidos nos capítulos 2 e 3 implica a oposição 'regra *vs* processo'. Mas quando os requisitos para a execução de um processo são socialmente reconhecidos e precedem o próprio processo, então eles devem ser registrados como regra (e de fato são regras de competência processual). Podem ser levados em consideração por uma teoria da produção física dos signos somente após terem sido anteriormente codificados.

Em todo caso, mesmo se a teoria dos códigos e a da produção sígnica conseguem eliminar a noção ingênua de 'signo', esta parece tão confortável nos limites da linguagem comum e nas discussões coloquiais que seria um pecado não utilizá-la quando for cômodo. Um físico nuclear sabe

INTRODUÇÃO – RUMO A UMA LÓGICA DA CULTURA 3

muito bem que aquilo que denominamos "as coisas" é o resultado de inter-relações microfísicas muito mais complexas, mas continua a falar em "coisas" por comodidade. Assim, continuaremos, nas páginas que se seguem, a empregar a palavra |signo| toda vez que a natureza correlacional da função sígnica (cf. cap. 2) possa ser tranquilamente pressuposta.

Contudo, o capítulo 3 do livro será dedicado à discussão da noção de 'tipologia dos signos': a partir da tricotomia peirciana (SÍMBOLOS, ÍNDICES, ÍCONES), mostrar-se-á quanto essas categorias ocultam uma série de funções sígnicas passíveis de segmentação, assim como um conjunto mais articulado de operações produtivas, dando origem a uma *n*--cotomia de vários modos de produção sígnica. Uma teoria semiótica geral deve ser considerada 'potente' na medida em que consegue fornecer uma definição formal apropriada a cada tipo de função sígnica, seja ela codificada, codificanda ou codificante. Por isso, uma tipologia dos modos de produção sígnica tende a propor categorias capazes de descrever até mesmo aquelas funções sígnicas ainda não codificadas e que são postuladas ao mesmo tempo em que são produzidas pela primeira vez.

0.1.2. Confins da pesquisa

Sob uma tal perspectiva de pesquisa, uma teoria semiótica geral está destinada a topar limites, ou 'umbrais'. Alguns desses limites serão estabelecidos por uma espécie de acordo transitório, outros serão determinados pelo próprio objeto da disciplina. Aos primeiros chamaremos "limites políticos", aos segundos "limites naturais" (embora em 0.9 se vá demonstrar que existe ainda um terceiro tipo de limite, de caráter epistemológico).

Uma introdução à semiótica geral deverá reconhecer, *estabelecer*, respeitar ou ultrapassar tais limites.

Os LIMITES POLÍTICOS são de três tipos:

(i) limites 'acadêmicos', no sentido de que outras disciplinas já desenvolveram pesquisas sobre assuntos que o semiólogo não pode deixar de reconhecer como apropriados; por exemplo, a lógica formal, a lógica das línguas naturais e a semântica filosófica se ocupam do valor de verdade dos enunciados e dos diversos tipos dos chamados atos locutivos, ou *speech acts*, e muitas correntes da antropologia cultural (a etnometodologia, por exemplo) se ocupam do mesmo problema, embora de um ponto de vista diferente; só resta ao semiólogo exprimir o voto de que, mais dia menos dia, também essas pesquisas sejam reconhecidas como um ramo específico da semiótica geral. Mas, por enquanto, deve tentar incorporar seus resultados à perspectiva própria;

(ii) limites 'cooperativos', no sentido de que várias disciplinas elaboraram teorias ou descrições que cada um pode reconhecer como tipicamente semióticas (a linguística e a teoria da informação, por exemplo, desenvolveram a noção de código; a cinésica e a prossêmica estão explorando com abundância de resultados os vários modos de comunicação não verbal, e assim por diante): em tal caso, uma semiótica geral só pode propor um conjunto unificado de categorias a fim de tornar mais frutuosa

4 TRATADO GERAL DE SEMIÓTICA

essa colaboração, enquanto procura eliminar o péssimo hábito de traduzir, por meio de substituições metafóricas, as categorias da linguística em diversos quadros de referência;

(iii) limites 'empíricos', para além dos quais existem grupos de fenômenos ainda inanalisados, fenômenos cujo caráter semiótico é indubitável, mas que até agora não foram suficientemente teorizados; pense-se no universo dos objetos de uso e formas arquitetônicas, sobre que já discorremos amplamente em outro local (cf. Eco, 1968) mas que ainda merecem consideração em termos de uma semiótica preliminar.

Por LIMITES NATURAIS entendem-se aqueles para além dos quais a pesquisa semiótica não pode aventurar-se, pois que cairia em território não semiótico, eivado de fenômenos ininteligíveis como funções sígnicas. Mas o mesmo termo poderia estar a camuflar um conjunto de fenômenos cuja semioticidade tem sido fastidiosamente negada sem muito fundamento. Há territórios em que se tentou não reconhecer a presença de códigos subjacentes ou ignorar a natureza semiótica destes, a saber, sua capacidade de engendrar funções sígnicas. Entende-se, pois, que, tencionando este livro delinear uma noção muito ampla de função sígnica, aqueles territórios deverão constituir objeto da presente pesquisa. Dela falaremos ainda nesta mesma *Introdução*, onde procuraremos explicar os fenômenos semióticos coextensivos aos fenômenos culturais em geral, mesmo parecendo semelhante decisão, à primeira vista, muito pretensiosa.

0.1.3. Uma teoria da 'mentira'

Na verdade, o projeto de uma disciplina que estuda o conjunto da cultura, resolvendo em signos uma imensa variedade de objetos e eventos, pode dar a impressão de um arrogante 'imperialismo' semiótico. Quando uma disciplina define como seu objeto próprio 'tudo', reservando-se assim o direito de definir por meio de seus aparatos categoriais específicos o universo inteiro, o risco é assaz grave. A objeção mais comum oposta ao semiólogo 'imperialista' é: "Se até uma maçã é um signo para você, então a semiótica se ocupa também de compotas – mas o jogo não está mais valendo". O que este livro pretende demonstrar, atingindo as próprias bases e os próprios títulos nobiliárquicos da mais veneranda tradição filosófica, é que, do ponto de vista semiótico, não há qualquer diferença entre uma maçã e uma compota de maçã, de um lado, e as expressões linguísticas |maçã| e |compota de maçã|, de outro. A semiótica tem muito a ver com o que quer que possa ser ASSUMIDO como signo. É signo tudo quanto possa ser assumido como um substituto significante de outra coisa qualquer. Esta outra coisa qualquer não precisa necessariamente existir, nem subsistir de fato no momento em que o signo ocupa seu lugar. Nesse sentido, a semiótica é, em princípio, *a disciplina que estuda tudo quanto possa ser usado para mentir*.

Se algo não pode ser usado para mentir, então não pode também ser usado para dizer a verdade: de fato, não pode ser usado para dizer nada.

A definição de 'teoria da mentira' poderia constituir um programa satisfatório para uma semiótica geral.

INTRODUÇÃO – RUMO A UMA LÓGICA DA CULTURA

0.2. CAMPO OU DISCIPLINA?

Perguntam-nos amiúde se a semiótica é uma DISCIPLINA específica, com objeto e métodos próprios, ou um CAMPO de estudos, um repertório de interesses ainda não unificado e talvez não inteiramente unificável.

Se a semiótica for um campo de interesses, então os vários estudos semióticos estarão justificados pelo próprio fato de existirem; e seria possível extrapolar uma definição da disciplina semiótica extraindo de uma série unificável de tendências um modelo unificado de pesquisa. Se, ao contrário, a semiótica for uma disciplina, então o modelo deverá ser estabelecido dedutivamente, e servir de parâmetro capaz de sancionar a inclusão ou a exclusão de vários tipos de estudos no/do campo da semiótica.

Por certo, não se pode fazer pesquisa teórica sem a coragem de propor uma teoria, e, em consequência, um modelo exemplar que guie o discurso decorrente. Contudo, toda pesquisa teórica deve ter a coragem de especificar suas próprias contradições, explicitando-as sempre que não forem notórias. Portanto, cumpre-nos de início considerar o *campo semiótico* tal como aparece hoje, em sua variedade e mesmo na desordem de suas formas: destarte, será possível propor um *modelo de pesquisa* aparentemente reduzido aos termos mínimos.

Isso posto, estaremos a todo instante contradizendo esse modelo, lançando luz sobre todos aqueles fenômenos que não se enquadram nele, obrigando-o assim a reestruturar-se e a dilatar-se. Assim fazendo, lograremos talvez traçar, embora seja em caráter provisório, os limites de uma futura pesquisa semiótica, e sugerir um método unificado para o estudo de fenômenos que aparentemente diferem entre si, como se fossem mutuamente irredutíveis.

0.3. COMUNICAÇÃO E/OU SIGNIFICAÇÃO

À primeira vista, a descrição de um campo semiótico poderia parecer uma lista de comportamentos COMUNICATIVOS, sugerindo assim apenas uma das hipóteses que orientam a presente pesquisa: a semiótica estuda todos os processos culturais como PROCESSOS DE COMUNICAÇÃO. Todavia, cada um desses processos parece subsistir unicamente porque sob eles se estabelece UM SISTEMA DE SIGNIFICAÇÃO.

É absolutamente necessário esclarecer, de uma vez por todas, essa distinção, para evitar perigosos equívocos e uma escolha que alguns estudiosos impõem como irremediável: é bem verdade que existe grande diferença entre uma semiótica da comunicação e uma semiótica da significação, mas essa discrepância não deve resolver-se numa oposição sem mediações possíveis.

Definamos agora um processo comunicativo como a passagem de um Sinal (que não significa necessariamente 'um signo') de uma Fonte, através de um Transmissor, ao longo de um Canal, até um Destinatário (ou ponto de destinação).

6 TRATADO GERAL DE SEMIÓTICA

Num processo de máquina a máquina, o sinal não tem nenhum poder 'significante': ele só pode determinar o destinatário *sub specie stimuli*. Não existe aí significação, embora se possa dizer que existe passagem de informação.

Quando o destinatário é um ser humano (e não é preciso que também a fonte o seja para emitir um sinal conforme às regras conhecidas do destinatário humano), vemo-nos, ao contrário, em presença de um processo de significação, desde que o sinal não se limite a funcionar como simples estímulo, mas solicite uma resposta INTERPRETATIVA por parte do destinatário.

O processo de significação só se verifica quando existe um código. Um código é um SISTEMA DE SIGNIFICAÇÃO que une entidades presentes e entidades ausentes. Sempre que, com base em regras subjacentes, algo MATERIALMENTE presente à percepção do destinatário ESTÁ PARA qualquer outra coisa, verifica-se a significação. Fique bem claro, porém, que o ato perceptivo do destinatário e seu comportamento interpretativo não são condições necessárias da relação de significação: basta que o código estabeleça uma correspondência entre o que ESTÁ PARA e seu correlato, correspondência válida para todo destinatário possível, ainda que não exista ou não possa existir nunca um destinatário.

Um sistema de significação é, por isso, um CONSTRUTO SEMIÓTICO AUTÔNOMO, com modalidades de existência de todo abstratas, independentes de qualquer ato de comunicação possível que as atualize.

Ao contrário (e exceto para os processos de estimulação simples), *todo processo de comunicação entre seres humanos* – ou entre quaisquer outros tipos de aparelhos 'inteligentes', tanto mecânicos quanto biológicos – *pressupõe um sistema de significação como condição necessária*.

É, pois, possível (mesmo se não inteiramente desejável) estabelecer uma semiótica da significação que seja independente de uma semiótica da comunicação; mas é impossível estabelecer uma semiótica da comunicação que seja independente de uma semiótica da significação.

Uma vez admitido que os dois modos de aproximação seguem diferentes linhas metodológicas e requerem diversos aparatos categoriais, impõe-se por outro lado reconhecer que, nos processos culturais, ambos se acham estreitamente interligados. Esta a razão pela qual quem pretendesse traçar hoje uma lista ou um mapa do campo semiótico deveria considerar conjuntamente as pesquisas que parecem dependentes ora deste ora daquele ponto de vista.

0.4. LIMITES POLÍTICOS:O CAMPO

Uma vez estabelecido o que se discutiu precedentemente, ocorre que muitas áreas de pesquisa podem ser hoje consideradas como outros tantos aspectos do campo semiótico, quer digam respeito aos processos mais aparentemente 'naturais', quer cheguem a considerar processos comumente adscritos à área dos fenômenos 'culturais' complexos.

INTRODUÇÃO – RUMO A UMA LÓGICA DA CULTURA

Passa-se assim da ZOOSSEMIÓTICA (que constitui o limite inferior da semiótica, porquanto considera o comportamento comunicativo de comunidades não humanas, consequentemente não culturais) ao estudo social das IDEOLOGIAS. Todavia, seria arriscado afirmar que, a nível animal, ocorrem simples trocas de sinais sem a existência de sistemas de significação, uma vez que estudos mais recentes tenderiam a abalar essa crença exageradamente antropocêntrica. Assim, numa certa medida, a própria noção de cultura e sociedade (e com ela a própria identificação do humano com o inteligente e com o simbólico) parece, a espaços, ser contestada[2].

Entre mundo animal e mundo humano, vejamos no campo semiótico o estudo dos SISTEMAS OLFATIVOS, cuja existência já havia tentado, ademais, os poetas românticos (que o diga Baudelaire) e que salientam quando menos a existência de odores a funcionar como índices ou indicadores prossêmicos.

No mesmo ponto, temos o estudo da COMUNICAÇÃO TÁTIL[3], que chega a considerar comportamentos sociais como o beijo, o abraço, o tapinha nas costas. Ou *códigos do paladar*, indubitavelmente presentes nos costumes culinários[4].

O vasto campo da PARALINGUÍSTICA estuda aqueles traços antes denominados 'suprassegmentais' (ou variantes livres), que corroboram a compreensão dos traços linguísticos propriamente ditos; e, ainda, esses traços suprassegmentais aparecem cada vez mais 'segmentados', ou pelo menos 'segmentáveis', consequentemente *institucionalizados* ou *institucionalizáveis*, de modo que, hoje, a paralinguística estuda (valendo-se da mesma precisão com que antes se estudavam as diferenças entre fonemas) as várias formas de entonação, a ruptura do ritmo da elocução, o soluço, o suspiro, as interjeições vocais, os murmúrios e os gemidos interlocutores, e estuda até mesmo como linguagens articuladas aqueles sistemas comunicativos que parecem baseados em puras improvisações entonatórias, como as linguagens assobiadas, ou em uma sintaxe rítmica desprovida de teor semântico, como as linguagens de tambor[5].

A esse ponto, é fácil adscrever ao campo semiótico a chamada SEMIÓTICA MÉDICA, que concerne ao estudo dos signos pelo menos sob dois aspectos: de um lado, estuda a relação motivável entre determinadas alterações externas e alterações internas (dizem respeito, assim, ao estudo dos sintomas que Peirce, como veremos, classificou entre os signos), e, de outro, estuda a relação comunicativa e os códigos empregados na interação entre médico e paciente. Em última instância, a própria psicanálise é um ramo da semiótica médica, portanto de uma semiótica geral, enquanto tende a ser quer a codificação sistemática, quer a contínua, interpretação textual de determinados signos ou símbolos fornecidos pelo paciente, seja através do relato (mediado verbalmente) dos próprios sonhos, seja através da estrutura sintática mesma, bem como das particularidades semânticas (*lapsus* etc.) de seu relato verbal[6].

Entre as disciplinas mais recentemente estabelecidas, lembraremos a CINÉSICA e a PROSSÊMICA, nascidas num ambiente antropológico mas logo firmadas como disciplinas do comportamento simbólico: os gestos, as posturas do corpo, a posição recíproca dos corpos no espaço (assim como os espaços arquitetônicos que impõem ou pressupõem determinadas posições recíprocas dos corpos humanos) tornam-se elementos de um sistema de significação que a sociedade não raro institucionaliza num grau máximo[7].

---

2. Cf. Sebeok, 1967, 1968, 1969, 1973; Hinde, 1972.

3. Cf. Hall, 1966; Frank, 1957; Efron, 1971.

4. Cf. Lévi-Strauss, 1964.

5. Cf. Fonagy, 1964; Stankiewicz, 1964; Mahl e Schulze, 1964; Trager, 1964; La Barre, 1964; Lakoff, 197*b*.

6. Cf. Ostwald, 1964; Morris, 1946; Lacan, 1966; Piro, 1967; Maccagnani, 1967; Szas, 1961; Barison, 1961; Shands, 1970; Watzlawick et al., 1967.

7. Cf. De Jorio, 1832; Mallery, 1881; Kleinpaul, 1888; Efron, 1941; Mauss, 1950; Birdwhistell, 1952, 1960, 1963, 1965, 1966, 1970; Guilhot, 1962; La Barre, 1964; Hall,

8 TRATADO GERAL DE SEMIÓTICA

Chegados a isso, não parecerá casual ao campo semiótico o estudo dos sistemas mais abertamente culturalizados, como, por exemplo, as LINGUAGENS FORMALIZADAS[8] (da lógica à álgebra e à química), os vários alfabetos e sistemas de escrita (ou SISTEMAS GRAMATOLÓGICOS), as escritas cifradas e os chamados códigos secretos[9]. Mas a título idêntico consideram-se os estudos dos SISTEMAS MUSICAIS, e não apenas no sentido mais óbvio de sistemas de notação. Se é verdade que, por um lado, a música parece a muitos um sistema sintaticamente organizado, mas privado de espessura semântica, é igualmente verdade que (i) alguns põem em dúvida esta sua 'monoplanaridade', (ii) outros fazem notar que em muitos casos existem combinações musicais com explícita função semântica (pense-se nos toques militares), (iii) e outros ainda destacam que em realidade não foi dito que a semiótica deva levar em consideração somente sistemas de elementos já correlacionados a significados, mas qualquer sistema que permita a articulação de elementos sucessivamente adaptáveis à expressão de significados[10].

Embora pareça óbvio, pertencem naturalmente ao campo semiótico os estudos das LÍNGUAS NATURAIS, que são por um lado objeto da linguística, por outro das várias lógicas da linguagem natural ou das filosofias analíticas da linguagem comum[11].

Passa-se, depois, ao vastíssimo universo das COMUNICAÇÕES VISUAIS, que vai desde sistemas fortemente institucionalizados (diagramas, sinalização rodoviária etc.) até setores em que a própria existência de sistemas de significação é autorizadamente posta em dúvida, mas onde parecem ocorrer, em todo caso, processos de comunicação (da fotografia à pintura); retoma-se de novo sistemas reconhecidamente 'culturais' (os códigos iconográficos) e chega-se às várias gramáticas, sintaxes e léxicos que parecem reger a comunicação arquitetônica e a chamada linguagem dos objetos[12].

Pertencem ao campo semiótico as várias pesquisas sobre GRAMÁTICAS NARRATIVAS[13] e estruturas do relato, que vão desde a sistematização dos repertórios mais institucionalizados (como sucede nos estudos etnográficos) até as mais recentes gramáticas textuais[14], que procuram individuar sistemas de regras atuantes a nível de vastas porções do discurso, prendendo-se por um lado à LÓGICA DAS PRESSUPOSIÇÕES[15] e por outro aos vários ramos da RETÓRICA[16], que a semiótica contemporânea está redescobrindo como disciplina antessígnica, semiótica *ante litteram* do discurso.

1959, 1966; Greimas, 1968; Ekman e Frisen, 1969; Argyle, 1972; Hinde, 1972; Civ'ian, 1962, 1965.

8. Cf. Vailati, 1909; Barbut, 1966; Prieto, 1966; Gross e Lentin, 1967; Bertin, 1967; Mali, 1968; Rossi, 1960; *I linguaggi nella società e nella técnica*, 1970.

9. Cf. Trager, 1972; McLuhan, 1962; Derrida, 1967; Gelb, 1952; Kryzanowski, 1960.

10. Cf. *Musique en Jeu*, 5, 1971; *Vs* 5, 1973; Jakobson, 1964, 1967; Ruwet, 1959, 1973; Lévi-Strauss, 1965; Nattiez, 1971, 1972, 1973; Osmond--Smith, 1972, 1973; Stefani, 1973; Pousseur, 1972.

11. Sobre este ponto, a bibliografia se identifica com a das disciplinas citadas e, pelo menos em setenta por cento, com a deste volume.

12. Sobre as comunicações visuais: Prieto, 1966; Bertin, 1967; Itten, 1961; Peirce, 1931; Morris, 1946; Eco, 1968, 1971, 1973; Metz, 1970, 1971; Verón, 1971, 1973; Krampen, 1973; Volli, 1973; Bettetini, 1968, 1971. Sobre objetos e arquitetura: Eco, 1968, 1972, 1973; Koenig, 1964, 1970; Garroni, 1973; De Fusco, 1973.

13. Cf. Bremond, 1964, 1966, 1973; Greimas, 1966, 1970; Metz, 1968; Barthes, 1966; Todorov, 1966, 1967, 1978, 1970; Genette, 1966; V. Morin, 1966; Gritti, 1966, 1968; Sceglov, 1962; Zolkowskij, 1962, 1967; Karpinskaja-Revzin, 1966; Lévi-Strauss, 1958a, 1958c, 1964; Maranda, 1966; Dundes, 1966; etc.

14. Cf. Barthes, 1971; Kristeva, 1969; Van Dijk, 1970; Petófi, 1972.

15. Cf. Fillmore e Langendoen, 1971; Ducrot, 1972.

16. Cf. Lausberg, 1960; Groupe μ, 1970; Chatman. 1974.

INTRODUÇÃO – RUMO A UMA LÓGICA DA CULTURA 9

Nos níveis mais complexos, temos a TIPOLOGIA DAS CULTURAS[17], onde a semiótica desemboca na antropologia cultural e contempla os mesmos comportamentos sociais, os mitos, os ritos, as crenças, as subdivisões do universo como elementos de um vasto sistema de significação que faculta a comunicação social, a ordenação das ideologias, o reconhecimento e a oposição entre grupos etc. Enfim, o campo semiótico invade territórios tradicionalmente ocupados por outras disciplinas, como a ESTÉTICA ou o estudo das COMUNICAÇÕES DE MASSA.

A esse ponto, poderia parecer que, se o campo semiótico é o delineado acima, a semiótica é uma disciplina com insuportáveis ambições imperialistas, tendendo a ocupar-se de tudo quanto, em épocas diversas e com diversos métodos, as ciências naturais e as ciências humanas se ocuparam. Mas traçar um campo de argumentos onde se exercita uma atenção ou uma vigilância não significa listar exaustivamente os problemas a respeito dos quais apenas a semiótica pode dar uma resposta.

Trata-se, pois, de ver como, em tal campo de interesses (comuns sob tantos aspectos a outras disciplinas) uma abordagem semiótica pode exercitar-se conforme suas próprias modalidades. Assim, o problema do campo remete ao da teoria ou sistema categorial unificado, sob cujo ponto de vista todos os problemas apresentados neste parágrafo podem ser atacados 'semioticamente'.

0.5. LIMITES NATURAIS: DUAS DEFINIÇÕES DE SEMIÓTICA

0.5.1. A definição de Saussure

Uma vez percorrido o capítulo semiótico em sua desordenada variedade, surge a pergunta sobre se é possível unificar abordagens e problemas diversos. E isso implica a proposta, mesmo em caráter hipotético, de uma definição teórica da semiótica.

Pode-se começar pelas duas clássicas definições fornecidas pelos pioneiros da semiótica contemporânea, Peirce e Saussure.

Segundo Saussure (1916), "a língua é um sistema de signos que exprimem ideias, e, por isso, é confrontável com a escrita, o alfabeto dos surdos-mudos, os ritos simbólicos, as fórmulas de cortesia, os sinais militares etc. etc. Ela é, simplesmente, o mais importante de tais sistemas. Pode-se, assim, conceber *uma ciência que estuda a vida dos signos no quadro da vida social*; ela poderia fazer parte da psicologia social, e, em consequência, da psicologia geral; chamá-la-emos *semiologia* (do grego σημεῖον, «signo»). Ela poderia nos dizer em que consistem os signos, quais as leis que os regem. Por não existir ainda, não podemos dizer o que será; todavia, tem o direito de existir e seu posto está determinado de começo". A definição de Saussure é muito importante e serviu para desenvolver uma consciência semiótica. Sua definição de signo como uma entidade de dupla face (*signifiant* e *signifié*) antecipou e determinou todas as definições posteriores de função sígnica. E, na medida em que a relação entre significante e significado se estabelece com base em um

17. Cf. Ivanov e Toporov, 1962; Todorov, 1966; Lotman, 1964, 1967a; Moles, 1967.

10 TRATADO GERAL DE SEMIÓTICA

sistema de regras (a *langue*), a semiologia saussureana pareceria uma rigorosa semiologia da significação. Mas não é casual o fato de os defensores de uma semiologia da comunicação porem reparos à semiologia saussureana. Saussure jamais definiu claramente o significado, deixando-o a meio caminho entre uma imagem mental, um conceito e uma realidade psicológica não circunscrita diversamente; em compensação, sublinhou energicamente o fato de o significado ser algo relacionado à atividade mental de indivíduos no seio da sociedade. Contudo, segundo Saussure, o signo 'exprime' ideias, e, mesmo aceitando-se que ele não estava pensando numa acepção platônica do termo 'ideia', persiste o fato de que suas ideias eram eventos mentais em uma mente humana.

Assim, o signo era implicitamente considerado como um ARTIFÍCIO COMUNICATIVO de dois seres humanos comunicando-se e exprimindo algo. *Todos os exemplos de sistemas semiológicos dados por Saussure são, sem sombra de dúvida, sistemas de signos artificiais estreitamente convencionalizados, como os sinais militares, as regras de etiqueta ou os alfabetos.* Com efeito, os defensores de uma semiologia saussureana distinguem com grande clareza os signos intencionais e artificiais (entendidos como 'signos' em sentido próprio) e todas aquelas manifestações naturais ou não intencionais a que, a rigor, não se reserva o nome de 'signos'.

0.5.2. A definição de Peirce

A esse ponto, parece sem dúvida mais compreensível a definição dada por Peirce: "Eu sou, pelo que sei, um pioneiro, ou antes um explorador, na atividade de esclarecer e iniciar aquilo que chamo *semiótica*, isto é, a doutrina da natureza essencial e das variedades fundamentais de cada semiose possível" (1931, 5.488)... "Por semiose entendo uma ação, uma influência que seja ou coenvolva uma cooperação de *três* sujeitos, como por exemplo um signo, o seu objeto e o seu interpretante, tal influência tri-relativa não sendo jamais passível de resolução em uma ação entre duplas" (5.484).

Se bem que a noção de 'interpretante' vá ser melhor definida no capítulo 2, é claro desde já que os 'sujeitos' da semiose peirceana não são necessariamente sujeitos humanos, mas antes *três abstratas entidades semióticas*, cuja dialética interna não é afetada pela ocorrência de um comportamento comunicativo concreto. Segundo Peirce, um signo é qualquer coisa que *está para alguém no lugar de algo sob determinados aspectos ou capacidades* (2.228). Como se verá, um signo pode estar para algo aos olhos de alguém somente porque essa relação (estar-para) é mediada por um interpretante. Ora, não se pode negar que Peirce tenha alguma vez pensado no interpretante (que é um outro signo, o qual traduz e explica o signo precedente, e assim ao infinito) como um evento psicológico que 'ocorre' na mente de um possível intérprete; mas também se pode entender a definição peirceana de uma maneira não antropomórfica (como será proposto nos capítulos 1 e 2).

É verdade que o mesmo poderia ser dito a propósito da definição saussureana; a definição peirceana, no entanto, oferece algo mais. Ela não

INTRODUÇÃO – RUMO A UMA LÓGICA DA CULTURA 11

requer, como condição necessária para a definição do signo, que este seja emitido INTENCIONALMENTE e produzido ARTIFICIALMENTE.

A tríade peirceana pode ainda ser aplicada a fenômenos sem emitente humano, embora tenham um destinatário humano, como sucede, por exemplo, no caso dos sintomas meteorológicos ou de qualquer outro tipo de índice.

Os que reduzem a semiótica a uma teoria dos atos comunicativos não podem considerar os sintomas como signos, nem podem aceitar como signos outros comportamentos, sejam embora humanos, dos quais o destinatário infere algo a respeito da situação de um emitente que não tem consciência de estar emitindo mensagens para alguém (ver, por exemplo, Buyssens, 1943; Segre, 1969 etc.). Dado que esses autores se dão como interessados apenas pela comunicação, têm por certo o direito de excluir estes e outros fenômenos da categoria dos signos. Aqui, mais que negar seu direito, procura-se legitimar o direito oposto: o de estabelecer uma teoria semiótica capaz de considerar uma série mais ampla de fenômenos sígnicos. Propomos, destarte, definir como signo tudo quanto, à base de uma convenção social previamente aceita, possa ser entendido como ALGO QUE ESTÁ NO LUGAR DE OUTRA COISA. Em outras palavras, aceita-se a definição de Morris (1938), para quem "uma coisa é um signo somente por ser interpretada como signo de algo por algum intérprete; assim, a semiótica não tem nada a ver com o estudo de um tipo particular de objetos, mas com os objetos comuns na medida em que (e só na medida em que) participem da semiose". É presumivelmente neste sentido que se pode entender a afirmação peirceana de que o signo está para algo "sob certos aspectos ou capacidades". A única modificação a introduzir na definição de Morris é que a interpretação por parte de um intérprete, que pareceria caracterizar o signo enquanto tal, deve ser entendida como interpretação *possível* por parte de um intérprete *possível*. Esse ponto será esclarecido no capítulo 2. Aqui, será suficiente dizer que *o destinatário humano é a garantia metodológica (e não empírica) da existência de significação*, ou seja, da existência de uma função sígnica estabelecida por um código (cf. capítulo 2). Mas igualmente a *suposta presença do emitente humano não é de forma alguma garantia da natureza sígnica de um suposto signo*.

Somente à luz dessas explicações será possível entender como signos os sintomas e os índices, como faz Peirce.

0.6. LIMITES NATURAIS: INFERÊNCIA E SIGNIFICAÇÃO

0.6.1. Signos 'naturais'

A natureza semiótica dos índices e dos sintomas será reexaminada (até uma completa reformulação da distinção canônica) no capítulo 3. Aqui, basta considerar dois tipos dos chamados signos que parecem fugir a uma definição em termos comunicativos: (a) eventos físicos que proveem de uma fonte natural e (b) comportamentos humanos emitidos

12 TRATADO GERAL DE SEMIÓTICA

inconscientemente pelos emitentes. Consideremos mais atentamente esses dois casos.

Podemos inferir a presença do fogo pela fumaça, a queda de chuva por uma poça, a passagem de um animal por alguns rastros na areia, e assim por diante. Todos esses casos são de inferências, e nossa vida cotidiana está cheia de atos inferenciais desse tipo. Por isso, é arriscado assumir que toda inferência é um ato 'semiósico' (embora Peirce o tenha feito) e igualmente ousado afirmar que todo processo semiósico implica inferências; mas pode-se afirmar que *existem inferências que devem ser reconhecidas como atos semiósicos.*

Não foi por acaso que a filosofia clássica associou frequentemente significação e inferência. Um signo foi definido como o antecedente evidente de um consequente, ou o consequente de um antecedente quando consequências similares foram previamente observadas (Hobbes, *Leviatã*, 1.3); como "um ente do qual se infere a presença ou a existência passada e futura de um outro ente" (Wolff, *Ontologia*, 952); como "uma proposição constituída de uma conexão válida e reveladora do consequente" (Sexto Empírico, *Contra os matemáticos*, VIII, 245). Provavelmente, essa identificação muito rígida entre inferência e significação deixa na sombra muitas nuances; mas bastaria corrigi-la com a especificação: "quando essa associação é culturalmente reconhecida e sistematicamente codificada". O primeiro médico a descobrir uma relação constante entre uma série de manchas vermelhas no rosto e o sarampo fez uma inferência; mas apenas essa relação se convencionalizou e foi registrada nos tratados de medicina, ocorreu uma CONVENÇÃO SEMIÓTICA[18]. Há, pois, signo toda vez que um grupo humano decide usar algo como veículo de outra coisa.

Eis como até eventos provenientes de uma FONTE NATURAL podem ser entendidos como signos: de fato, existe uma convenção que estabelece uma correlação codificada entre uma expressão (o evento percebido) e um conteúdo (a sua causa ou o seu efeito possível). Um evento pode ser o significante de sua própria causa ou efeito, desde que estes não sejam de fato perceptíveis. A fumaça não funciona como signo para o fogo se o fogo for percebido juntamente com ela; mas ela pode ser o significante de um fogo não perceptível, desde que uma regra socializada tenha necessária e comumente associado a fumaça ao fogo.

0.6.2. Signos não intencionais

O segundo caso é aquele em que um ser humano executa atos perceptíveis por outro como artifícios sinalizadores, que revelam algo mais,

18. Que é uma *convenção!* Como nasce? Se devo estabelecer a relação entre a mancha vermelha e o sarampo, o problema é simples: uso a linguagem verbal como metalinguagem para estabelecer a nova convenção. Mas que dizer das convenções que instituem uma linguagem sem o apoio de uma metalinguagem precedente? Todo o estudo sobre a instituição de código e sobre o modo de produção sígnica chamado 'invenção' (cf. 3.6.7-3.6.8) discute esse problema, que só encontrará uma solução na conclusão de um longo discurso. De momento, atemo-nos, para uma acepção não restrita do termo convenção, ao estudo de Lewis, 1969.

INTRODUÇÃO – RUMO A UMA LÓGICA DA CULTURA 13

mesmo que o emitente não tenha consciência das propriedades reveladoras de seu próprio comportamento.

Há sem dúvida casos em que é possível identificar a origem cultural de quem gesticula, porquanto seus gestos possuem uma clara capacidade conotativa. Mesmo sem conhecer o significado socializado dos vários gestos, podemos sempre reconhecer quem gesticula como um italiano, um judeu, um anglo-saxão, e assim por diante (ver Efron, 1941), quase como é possível reconhecer que alguém fala em alemão ou em chinês mesmo sem conhecer nenhuma dessas duas línguas. *E esses comportamentos parecem capazes de significar mesmo se quem os emite não é consciente de significar através deles.*

Poder-se-ia dizer que esse caso é semelhante ao dos sintomas clínicos, desde que exista uma regra implícita a apontar uma determinada origem étnica de certos estilos gestuais, independentemente da vontade de quem gesticula. Mas é sempre difícil afastar a suspeita de que, sendo o gesticulador um homem, exista uma *vontade de significação* mais ou menos oculta. A complicação nasce porque estamos procurando estudar como sistemas de significação eventos estreitamente comprometidos com contínuos processos de comunicação. No caso dos sintomas clínicos, é fácil reconhecer relações de significação onde toda vontade de comunicação está excluída; no caso dos gestos, ao contrário, pode-se sempre suspeitar que o emitente, por exemplo, 'Finge' agir inconscientemente; em outros casos, pode suceder que o emitente queira de fato comunicar algo e que o destinatário entenda seu comportamento como algo intencional; ou então o sujeito pode agir inconscientemente enquanto o destinatário lhe atribui a intenção de fingir agir inconscientemente, e portanto de comunicar sem parecer fazê-lo. Poder-se-ia ir por aí além, descrevendo um jogo contínuo (e cotidiano) de atos conscientes e inconscientes, numa comédia de equívocos entremeada de *arrière pensées*, reticências, jogadas dúplices e assim por diante (cf. Eco, 1973, 2.4.2).

A Fig. 1 poderia gerar todos esses possíveis acordos e desentendimentos, sendo E o Emitente, D o Destinatário e IE a intenção que o destinatário atribui ao emitente, enquanto + e − significam emissão intencional e emissão não intencional:

	E	D	IE
1	+	+	+
2	+	+	−
3	+	−	(+)
4	+	−	(−)
5	−	+	+
6	−	+	−
7	−	−	(+)
8	−	−	(−)

Figura 1

14 TRATADO GERAL DE SEMIÓTICA

No caso número 1, por exemplo, um mentiroso mostra intencionalmente os sinais de uma dada enfermidade para enganar o destinatário, que tem consciência de que ele está mentindo (sucederia o mesmo com a representação de um ator). O caso número 2, ao contrário, é o da simulação bem sucedida. Nos casos números 3 e 4, o emitente emite intencionalmente um comportamento significante que o destinatário, porém, recebe como simples estímulo destituído de intenção, como quando, para dispensar uma visita que me aborrece, tamborilo com os dedos sobre a escrivaninha, na tentativa de exprimir um comportamento de tensão nervosa. Pode suceder que o destinatário perceba o meu comportamento como puro estímulo subliminar, que consegue dar-lhe uma sensação de incômodo; nesse caso, ele não me atribui nem intenções específicas nem ausência específica de intenções – razão pela qual, na tabela (+) e (-) estão entre parênteses – mesmo se em seguida sucedesse ter recebido um estímulo atribuindo intencionalidade (ou não) à sua emissão.

Esses casos e os que se seguem podem constituir uma sistematização satisfatória, em termos de *ars combinatoria*, de inúmeras relações interpessoais, como, por exemplo, as estudadas por Goffman (1963, 1967, 1969): os comportamentos se tornam signos graças a uma decisão por parte do destinatário (educado por convenções culturais) ou a uma decisão por parte do emitente de estimular no destinatário a decisão de entender esses comportamentos como signos.

0.7. LIMITES NATURAIS: A SOLEIRA

0.7.1. O estímulo

Se tanto os eventos de origem não humana quanto os de origem humana, mas não intencionais, podem ser considerados signos, então a semiótica por certo estendeu sua conquista para além de uma soleira frequentemente fetichizada: a soleira que separa os signos das 'coisas' e os signos naturais dos artificiais. Mas, ocupando esse território, a semiótica abandonou ao mesmo tempo a conquista de outro grupo de fenômenos sobre o qual pretendia ilicitamente teorizar.

Com efeito, se qualquer coisa pode ser entendida como signo desde que exista uma convenção que lhe permita ficar no lugar de outra coisa qualquer, e se as respostas comportamentais não forem solicitadas por convenção, então *os estímulos não podem ser considerados como signos*.

Segundo o notável experimento de Pavlov, um cão emite saliva quando estimulado pelo som de uma campainha, por puro reflexo condicionado. Esse som provoca a salivação sem nenhuma outra mediação. Todavia, do ponto de vista do cientista, que sabe que a um dado som de campainha deverá corresponder uma dada resposta (salivação), a campainha ESTÁ PARA a salivação mesmo se o cão não estiver presente ou a campainha não tiver soado ainda: para o cientista, existe aí correspondência já codificada entre dois eventos, um já podendo ficar no lugar do outro.

Há uma conhecida anedota que narra o encontro de dois cães em Moscou; um é gordo e bem nutrido, o outro magro e famélico. Este pergunta àquele: "Como você faz para achar comida?"; e o outro, com sagacidade zoossemiótica, responde: "É muito fácil. Toda manhã, por volta do meio-dia, vou ao Instituto Pavlov e me ponho a babar; nesse momento aparece um cientista condicionado que soa uma campainha e me traz um prato de sopa".

Neste caso, é o cientista que reage a um simples estímulo, enquanto o cão estabeleceu uma espécie de relação reversível entre salivação e sopa: o cão sabe

INTRODUÇÃO – RUMO A UMA LÓGICA DA CULTURA   15

que, a uma dada reação, deve corresponder um dado estímulo, possuindo assim um código. Para o cão, a salivação é o signo da possível reação por parte do cientista. Infelizmente para os cães, não é assim que as coisas funcionam no quadro pavloviano, onde o som da campainha é estímulo para o cão, que emite saliva independentemente de qualquer código socializado, enquanto o psicólogo vê a salivação do cão como um signo (ou um sintoma) de que o estímulo foi recebido e solicitou a resposta adequada.

A diferença entre a atitude do cão e a do cientista é importante: dizer que os estímulos não são signos não significa que a abordagem semiótica deva se omitir em relação aos estímulos. A semiótica aborda funções sígnicas, mas uma função sígnica representa, como veremos, a correlação entre dois funtivos que, exteriormente àquela correlação, não são por si mesmos fenômenos semióticos. Todavia, na medida em que são mutuamente correlatos, tornam-se isso, e merecem portanto atenção por parte do semiólogo. É assim que pode suceder catalogarem-se certos fenômenos entre os estímulos puros, acontecendo que eles 'sob certos aspectos ou capacidades' funcionam como signos 'para alguém'.

0.7.2. O sinal

À guisa de exemplo, o objeto específico de uma teoria da informação não são os signos, mas unidades de transmissão que podem ser computadas quantitativamente independentemente de seu significado possível; essas unidades são definidas como 'SINAIS', mas não como 'signos'.

Ora, sustentar que os sinais não revestem valor para a semiótica seria quando menos precipitado. Se assim fosse, não seria possível levar em consideração os vários traços que compõem um significante (em linguística e em qualquer outro universo semiótico), dado que um significante, enquanto tal, é perceptível, estruturalmente organizado, quantitativamente computável, mas pode ser independente de seu significado e possui apenas valor oposicional.

Estamos aqui considerando a *soleira* da semiótica: até que ponto essa soleira pode ser ultrapassada, isto é, até que ponto a semiótica tem algo a ver com simples sinais não tornados ainda 'significantes' por uma correlação (ou função) sígnica?

0.7.3. A informação física

Devem indubitavelmente ser excluídos da competência da semiótica os fenômenos genéticos e neurofisiológicos, a circulação do sangue e a atividade dos pulmões. Mas que dizer então daquelas teorias informacionais que consideram os fenômenos sensoriais como a passagem de sinais dos nervos aferentes ao córtex cerebral, ou então a herança genética como a transmissão codificada de informações? A primeira solução racional seria que os fenômenos genéticos e neurofisiológicos não constituem matéria para o semiólogo, ao passo que as teorias informacionais da genética e da neurofisiologia *o constituem*.

Eis por que esta soleira será considerada com maior atenção, o que faremos no capítulo 1.

Visto que a semiótica extrai instrumentos próprios (por exemplo, a noção de informação e de escolha binária) de disciplinas classificadas além dessa soleira (sob ela), ocorre que ela não pode ser excluída do discurso semiótico sem que resultem daí lacunas embaraçantes na teoria inteira. Será antes o caso de determinar semelhantes fenômenos e fixar o ponto crítico em que fenômenos semióticos tomam forma de algo que não era ainda semiótico, trazendo assim à luz uma espécie de 'elo perdido' entre o universo dos sinais e o dos signos.

0.8. LIMITES NATURAIS: O UMBRAL SUPERIOR

0.8.1. Duas hipóteses sobre a cultura

Se aceitarmos o termo 'cultura' em seu correto sentido antropológico, encontraremos de imediato três fenômenos culturais elementares que, em aparência, não possuem qualquer função comunicativa (nem qualquer caráter significativo): (a) a produção e o uso de objetos que transformam a relação homem-natureza; (b) as relações familiares como núcleo primário de relações sociais institucionalizadas; (c) a troca de bens econômicos.

Esses três fenômenos não foram escolhidos ao acaso: eles não constituem apenas os fenômenos formadores de toda cultura (junto com o nascimento da linguagem verbal articulada), mas foram escolhidos ao mesmo tempo como objetos de estudos semio-antropológicos que tendiam a mostrar que a cultura, como um todo, é um fenômeno de significação e de comunicação, e que humanidade e sociedade só existem quando se estabelecem relações de significação e processos de comunicação.

Diante desses três fenômenos, podemos formular dois tipos de hipóteses, uma mais 'radical', a outra aparentemente mais 'moderada'.

As duas hipóteses são: (i) a cultura, como um todo, *deve* ser estudada como fenômeno semiótico; (ii) todos os aspectos da cultura *podem* ser estudados como conteúdos de uma atividade semiótica. A hipótese radical costumeiramente circula sob suas duas formas mais extremas, a saber: "a cultura é *só* comunicação" e "a cultura *não é mais* que um sistema de significações estruturadas".

Essas duas fórmulas são suspeitas de idealismo e deveriam ser reformuladas assim: "a cultura, como um todo, deveria ser estudada como um fenômeno de comunicação baseado em sistemas de significação". Isso quer dizer que não apenas a cultura *pode* ser estudada dessa maneira, mas, como se verá, somente estudando-a assim poderemos esclarecê-la em seus mecanismos fundamentais.

0.8.2. A produção de instrumentos de uso

Vamos a alguns exemplos. Se um ser vivo usa uma pedra para quebrar uma noz, não se pode ainda falar em cultura. Podemos dizer que se verificou um fenômeno cultural quando: (i) um ser pensante estabeleceu a nova função da pedra (independentemente do fato de a ter usado assim como era ou transformado numa "amêndoa" lascada); (ii) esse ser *denominou* a pedra como 'pedra que serve para algo' (independentemente do fato de tê-lo feito em voz alta, com sons articulados e em presença de outros seres pensantes); (iii) o ser pensante está à altura de reconhecer a mesma pedra ou uma pedra 'igual' como 'a pedra que responde à função F e que tem o nome de Y' (mesmo se jamais usá-la uma segunda vez: basta que saiba reconhecê-la no caso)[19]. Aqui estão essas três condições realizadas numa relação semiótica de tal tipo (Fig. 2):

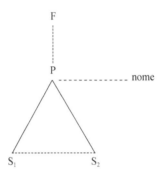

Figura 2

S_1 é a primeira pedra usada pela primeira vez como instrumento e S_2 é outra pedra, diferente no formato, cor e peso. Suponhamos agora que o nosso ser, depois de ter usado por acaso a primeira pedra e descobrir-lhe a função possível, encontre uma segunda (S_2) alguns dias mais tarde e a reconheça como uma *ocorrência* (*token*) de um modelo mais geral (P) que é o *tipo* (*type*) abstrato a que se refere também Si. Encontrando S_2 e sendo capaz de incluí-la (junto com Si) no tipo P, o nosso sujeito a considera o significante da possível função F.

S_1 e S_2, como ocorrências do tipo P, são formas significantes que REMETEM A OU ESTÃO PARA F. Além do mais, e esta deveria ser uma característica de qualquer signo, S_1 e S_2 não só devem ser consideradas o significante de um possível significado (a função F), mas, na medida em que estão para F (e vice-versa), juntas constituem simultaneamente (e sob diversos pontos de vista) tanto o significante quanto o significado de F, segundo uma lei de REVERSIBILIDADE TOTAL.

---

19. Não se discute, aqui, se o comportamento descrito foi de fato o comportamento de nosso ancestral. Basta assumir que a descrição se refere ao primeiro ser que elaborou um comportamento semiótico. Se ele não possuía outras características humanas, ou se o mesmo comportamento pode ser elaborado também por animais, isso apenas significa (como quereriam alguns zoossemiólogos) que os comportamentos 'culturais' não são específicos do *homo sapiens*. O exemplo todo implica, outrossim, que, como sugere Piaget (1968, p. 79), a inteligência precede a linguagem. Mas, se se elimina a equação 'semiose = linguagem verbal', significação e inteligência podem ser vistas como um processo indiferenciado.

18 TRATADO GERAL DE SEMIÓTICA

A possibilidade de dar um nome à pedra-tipo (e a cada uma de suas ocorrências) acrescenta uma nova dimensão semiótica ao nosso diagrama.

Como veremos nas páginas dedicadas à relação denotação-conotação (1.7), o nome denota a pedra-tipo como o próprio significado, mas imediatamente conota a função da qual tanto a pedra-ocorrência quanto a pedra-tipo são o significante. Em princípio, isso tudo apenas estabelece um SISTEMA DE SIGNIFICAÇÃO e não implica ainda um PROCESSO DE COMUNICAÇÃO efetivo – exceto que é antieconômico conceber uma relação de significação não motivada por propósitos de comunicação.

Todavia, tais condições não implicam nem mesmo a existência de dois seres humanos: a situação é igualmente possível no caso de um Robinson Crusoé náufrago e solitário. Por outro lado, é necessário que quem utilizar a pedra pela primeira vez leve em consideração a possibilidade de 'passar' a informação guardada a si mesmo no dia seguinte, e para isso elabore qualquer artifício mnemônico, isto é, uma relação significante entre objeto e função. O primeiro uso da pedra não constitui nem institui cultura. Mas é cultura estabelecer como a função pode ser repetida e transmitir tal informação do náufrago solitário de hoje ao mesmo náufrago de amanhã. Assim, o náufrago solitário se torna ao mesmo tempo o remetente e o destinatário de uma comunicação, à base de um código muito elementar. É claro que uma definição desse gênero implica uma identificação de pensamento e linguagem: é só questão de dizer, como faz Peirce (5.470-480) que TAMBÉM AS IDEIAS SÃO SIGNOS. Mas o problema aparece em sua forma mais extremada somente se se considera o náufrago solitário que fala consigo mesmo. Apenas surgem dois indivíduos em inter-relação e logo se pode traduzir o problema em termos não de ideias, mas de *significantes fisicamente observáveis*.

No momento em que se verifica comunicação entre dois homens, é claro que o que poderá ser observado serão signos verbais ou pictográficos, os quais o emitente comunica ao destinatário e exprimem o objeto por meio de um nome: a pedra e suas possíveis funções (por exemplo, |quebra-nozes| ou |arma|). Mas, assim fazendo, só conseguimos analisar a hipótese moderada: o objeto cultural tornou-se o conteúdo de uma possível comunicação verbal ou pictográfica. Ao contrário, a primeira hipótese (a 'radical') pressupõe que o emitente comunique ao destinatário a função do objeto mesmo sem a intervenção do nome (verbal ou pictograficamente expresso), através, por exemplo, da mera ostentação do objeto em questão. Isso pressupõe então que, uma vez que o uso possível da pedra foi conceptualizado, *a pedra mesma se torna o signo concreto de seu uso virtual*. Isso equivale a dizer (ver Barthes, 1964a) que, existindo sociedade, toda função se transforma automaticamente em SIGNO DAQUELA FUNÇÃO. Tal coisa é possível porque existe cultura. Mas existe cultura só porque tal coisa é possível.

0.8.3. A troca de bens

Consideremos agora os fenômenos de troca econômica e eliminemos antes de tudo a suspeita de sinonímia que existe entre |troca| e |comunicação|: certo é que todo processo comunicativo implica troca de sinais, mas existem trocas (como as de bens ou presentes) onde não se

INTRODUÇÃO – RUMO A UMA LÓGICA DA CULTURA   19

trocam sinais propriamente ditos, mas bens de consumo. Sem dúvida é possível considerar a troca de bens como processo semiótico (Rossi--Landi, 1968), mas não porque essa troca implique troca física, mas porque na troca o VALOR DE USO dos bens é transformado em VALOR DE TROCA. Tem-se um processo de simbolização definitivamente aperfeiçoado quando surge o dinheiro, que 'está justamente em lugar de outra coisa'.

A relação econômica que regula a troca de bens (tal como é descrita no primeiro livro do *Capital* de Marx) pode ser representada de modo não diferente daquele em que foi representada (Fig. 2) a função sígnica da pedra-utensílio:

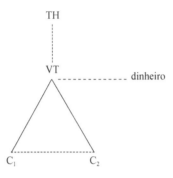

Figura 3

Na Fig. 3, C_1 e C_2 são duas mercadorias de que se não leva em conta o valor de uso (isso foi semioticamente representado na Fig. 2). No primeiro livro do *Capital*, Marx não apenas mostra como todas as mercadorias, num sistema generalizado de trocas, podem se tornar signos que ficam no lugar de outras mercadorias, como sugere que essa relação de mútua significância se tornou possível graças ao fato de as várias mercadorias estarem organizadas num sistema de oposições (iguais às que a linguística elaborou para descrever os valores fonológicos).

No interior desse sistema, a ||*mercadoria* 1|| se torna a mercadoria *em que* o valor de troca da «mercadoria 2» é expresso (a «mercadoria 2» sendo a unidade da qual se exprime o valor de troca da ||*mercadoria* 1||). Essa relação de significação se torna possível pela existência cultural de um parâmetro de troca (ou tipo), a que chamaremos VT (valor de troca). Se, num sistema de valores de uso, todas as unidades se referem à função F (que corresponde precisamente ao valor de uso), num sistema de valores de troca o VT se refere à quantidade de trabalho humano necessária à produção de C_1 e C_2, sendo tal quantidade de trabalho mencionada aqui como TH. Todos esses elementos podem aparecer correlacionados, num sistema culturalmente mais sofisticado, a um equivalente universal, o dinheiro (que de certo modo corresponde ao 'nome' que denota ambas as mercadorias, juntas, ao seu tipo 'equivalente', VT, e – mediatamente – a TH). A única diferença entre uma moeda, entendida como significante, e uma palavra é que esta pode ser reproduzida indefinidamente sem esforço econômico, ao passo que a moeda é um objeto irreproduzível sem esforço – qualidade que a torna comum às mercadorias que representa. Isso quer dizer que, naturalmente, existem vários tipos de signos, e que uma das maneiras de diferenciá-los pode ser mesmo o valor econômico de sua matéria de expressão (cf. 3.4).

A análise marxista mostra ainda que o diagrama semiótico que rege a economia capitalista diferencia tanto TH quanto VT (que são reciprocamente equivalentes) de um terceiro elemento, o Salário, recebido pelo trabalho que desempenha TH. A diferença entre TH, VT e Salário constitui a "mais-valia". Esse fato, porém, altamente significativo do ponto de vista da pesquisa econômica, não contradiz nosso modelo semiótico: ao contrário, mostra como a própria análise semiótica pode tornar reconhecíveis certos problemas da vida cultural, evidenciando contradições que de outra forma permaneceriam encobertas. Na realidade, a abordagem científica da economia consiste em descobrir a parcialidade de certos códigos semióticos superficiais, e, portanto, sua natureza IDEOLÓGICA (cf. 3.9).

Se voltarmos à Fig. 2, perceberemos que também ela fornecia uma representação parcial de um sistema de relações diferentemente complexo. Na realidade, uma pedra pode ter muitas outras funções além da registrada por F (quebrar a noz); um possível sistema semiótico global (ou seja, a representação de uma cultura em sua globalidade) deveria demonstrar todo possível valor de uso reconhecido à pedra e significado por seu eventual nome: dessa forma, tornar-se-ia possível demonstrar fenômenos de SINONÍMIA e de HOMONÍMIA que se verificam também no universo dos objetos.

0.8.4. A troca familiar

Consideremos finalmente a troca das mulheres. Em que sentido poderia ser considerada um processo semiótico? As mulheres surgem, no contexto primitivo de troca, como objetos físicos, para serem usados mediante operações fisiológicas e 'consumidos' como sucede aos alimentos e outros bens...

Todavia, se as mulheres fossem apenas corpos, com os quais os maridos mantêm relações sexuais para engendrar a prole, não se explicaria por que *todo* homem não pode copular com *toda* mulher. Por que existem convenções que obrigam o homem a escolher uma (ou mais) mulheres, seguindo regras rigorosas de escolha? Porque é o VALOR SIMBÓLICO da mulher que a opõe, no interior de um sistema, a outras mulheres. No momento em que se torna, ou está prestes a ser escolhida como esposa, a mulher deixa de ser apenas um corpo físico (um bem de consumo) para tornar-se um signo que conota um sistema de obrigações sociais (cf, p. ex., Lévi-Strauss, 1947).

0.8.5. A cultura como fenômeno semiótico

Tornou-se claro agora por que a primeira hipótese (radical), enunciada em 0.8.1, faz da semiótica uma TEORIA GERAL DA CULTURA e, em última análise, um substituto da antropologia cultural. Mas reduzir toda a cultura a um problema semiótico não significa reduzir o conjunto da vida material a puros eventos mentais. Contemplar a cultura em sua globalidade *sub specie semiótica* não quer ainda dizer que a cultura toda seja *apenas* comunicação e significação, mas que a cultura, em sua complexidade, pode ser entendida melhor se for abordada de um ponto de vista semiótico. Quer dizer, em suma, que os objetos, os comportamentos e os valores funcionam como tais porque obedecem a leis semióticas.

Se passarmos agora à hipótese moderada descobrimos que ela, à primeira vista, significa apenas que todo aspecto da cultura pode tornar--se (enquanto conteúdo possível de uma comunicação) uma entidade semântica.

Certo é que é muito pouco afirmar que uma classe de objetos – por exemplo, «automóvel» – torna-se uma entidade semântica quando é significada pelo significante |automóvel|. Nesse nível, poder-se-ia muito bem dizer que a semiótica se ocupa do cloreto de sódio, pois essa substância natural é também vista como significado do significante |sal|.

Mas, se a lermos melhor, a hipótese moderada sugere algo mais: os sistemas de significados (enquanto unidades culturais que se tornam conteúdos de possíveis comunicações) são organizados em estruturas (campos e eixos semânticos) que seguem as mesmas regras semióticas identificadas para os sistemas de significantes. Em outras palavras, «automóvel» não é apenas uma entidade semântica no momento em que se correlaciona ao significante |automóvel|; é-o também a partir do instante em que se sistematiza num eixo oposicional com outras unidades semânticas tais como «carro», «bicicleta» ou «pé» (pelo menos na oposição 'de automóvel *vs* a pé').

Portanto, existe ao menos uma maneira de considerar todos os fenômenos culturais do ponto de vista semiótico: tudo que a semiótica não pode estudar de outra forma cai sob o seu domínio, pelo menos a nível de uma SEMÂNTICA ESTRUTURAL. Mas ainda assim o problema não se acha plenamente esclarecido.

Um automóvel (entendido como objeto físico concreto) indica um certo *status* social e adquire um inquestionável valor simbólico; isso acontece não só quando «automóvel» aparece como uma classe abstrata significada como conteúdo de um significante verbal ou pictográfico (como sucede quando a mesma entidade semântica abstrata é ao mesmo tempo denotada por significantes diferentes, como |car|, |*voiture*| ou |*bagnole*|), mas também quando o automóvel se apresenta COMO OBJETO. Em outras palavras, o objeto ||*automóvel*|| se torna o significante de uma unidade semântica que não é tão somente «automóvel», mas pode ser, por exemplo, «velocidade», «conveniência», «riqueza». Igualmente, como se viu em 0.8.2, o objeto «automóvel» torna-se o significante de sua função (ou uso) possível.

Assim, tanto no nível social quanto no funcional, o objeto, *enquanto tal*, reveste já função significante. Dessa forma, a segunda hipótese remete à primeira, e todo fenômeno cultural pode ser estudado em seu funcionamento de artifício significante.

A cultura, pois, pode ser integralmente estudada sob o prisma semiótico.

0.9. LIMITES EPISTEMOLÓGICOS

Há ainda uma espécie de terceiro umbral, de caráter epistemológico, que não depende da definição de objeto semiótico, mas da definição da disciplina em si, em termos de 'pureza' teórica.

Trata-se, em suma, de dizer se a semiótica constitui a teoria abstrata da competência de um produtor ideal de signos (competência que pode ser estabelecida de modo axiomático e altamente formalizado) ou se é o estudo de fenômenos sociais sujeitos a mutações e reestruturações. Se, enfim, o objeto da semiótica se assemelha mais a um cristal ou a uma rede móvel e intrincada de competências transitórias e parciais. Em outros termos, perguntamos se o objeto da semiótica se assemelha mais à superfície do mar onde, malgrado o contínuo movimento das moléculas de água e os fluxos das correntes submarinas, estabelece-se uma espécie de comportamento médio que chamamos "o mar", ou a uma paisagem cuidadosamente ordenada onde, todavia, a intervenção humana altera sem cessar a forma das instalações, das construções, das culturas, da canalização etc.

Se se aceita (como fazemos neste livro) a segunda hipótese, será forçoso aceitar também uma outra condição da indagação: a pesquisa semiótica não se assemelha à navegação, onde o sulco do navio desaparece à passagem do barco, mas às explorações terrestres, onde a marca dos veículos e as pegadas, bem como as picadas abertas para cruzar uma floresta, modificam a paisagem e desde então começam a fazer parte dela, como variações ecológicas.

Toma-se claro, dessa maneira, que a pesquisa semiótica será guiada por uma espécie de PRINCÍPIO DE INDETERMINAÇÃO: uma vez que significar e comunicar são funções sociais que determinam a organização e a evolução cultural, 'falar' dos 'atos de palavra', significar a significação ou comunicar a respeito da comunicação não podem deixar de influenciar o universo do falar, do significar, do comunicar.

Ora, a abordagem semiótica ao fenômeno da semiose deve ser caracterizada por essa consciência dos próprios limites. Com frequência, para ser *verdadeiramente* 'científico', não convém querer ser mais 'científico' do que o exigido pela situação. Nas ciências humanas, incorre-se frequentemente numa falácia ideológica que consiste em considerar o próprio discurso imune à ideologia, atribuindo-lhe 'objetividade' e 'neutralidade'. Infelizmente, toda pesquisa é de alguma maneira 'motivada'. A pesquisa teórica é tão somente uma das formas da prática social. Quem quer conhecer algo o faz para fazer alguma coisa. Se afirma desejar conhecer pelo puro prazer de conhecer (e não para fazer), isto significa que ele quer conhecer para não fazer nada, o que representa uma forma um tanto sub-reptícia de fazer algo, isto é, de deixar as coisas como estão ou como se gostaria que estivessem.

Nessas condições, é bem melhor (e muito mais 'científico') não esconder as motivações do discurso: se a semiótica é uma teoria, fique claro que na perspectiva presente ela se apresenta como uma teoria que deve ensejar uma interpretação crítica contínua dos fenômenos de semiose. Uma vez que as pessoas se comunicam, explicar *como* e *por que* o fazem hoje significa fatalmente determinar a maneira pela qual e as razões pelas quais o farão amanhã.

Mesmo as páginas mais abstratas e 'formalizadas' dos capítulos seguintes deverão ser lidas à luz dessa presunção epistemológica.

1. Significação e Comunicação

1.1. UM MODELO COMUNICATIVO ELEMENTAR

Se todo processo de comunicação fundamenta-se num sistema de significação, será preciso identificar a ESTRUTURA ELEMENTAR DA COMUNICAÇÃO para ver se isso sucede também em tal nível.

Mesmo representando toda relação de significação uma convenção cultural, poderiam existir, todavia, processos de comunicação aparentemente despidos de qualquer convenção significante e nos quais, como já foi proposto em 0.7, se verificariam apenas passagens de estímulos ou de sinais. Isso ocorre, por exemplo, quando se transmite 'informação' física entre dois aparatos mecânicos.

Quando uma boia assinala ao painel de um automóvel o nível da gasolina, dá-se um processo que se efetiva unicamente através de uma cadeia de CAUSAS e EFEITOS. Todavia, a teoria da informação nos diz que ali ocorreu um processo informacional, considerado ao mesmo tempo por muitos 'comunicativo'. Nosso exemplo, obviamente, não leva em conta o que acontece quando o sinal, vindo da boia para o painel, aí se converte em um fenômeno visível a olhos humanos (como o movimento de um ponteiro): aqui, sem dúvida, achamo-nos em presença de um processo sígnico em que a posição do índice ESTÁ PARA o nível do combustível em virtude de um CÓDIGO. Mas o que coloca alguns problemas numa teoria dos signos é precisamente aquilo que sucede antes de olhos humanos pousarem sobre o painel: se, a partir desse momento, o índice se torna o ponto de partida de um processo de significação, *antes* daquele momento ele é apenas o resultado final de um processo comunicativo. Durante esse processo preliminar, ninguém 'sabe' que a posição da boia está para o movimento do índice; admitir-se-ia antes que a boia ESTIMULA, PROVOCA, CAUSA o movimento do índice.

É, pois, necessário examinar melhor tal fenômeno, que representa um caso de soleira da semiótica.

Delineemos uma situação comunicativa muito simples[1]. É preciso saber, embaixo no vale, quando uma represa situada no alto, entre dois montes, e regulada por um dique, atinge determinado nível de saturação, a que chamaremos 'nível de perigo'.

Se há água ou não, se ela está acima ou abaixo do nível crítico, e quanto, bem como a que velocidade sobe: tudo isso constitui uma série de informações que podem ser transmitidas da represa, a qual constitui, assim, a FONTE da informação. Suponhamos agora que um técnico instale uma boia na represa e ela, atingido o nível crítico, acione um aparelho TRANSMISSOR capaz de emitir um SINAL elétrico que viaje através de um CANAL (um fio) e seja captado por um RECEPTOR no vale. O receptor converterá o sinal elétrico numa série de outros eventos mecânicos que constituem a MENSAGEM chegada ao aparelho de destinação. Nesse ponto, o aparelho destinatário pode acionar uma resposta mecânica que corrija a situação na fonte (por exemplo, abrindo uma comporta de onde a água excedente se escoe em outra direção).

Essa situação é comumente representada assim:

Nesse modelo, o CÓDIGO é o artifício que assegura a um dado sinal elétrico a produção de uma dada mensagem mecânica capaz de solicitar uma dada resposta. O técnico pode, por exemplo, estabelecer um código deste tipo: a presença de um sinal +A oposta à ausência de um sinal −A. O sinal +A é emitido quando a boia sensibiliza o aparelho transmissor.

Mas esse modelo hidráulico prevê ainda a presença de um RUMOR potencial no canal, isto é, de qualquer distúrbio elétrico que possa alterar a natureza do sinal, eliminando-o, tornando-o difícil de ser captado, produzindo erradamente (na saída) +A quando fora transmitido −A, e vice-versa. Destarte o técnico, para fazer frente à possibilidade de rumor, deverá complicar o próprio código. Poderá, por exemplo, estabelecer dois níveis diferentes de sinais, como +A e +B, dispondo assim de três sinais[2]; quanto ao aparelho destinatário, pode ser instruído a responder de três maneiras diferentes:

---

1. O modelo que se segue (como já ocorria na *Struttura assente*) é tomado de De Mauro, 1966 (atualmente em De Mauro, 1971). Como se verá, o estudo do modelo difere do conduzido na *Struttura assente*, pelo menos no sentido de que esclarece maiores consequências metodológicas.

2. A ausência de um sinal não constitui mais sinal, como, ao contrário, ocorria no caso de '+ A *vs* -A': agora, a ausência de um sinal é condição opositiva para se realçar

SIGNIFICAÇÃO E COMUNICAÇÃO

+ A produz um 'estado de calma'
+ B produz uma 'resposta corretiva'
- AB produz um sinal de emergência, indicando que algo não está funcionando
(e o mesmo pode acontecer, naturalmente, caso se verifique + AB).

Tudo isso complica o código e aumenta o custo do equipamento, mas torna mais segura a transmissão da informação.

Pode também acontecer que um determinado rumor produza + A ao invés de +B. Para evitar tal risco é preciso *complicar* ulteriormente o código. Suponhamos agora que o técnico preveja quatro sinais positivos e estabeleça que toda mensagem deva ser composta de dois sinais. Os quatro sinais positivos podem ser representados por quatro níveis, mas admitamos que, para tornar o processo mais controlável, o técnico decida que eles devem ser identificados por meio de quatro lâmpadas colocadas em série, de forma que A seja reconhecível enquanto preceda B, e assim por diante; naturalmente, poderiam funcionar também quatro lâmpadas de cores diferentes. Nesse caso, é claro que o aparelho destinatário não tem necessidade de 'ver' as lâmpadas, pois não dispõe de *órgãos sensoriais*; as lâmpadas servem para que o técnico (e nós) possamos entender o que está acontecendo.

Certamente, a correspondência entre os sinais elétricos e as lâmpadas deveria constituir matéria de um novo código, requerendo também um aparelho transmissor anexo (um receptor deveria converter o sinal no acendimento da lâmpada etc.): no entanto, por razões de simplificação, consideremos tanto os sinais elétricos quanto as lâmpadas como dois aspectos de um mesmo fenômeno.

Nesse ponto, o técnico dispõe de dezesseis mensagens possíveis, pelo menos sob o ponto de vista teórico:

AA	BA	CA	DA
AB	BB	CB	DB
AC	BC	CC	DC
AD	BD	CD	DD

Uma vez que AA, BB, CC e DD são simples repetições do mesmo sinal e não podem ocorrer ao mesmo tempo, e que seis sinais são apenas um sinal precedente em ordem inversa (não se considerando, nesse caso, a sucessão temporal de dois sinais), o técnico pode contar então com somente seis sinais: AB, BC, CD, AD, AC e BD.

Suponhamos agora que ele atribua ao sinal AB a tarefa de comunicar «nível crítico». A partir daí, são cinco os sinais 'vazios' com que pode contar.

Dessa maneira, o técnico obteve dois resultados interessantes: (i) é altamente improvável que exista um rumor tão 'astuto' para ativar duas lâmpadas erradas, sendo provável que, num caso desses, a ativação errônea dê lugar a uma das cinco mensagens privadas de sentido (como

---

a presença do outro. Ademais, tanto sua ausência como sua presença conjunta podem ser entendidas como artifícios de sinonímia que indicam um distúrbio no canal.

BC), ou a sequências de sinais não considerados como mensagens (como ABC); assim, é mais fácil determinar as possíveis disfunções; (ii) uma vez que, apesar de tudo, o código foi complicado e o custo do empreendimento inteiro aumentou, o técnico pode valer-se da abundância de mensagens à sua disposição para amortizar a despesa inicial *formulando um código mais rico*.

De fato, com todas essas mensagens à disposição, podem ser assinaladas muito mais coisas que ocorram na fonte, predispondo assim uma sequência mais diferenciada de respostas à destinação. Trata-se, pois, de estabelecer um novo código, capaz de assinalar mais estados da água e permitir respostas mais articuladas.

Esse novo código é representado na Fig. 4.

(a) lâmpada	(b) estados da água ou noções em tomo dos estados da água	(c) respostas do destinatário
AB	= nível crítico	= evacuação
BC	= nível de alarme	= estado de alarme
CD	= nível de segurança	= estado de repouso
AD	= nível de insuficiência	= enchimento

Figura 4

A primeira complicação do código produziu REDUNDÂNCIA, já que dois sinais compõem uma mensagem só, mas essa redundância ensejou uma *abundância* de mensagens possíveis e facultou a diferenciação de situações na fonte e respostas à chegada. Se se observar bem, a redundância produziu ainda duas mensagens adicionais (AC e BD), que, como se pode ver na Fig. 4, não são consideradas pelo código; poderiam ser usadas para assinalar outros estados intermediários e outras respostas apropriadas, ou para introduzir sinonímias (duas mensagens assinalam juntas o nível crítico). Em todo caso, o código parece funcionar bem assim, não havendo necessidade de complicá-lo ulteriormente[3].

1.2. SISTEMAS E CÓDIGOS

Uma vez tendo o técnico estabelecido seu código próprio, o semiólogo poderia indagar: (i) o que é propriamente código? O construto através do qual se estabelece que a um dado estado da água na represa corresponde uma dada sequência de lâmpadas acesas? (ii) se assim é, o aparelho mecânico 'tem' ou 'conhece' um código, isto é, reconhece o 'significado' de uma mensagem recebida ou é apenas estimulado a res-

---

3. A partir de agora, o código é válido mesmo se a máquina (por erro ou por influência de um *malin génie*) *mentir*. Supõe-se que os sinais se refiram ao estado real da água, mas eles não veiculam 'estados', e sim *noções* sobre tais estados.

SIGNIFICAÇÃO E COMUNICAÇÃO

ponder? (iii) e se o aparelho destinatário responde a simples estímulos mecânicos com uma sequência de respostas apropriadas, isso ocorre à base de um código? (iv) para quem funciona o código? Para o técnico ou para o aparelho? (v) em todo caso, não seria talvez verdade que muitos estudiosos chamariam |código| à organização interna do sistema das lâmpadas, independentemente do tipo de noções que sua articulação formal pudesse sugerir? (vi) enfim, não é um fenômeno de codificação também o próprio fato de, na fonte, as possíveis posições da água (se não infinitas, ao menos inumeráveis) terem sido segmentadas dando lugar a quatro posições reconhecíveis?

Poderíamos prosseguir, mas torna-se claro desde já que, com o nome de código, o técnico entendeu pelo menos *quatro* fenômenos diferentes:

(a) *Uma série de sinais regulados por leis combinatórias internas*. Esses sinais não são necessariamente conexos ou conectáveis à série de posições ou estados da água na represa, nem às respostas do destinatário. Este poderia veicular à vontade outros fatos solicitando outros tipos de respostas: por exemplo, poderiam prestar-se a comunicar que o técnico enamorou-se perdidamente da filha do vigia do dique ou a persuadir a garota a corresponder a essa paixão. Ou então, tais sinais poderiam viajar pelo canal sem nenhuma função precisa, emitidos pelo puro gosto de avaliar a eficiência mecânica do aparelho. E poderiam ainda ser entendidos como pura estrutura combinatória que apenas por acaso assume a forma de sinais elétricos, simples jogo abstrato de oposições e posições vazias, como será visto em 1.3. Assim, esses sinais constituem aquilo que podemos definir como um SISTEMA SINTÁTICO.

(b) *Uma série de estados da água* considerados como séries de NOÇÕES a respeito dos estados da água e que podem tornar-se (como sucede no exemplo proposto) séries de conteúdos de uma possível comunicação. Como tais, eles podem ser veiculados por sinais elétricos (lâmpadas), mas independem delas: com efeito, poderiam ser veiculados por qualquer outro tipo de sinal – bandeiras, assobios, fumaça, palavras, ruído de tambores etc. A essa série de conteúdos, chamamos SISTEMA SEMÂNTICO.

(c) *Uma série de possíveis* RESPOSTAS COMPORTAMENTAIS *por parte do destinatário*. Essas respostas são independentes do sistema (b), pois podem muito bem ser usadas para fazer funcionar uma lavadora ou (no caso de nosso técnico ser um louco) para introduzir mais água na represa no momento crítico, de modo a provocar uma inundação. Elas podem também ser estimuladas por um sistema diferente (a); suponhamos, por exemplo, que o destinatário seja instruído para evacuar a água acionando uma célula fotoelétrica apenas quando, digamos, perceber a imagem de Fred Astaire beijando Ginger Rogers. Do ponto de vista comunicativo, as respostas constituem a prova de que a mensagem foi recebida corretamente (e muitos filósofos – como Morris, 1946 – acham que o significado não é outra coisa senão uma "disposição para responder" a um dado estímulo), mas esse aspecto do problema pode ser por ora posto de lado, já que admitimos que as respostas devem ser consideradas como independentes de qualquer outro elemento que veicule qualquer coisa.

30 TRATADO GERAL DE SEMIÓTICA

(d) *Uma regra que associa alguns elementos do sistema* (a) a *elementos do sistema* (b) *ou do sistema* (c). Essa regra estabelece que uma dada série de sinais sintáticos se refere a um estado de água ou a uma dada segmentação 'pertinente' do sistema semântico; ou que tanto a unidade do sistema semântico quanto a do sistema sintático, uma vez associadas, correspondem a uma dada resposta; ou que uma dada série de sinais corresponde a uma dada resposta mesmo não se supondo que seja assinalada alguma unidade do sistema semântico; e assim por diante. Apenas esse tipo complexo de regra pode ser propriamente chamado 'CÓDIGO'.

Apesar disso, vemos que em muitos contextos o termo | código | não apenas cobre os fenômenos de tipo (d) – como acontece com o sistema Morse –, mas também casos de sistemas puramente articulatórios como (a), (b) e (c). Por exemplo, o chamado 'código fonológico' é um sistema de tipo (a); o 'código genético' poderia ser um sistema de tipo (c); o chamado 'código de parentesco' representa ou um sistema combinatório de tipo (a) ou um sistema de unidades de parentesco muito semelhantes ao tipo (b).

Uma vez que tais homonímias têm origem empírica e frequentemente se tornam bastante úteis, não as discutiremos. Mas, para evitar toda uma série de equívocos teóricos que podem surgir daí, é preciso sempre distinguir a que tipo de código nos referimos. Portanto, chamaremos todos os sistemas de tipo (a), (b) e (c) de *s-código* (entendendo 'código enquanto sistema'); e chamaremos de *código* em sentido próprio a regra que associa os elementos de um s-código aos elementos de um outro s-código ou de mais s-códigos – como sucede em (d).

Os s-códigos são, na verdade, SISTEMAS ou ESTRUTURAS que podem muito bem subsistir independentemente do propósito significativo ou comunicativo que os associa entre si, e, como tais, podem ser estudados pela teoria da informação ou pelos vários tipos de teorias generativas. Eles são compostos por um conjunto finito de elementos estruturados oposicionalmente e governados por regras combinatórias mediante as quais podem dar origem a liames finitos ou infinitos.

Naturalmente, nas ciências humanas (bem como em algumas disciplinas matemáticas), tais sistemas são postulados ou reconhecidos exatamente por mostrarem como os elementos de um sistema podem veicular os elementos de outro, ambos se correlacionando mutuamente. Em outras palavras, esses sistemas são em geral levados em consideração precisamente na medida em que cada um deles constitui um dos planos de uma correlação chamada 'código'.

Sucede então que, posto um s-código atrair a atenção apenas quando inserido num quadro de significação (o código), o interesse teórico se concentra, além de sua estrutura interna, sobre seu propósito comunicativo: por isso, tende-se a chamar esse sistema (em si mesmo desprovido de funções significantes) de código, por uma espécie de *substituição metonímica*, enquanto visto como parte daquele todo semiótico (o código) do qual possui algumas propriedades.

Aí estão as razões 'históricas' em virtude das quais um s-código é comumente chamado |código| (código fonológico, código genético, có-

SIGNIFICAÇÃO E COMUNICAÇÃO 31

digo de parentesco etc.): uso retórico que seria conveniente eliminar. Ao contrário, o termo |s-código| pode ser legitimamente aplicado a fenômenos semióticos como (a), (b) e (c) sem o perigo de licenças retóricas, pois que tais fenômenos constituem 'sistemas' submetidos às mesmas regras formais mesmo sendo compostos de elementos diferentes (como sinais elétricos, noções sobre os estados do mundo, respostas comportamentais).

1.3. S-CÓDIGOS COMO ESTRUTURAS

Quando vistos independentemente de outros sistemas com que se correlacionam, os s-códigos podem ser considerados como ESTRUTURAS, ou seja, sistemas (i) em que cada valor se institui pela posição e diferença e que (ii) se evidenciam apenas quando diferentes fenômenos são mutuamente comparados em referência ao mesmo sistema de relações.

No sistema hidráulico considerado em 1.1, (a), (b) e (c) são estruturados de forma homóloga. Consideremos, por exemplo, o sistema (a): é composto por quatro elementos (A, B, C, D), dos quais levamos em consideração a presença (acendimento) ou a ausência:

$$
\begin{aligned}
A &= 1000 \\
B &= 0100 \\
C &= 0010 \\
D &= 0001
\end{aligned}
$$

Também as mensagens que eles podem gerar são identificáveis da mesma maneira:

$$
\begin{aligned}
AB &= 1100 \\
CD &= 0011 \\
BC &= 0110 \\
AD &= 1001
\end{aligned}
$$

AB é, portanto, identificável porque *a ordem das presenças e das ausências é oposicionalmente diferente das de BC ou CD*, e assim por diante. Cada elemento do sistema pode ser submetido a provas de substituição e de comutação, e gerado pela transformação de um dos outros elementos. Ademais, o sistema poderia igualmente funcionar mesmo se, ao invés de quatro lâmpadas, organizasse quatro frutos, quatro animais ou quatro mosqueteiros[4].

---

4. Fique claro que, em tal caso, não se cogita do fato de, num dado código, uma lâmpada acesa, duas apagadas e uma acesa poderem representar Aramis (e assim por diante). Cogita-se de uma organização pré-significativa, na qual D'Artagnan, Athos, Porthos e Aramis, usados como elementos puramente sintáticos, fossem postos assentados, em fila, em quatro cadeiras, erguendo-se alternadamente dois a dois para realizar um puro jogo de oposições. O exemplo, todavia, seria ainda equívoco, pois somos levados a pensar que Aramis e Athos são distinguíveis devido a seus caracteres intrínsecos (Aramis tem bigodes bem cuidados e coletes de renda, Athos tem uma nobre palidez no rosto e é mais alto, sempre vestido de preto etc.. Num s-código não é necessário, toda-

32 TRATADO GERAL DE SEMIÓTICA

Até o sistema (b) se apoia no mesmo mecanismo estrutural. Assumindo-se que 1 seja a unidade pertinente mínima de água introduzida, a subida da água, do estado de carência ao de perigo, poderia seguir uma espécie de progressão 'icônica' a que se oporia (num tipo de quiasma icônico) a regressão representada pelo sistema (c), em que 0 representa a unidade pertinente mínima de água evacuada:

(b)		(c)	
(perigo)	1111	0000	(evacuação)
(alarme)	1110	0001	(alarme)
(segurança)	1100	0011	(repouso)
(insuficiência)	1000	0111	(enchimento)

Se surge uma simetria inversa entre (b) e (c), isso depende do fato de que os dois sistemas foram concebidos para um ser a correção do outro; ao contrário, a representação das propriedades estruturais de (a) não exibia nenhuma homologia com as outras duas porque a correspondência entre os liames de sinais em (a) e as unidades de (b) e (c) fora estabelecida ARBITRARIAMENTE. Poder-se-ia muito bem escolher, fosse o caso de instituir um código capaz de assinalar «perigo» e estimular «evacuação», a mensagem ABCD (1111), embora tal solução fosse informacionalmente mais antieconômica, exposta a perigos maiores de rumor.

Em todo caso, já que se está falando dos três sistemas como entidades de fato independentes entre si (e não se está considerando sua possível correlação mercê de um código), o importante aqui é observar como cada um deles possa, independentemente dos demais, fundamentar-se na *mesma matriz estrutural* – matriz que, como se viu, é capaz de gerar combinações diferentes, seguindo diferentes regras combinatórias. Se depois, quando os três sistemas tiverem sido comparados um com o outro, surgem as recíprocas diferenças, identidades, simetrias ou dissimetrias, juntamente com seu potencial de mútuas TRANSFORMAÇÕES, tal ocorre precisamente porque eles possuem a mesma estrutura subjacente.

A organização estrutural de um sistema tem importantes funções práticas e apresenta certas propriedades[5].

O arranjo em sistema torna COMPREENSÍVEL um estado de fatos e o faz COMPARÁVEL a outros estados de fatos, preparando destarte

via, que os elementos possuam qualidades intrínsecas que os diferenciem: são diferenciados pela posição. Por isso, a experiência se cumpriria mesmo fazendo assentarem-se quatro D'Artagnan absolutamente iguais, e as unidades distinguíveis seriam dadas pela posição recíproca dos D'Artagnan assentados em relação aos de pé.

5. O problema de se a estrutura, assim definida, pode ser considerada uma realidade objetiva ou uma hipótese operativa já foi amplamente discutido na *Struttura assente*. Daquela discussão, mantêm-se aqui as conclusões, e, portanto, sempre que o termo |estrutura| for usado no presente livro, deverá ser entendido como um modelo construído e *estabelecido* com vistas a estandardizar diversos fenômenos de um ponto de vista unificado. É lícito supor que, se tais modelos funcionam, de qualquer maneira reproduzem uma ordem objetiva dos fatos ou um funcionamento universal da mente humana. O que se quer evitar é a assunção preliminar dessa frutuosíssima suposição como se fosse um princípio metafísico.

SIGNIFICAÇÃO E COMUNICAÇÃO

as condições para uma possível CORRELAÇÃO sígnica ou código. Este prove um repertório de unidades estruturado em um conjunto, de sorte que cada unidade se diferencie da outra por meio de EXCLUSÕES BINÁRIAS. Portanto, um sistema (o s-código) possui uma GRAMÁTICA INTERNA que é estudada pela matemática da informação. A matemática da informação, em princípio, não tem nada a ver com uma engenharia da transmissão de informações, dado que apenas estuda as propriedades estatísticas de um s-código. Tais propriedades estatísticas permitem um cálculo economicamente correto quanto ao modo melhor de transmitir informação em uma dada situação informacional, mas os dois aspectos podem ser considerados independentemente.

O importante é que os elementos de uma gramática informacional não só explicam o funcionamento de um sistema sintático, mas de qualquer tipo de sistema estruturado, como, por exemplo, os sistemas chamados 'semântico' (b) e 'comportamento' (c). O que, porém, uma teoria matemática da informação não pode e não deve explicar é o funcionamento de um código como regra de correlação (d). Nesse sentido, deve ficar claro que uma teoria da informação não é nem uma teoria da significação nem uma teoria da comunicação, mas tão somente uma teoria das possibilidades combinatórias abstratas de um s-código.

1.4. INFORMAÇÃO, COMUNICAÇÃO, SIGNIFICAÇÃO

1.4.1. Algumas distinções metodológicas

Tentemos resumir as questões metodológicas que vimos abordando. O termo |informação| possui dois sentidos fundamentais: (a) significa uma propriedade estatística da fonte, ou seja, designa a quantidade de informação que *pode ser transmitida*; (b) significa uma quantidade precisa de informação selecionada que *foi de fato transmitida e recebida*.

A informação, no sentido (a), pode ser considerada tanto como (a,i) a informação à disposição numa dada fonte natural quanto (a,ii) a informação à disposição depois que um s-código reduziu a equiprobabilidade da fonte.

A informação, no sentido (b), pode ser computada como: (b,i) a passagem, através de um canal, de sinais que não possuem qualquer função comunicativa e que constituem puros estímulos, naturais ou mecânicos; (b,ii) a passagem, através de um canal, de sinais com função comunicativa, isto é, que foram codificados como veículos de algumas unidades de conteúdo.

Portanto, devemos distinguir quatro diferentes tipos de estudos de quatro diferentes objetos formais, a saber:

(a,i) os resultados de uma teoria matemática da informação como uma TEORIA ESTRUTURAL DAS PROPRIEDADES ESTATÍSTICAS DA FONTE (cf. 1.4.2): essa teoria só diz respeito a um estudo semiótico no sentido de que constitui uma introdução ao estudo de tipo(a,ii);

(a,ii) os resultados de uma teoria matemática da informação como TEORIA ESTRUTURAL DAS PROPRIEDADES GENERATIVAS DE

UM S-CÓDIGO (cf. 1.4.3): tal estudo tem encargos semióticos, pois prove elementos para a compreensão de uma gramática dos funtivos (cf. 2.1);

(b,i) os resultados de estudos de engenharia da transmissão da informação relativos aos PROCESSOS PELOS QUAIS SÃO TRANSMITIDAS UNIDADES DE INFORMAÇÃO Não SIGNIFICANTES (ou seja, puros sinais ou estímulos) (cf. 1.4.4): esses estudos só dizem respeito diretamente à semiótica no sentido de que constituem uma introdução ao estudo de tipo (b,ii);

(b,ii) os resultados de estudos de engenharia da transmissão da informação concernentes aos PROCESSOS PELOS QUAIS UNIDADES SIGNIFICANTES DE INFORMAÇÃO SÃO TRANSMITIDAS COM FINALIDADES COMUNICATIVAS (cf. 1.4.5): tal estudo é útil de um ponto de vista semiótico, pois prove elementos a uma teoria da produção sígnica (cf. 3).

Assim, a semiótica está particularmente interessada em (a,ii) e (b,ii); interessa-se também por (a,i) e (b,i) – que podemos definir como a soleira da semiótica – na medida em que, seja a teoria, seja a engenharia da informação, forneça categorias utilizáveis em campo semiótico.

Como se verá no capítulo 2, uma teoria dos códigos, que estuda como os sistemas de tipo (a,ii) se tornam plano do conteúdo de um outro sistema do mesmo tipo, utilizará categorias como 'significado' e 'conteúdo'. Estas nada têm a ver com a categoria de 'informação', porquanto a teoria da informação não contempla o conteúdo das unidades de que se ocupa, mas, no máximo, as propriedades combinatórias internas do sistema das unidades veiculadas na medida em que, também ele, constitui um s-código[6].

1.4.2. A informação na fonte

Segundo (a,i), a informação é apenas a *medida de probabilidade* de um evento no interior de um sistema equiprovável. A probabilidade é a relação entre o número de casos que se concretizam e que poderiam se concretizar. A relação entre uma série de casos e a série de suas proba-

---

6. No modelo hidráulico descrito, o aparelho destinatário é indiferente a um código, não recebe nenhuma comunicação e não 'entende' nenhum signo. Com efeito, o aparelho destinatário é o objeto de uma teoria de tipo (b,i). Ao contrário, o técnico, que inventou todo o sistema, tem muito a ver também com uma teoria de tipo (b,ii), para a qual os sinais veiculam conteúdos e são, portanto, signos. O mesmo sucede com o código genético: objeto de uma teoria de tipo (a,i) e (b,i) ao mesmo tempo, seria objeto de uma teoria de tipo (b,ii) somente aos olhos de Deus ou para qualquer outro ser capaz de projetar um sistema de transmissão da informação genética. Na prática, a descrição que um especialista em genética fornece dos fenômenos genéticos representa um s-código. Uma vez instituído, esse s-código (já que o especialista sabe que a certos fenômenos correspondem determinados êxitos genéticos) pode tornar-se objeto de uma teoria de tipo (a,ii), permitindo explicações metafóricas, com fins didáticos, de tipo (b,ii). Veja-se também a nota 5 e a discussão em Grassi, 1972, principalmente o que se diz em 0.7.

SIGNIFICAÇÃO E COMUNICAÇÃO 35

bilidades se identifica com a relação entre uma progressão aritmética e uma progressão geométrica, representando esta última o logaritmo binário da primeira. Assim, dado um evento que pode realizar-se entre n diferentes casos, a quantidade de informação acumulada com a ocorrência daquele dado evento (uma vez selecionado) é fornecida por log $n = x$.

Para identificar o evento, são necessárias x escolhas binárias; portanto, a realização do evento dá x "bit" de informação. Eis por que o valor informação não pode ser identificado com o significado ou com o conteúdo do evento usado como artifício comunicativo. O importante é o número de alternativas necessárias para definir o evento sem ambiguidade. Todavia, uma vez verificado, o evento representa uma unidade de informação pronta para ser transmitida, e, como tal, concerne especificamente a (b,i).

Ao contrário, a informação no sentido (a,i) não é tanto aquilo que 'é dito' como aquilo que 'pode ser" dito. Representa a liberdade de escolha disponível para a possível seleção de um evento, constituindo, pois, uma propriedade estatística da fonte. A informação é o valor de equiprobabilidade que se realiza entre muitas possibilidades combinatórias, valor que cresce com o número das escolhas possíveis. Um sistema em que estejam co-envoltos, não dois ou dezesseis, mas milhões de eventos equiprováveis, é altamente informativo. Quem houvesse determinado um evento numa fonte desse tipo teria recebido muitos *bit* de informação. Obviamente, a informação recebida representaria uma redução daquela inexaurível riqueza de escolhas possíveis existente na fonte, antes de o evento ser determinado.

Enquanto mede a equiprobabilidade de uma distribuição estatística uniforme na fonte, a informação, segundo seus teóricos, é diretamente proporcional à ENTROPIA do sistema (Shannon e Weaver, 1949), uma vez que a entropia é o estado de equiprobabilidade para o qual tendem os elementos do sistema.

Se a informação é às vezes definida, ou como entropia, ou como NEG-ENTROPIA (e destarte inversamente proporcional à entropia), isso depende do fato de, no primeiro caso, a informação ser entendida no sentido (a,i), e no segundo no sentido (b,i), a saber, como informação já selecionada, transmitida e recebida.

1.4.3. A informação de um s-código

Foi dito, todavia, que também é informação a medida da liberdade de escolha ensejada pela organização interna de um s-código. No exemplo do sistema hidráulico de 1.1, um s-código funcionava como uma peneira seletiva que sobrepunha à série indefinida de eventos, que poderiam ocorrer na fonte, uma série de constrições, selecionando apenas alguns eventos como PERTINENTES (por exemplo, consideravam-se somente quatro possíveis estados da água na represa). Cabe-nos agora demonstrar que tal redução é devida, em geral, ao projeto de transmitir informação (no sentido b,i), e como este projeto dá origem a um s-código que deve ser considerado um novo tipo de fonte, dotado de propriedades

36 TRATADO GERAL DE SEMIÓTICA

informacionais particulares, objeto de uma teoria dos s-códigos no sentido (a,ii).

Exemplos desse tipo de teoria são apresentados pela fonologia estrutural e por vários tipos de linguística distribucional, assim como por teorias estruturais do espaço semântico (cf. Greimas, 1966, 1970), teorias da gramática transformacional e generativa (Chomsky e Miller, 1968 etc.) e várias teorias das estruturas narrativas (cf. Bremond, 1973) ou da gramática textual (cf. van Dijk, 1970; Petófi, 1972).

Se todas as letras do alfabeto, formáveis com o teclado de uma máquina de escrever, constituíssem um sistema de elevada entropia, teríamos uma situação de informação máxima. Seguindo um exemplo de Guilbaud (1954), diremos que, em virtude de podermos prever a existência de 25 linhas numa página datilografada, cada qual com 60 espaços, e desde que o teclado da máquina (tomada como exemplo) possui 42 teclas – cada uma podendo produzir 2 caracteres – e com o acréscimo do espacejamento (que tem valor de signo) pode produzir 85 signos diferentes, vemos surgir um problema: dado que 25 linhas por 60 espaços tornam possíveis 1500 espaços, quantas sequências diferentes de 1500 espaços podem ser produzidas escolhendo-se cada um dos 85 signos disponíveis no teclado?

Pode-se obter o número total das mensagens de comprimento L que podem ser fornecidas por um teclado de C signos elevando-se C à potência L. No nosso caso, sabemos poder produzir 85^{1500} mensagens possíveis. Tal é a situação de equiprobabilidade existente na fonte; as mensagens possíveis são expressas por um número de 2895 algarismos.

Mas quantas escolhas binárias são necessárias para identificar uma das mensagens possíveis? Um número altíssimo, cuja transmissão requereria um dispêndio notável de tempo e de energia, tanto mais que cada mensagem possível se compõe de 1500 espaços, e cada um desses signos é identificado por escolhas binárias sucessivas entre os 85 signos previstos pelo teclado... A informação na fonte, como liberdade de escolha, é notável, mas a possibilidade de transmitir essa informação possível, identificando aí uma mensagem executada, torna-se assaz difícil.

Aqui intervém a função ordenadora de um s-código. Isso limita tanto as possibilidades de combinação entre os elementos em jogo quanto o número dos elementos que constituem o repertório. Introduz-se, na situação de equiprobabilidade da fonte, um sistema de probabilidades: certas combinações são possíveis, outras menos. A informação da fonte diminui, a possibilidade de transmitir mensagens aumenta.

Shannon (1949) define a informação de uma mensagem que implica N escolhas entre h símbolos como

$$I = N lg_2 h$$

(fórmula que lembra a da entropia).

Ora, uma mensagem que deva ser selecionada entre um número altíssimo de símbolos, onde se torna possível um número astronômico de combinações, resultaria muito informativa, mas seria intransmissível por requerer inúmeras escolhas binárias (e escolhas binárias custam dinheiro, pois podem tratar-se de impulsos elétricos, movimentos mecânicos ou simplesmente operações mentais: e cada canal de transmissão pode permitir a passagem de somente um certo número de tais escolhas). Assim, para que a transmissão seja possível e imagens possam ser formadas, cumpre reduzir os valores de N e de h. É mais fácil transmitir uma mensagem que deve fornecer informações sobre um sistema de elementos cujas combinações são regidas por um sistema de possibilidades pré-fixadas. Quanto mais reduzidas as alternativas, mais fácil a comunicação.

Um s-código introduz, com seus critérios de ordem, essas possibilidades de comunicação; *o código representa um sistema de estados sobreposto à equiprobabilidade do sistema de partida, para permitir seja ele dominado comunicativa-*

SIGNIFICAÇÃO E COMUNICAÇÃO 37

mente. Todavia, não é o valor estatístico informação que requer esse elemento de ordem, mas sua transmissibilidade.

Sobrepondo um s-código a uma fonte de alta entropia, como o teclado da máquina de escrever, reduzem-se as possibilidades de escolha por parte de quem escreve: por exemplo, no momento em que eu, de posse de um s-código como a gramática italiana, me ponho a escrever, a fonte possui uma entropia menor; em outras palavras, não podem nascer 85^{1500} mensagens possíveis em uma página, mas um número bem menor, dominado por regras de probabilidades, que responde a um sistema de expectativas – portanto muito mais previsível. Mesmo se, como é natural, o número de mensagens possíveis em uma lauda datilografada *é* sempre muito elevado, todavia o sistema de probabilidades introduzido por um s-código exclui que minha mensagem possa contemplar sequências de letras como xwcyywcwwyc (que a língua italiana não admite, exceto no caso de formulações metalinguísticas como a presente); exclui que, após a sequência de símbolos "ass", possa ocorrer a letra "q", permitindo prever naquela posição uma das cinco vogais (de cujo aparecimento poderiam depender, com uma probabilidade computável com base no vocabulário, as palavras "asse", "assimilare" ou "assumere" etc..

1.4.4. A transmissão física da informação

O técnico que organizou o sistema hidráulico descrito em 1.1 dispunha de um repertório de unidades pertinentes (A, B, C, D) combináveis de modo a produzir unidades de ordem mais complexa (como AB ou BC)[7]. Uma vez que a probabilidade da ocorrência de um dado elemento entre quatro é 1/4, e a da co-ocorrência de dois elementos é de 1/16, o técnico conta com 16 mensagens possíveis, cada uma delas valendo 4 bit. Tudo isso constitui uma conveniente redução da informação disponível na fonte (o técnico não deve mais nem predizer nem controlar um número infinito de posições da água) e ao mesmo tempo fornece uma fonte bastante rica de equiprobabilidade.

Todavia, já vimos que nem todas as dezesseis mensagens podem ser usadas sem o obstáculo de vários inconvenientes. Por isso, o técnico reduziu posteriormente seu campo de probabilidades, selecionando como pertinentes apenas quatro estados da água, quatro possíveis respostas e, consequentemente, quatro mensagens. Reduzindo o número das probabilidades no interior do próprio sistema sintático, o técnico também reduziu o número de eventos 'interessantes' na fonte. Um s--código de sinais, implicando dois outros s-códigos estruturalmente homólogos (o semântico e o comportamental), sobrepôs um sistema de níveis possíveis àquele, bem mais vasto, que uma teoria da informação no sentido (a,i) teria considerado como propriedade de uma fonte indeterminada. Ora, toda mensagem identificada, transmitida e recebida segundo as regras do sistema sintático, mesmo valendo teoricamente sempre 4 bit, pode ser selecionada graças a apenas duas escolhas binárias, e por isso custa só 2 bit.

---

7. Em linguística, elementos como A, B, C e D seriam elementos de *segunda articulação* desprovidos de significado, que se combinam para formar elementos de *primeira articulação* (como AB). Na esteira de Hjelmslev, chamaremos *figuras* a elementos como A, B, C, D (pertinentes e não significantes).

1.4.5. A comunicação

Por meio de apenas uma simplificação estrutural, o técnico submeteu a controle semiótico três diferentes sistemas, e isso porque relacionou mutuamente as unidades dos vários sistemas, estabelecendo destarte um código. Certas intenções COMUNICATIVAS (b,ii), baseadas em certos princípios técnicos de tipo (b,i), permitiram-lhe estabelecer, recorrendo aos princípios de (a,i), um sistema de tipo (a,ii), de modo a produzir um sistema de funções sígnicas chamado código[8].

Este capítulo pode deixar inexplorada, dando-a como pseudoproblema, a questão de saber se o técnico primeiro produziu três s-códigos organizados para em seguida poder correlacioná-los em código ou se, passo a passo, primeiro correlacionou unidades desorganizadas que só depois se estruturaram em três sistemas homólogos. Uma opção entre essas duas alternativas requereria um estudo dos mecanismos psicológicos do técnico, ou uma descrição fenomenológica dos seus procedimentos empíricos na forma como se realizaram. Em casos mais complicados, surgem problemas como o das origens da linguagem. Em última análise, requer-se uma teoria da inteligência, que não constitui o objeto do presente discurso, mesmo devendo uma pesquisa semiótica ter sempre presente toda a série das próprias correlações possíveis a semelhante temática.

O que permanece indiscutível é que um código frequentemente se confunde com um s-código não por acaso: tenha o código determinado a estrutura de um s-código, ou vice-versa, sempre um código existe porque existem s-códigos, e os s-códigos existem porque existe – ou existiu, ou poderá existir – um s-código. Assim, a significação penetra a vida cultural em sua totalidade, mesmo por sob a soleira da semiótica.

---

8. As relações ambíguas entre fonte, s-código e código surgem porque um s-código é estabelecido para permitir às suas unidades sintáticas que veiculem unidades semânticas que se supõe coincidirem com o que de fato acontece na fonte. Nesse sentido, um código sintático é tão fortemente condicionado pelo seu escopo final (e um sistema semântico é tão pesadamente marcado pela sua suposta capacidade de refletir o que acontece no mundo) que é compreensível (embora não justificável) por que todos os três objetos formais de três diferentes teorias foram ingenuamente chamados 'código'.

2. Teoria dos Códigos

2.1. A FUNÇÃO SÍGNICA

Quando um código associa os elementos de um sistema veiculante aos elementos de um sistema veiculado, o primeiro se torna a *expressão* do segundo, o qual, por seu turno, torna-se o *conteúdo* do primeiro.

Há função sígnica quando uma expressão se correlaciona a um conteúdo, tornando-se ambos os elementos correlatos *funtivos* da correlação.

Agora já podemos distinguir um sinal de um signo. Um sinal é a unidade pertinente de um sistema que pode tornar-se um sistema de expressão ordenado de um conteúdo, mas que também poderia permanecer um sistema de elementos físicos privados de função semiótica (que, como tal, é estudado por uma teoria da informação em sentido restrito). Um sinal pode ser um estímulo que não significa nada, mas provoca ou solicita algo: contudo, quando usado como ANTECEDENTE reconhecido de um CONSEQUENTE previsto, é assumido como signo, pois fica em lugar do próprio consequente (para o emissor ou para o destinatário).

Um signo é sempre constituído por um (ou mais) elementos de um PLANO DA EXPRESSÃO convencionalmente correlatos a um (ou mais) elementos de um PLANO DO CONTEÚDO.

Sempre que ocorre uma correlação desse tipo, reconhecida por uma sociedade humana, existe signo. Somente nesse sentido se pode aceitar a definição de Saussure, segundo a qual um signo é a correspondência entre um significado e um significante.

Tais presunções implicam algumas consequências: (a) UM SIGNO NÃO É UM ENTIDADE FÍSICA, porquanto a entidade física é, no máximo, a ocorrência concreta do elemento pertinente da expressão; (b) UM

40 TRATADO GERAL DE SEMIÓTICA

SIGNO NÃO É UMA ENTIDADE SEMIÓTICA FIXA, mas antes o local de encontro de elementos mutuamente independentes, oriundos de dois sistemas diferentes e associados por uma correlação codificante. Propriamente falando, não há signos, mas funções sígnicas (Hjelmslev, 1943).

Uma função sígnica se realiza quando dois funtivos (expressão e conteúdo) entram em mútua correlação: mas o mesmo funtivo pode também entrar em correlação com outros elementos, tornando-se assim um funtivo diferente, que dá origem a uma outra função sígnica.

Assim, os signos são o resultado provisório de regras de codificação que estabelecem correlações transitórias em que cada elemento é, por assim dizer, autorizado a associar-se com um outro elemento e a formar um signo somente em certas circunstâncias previstas pelo código.

Basta pensar numa expressão como |plano|, da qual podemos registrar uma série notável de conteúdos («nível», «projeto», «liso» etc.: destarte, identificamos ao menos três funções sígnicas, |plano| = X, |plano| = Y, |plano| = Z.

Essa definição funciona mesmo se se aceitar a concepção semiótica muito difundida (cf. Buyssens, 1943; Prieto, 1964; De Mauro, 1970), para a qual a função expressiva não é desempenhada por unidades morfemáticas elementares (ou da 'parole'), mas por cadeias mais complexas (que Buyssens chama "semas"). Assim, dada a expressão |vem aqui| – que adquire diversos conteúdos segundo os contextos, as circunstâncias exteriores e as pressuposições subentendidas – vemo-nos diante de uma quantidade indefinida de diversas funções sígnicas (mesmo se, para alguns teóricos, não nos encontremos aqui diante de uma correlação estritamente codificada, mas diante do resultado de uma leitura interpretativa do contexto).

Poder-se-ia dizer que não é correto afirmar que um código organiza signos; um código proveria regras para GERAR signos como ocorrências concretas no curso da interação comunicativa. Mas mesmo essa presunção não tocaria a definição de função sígnica.

Em todo caso, o que entra em crise é a noção ingênua de signo, que se dissolve numa rede de relações múltiplas e mutáveis. A semiótica faz entrever, assim, uma espécie de paisagem molecular, na qual aquilo que a percepção quotidiana nos apresenta como formas acabadas é, em realidade, o resultado transitório de agregações químicas, sendo as chamadas 'coisas' apenas a aparência superficial de uma rede subjacente de unidades mais microscópicas. Ou, se se quiser, a semiótica dá uma espécie de explicação fotomecânica da semiose, revelando que, onde vemos imagens, existem ajustamentos estratégicos de pontos brancos e negros, alternâncias de cheios e vazios, um pulular de traços não significantes da retina, diferenciáveis pela forma, posição, intensidade cromática. A semiótica, como a teoria musical, nos diz que por sob a melodia reconhecível existe um jogo complexo de intervalos e notas, e por sob as notas existem feixes de formantes.

2.2. EXPRESSÃO E CONTEÚDO

Voltemos por um instante ao modelo de processo hidráulico delineado no primeiro capítulo e imaginemos que o destinatário não seja

TEORIA DOS CÓDIGOS

mais um aparelho mecânico, mas o próprio técnico, que recebe informações a respeito da situação da represa e que sabe dever responder a uma dada informação movendo a máquina de determinada maneira.

Examinando-se as articulações internas dos signos instituídos pelo código, elas podem ser analisadas assim:

(i) um *continuum* de possibilidades físicas usado como material amorfo de onde o técnico extrai elementos pertinentes e discretos, para serem usados como artifícios expressivos;

(ii) *ocorrências concretas de artifícios expressivos* como A, B, C e D (e suas combinações), que representam elementos selecionados de um material amorfo original;

(iii) um *sistema de posições vazias*, uma estrutura, em virtude da qual as ocorrências *expressivas* listadas em (ii) assumem sua natureza posicional e oposicional;

(iv) tanto (ii) quanto (iii) escolhidos como *plano da expressão* de um plano do conteúdo representado por (v) e (vi);

(v) um *sistema de posições vazias*, uma estrutura, em virtude da qual algumas ocorrências concretas de unidades do *conteúdo* assumem natureza posicional e oposicional;

(vi) *ocorrências concretas de unidades do conteúdo* como «nível de perigo», «nível de segurança», e assim por diante, que representam elementos escolhidos ou 'cortados' de um *continuum* impreciso e amorfo de fatos ou noções;

(vii) um *continuum* de possibilidades físicas, de eventos psíquicos, de comportamentos e de pensamentos a que o sistema (v) conferiu uma ordem, selecionando aí um conjunto estruturado, de unidades semânticas (Fig. 5).

	Plano da expressão		Plano do conteúdo		
continuum	unidade	sistema	sistema	unidade	*continuum*
luz, fenômenos elétricos	AB BC CD AD	1100 0110 0011 1001	1111 1110 1100 1000	perigo alarme segurança insufic.	o conjunto amorfo das posições da água e tudo o que se pode pensar a respeito
matéria não -semiótica		funções sígnicas ocorrências sígnicas			matéria não -semiótica

Figura 5

Portanto, (a) um código estabelece a correlação de um plano da expressão (no seu aspecto puramente formal e sistemático) com um plano do conteúdo (no seu aspecto puramente formal e sistemático); (b) uma função sígnica estabelece a correlação entre um elemento abstrato do sis-

42 TRATADO GERAL DE SEMIÓTICA

tema da expressão e um elemento abstrato do sistema do conteúdo; (c) dessa forma, um código estabelece TIPOS gerais, produzindo assim a regra que gerará TOKENS ou OCORRÊNCIAS CONCRETAS, a saber, aquelas unidades que se realizam nos processos comutativos e que comumente se chamam signos; (d) ambos os *continua* representam os elementos que precedem a correlação semiótica e com os quais a semiótica não tem o que fazer (enquanto subsistem, respectivamente, sob a soleira e sobre o umbral superior da semiótica). Assim, no modelo hidráulico do capítulo 1, a semiótica não tem o que fazer com as leis elétricas ou com a 'matéria' eletrônica que permite 'construir' os sinais elétricos; está apenas interessada na seleção daqueles sinais a que se fará corresponder um dado conteúdo. Do mesmo modo, a semiótica não se interessa pela hidráulica e pelos estados físicos da água, mas apenas pelo fato de um sistema semântico ter organizado noções (conteúdos) em torno de possíveis estados da água.

Obviamente, uma ciência como a física, interessada nos estados da água, requererá a seu turno um tratamento semiótico dos próprios objetos, assim como, definindo entidades como 'átomos', 'moléculas' ou 'H_2O', ela de fato segmenta o próprio *continuum* em um campo semântico específico, que será depois veiculado por unidades expressivas que vão constituir o sistema sintático da física. Isso significa, como disse Hjelmslev, que, se se considerar a função sígnica assim:

$$\frac{\dfrac{\text{(matéria)}}{\text{substância}}}{\text{forma}} \quad \text{Conteúdo}$$

$$\frac{\dfrac{\text{forma}}{\text{substância}}}{\text{(matéria)}} \quad \text{Expressão}$$

a 'matéria' permanece sempre *substância para uma nova forma*. É o que sucede, por exemplo, quando um físico considera o comprimento de onda de cada lâmpada em termos de unidades substanciais de um sistema de comprimentos de onda que a semiótica, no capítulo 1, não levou em consideração porque estava interessada apenas nas diferenças perceptíveis em termos de cor ou posição.

Tudo o que precede torna, claramente, a semiótica hjelmsieviana como base, mas a reelabora com certa liberdade. De fato, como primeira observação, é somente a tradução italiana de Hjelmslev (1943) que usa o termo |matéria| para designar o que no presente livro é chamado |*continuum*|. A tradução inglesa usa o termo bem mais ambíguo de |*purport*| (que, contando «sentido» entre suas traduções mais óbvias, parece aceitável quando referido ao plano do conteúdo, mas particularmente ambíguo quando referido à expressão, em especial se se considera que Hjelmslev usa como seus sinônimos, em diversas passagens, tanto |matéria| quando |*continuum*|). Por outro lado, a tradução inglesa é literalmente fiel ao original dinamarquês, que usa |*mening*|, a que deveria corresponder com efeito «sentido». Mesmo a noção de substância é ambígua em Hjelmslev: no caso da

TEORIA DOS CÓDIGOS 43

expressão, o autor entende sem dúvida as ocorrências materiais dos tipos previstos pela forma (sons, luzes, linhas estampadas numa página, e assim por diante), mas, no caso do conteúdo, Hjelmslev sugere repetidamente a ideia de que as substâncias são 'coisas' identificadas graças à forma linguística. Fique claro que, no curso deste livro, entendem-se as substâncias do conteúdo como ocorrências de unidades semânticas geradas pela forma do sistema semântico (cf. 2.6.). E se entenderá o *"mening"* no sentido de matéria ou *continuum* material, dando-se a esse conceito a mais ampla latitude possível e considerando-se como eventos materiais extrassemióticos não apenas os estados físicos do mundo, mas também os acontecimentos psíquicos, como as ideias que se supõe 'ocorrerem' na mente dos usuários das funções sígnicas (e que, na realidade, são fatos materiais enquanto fenômenos químico-elétricos a nível dos circuitos nervosos e dos eventos corticais).

Se se emprega |*mening*| no sentido de *continuum* material, então se pode concordar com Hjelmslev quando adverte que "pode-se conceber a descrição da matéria (tanto no que diz respeito à expressão quanto ao conteúdo linguístico) como essencialmente tocante, em parte à *física*, em parte à *antropologia* (social); com isso, não queremos tomar posição quanto a certos pontos debatidos na filosofia contemporânea. Requerem-se, pois, para ambos os planos, uma descrição física e uma descrição fenomenológica" (Hjelmslev, 1943, trad. ital., p. 84).

No modelo hidráulico considerado, os sinais ou mensagens AB, BC etc. são substâncias da expressão organizadas por uma forma da expressão e que veiculam noções como «perigo», que são substâncias do conteúdo organizados por uma forma do conteúdo. A 'matéria' elétrica de que são feitos os sinais é *continuum* da expressão estudado pela física, ao passo que os estados da água a que se referem as unidades do sistema do conteúdo são *continuum* do conteúdo estudado pela hidráulica ou outras disciplinas; as possíveis respostas, organizadas como sistema semântico no plano do conteúdo, são objeto de uma psicologia do comportamento ou de qualquer outra ciência antropológica.

Todavia, enquanto o modelo hjelmsleviano, embora em sua complexidade aparentemente bizantina, presta-se singularmente a delinear uma teoria dos códigos (objeto deste capítulo 2), ele deveria ser simplificado ao se passar àquela parte de uma teoria da produção sígnica (capítulo 3) que é comumente definida como "teoria da comunicação". Nesse quadro, a função sígnica não é outra coisa senão a correspondência entre um significante e um significado, e as mensagens não passam de correspondências do tipo postulado e realizado no curso do processo de transmissão.

Quando, ao contrário, uma teoria da produção sígnica pretende considerar as modalidades de elaboração da função sígnica, especialmente para operações complexas como a produção de um texto estético, a sêxtupla subdivisão de Hjelmslev se verificará singularmente apropriada (veja-se 3.7).

Finalmente, existe um outro aspecto de uma teoria da produção sígnica que consiste em produzir enunciados que intentam afirmar algo de verdadeiro ou de falso em torno de um estado do mundo: esse aspecto da produção (e interpretação) sígnica será estudado por uma teoria dos atos de menção ou de referência (cf. 3.1.2). Numa tal perspectiva, evidencia-se em primeiro plano o *continuum* do conteúdo, pois a tarefa

Modelo formal	Teoria dos códigos	Teoria da comunicação	Teoria da menção	Teoria dos atos comunicativos
Continuum	Experiência	Fonte	Mundo	Destinatário
				Processos pragmáticos
unidades estabelecidas	unidades interpretadas (*tokens*)	Significado	Proposição	Mensagem
sistema de posições vazias	sistema semântico (*types*)			
Conteúdo	*Conteúdo*	Mensagem	Menção ou referência	
sistema de posições vazias	sistema sintático (*types*)	Significante	Enunciado	
unidades estabelecidas	unidades produzidas (*tokens*)			
Expressão	*Expressão*			
Correlação entre funtivos	Código			
Continuum	Matéria	Canal	Enunciação	Emissor

Figura 6

dessa teoria é assegurar a correspondência entre um conteúdo veiculado (ou proposição correspondente ao enunciado) e um estado real do mundo.

Portanto, na Fig. 6, propomos diversos modos de utilização (a diversos níveis de excelência articulatória) do modelo hjelmsleviano, de conformidade com os diversos contextos teóricos a que deveriam aplicar-se.

Esse modelo múltiplo e comparado permite reescrever as categorias informacionais em termos estritamente semióticos: a fonte é apenas o *continuum* do plano do conteúdo, o canal é o *continuum* do plano da expressão; o sinal se torna uma ocorrência concreta do funtivo da expressão; a mensagem é uma entidade de dupla face, ou seja, a ocorrência (*token*) de uma função sígnica ou daquilo que Saussure chamava "signo". Tanto o canal quanto a fonte situam-se aquém e além de uma teoria dos códigos, mas, como se verá melhor no capítulo 3, são levados em consideração ao se passar a uma teoria da produção sígnica. Por exemplo, ver-se-á que um texto estético é um conjunto de mensagens onde um tratamento particular do canal (ou da matéria em que são realizados os significantes) torna-se altamente pertinente.

Assim, em um enunciado que tende a mencionar algo, isto é, a referir-se a um estado do mundo, o que sucede à fonte não é outra coisa senão aquilo que, em outros contextos, se chama "referente" (cf. 2.5).

Quanto ao emissor e ao destinatário, nada têm a ver com uma teoria dos códigos, mas tornam-se dignos de interesse no quadro de uma teoria da produção sígnica e, em especial, daquele seu capítulo a que chamaremos teoria dos atos comunicativos (de que se falará em 3.1).

2.3. DENOTAÇÃO E CONOTAÇÃO

Quando falamos do aparelho destinatário no modelo hidráulico do capítulo 1, dissemos que um só sinal poderia veicular ao mesmo tempo uma informação acerca do estado da água e uma instrução referente à resposta a por em ação.

Tendo substituído um aparelho mecânico por um ser humano, cabe-nos agora considerar o problema de outro ângulo: o técnico recebe uma informação sobre o estado da água e, *portanto*, sempre à luz de uma determinada convenção, sabe (ou decide) que deve responder de uma certa maneira.

Nesse sentido, a resposta comportamental não é estimulada pelo sinal: é SIGNIFICADA (ou imperativamente comunicada) pelo fato de um dado estado da água ter sido previamente significado. Temos, assim, uma *significação veiculada por uma significação anterior*, com o que se obtém uma espécie de 'supra-elevação' de códigos, como na Fig. 7:

EXPRESSÃO		CONTEÚDO
Expressão	Conteúdo	
AB = perigo		= evacuação
BC = alarme		= alarme
CD = segurança		= repouso
AD = insuficiência		= enchimento

Figura 7

Essa superelevação de códigos representa o que Hjelmslev definiu como *semiótica conotativa*, cuja forma é:

expressão		conteúdo
expressão	conteúdo	

É conotativa uma semiótica em que o plano da expressão se constitui de uma outra semiótica. Em outras palavras, tem-se código conotativo quando o plano da expressão é um outro código. No exemplo acima, o conteúdo da primeira significação (junto com as unidades expressivas que o veiculam) torna-se expressão de um conteúdo ulterior. A expressão AB DENOTA «perigo» e CONOTA «evacuação».

A diferença entre denotação e conotação não é aqui definida, pois, à semelhança do que sucede em outros autores, como a diferença entre significação 'unívoca' e 'vaga', ou entre comunicação 'referencial' e 'emotiva', e assim por diante. O que constitui uma conotação enquanto tal é o fato de que ela se institui parasitariamente à base de um código precedente e não pode ser veiculada antes de o conteúdo primário ter sido denotado (o técnico sabe que deve evacuar a água só depois que esta atingiu o nível de perigo). Naturalmente, qualquer um poderia ter instruído o destinatário de que a mensagem AB veicularia diretamente o conteúdo «evacuação» sem pretender um prévio conhecimento do estado da água na represa. Nesse caso, ter-se-ia um só código de tipo denotativo, como denotativo teria sido a relação AB = «evacuação».

Deve, pois, ficar claro que a diferença entre denotação e conotação se deve ao mecanismo convencionalizante do código, independentemente do fato de as conotações poderem parecer menos estáveis que as denotações. A estabilidade concerne à força da convenção codificante, mas, uma vez estabelecida a convenção, a conotação se torna funtivo estável de uma função sígnica cujo funtivo subjacente é uma outra função sígnica. Um código conotativo pode ser definido como SUBCÓDIGO no sentido de que se fundamenta num código-base.

Pode-se também supor que uma convenção social, uma educação escolar, um sistema de expectativas profundamente radicado no patri-

TEORIA DOS CÓDIGOS   47

mônio de opiniões compartilhado pelo técnico, levem-no a correlacionar o primeiro código (denotativo) com um terceiro sistema de conteúdos. Por exemplo, o técnico sabe que o nível de perigo significa «aluvião segura», o nível de alarme significa «ameaça de aluvião» e o nível de insuficiência significa «sede». Eis aí um terceiro sistema ligado ao primeiro, de modo que este permite, à função sígnica que institui, manter uma dupla relação conotativa. Assim, AB pode denotar «perigo» e conotar ao mesmo tempo tanto «evacuação» quanto «aluvião». As duas conotações podem ainda excluir-se mutuamente. Aqui não o fazem, mas apesar de tudo não dependem uma da outra (pode-se supor que o nível crítico significa aluvião mesmo sem cogitar da evacuação da água). A forma desse duplo código conotativo poderia então ser a seguinte:

conteúdo	expressão		expressão	conteúdo
	conteúdo	expressão	conteúdo	
		expressão	conteúdo	

Se depois o técnico, de posse do tríplice código, decidir privilegiar uma ou outra conotação; se, aterrorizado pela ameaça de aluvião, esquecer-se de ativar o mecanismo de evacuação e acrescentar conotações emotivas extras ao conteúdo recebido: tais coisas não dizem respeito a uma teoria dos códigos, mas antes àquilo que comumente é chamado PRAGMÁTICA[1], podendo talvez interessar uma teoria da produção (e interpretação) sígnica. Aqui, o que interessa é um código ser capaz de prover as condições para um jogo complexo de funções sígnicas.

Uma teoria dos códigos deverá, de preferência, estabelecer a que grau de superelevação conotativa pode chegar um tal cruzamento de códigos; como e quando uma superposição de funções sígnicas pode produzir uma espécie de labirinto de significações interligadas; se uma situação labiríntica desse gênero pode ainda constituir o objeto de uma descrição em termos de semiótica estrutural ou se produz, pelo contrário, uma espécie de 'colmeia' dotada de propriedades topológicas que uma teoria dos códigos pode definir em princípio, mas não conseguirá nunca reproduzir por meio de um modelo finito. Tudo isso constituirá objeto dos parágrafos 2.12 e 2.13.

---

1. Na discussão lógica contemporânea, o termo |pragmática| assumiu mais sentidos do que vale a pena distinguir: (i) o conjunto das respostas idiossincráticas elaboradas pelo destinatário depois de haver recebido a mensagem (o técnico do nosso modelo recebe a assinalação de perigo e decide sair de férias); (ii) a interpretação de todas as escolhas semânticas oferecidas pela mensagem; (iii) o conjunto das pressuposições implicadas na mensagem; (iv) o conjunto das pressuposições implicadas na relação interativa entre emitente e destinatário. Enquanto o sentido (i) não diz respeito ao presente discurso, o sentido (ii) se relaciona à teoria dos códigos, e os sentidos (hi) e (iv) dizem respeito tanto à teoria dos códigos quanto à da produção sígnica.

48 TRATADO GERAL DE SEMIÓTICA

2.4. MENSAGEM E TEXTO

Existe, em todo caso, uma distinção, que diz respeito mais que qualquer outra à teoria da produção sígnica, ora antecipada por facilitar a compreensão do que seja |código|.

Quando o técnico (à base de uma tríplice convenção) recebe AB, deve-se falar em uma ou três mensagens?

Com efeito, uma vez que existem três códigos a instituir três funções sígnicas, pode-se falar em três mensagens veiculadas pelo mesmo significante, isto é, (i) «a água atingiu o nível de perigo», (ii) «ativar a alavanca de evacuação» e (iii) «há perigo de aluvião». Destarte, um único significante condensou um discurso muito mais complexo do que nos é possível descrever: «uma vez que a água atingiu o nível de perigo, deve-se ativar logo a alavanca de evacuação, do contrário corre-se o risco de uma aluvião».

Não se está a afirmar, apenas, que um único código pode produzir muitas mensagens em sucessão, o que é por demais óbvio; nem que conteúdos diversos podem ser veiculados pelo mesmo significante, segundo um código usado, porquanto isso também é óbvio; dizemos, ao contrário, que, *usualmente, um único significante veicula conteúdos diversos e interligados*, e, portanto, aquilo que se chama 'mensagem' constitui, o mais das vezes, um TEXTO cujo conteúdo é um DISCURSO em diversos níveis.

Metz (1970) avançou a hipótese de que, em qualquer situação de comunicação (exceto, talvez, nos raros casos de univocidade elementar), temos sempre muito a ver com um "texto". Um texto seria, então, o resultado da coexistência de vários códigos, ou pelo menos de vários subcódigos. Metz exemplifica com a expressão |*voulez-vous tenir ceci, s'il vous plait?*| e assinala como, nessa frase, pelo menos dois códigos estão agindo: um é o da língua francesa, o outro o código da cortesia. Sem este último ninguém entenderia exatamente o que significa |*s'il vous plait*|, ocorrendo então uma interpretação ingênua. Mas, em Metz, a pluralidade dos códigos é vista 'horizontalmente'. O destinatário decodifica primeiro a frase inteira, em referência a um código, e a seguir a segunda metade, em referência a outro. No nosso exemplo, ao contrário, o sinal AB põe em ação uma pluralidade 'vertical' de códigos.

2.5. CONTEÚDO E REFERENTE

2.5.1. A falácia referencial

Finalmente, defrontamos um outro problema, que, mesmo se referindo a uma teoria da produção sígnica – e em particular a uma teoria das menções – será de imediato solucionado, do contrário poderia perturbar um correto desenvolvimento da teoria dos códigos.

Trata-se do problema do REFERENTE, isto é, daqueles estados do mundo que se supõe corresponderem ao conteúdo da função sígnica.

Se bem que muito importante no próprio âmbito teórico, o problema do referente pode ter influência letal sobre a teoria dos códigos e conduzir à FALÁCIA REFERENCIAL.

Pode-se admitir tranquilamente que os 'signos' transmitidos no modelo hidráulico do capítulo 1 têm 'objetos' correspondentes, a saber, os estados da água na fonte. Se não existisse água na represa, toda a construção sobre a qual tanto vimos falando não teria razão de existir. Assim, parece razoável afirmar que a água 'real' é a condição necessária do inteiro modelo semiótico proposto.

Mas, mesmo tendo sido a água a condição necessária para o *projeto* do modelo, ela não é, de fato, a condição necessária para seu *funcionamento* semiótico. Uma vez estabelecido o modelo, e funcionando com base em seus códigos próprios, uma mensagem (ou um texto) como AB funcionaria mesmo se a água da represa estivesse num nível diferente, se não houvesse água e até se a própria represa, com as montanhas que a formam, fosse invenção de um gênio maligno. De outra parte, não é necessário perturbar o *malin génie* de memória cartesiana: basta que alguém, na fonte, manipulando o aparelho transmissor, decida transmitir uma MENTIRA. O funcionamento semiótico da cadeia toda e as respostas comportamentais do destinatário em nada mudariam.

Já se observou em 0.1.3 que, se um mentiroso, elaborando um certo comportamento, finge-se de doente, o funcionamento semiótico desse comportamento pode ser muito bem analisado independentemente do fato de o mentiroso estar mentindo.

Portanto, toda vez que se manifesta uma possibilidade de mentir, achamo-nos em presença de uma função sígnica. Função sígnica significa possibilidade de significar (e portanto de comunicar) algo a que não corresponde nenhum estado real de fatos. Uma teoria dos códigos deve estudar tudo quanto possa ser usado para mentir. A possibilidade de mentir é o *proprium* da semiose, assim como, para os escolásticos, a possibilidade de rir era o *proprium* do homem como animal racional.

Sempre que há mentira, há significação. Sempre que há significação, pode-se usá-la para mentir.

Sendo isso verdade, é claro que a semiótica identificou, nesse ponto, uma nova soleira, situada entre CONDIÇÕES DE SIGNIFICAÇÃO e CONDIÇÕES DE VERDADE, isto é, entre uma semântica INTENSIONAL e uma semântica EXTENSIONAL.

Uma teoria dos códigos se interessa apenas por uma semântica intencional, ao passo que o problema relativo à extensão de uma expressão toca de perto uma teoria dos valores de verdade ou uma teoria da referência (ou da menção).

Essa soleira é, por outro lado, e à diferença das demais, de ordem 'interna', e, no atual estado da discussão interdisciplinar, deve ser considerada simples limite 'empírico'.

2.5.2. Sinn e Bedeutung

O estudo semiótico do conteúdo é, com frequência, complicado por um diagrama simplificado demais, o conhecido triângulo difundido em sua forma mais comum por Ogden e Richards (1923):

(1)
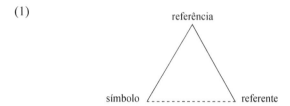

Aparentemente, ele traduz o triângulo peirciano:

(2)
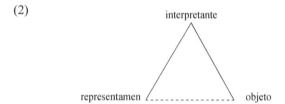

sendo muitas vezes considerado como equivalente ao de Frege (1892):

(3)

Esses três triângulos são úteis do ponto de vista de uma teoria da referência (cf. 3.3), mas embaraçantes do ponto de vista de uma teoria dos códigos. Tanto o modelo da função sígnica quanto o saussureano (significante-significado) referem-se ao lado esquerdo do triângulo (1) e (2) e podem interessar-se pelo triângulo (3) somente se a noção de *Bedeutung* não for entendida em sentido estritamente extensional.

As semióticas de Saussure e Peirce são teorias da relação 'semiósica' entre símbolo e referência (ou significado) e entre o signo e a série de seus interpretantes (cf. 2.7). Os objetos não são levados em consideração

TEORIA DOS CÓDIGOS

por Saussure, e, no quadro teorético de Peirce, só entram quando se discutem tipos particulares de signos, como os índices e os ícones (para a eliminação metodológica do objeto também nesses casos, no interior de uma teoria dos códigos, cf. 2.6 e 3.5). Os objetos podem ser levados em consideração à luz de uma leitura restrita de Frege somente quando a *Bedeutung* for entendida como objeto real a que um signo pode referir-se: quando se considera a *Bedeutung* como a classe de todos os objetos possíveis a que o signo se refere, como um objeto-*type* e não como um objeto-*token*, ela se torna algo de muito semelhante ao conteúdo, no sentido que proporemos em 2.6. Desse ponto de vista intencional, a *Bedeutung* diz respeito à teoria dos interpretantes (cf. 2.7).

Fique claro que o que vimos afirmando não toca os problemas próprios de uma teoria dos valores de verdade, e portanto uma semântica extensional: em seu quadro metodológico, mesmo assumindo que o significado de uma expressão independe da presença fatual dos objetos (ou estados do mundo) a que o signo se refere, a suposta verificação de sua presença é necessária para satisfazer o valor de verdade da expressão dada, a fim de inseri-la como etiqueta Verdadeira ou Falsa no cálculo proposicional.

Mas, do ponto de vista do funcionamento de um código, o referente deve ser excluído como uma presença embaraçante, que compromete a pureza teórica da própria teoria.

Portanto, mesmo *podendo o* referente ser o objeto nomeado ou designado por uma expressão quando a linguagem é usada para mencionar estados do mundo, deve-se assumir que, em princípio, uma expressão não designa um objeto, mas veicula um CONTEÚDO CULTURAL.

Dizer que |Walter Scott| e |o autor de Waverley| são duas expressões com a mesma *Bedeutung* e dois *Sinn* diz respeito a uma teoria da função sígnica somente na medida em que (i) a *Bedeutung* for entendida como a definição de uma entidade histórica que a cultura reconhece como uma pessoa única, constituindo, portanto, um conteúdo denotado; (ii) o *Sinn* for um modo particular de considerar um dado conteúdo, conforme outras convenções culturais, de modo que, ao primeiro conteúdo denotado, acrescentem-se outros conteúdos conotados.

Assumindo-se que a *Bedeutung é* um estado do mundo, cuja verificação prova a validade do signo, deve-se então perguntar como ocorre a percepção e a verificação daquele estado do mundo e como sua existência é definida e demonstrada quando da decodificação da função sígnica. Ver-se-á então que, para saber algo acerca da *Bedeutung*, cumpre indicá-la através de uma outra expressão, e assim sucessivamente: como disse Peirce, um signo só pode ser explicado por outro. Assim se interligam as *Bedeutung* através da série dos próprios *Sinn*, e, a esta altura, seria um tanto imprudente presumir que vários *Sinn* podem ser reconhecidos como atribuíveis à mesma *Bedeutung*, desde que a *Bedeutung é* definida pelos próprios *Sinn*, e não vice-versa.

O problema central do presente capítulo, em suma, surge do fato de o significado ser algo de fato bastante complicado, mas não da maneira sugerida pelos triângulos semânticos examinados[2].

2. No nosso volume *Il segno* (Eco, 1973) tentou-se catalogar as várias oposições de alguma forma correspondentes à dupla 'referência-referente': temos, assim '*denotatum* vs *designatum*' (ou *significatum*)' (Morris, 1938, 1946), '*extensão* vs *intenção*' (Carnap, que, no entanto, fala também de '*nominatum* vs *sense*'), '*denotação* vs *conotação*' (Stuart

52 TRATADO GERAL DE SEMIÓTICA

Dizer que um significado corresponde a um objeto real constitui atitude ingênua, que sequer uma teoria dos valores de verdade se prontificaria a aceitar. Com efeito, sabe-se muito bem que existem significantes que se referem a entidades inexistentes, como «unicórnio» ou «sereia», de sorte que, em casos tais, uma teoria extensional prefere falar de "extensão nula" (Goodman, 1949) ou de "mundos possíveis" (Lewis, 1969).

No quadro de uma teoria dos códigos, não é necessário recorrer à noção de extensão, nem mesmo à de mundo possível; os códigos, enquanto aceitos por uma sociedade, constroem um mundo cultural que não é nem atual nem possível (pelo menos nos termos da ontologia tradicional): sua existência é de ordem cultural e constitui o modo pelo qual uma sociedade pensa, fala e, enquanto fala, resolve o sentido dos próprios pensamentos por meio de outros pensamentos, e estes por meio de outras palavras. Uma vez que é pensando e falando que uma sociedade evolui, expande-se ou entra em crise, mesmo quando tem algo a ver com mundos 'impossíveis' (como sucede com os textos estéticos ou as asserções ideológicas), uma teoria dos códigos se preocupa bastante com a natureza 'cultural' desses mundos e pergunta-se o que precisa fazer para 'tocar' os conteúdos.

Para compreender a história da teologia cristã, não é necessário saber a que fenômeno específico e fatalmente verificado ou verificante corresponde a expressão |Transubstanciação| – mesmo se, para várias pessoas, tal verificação, solicitada à fé ou à intuição mística, parecer muito importante. Cumpre conhecer a que unidade cultural (a qual conjunto de propriedades intencionalmente analisáveis) corresponde o conteúdo daquela expressão. O objeto semiótico de uma semântica é, antes de mais nada, o CONTEÚDO, não o referente, sendo o conteúdo definido como uma UNIDADE CULTURAL (ou como um conjunto, ou como uma nebulosa de unidades culturais interconexas). O fato de, para inúmeras pessoas, |Transubstanciação| corresponder a um evento ou a uma coisa real, pode ser tomado semioticamente, assumindo-se que semelhante evento ou coisa são explicáveis em termos de unidades culturais. Se assim não fosse, os crentes teriam continuado a tomar a Comunhão sem preocupar-se com aqueles que não criam na Presença Real. Ao contrário, cumpria discutir e combater para socializar a definição de um universo em que a unidade cultural correspondente a |Transubstanciação| achasse um lugar preciso como porção devidamente segmentada do conteúdo global de um ambiente cultural.

2.5.3. A falácia extensional

A falácia referencial consiste em assumir que o significado de um significante tem algo a ver com o objeto correspondente.

Uma vez que os teóricos das condições de verdade não compartilham uma concepção tão ingênua, poder-se-ia dizer que também não se ocupam do problema da correspondência entre signos e estados do mundo, seja quando discutem o significado de expressões como |cão| ou |unicórnio|, seja quando discutem o possível referente de DESCRIÇÕES como |um copo de vinho| ou |o rei da França|. Ao contrário, estariam interessados na EXTENSÃO DOS ENUNCIADOS ou da PROPOSIÇÃO correspondente. Portanto, as proposições correspondentes a enunciados como |todos os cães são animais| e |todos os cães têm quatro patas| podem ser consideradas como Verdadeiras se – e só se – os cães forem realmente animais e tiverem de fato quatro patas.

Mill), *'denotation* vs *meaning'* (Russell) etc. Ao fim da presente discussão, estabeleçamos a equação seguinte: significado = intenção = sentido = *meaning* = *significatum*.

Ora, uma vez que a teoria dos códigos se interessa somente pelas funções sígnicas e suas possíveis combinações, os enunciados poderiam ser considerados matéria para uma teoria da produção sígnica. Todavia, como para o referente, existe uma maneira em que a abordagem extensionalista pode conturbar uma teoria dos códigos. Antecipemos uma classificação dos vários tipos de enunciado que, ao depois, serão melhor considerados (no capítulo 3).

Se os enunciados são as formas veiculares das proposições, podem veicular vários tipos de proposição:

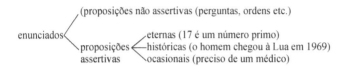

Mesmo que as proposições históricas (como as ocasionais) se baseiem em elementos indexicais, podem ser consideradas "asserções" juntamente com as proposições eternas. Até as proposições históricas e ocasionais podem ter sua extensão verificada, possuindo, assim, um valor de verdade.

O que torna as assertivas importantes para uma teoria dos códigos é o fato de muitas delas poderem ser definidas (ver 3.2) como ASSERTIVAS SEMIÓTICAS, isto é, juízos que atribuem a uma dada expressão o conteúdo ou os conteúdos que um ou mais códigos usualmente e convencionalmente lhe atribuem. Assim, muitas assertivas não devem ser reconhecidas como resultados de uma produção sígnica, mas como objetos próprios de uma teoria dos códigos.

Já que uma teoria dos códigos não reconhece a extensão como uma de suas categorias, ela pode considerar as proposições eternas sem considerar seu valor extensional. Não renunciando a considerar esse fator, a teoria dos códigos cai numa, FALÁCIA EXTENSIONAL.

A teoria dos códigos vê a definição do conteúdo como funtivo de uma função sígnica e como unidade de um sistema semântico: portanto, o fato de assumir (como faz, corretamente, uma teoria dos valores de verdade) que $p \rightarrow q$ é Verdadeiro se – e só se – (i) p e q são ambos Verdadeiros, (ii) p é Falso e q é Verdadeiro, (iii) tanto p quanto q são Falsos –, em nada ajuda a entender a noção de significado como conteúdo.

Suponhamos agora que alguém ponha a seguinte implicação: se Napoleão é um elefante, então Paris é a capital da França. Sabemos que, conforme as regras do cálculo proposicional, a implicação é Verdadeira mesmo não sendo Napoleão um elefante, e sê-lo-ia mesmo se Napoleão fosse um elefante, desde que Paris é de fato a capital da França. O entendido em cálculo proposicional não acharia nada risível nessa implicação: mas o teórico dos códigos teria boas razões para, quando menos, sorrir. E o mesmo aconteceria se (passando a proposições que não envolvem nomes próprios, que possuem propriedades

54 TRATADO GERAL DE SEMIÓTICA

especiais) se dissesse que |se a neve é feita de chocolate, então os cães são mamíferos|.

O teórico dos códigos rir-se-ia em ambos os casos, pois acharia difícil imaginar algo que não concorde com a noção cultural de Napoleão ou da neve. O falante comum divide com seus iguais uma competência que atribui à neve várias propriedades, entre as quais falta a de ser composta de chocolate. A gargalhada constitui, então, o efeito colateral de um uso impróprio do código, ou da descoberta de uma contradição interna ao código. Mas tanto o uso impróprio quanto as eventuais contradições parecem autorizadas pela existência mesma do código. Este não impede que se entenda uma proposição comumente tida como falsa.

Ao contrário, permite compreendê-la e compreender que ela é, culturalmente falando, falsa. É possível, num mundo possível e até em nosso mundo real, que, em seguida a fenômenos de poluição atmosférica, a neve fique exposta à tragédia ecológica acima citada. Mas, ainda que isso realmente acontecesse, o fato não deixaria de ser ridículo. Mesmo que, a dada altura, o riso cedesse lugar ao medo, sempre se trataria de uma reação de 'rejeição', e tanto o ridículo quanto o atemorizador deveriam ser considerados como a consequência de uma contradição particular descoberta no código[3].

Rimo-nos porque, embora compreendendo que a situação é inverossímil, percebemos o conteúdo do enunciado. Assustamo-nos porque, mesmo acatando a verossimilhança da situação, não logramos aceitar uma reorganização tão radical de nossa experiência semântica comum.

O enunciado, então, parece ridículo ou tragicamente significativo porque seu significado contrasta com as regras semânticas que compartilhamos. O significado não é inaceitável por ser incompreensível, mas por implicar, se aceito, a reorganização de nossas regras de compreensibilidade. Os escolásticos diziam que o *proprium* do homem é ser *ridens*. Ampliando as observações feitas em 2.5.1, dizemos agora que a semiótica não é apenas a teoria de tudo quanto serve para mentir, mas também de tudo quanto possa fazer rir ou provocar inquietação. E essa definição cobre a série inteira das linguagens naturais.

Assim, uma semântica extensional não pode auxiliar uma teoria dos códigos enquanto não resolver o problema da mentira e da risada; logicamente falando, uma mentira corresponde a uma proposição Falsa, e, portanto, seu conteúdo específico não é relevante para os fins do cálculo: uma proposição Falsa pode ser cômica sem por isso invalidar a correção da implicação.

Destarte, para explicar o efeito cômico, requer-se uma semântica intencional que assuma a forma de uma teoria estrutural do conteúdo.

Explicar o peso semiótico de uma mentira significa entender por que e como uma mentira (uma asserção Falsa) é semioticamente relevante, independentemente da Verdade ou Falsidade da asserção em si.

---

3. Riso e medo podem também ser estimulados por fatos, como acontece quando se ri por cócegas: são casos de riso (ou temor) fisiológico, que aqui não interessam. Ao contrário, assume-se que o riso e o medo, tais como interessam à psicologia, têm raízes semióticas.

TEORIA DOS CÓDIGOS

Fique claro que não estamos afirmando, nem o poderíamos, que *não* existem enunciados a que atribuir valores de verdade, verificáveis por comparação com os eventos 'reais' de que se tem experiência; nem se pode dizer que o destinatário de uma mensagem *não* refere a mensagem recebida às coisas de que está falando e de que se lhe está falando (admitindo-se que se lhe fale de 'coisas').

Quem quer que receba a mensagem |teu gato está se afogando na panela de sopa| antes de mais nada cuida de verificar se o enunciado corresponde à verdade, seja para salvar o gato, seja para salvar a comestibilidade da sopa, mesmo se for um semiólogo tão interessado nos códigos que se mostre suspeitoso de qualquer chamamento extensional. Mas o fato é que tais acontecimentos não dizem respeito à teoria dos códigos, que estuda somente as condições culturais em cujas bases a mensagem sobre o gato torna-se compreensível até para quem não possua gato nem esteja a preparar sopa.

Com efeito, posto que o destinatário tenha gato e panela de sopa, sua reação pragmática ao enunciado (corrida rápida à cozinha, gritos entrecortados, emissões de |pchim, pchim!|) independe da falsidade ou veracidade do enunciado – tal como todas as possíveis traduções do próprio enunciado, como sucederia a quem tentasse comunicar a mensagem recebida a um surdo-mudo por meio de outros sinais.

Dados dois enunciados como |Júlio César morreu em 44 a.C.| e |Aquiles foi morto por Paris|, é irrelevante para uma teoria dos códigos saber que, *historicamente falando*, o primeiro é Verdadeiro e o segundo Falso[4]. Isso não significa, como sugere Carnap, que a análise das intenções deve preceder a verificação da extensão. Do ponto de vista de uma teoria dos códigos, o que conta é que (a) em nossa cultura existem códigos para os quais o primeiro enunciado é entendido como conotando «verdade histórica»; (b) na sociedade grega existiam códigos para os quais o segundo enunciado era entendido como conotando «verdade histórica». O fato de, para nós, o segundo enunciado conotar «mito» é semioticamente análogo ao fato que se verificaria, à base de novos documentos, se se descobrisse que César morreu (de disenteria) dois anos depois, enquanto se dirigia a Filipos para comemorar a morte de Bruto. Fenômeno em nada diferente ocorreu quando Lorenzo Valla demonstrou a falta de fundamento histórico para o edito de Constantino.

Mas, desde que acreditar ou não acreditar no edito de Constantino significava muito, independentemente do fato de tal documento ser falso,

---

4. Ao contrário, é semioticamente relevante saber que o enunciado sobre Paris conota convencionalmente «mito» não por ser um mito, mas por ser culturalmente reconhecido como mito. Portanto, a atividade do historiógrafo que busca distinguir os enunciados sobre o passado em Verdadeiros ou Falsos (como o jornalista busca distinguir falsidade e verdade sobre o presente) é matéria de experiência e se baseia em diversos tipos de inferência. A teoria dos códigos não nega a importância dessas necessidades empíricas de esclarecer a realidade e plausibilidade dos fatos: esses fatos, porém, só a interessam quando sua verdade ou falsidade se torna matéria de opinião comum (cf. 2.10.2, discussão sobre semema como enciclopédia).

56 TRATADO GERAL DE SEMIÓTICA

sucede que uma teoria dos códigos se interessa principalmente pelos signos como FORÇAS SOCIAIS[5].

2.6. O SIGNIFICADO COMO UNIDADE CULTURAL

Procuremos agora entender a natureza do objeto teórico correspondente a uma expressão com base na regra instituída por uma função sígnica.

Tomemos o termo |cadeira|. O referente não será a cadeira x sobre a qual me assento para escrever. Mesmo para os defensores de uma semântica referencial, o referente será, em tal caso, todas as cadeiras existentes (existentes ou que existirão). Mas «todas as cadeiras existentes» não é um objeto perceptível pelos sentidos. É uma classe, uma entidade abstrata.

Toda tentativa de estabelecer o referente de um signo nos leva a defini-lo em termos de uma entidade abstrata que representa uma convenção cultural.

Mas, a admitir-se que o referente é uma entidade concreta e única, surge o problema, a resolver, do significado daquelas expressões que não podem corresponder a um objeto real. Por exemplo, todos aqueles termos que a linguística clássica chamava SINCATEGOREMÁTICOS (enquanto opostos aos CATEGOREMÁTICOS) como |a|, |com|, |todavia|. Mas, uma vez que esses são elementos fundamentais para o processo de significação (e dizer |um presente a Pedro| implica um estado de fatos diferente do designado por |um presente *de Pedro*|), cumpre colocar o problema do significado (não referencial) dos sincategoremáticos.

Antes de tudo, liberemos o termo |denotação| de qualquer hipótese referencial (cf. 2.9). Digamos que o significado de um termo (isto é, o objeto que o termo 'denota') é uma UNIDADE CULTURAL. Em qualquer cultura, uma unidade cultural é simplesmente algo que aquela cultura definiu como unidade distinta, diversa de outras, podendo ser assim

---

5. Quando se diz que a expressão |estrela da tarde| denota um certo "objeto físico", grande e de forma esférica, que viaja pelo espaço a milhões de quilômetros da Terra (Quine, 1953,1), cumpriria antes dizer que: a expressão em questão denota uma certa *unidade cultural* correspondente, à qual o falante se refere e que recebeu tal como descrita da cultura onde vive, sem ter tido jamais experiência do referente real. Tanto é verdade que só o lógico sabe que ela possui a mesma *Bedeutung* da expressão |estrela da manhã|. Quem emitia ou recebia esse significante cuidava tratar-se de *duas coisas* diferentes. E tinha razão, no sentido de que os códigos culturais a que fazia referência contemplavam duas unidades culturais diferentes. Sua vida social não se desenrolava à base de coisas, mas de unidades culturais. Ou melhor, para ele, como para nós, as coisas só eram conhecidas por meio de unidades culturais que o universo da comunicação fazia circular *em lugar das coisas*. Nós falamos comumente de uma coisa chamada |Alfa Centauro|, mas nunca a experimentamos. Munido de alguns aparelhos estranhos, um astrônomo algumas vezes teve experiência dela. Mas nós não conhecemos esse astrônomo. Conhecemos apenas uma unidade cultural comunicada a nós mediante palavras, desenhos ou outros meios.

TEORIA DOS CÓDIGOS

uma pessoa, uma localidade geográfica, uma coisa, um sentimento, uma esperança, uma ideia, uma alucinação (Schneider, 1968, p.2)[6].

Veremos depois como uma unidade semântica pode ser definida semioticamente como unidade semântica inserida em um sistema. Uma unidade desse gênero pode também ser definida como uma unidade 'intercultural', que permanece imutável através da substituição dos significantes que a veiculam: |cão|, dessa forma, denota uma unidade intercultural que permanece constante mesmo se expressa em termos de |dog|, |chien| ou |Hund|. No caso de outras unidades culturais, pode-se perceber como elas variam de 'confins' conforme a cultura que as organiza: o exemplo, já clássico, é o de nossa «neve», que na cultura esquimó dispõe de quatro unidades correspondentes a quatro diferentes estados físicos.

Igualmente, em certas culturas, um dado campo semântico parece mais agudamente analisado que em outras: na cultura medieval, por exemplo, o termo |ars| cobria uma série de conteúdos que a cultura contemporânea segmenta de modo mais analítico, distinguindo claramente entre «arte», «técnica» e «artesanato». Por outro lado, mesmo hoje um anglo-saxão pode dizer |the state of the art| para definir a condição atual da lógica ou da teologia, caso em que um italiano falaria de |stato della disciplina|, ou de |situazione disciplinare|; já os escolásticos, que consideravam a lógica uma arte, jamais teriam considerado como arte a teologia.

Ora, um observador que quisesse compreender a diferença de conteúdo entre |arte| e |técnica| na cultura italiana gastaria nisso uns bons meses. Poderia, antes de tudo, recorrer a um dicionário, onde encontraria para cada um dos termos em questão outros termos destinados a esclarecer o sentido. Ou poderia solicitar um informante que lhe mostrasse primeiro uma obra de arte e depois um produto técnico; ou convidar um outro qualquer a esboçar uma obra artística e um produto técnico; ou, ainda, pedir que lhe citassem nomes de autores de conhecidas obras de arte e nomes de conhecidos realizadores de obras técnicas etc. Toda definição, sinônimo, exemplo citado, objeto mostrado como exemplo, constituiriam outras tantas mensagens (linguísticas, visuais, objetuais) que, por sua vez, requereriam esclarecimentos e comentários através de outros signos (linguísticos e não linguísticos), que explicassem as unidades culturais veiculadas pelas expressões anteriores. A série dessas 'explicações' tenderia a circunscrever, por aproximações sucessivas, as unidades culturais em jogo. A cadeia desses significantes, que explicam os significados de significantes anteriores (em uma progressão potencial e re-

---

6. Podem-se considerar unidades semânticas aquelas porções de conteúdo comumente veiculadas por expressões já feitas, 'locuções' que a língua nos consigna já confeccionadas (e que, no máximo, possuem puro valor de contato) e que possuem institucionalmente um significado unitário. Essas expressões (que algures Lyons, 1968, atribui a um fator de "recall" na aprendizagem e uso da linguagem) vão de |how do you do?| a |allons done|. Greimas (1966) chama "paralexemas" àquelas expressões que, embora constituindo um sintagma formado por mais lexemas, transmitem convencionalmente um significado percebido como unitário: por exemplo, |figo da Índia|.

58 TRATADO GERAL DE SEMIÓTICA

gressão ao infinito) representa a cadeia daquilo que Peirce chamou os INTER-PRETANTES (5.470 e ss.).

2.7. O INTERPRETANTE

2.7.1. A teoria peirceana

O interpretante não é o intérprete (embora, ocasionalmente, Peirce pareça justificar essa deplorável confusão). O interpretante é aquilo que assegura a validade do signo mesmo na ausência do intérprete.

Segundo Peirce, o interpretante é aquilo que o signo produz na 'quase-mente' que é o intérprete: mas isso também pode ser concebido como a DEFINIÇÃO do *representamen*, e, portanto, sua intenção. Todavia, a hipótese filológica mais fértil parece ser a que trata o interpretante como UMA OUTRA REPRESENTAÇÃO REFERIDA AO MESMO 'OBJETO'. Em outras palavras, para estabelecer o significado de um significante (Peirce fala, não obstante, em 'signo') é necessário nomear o primeiro significante por meio de um outro significante, que a seu turno conta com outro significante que pode ser interpretado por outro significante, e assim sucessivamente. Temos, destarte, um processo de SEMIOSE ILIMITADA. Embora a solução possa parecer paradoxal, a semiose ilimitada é a única garantia de um sistema semiótico capaz de explicar-se a si próprio, em seus próprios termos. A soma das várias linguagens seria um sistema autoexplicativo, ou um sistema que se explica por sucessivos sistemas de convenções a se esclarecerem entre si.

Portanto, um signo é "tudo que leva outra coisa (seu interpretante) a referir-se a um objeto a que ele próprio se refere...; da mesma forma, o interpretante torna-se por sua vez um signo, e assim ao infinito" (2.300). É, pois, a própria definição de signo que implica um processo de semiose ilimitada.

"Um signo está *para* alguma coisa com vistas *à* ideia que produz ou modifica... Aquilo para que está é chamado seu *objeto*; o que veicula, seu *significado*; e a ideia a que dá origem, seu *interpretante*" (1.339). Essa definição parece deixar ainda um posto decisivo ao objeto; mas, imediatamente depois, Peirce acrescenta: "O objeto da representação só pode ser uma representação daquilo de que a primeira representação é o interpretante. Mas uma série infinita de representações, cada qual representando a precedente, pode ser concebida como possuindo um objeto absoluto como limite próprio". Mais adiante, Peirce define esse objeto absoluto não como 'objeto', mas como *hábito* (comportamental), entendendo-o como *interpretante final* (4.536; 5.473-492). Todavia, no texto em exame, ele não insiste nessa exigência e continua a desenvolver a doutrina da semiose ilimitada assim: "O significado de uma representação só pode ser uma representação. De fato, ela não passa da representação em si, concebida como despojada de sua roupagem menos relevante. Mas tal roupagem não pode ser eliminada de todo: ela apenas substitui algo mais diáfano. Tem-se, dessa forma, uma regressão infinita.

TEORIA DOS CÓDIGOS   59

Enfim, o interpretante não passa de uma outra representação, a que o facho da verdade é confiado: e, como representação, tem por seu turno o próprio interpretante. Daí, uma outra série infinita".

Esta fascinação pela regressão infinita aparece em muitas passagens peirceanas: "Ora, o Signo e a Explicação constroem um outro Signo, e como a Explicação será um Signo, este exigirá provavelmente uma explicação aditiva, que tomada com o Signo já ampliado dará origem a um Signo mais vasto; e, procedendo do mesmo modo, chegaremos ou deveremos chegar finalmente a um signo de si mesmo, que contenha sua própria explicação e a das suas partes significantes; e segundo essa explicação cada uma dessas partes tem alguma outra parte como seu Objeto" (2.230). Nesta passagem, a imagem fascinante de um signo que gera outros signos vai talvez demasiado longe, impedindo Peirce de compreender que o Signo final de que fala não é realmente um signo, mas o campo semântico total, como a estrutura que conecta os signos entre si. Se, esse campo semântico global existe de fato, ou se A ESTRUTURA DA SEMIOSE ILIMITADA (expressão que aparece como uma *contradictio in adjecto*) deve ser concebida de outra forma, será discutido em 2.12-13.

2.7.2. A variedade dos interpretantes

Há uma razão pela qual a noção de interpretante assustou muitos estudiosos, levando-os a exorcizá-la mediante a identificação com a de intérprete. A ideia de interpretante faz de uma teoria da significação uma ciência rigorosa dos fenômenos culturais e a separa da metafísica do referente.

O interpretante pode assumir formas diversas. Relacionemos algumas delas:

a) pode ser *o significante equivalente* (ou aparentemente equivalente) *num outro sistema semiótico*. Por exemplo, posso fazer corresponder o desenho de uma cadeira à palavra [cadeira];

b) pode ser *o índice direto sobre o objeto singular*, que implica um elemento de quantificação universal («todos os objetos como este»);

c) pode ser *uma definição científica ou ingênua* em termos do próprio sistema semiótico (por exemplo, [sal] por [cloreto de sódio] e vice-versa);

d) pode ser *uma associação emotiva* que adquire o valor de conotação fixa (como [cão] por «fidelidade» e vice-versa);

e) pode ser *a tradução de um termo de uma linguagem para uma outra*, ou sua substituição mediante um sinônimo.

No quadro do presente discurso, o interpretante poderia ser identificado com qualquer propriedade intencional de um conteúdo devidamente codificada, e portanto com a série inteira (ou sistema) das denotações e conotações de uma expressão (cf. 2.9.). Esta forma de entender a categoria peirciana reduziria sua vacuidade, sem contudo empobrecer-lhe a capacidade sugestiva. Para Peirce, o interpretante *é alguma coisa a mais*; pode até ser um discurso complexo que não apenas traduz mas inferencialmente desenvolve todas as possibilidades implí-

60 TRATADO GERAL DE SEMIÓTICA

citas no signo; um interpretante pode ser literalmente um silogismo deduzido de uma premissa regular. Além disso, o interpretante pode ser uma resposta comportamental, um hábito determinado por um signo, uma disposição, e muitas coisas mais.

Assim, mesmo admitindo que o interpretante seja o conjunto das denotações de um signo, que as conotações sejam o interpretante das denotações subjacentes, e que uma nova conotação seja o interpretante da primeira, o conceito peirciano não parece ainda exaurido. Digamos, pois, que, dado que em 2.9.1. se admitirá que as denotações e as conotações são marcas semânticas constituintes da unidade semântica denominada "semema", o conjunto dos interpretantes de um semema é mais vasto que o conjunto das suas marcas semânticas codificadas.

Por conseguinte, como uma teoria dos códigos deve proporcionar a descrição de todas as marcas atribuídas por um ou mais códigos a um semema isolado, *o interpretante aparece como uma categoria que exaure as exigências da teoria em questão, enquanto a teoria dos códigos não exaure as possibilidades explicativas da categoria de interpretante*, igualmente útil no quadro de uma teoria da produção sígnica. Na verdade, ela define também tipos de proposição e de argumentação que desenvolvem, explicam e interpretam um dado signo para lá da representação que pode oferecer uma teoria dos códigos. Neste sentido, por exemplo, deverão ser considerados como interpretantes todos os possíveis juízos semióticos que um código permite formular em torno de uma dada unidade semântica, e até mesmo os juízos fatuais de que se falará em 3.2.

2.7.3. A semiose ilimitada

Neste ponto, a categoria de interpretante poderia parecer demasiado ampla, adequada a qualquer uso e por isso para nenhum. Todavia, sua vacuidade é ao mesmo tempo a sua força e a condição da sua pureza teórica.

A fertilidade dessa categoria deve-se ao fato de que ela nos mostra como a significação (e a comunicação), por meio de deslocamentos contínuos, que referem um signo a outros signos ou a outras cadeias de signos, circunscreve as unidades culturais de modo assintótico, sem conseguir jamais "tocá-las" diretamente, mas tornando-as acessíveis através de outras unidades culturais. Desse modo, uma unidade cultural nunca precisa ser substituída por algo que não seja uma entidade semiótica, sem exigir, entretanto, que seja resolvida numa entidade platônica ou numa realidade física. *A semiose explica-se por si só.*

Esta contínua circularidade é a condição normal da significação, e é isto que permite o uso comunicativo dos signos para referir-se a coisas. Refutar como teoricamente insatisfatória essa situação significa apenas que não se compreendeu qual seja o modo humano de significar, o mecanismo através do qual se fazem a história e a cultura, o modo mesmo pelo qual, definindo-se o mundo, se atua sobre ele, transformando-o.

TEORIA DOS CÓDIGOS 61

Na realidade, pode-se "tocar" os interpretantes (ou seja, pode-se verificar com meios físicos a existência de uma unidade cultural). As unidades culturais são abstrações metodológicas, mas abstrações "materializadas" pelo fato de que a cultura continuamente traduz signos em outros signos, definições em outras definições, palavras em ícones, ícones em signos ostensivos, signos ostensivos em novas definições, novas definições em funções proposicionais, funções proposicionais em enunciados exemplificativos, e assim por diante; propõe-nos ela uma cadeia ininterrupta de unidades culturais que compõem outras unidades culturais"[7].

Neste sentido, podemos dizer que as unidades culturais se encontram *fisicamente ao nosso alcance*. Constituem os signos que a vida social coloca à nossa disposição: imagens que interpretam livros, palavras que traduzem definições e vice-versa... O comportamento ritual de uma fila de soldados que interpreta o sinal de "atenção" da trombeta dá-nos uma informação a respeito da unidade cultural (no caso, um comando) veiculada pelo significante musical. Soldados, sons, páginas de

---

7. Por outro lado, toda vez que o funcionamento de uma língua natural é tomado em consideração pela lógica e pela filosofia da linguagem, a ideia de interpretante apresenta-se sempre sob alguma forma. Quando Carnap (1947) explica o que entende por "intensão", fala em termos de "propriedade". As propriedades não são nem expressões linguísticas nem dados sensoriais, e são concebidas como propriedades objetivas de uma coisa. No entanto, Camap especifica que por propriedade não entende apenas as propriedades qualitativas em sentido restrito (como Azul, Quente, Duro), mas também as propriedades quantitativas (como Pesar Cinco Quilos), as propriedades relacionais (Tio de Alguém), as propriedades espaciotemporais (Ao Norte de Chicago). Essas propriedades parecem muito semelhantes àquelas que denominamos "unidades culturais", e parece que não podem ser expressas senão através de interpretantes. Realmente, quando Carnap procura estabelecer a possibilidade científica de determinar as intensões de uma expressão (1955), e se coloca o problema de como instruir um robô para compreender uma série de expressões e aplicar um predicado C a um objeto A com base numa descrição intensional B do mesmo objeto (previamente recebida), o tipo de instruções que o robô recebe, acerca da propriedade objetiva consiste em (a) imagens visíveis, (b) descrições verbais e (c) predicados do próprio objeto. Portanto, o robô é alimentado por meio de interpretantes que não constituem meros sinônimos. Se o problema não aparece tão claramente na obra de Camap, é porque ele se mostra incapaz de aceitar a ideia de intensão como inteiramente separada da de extensão: sua tese intensionalista sempre está ligada a uma abordagem extensionalista, e as intensões têm o único escopo de estabelecer a quais objetos do mundo as palavras podem ser aplicadas (cf. Winter, 1973). Entretanto, Camap insiste no fato de que o problema do significado (e da intensão) é independente das condições empíricas de verdade da expressão e, portanto, da existência ou não existência do referente. Seu robô pode também receber descrições de entidades como |unicórnio|. Quanto aos predicados compostos, um predicado como HT (Humano e Alto Ventos Pés) tem significado porque exprime uma propriedade, ainda que essa propriedade não pareça ter aplicabilidade específica. Assim, passando imediatamente a afirmações como "os textos de intensão são independentes de questões de existências" a outras como "a intensão de um predicado pode ser definida como a sua classe, que compreende todos os tipos de objetos possíveis para os quais o predicado é válido" (1955, 3), Camap mostra como é difícil aceitar uma teoria dos interpretantes no quadro de uma semântica referencial; ao mesmo tempo, este fato sugere que se deve radicalizar a solução peirciana e postular para uma teoria dos interpretantes uma cornija não referencial e uma teoria estrutural dos códigos e dos sistemas semânticos.

62 TRATADO GERAL DE SEMIÓTICA

livro, as cores de uma parede, todas essas entidades *etic* são fisicamente verificáveis, sob a forma do significante MATERIAL a que continuamente remetem.

As unidades culturais recortam-se contra o fundo de uma atividade social que as torna mutuamente equivalentes, constituindo os POSTULADOS SEMIÓTICOS da equação entre códigos que a sociedade continuamente desenvolve, da correlação entre formas e conteúdos de que uma cultura se substancia.

Nunca "vistas" mas sempre "visadas" pelo produtor de signos comum, elas não são usadas, porém *vistas* por uma teoria dos signos que outra coisa não é senão a ciência dessa competência continuamente posta em ato mesmo por quem dela não está consciente.

2.7.4. Interpretantes e teoria dos códigos

Para limitar a noção de interpretante à teoria dos códigos, devemos identificá-la com as três categorias semióticas seguintes:

(i) o significado de um significante, entendido como unidade cultural veiculada também através de outros significantes e por isso semanticamente independente do primeiro significante – esta definição assimila-se à de significado como *sinonimia* (cf. Carnap, 1955; Quine, 1953);

(ii) a análise intencional ou componencial através da qual uma unidade cultural é segmentada numa unidade menor ou marca semântica, sendo pois apresentada como semema que pode entrar, por amálgama dos seus sentidos, em diversas combinações contextuais – esta definição assimila o interpretante à de *representação componencial de um semema*, quer dizer, a uma árvore tal como à proposta por Katz & Fodor, 1963;

(iii) cada uma das marcas que compõem a árvore componencial de um semema, cada unidade ou marca semântica tornando-se por sua vez representada por um outro significante e aberta a uma representação componencial própria – esta definição assimila o interpretante ao *'sema' ou componente semântico*, conforme apresentado por Greimas, 1966a.

2.8. O SISTEMA SEMÂNTICO

2.8.1. As oposições do conteúdo

Uma unidade cultural não pode, porém, ser identificada apenas através da série dos seus interpretantes. Deve ser definida como POSTA num sistema de outras unidades culturais que se lhe opõem ou a circunscrevem. Uma unidade cultural "existe" tão-somente enquanto é definida numa outra que se lhe opõe. Somente a relação entre os vários elementos de um sistema de unidades culturais é que subtrai a cada um dos termos aquilo que é trazido dos outros.

TEORIA DOS CÓDIGOS

Esta resolução do significado em puro valor posicional é muito bem definida pelo clássico exemplo de Hjelmslev (1943) (Fig. 8):

trae	Baum	arbre
	Holz	bois
skov	Wald	forêt

Figura 8

o qual mostra como a palavra francesa |*arbre*| cobre a mesma área de significado da palavra alemã |*Baum*|, enquanto a palavra |*bois*| é usada em francês quer para significar aquilo que em alemão é veiculado por |*Holz*|, quer uma porção daquilo que em alemão se denomina |*Wald*|; analogamente, os franceses distinguem entre um pequeno grupo de árvores (|*bois*|) e um maior (|*forêt*|), ao passo que os alemães têm um só significado para aquilo que, no momento, não sabemos se constitui um ou mais significados.

Na figura 8 não se deve atentar para "ideias" ou entidades psíquicas, tampouco para objetos ou referentes: acham-se em jogo PUROS VALORES EMANANTES DO SISTEMA. Os valores são identificáveis com aquilo que estamos chamando de unidades culturais, mas que são definíveis em termos de pura diferença. Ademais, eles não são definidos em termos intencionais, mas nos termos da sua oposição no sistema. Como no caso dos fonemas num sistema fonológico, temos uma série de escolhas que se podem descrever binariamente. Portanto, no exemplo de Hjelmslev um esquema vazio como

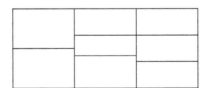

representa a FORMA DO CONTEÚDO, enquanto unidades como «Baum», «Holz», «bois» e assim por diante constituem SUBSTÂNCIA DO CONTEÚDO[8].

---

8. «Baum», «Holz» etc., estão escritos entre aspas e não entre barras porque neste caso não constituem palavras, mas entidades semânticas que preenchem o espaço provido pelo sistema (são substâncias que atualizam uma forma).

64 TRATADO GERAL DE SEMIÓTICA

Quanto à forma da expressão, suponhamos que haja quatro emissões fonéticas como [b], [p], [d], [t]: elas serão "eticamente" geradas da maneira mostrada pela figura 9:

labial		
dental		
	donora	surda

Figura 9

Mas a matriz da Fig. 9 proporciona quatro tipos para diversas ocorrências concretas.

A diferença entre os dois exemplos (o semântico e o sintático) é que no estudo das formas da expressão os limites estruturais entre os fonemas são exatamente definidos por uma teoria da forma expressiva altamente desenvolvida, enquanto os limites semânticos, no estudo das formas do conteúdo, são ainda muito vagos.

Em inglês, |wood| parece cobrir o mesmo espaço semântico do francês |bois| (visto que ambos se referem seja a um pequeno grupo de árvores, seja ao material de que são feitas as próprias árvores), mas o inglês distingue a madeira enquanto matéria trabalhável como |timber|, enquanto o francês não faz essa distinção; ademais, o inglês acentua a diferença correspondente àquela entre «bosque» e «madeira» em frases como |a walk in the woods| (em que o plural esclarece que se trata de um passeio no bosque), enquanto o alemão não parece diferenciar |Wald| como «bosque» de |Wald| como «floresta», isto é, «grosser Wald» de «kleiner Wald» ou «Wäldchen». No fundo, o mesmo acontece a um europeu que falando de «neve macia» ou «neve liquefeita», predica dois 'estados' diversos de uma mesma entidade cultural, ao passo que, como se sabe, um esquimó vê nessa diferença a oposição entre duas entidades diversas – tanto quanto a vê um europeu entre «neve», «gelo» e «água», ainda que todos os três sejam H_2O em três estados físicos diferentes.

Existe, pois, um hiato notável entre a capacidade demonstrada pelas ciências dos sistemas de expressão e aquela manifestada até aqui pelos sistemas das ciências do conteúdo. O número limitado de fonemas que opera em cada língua, por exemplo, permite elaborar modelos rigorosos e circunstanciais. Mesmo ao nível de sistemas mais imprecisos, como sejam os paralinguísticos, pode-se hoje definir um sistema formal reduzindo sempre mais o espaço que outrora se atribuía aos fenômenos não analisáveis (cf. Trager, 1964; Sebeok, Bateson, Hayes, 1964 etc.). Do mesmo modo, os vários estudos que se limitam às estruturas superficiais da sintaxe conseguem formalizar ao máximo o universo da expressão.

Ao contrário, o problema da forma do conteúdo permanece a tal ponto inexplorado que muitos autores pensaram que a linguística (e, com maior razão, as demais disciplinas semióticas) nada tivesse a dizer

TEORIA DOS CÓDIGOS 65

sobre o significado: preferia-se tratar diretamente da relação entre expressões e referentes concretos ou entre expressões e suas condições de uso.

2.8.2. Subsistemas, campos, eixos

A semântica estrutural foi quem pela primeira vez se propôs a ambiciosa tarefa de elaborar um sistema da forma do conteúdo. Este é visto como um universo em que a cultura distingue SUBSISTEMAS, CAMPOS e EIXOS (cf. Guiraud, 1955; Greimas, 1966; Todorov, 1966c; Ullmann, 1962; Lyons, 1963)[9].

O trabalho dos lexicógrafos veio depois combinar-se com o dos antropólogos, que identificaram alguns sistemas de unidades culturais altamente organizadas, como o campo das cores ou os termos de parentesco (cf. Conklin, 1955; Goodenough, 1956).

Os estudos mais recentes demonstraram, enfim, que se podem construir eixos e campos semânticos pelas unidades que não correspondem a nomes de objetos, vale dizer, para os conteúdos dos termos sincategoremáticos. Apresjian (1962), em vez de individuar relações estruturais entre qualidades intelectuais, cores ou relações de parentesco, individua campos que colocam em oposição os conteúdos dos pronomes ou dos verbos que designam diversas operações no interior de uma mesma 'esfera' (por exemplo, aconselhar, assegurar, convencer, informar etc. que dizem respeito, todos, à transmissão de informação).

Vejam-se, por exemplo, os estudos de Leech (1969), onde são apresentadas algumas importantes análises do conteúdo dos termos sincategoremáticos[10].

---

9. Que cada termo da língua possa suscitar uma série de associações já fora demonstrado há muito tempo. Saussure fizera a exemplificação de um termo como |*enseignement*|, que de um lado evocava a sequência |*enseigner, enseignons*|, de outro a sequência |*apprentissage, education* etc.|, de outro, ainda, a sequência |*changement, armément* etc.| e, finalmente, a sequência |*clement, justement*|. Porém não se trata ainda de campos estruturais, mas sim de associações por pura analogia fônica, por homologia de classificação cultural, pela combinabilidade de diversos morfemas com o lessema como radical. Um esforço mais coerente é o de Trier (1923), com a construção de campos semânticos estruturais, onde o valor de um conceito é devido aos limites que lhe são postos por conceitos próximos – como ocorre com termos como *Wisheit* (sabedoria), *Kunst* (arte) e *List* (artifício) no século XIII.

10. Katz (1972) diz que não está interessado apenas nas partículas lógicas, mas também no vocabulário lógico: a função de uma teoria semântica é mostrar como e por que «Sócrates é um homem, portanto Sócrates é macho» produz a inferência válida. Dever-se-ia, porém, acrescentar que a tarefa de uma teoria semântica consiste exatamente em demonstrar que também as partículas lógicas devem ser consideradas itens de vocabulário. Katz afirma que "a ideia subjacente a esta concepção é que a forma lógica do enunciado é idêntica ao seu significado enquanto determinado componencialmente pelos sentidos dos seus elementos lógicos e pelas relações gramaticais entre os seus constituintes sintáticos" (1972, p. XXIV). Caberia reformular a afirmação como segue: a forma lógica do enunciado é idêntica ao seu significado enquanto determinado compo-

66 TRATADO GERAL DE SEMIÓTICA

Naturalmente, a semântica estrutural tende a estabelecer uma sorte de desenho do Espaço Semântico Global (ou da Forma do Conteúdo no sentido hjelmsleviano).

Mas este projeto, que constitui uma hipótese de pesquisa, choca-se contra dois obstáculos: o primeiro deles é puramente empírico, o segundo parece residir na natureza mesma dos processos semióticos.

Antes de tudo, os estudos até agora realizados conseguiram circunscrever subsistemas restritos (cores, classificações botânicas, termos meteorológicos). E não se sabe se uma inspeção geral conseguirá jamais descrever o espaço semântico total correspondente à organização geral de uma dada cultura.

Em segundo lugar, a vida dos campos semânticos parece demasiado breve em comparação com a dos sistemas fonológicos, cujas organizações não raro permanecem imutáveis através dos séculos em que se desenvolve a história completa de uma língua. Os campos semânticos dão forma às unidades de uma dada cultura e constituem, em suma, uma determinada organização (ou visão) do mundo; portanto, estão submetidos aos fenômenos de aculturação, de revisão crítica do conhecimento, de crises de valor e assim por diante.

Se quisermos aceitar, também para os sistemas semânticos, a metáfora saussuriana do xadrez, o movimento de uma peça modifica toda a fisionomia do jogo. Assim, basta que, no desenvolvimento de uma cultura, o termo |técnica| venha a veicular uma área de conteúdo diversa da usual para privar o termo |arte| de muitas das suas prerrogativas significantes.

2.8.3. A segmentação dos campos semânticos

Para compreender como um campo semântico manifesta a visão do mundo própria de uma cultura, examinemos o modo pelo qual uma civilização europeia analisa o espectro das cores, constituindo em unidades culturais diversos comprimentos de onda expressos em milimícron (a que depois a língua atribui um nome):

a.	Vermelho	800-650 $\mu\mu$
b.	Laranja	640-590 $\mu\mu$
c.	Amarelo	580-550 $\mu\mu$
d.	Verde	540-490 $\mu\mu$
e.	Azul	480-460 $\mu\mu$
f.	índigo	450-440 $\mu\mu$
g.	Violeta	430-390 $\mu\mu$

nencialmente pelo sentido dos seus elementos lógicos, inclusive as relações entre os seus constituintes sintáticos.

TEORIA DOS CÓDIGOS

Numa primeira interpretação, mais ingênua, poder-se-ia afirmar que os comprimentos de onda constituem o referente, o objeto de experiência a que se referem os nomes das cores. Sabemos, porém, que a cor foi nomeada com base numa experiência visual que a experiência científica só mais tarde veio traduzir em comprimentos de onda. Mas admitamos que o contínuo indiferenciado dos comprimentos de onda constitua "a realidade". Ainda assim, a ciência só conheceu esta realidade depois de havê-la PERTINENTIZADO. No contínuo foram retalhadas porções (que, como veremos, são arbitrárias) para as quais o comprimento de onda *d.* (que vai de 540 a 490 milimícrons) constitui uma unidade cultural a que se atribui um nome. Sabemos também que a ciência retalhou dessa forma o contínuo, no intuito de justificar em termos de comprimento de onda uma unidade que a experiência ingênua havia já retalhado por conta própria, dando-lhe o nome |verde|.

A segmentação efetuada com base na experiência não foi arbitrária, no sentido de que foi provavelmente ditada por exigências de sobrevivência: uma população que vivesse num deserto de areia avermelhada, habitado por animais de pelo fulvo e onde crescessem apenas variedades de flores vermelhas, ver-se-ia obrigada a segmentar com extrema fineza aquela porção de contínuo a que chamamos |vermelho|. No entanto, este mesmo argumento prova também que a segmentação é 'de certo modo' arbitrária, porquanto povos diversos segmentam o seu contínuo perceptivo de maneiras diversas.

Para a porção de contínuo que denominamos |azul|, a cultura russa conhece duas unidades, denominadas |goluboj| e |sinij|, ao passo que a civilização greco-romana presumivelmente não fazia distinções entre o nosso "azul" e o nosso "verde", indicando toda a porção de contínuo *d-e* seja com |glaucus|, seja com |caerulus|.

A experiência retalha, pois, o contínuo e torna pertinentes algumas unidades, entendendo outras como puras variantes, exatamente como ocorre na linguagem verbal, onde se estabelece um limiar opositivo entre dois tipos fonológicos e se consideram as variações idiossincráticas como facultativas. Portanto, constitui uma variante facultativa, no comportamento perceptivo cotidiano, individuar um matiz como azul-claro em vez de azul-escuro. Mas um pintor dotado de forte sensibilidade cromática consideraria grosseira a segmentação comum que bloqueia numa única unidade cultural a porção de contínuo situada entre 640 e 590 milimícrons, e poderia individuar uma unidade (tanto cultural quanto de experiência perceptiva) que fosse de 610 a 600 milimícrons, atribuindo-lhe um nome preciso e remetendo-se assim a um subcódigo especializado baseado em procedimentos que em 2.14 definiremos como hipercodificação.

A pergunta que surge espontaneamente é se para este pintor existem "realidades" distintas para cada uma das unidades culturais que reconhece; e no caso das cores a resposta é bastante simples: bastaria dizer que exigências práticas obrigam o pintor a perceber com maior nitidez, que a sua operação segmentativa 'põe em sistema' as suas exigências e que, naquele momento, as unidades culturais oportunamente segmentadas o predispõem a perceber como 'realmente' constituídas aquelas diferenças cromáticas. E estas fundam-se 'materialmente' na existência objetiva do contínuo, salvo pelo fato de que, enquanto unidades culturais, são instituídas pelo trabalho cultural operado sobre o contínuo material.

68 TRATADO GERAL DE SEMIÓTICA

Igualmente fácil é a resposta à questão de se, dado que na comparação entre francês e italiano se distingue uma diferença de segmentação do campo deste tipo

$$\text{«bois»} \begin{cases} \text{«legno»} \\ \text{«bosco»} \end{cases}$$

se deve dizer que existem duas 'coisas' que os italianos veem como tais e os franceses como uma só, ou se simplesmente que os franceses dão um único nome a duas 'coisas' diversas. A resposta, obviamente, é que um francês sabe muito bem se está falando de lenha de queimar ou de um bosque onde organizar um *dejeuner sur l'herbe*, não ficando muito embaraçado por um problema puramente lexical de homonímia.

Contudo, torna-se mais difícil dizer se, sempre ao nível do uso cotidiano da linguagem, um italiano percebe a diferença que os ingleses estabelecem entre |monkey| e |ape| (ali onde muito indistintamente falamos de |macacos|, quando muito precisando |macaco grande| se o |ape| for muito crescido); se um italiano inculto percebe a diferença entre uma |crítica| como o exame dos defeitos de outrem e uma |crítica| como interpretação, ainda que elogiosa, de um texto literário; se um italiano (ou um antigo latino) está realmente propenso a ver dois animais diversos ali onde os ingleses distinguem entre |mouse| e |rat|, enquanto nós falamos apenas de |rato| (falando de |ratazana|, mas, melhor ainda de, |rato de esgoto| só quando o "rato" é realmente grande e o falante passavelmente culto); se não só a linguagem comum, mas também o capítulo da lei que regula o direito de sucessão, distinguem entre |cunhado| como «marido da irmã» e |cunhado| como «irmão da esposa» (ali onde, para muitas populações, essa porção do contínuo parental é obsessivamente segmentada, ao ponto de registrar as relações mais complicadas, enquanto nós tratamos com extrema desenvoltura termos como |primo| ou |sobrinho|); e assim por diante.

Neste ponto, encontramo-nos diante do problema da segmentação do universo correspondente à *episteme* das várias épocas (Foucault, 1966) e, em definitivo, do problema agitado pela chamada hipótese Sapir-Whorf, segundo a qual não somente o repertório lexical mas a própria cultura sintática de uma língua determinam a visão do mundo própria de uma dada civilização.

Não diremos que se trata de problemas extrasemióticos, de competência da psicologia da percepção. Diremos, antes, que numa dada cultura coexistem campos semânticos organizados em diversos níveis de precisão analítica, pelos quais mesmo na Itália, enquanto uma pessoa inculta nomeia e de fato percebe genericamente «ratos», o zoólogo possui um sistema do conteúdo e em consequência um código linguístico muito mais articulado, reconhecendo portanto vários 'objetos' específicos, cada qual dotado de propriedades e funções particulares.

Quando o usuário comum dispõe de um só termo e de uma só unidade cultural e, não obstante, com base em certas exigências materiais, começa a individuar variantes da mesma unidade que parecem sempre

TEORIA DOS CÓDIGOS 69

menos facultativas (como no caso de quem – advertido pelo fato de que os ratos de esgoto são portadores de perigosas epidemias – começasse a distinguir entre ratinhos domésticos, com os quais não deve preocupar--se, e ratazanas de esgoto, a serem caçadas e mortas), assistimos a um processo de MUTAÇÃO DE CÓDIGO (de competência de uma teoria da produção sígnica), pelo qual um campo semântico sofre um processo de segmentação ulterior (cf. 3.7).

Por conseguinte, não nos perguntaremos se, em face de condições materiais de vida específicas, de unidades de experiência realizadas na percepção, de unidades culturais correspondentes e de formas significantes que as denotem, devemos pensar que as condições materiais determinam a construção de unidades de experiência com base nas quais se instituem unidades culturais a que depois se atribui um nome, ou se as condições materiais obrigam a elaborar nomes para segmentar a experiência em unidades culturais que em seguida determinam o nosso modo de perceber, e assim por diante. Mais prudente será afirmar que, em cada caso, *existe uma interação muito estreita, e em muitas direções, entre a visão do mundo, o modo pelo qual uma cultura pertinentiza suas próprias unidades semânticas e o sistema dos significantes que as nomeiam e as 'interpretam'.* Os processos de mutação de código ocorrem quando essa interação não é aceita como natural e é submetida a revisão crítica.

São estes os casos em que numa dada cultura um campo semântico, organizado numa certa forma, começa a dissolver-se para dar lugar a um campo diversamente organizado; isto sem falar do fato de que dificilmente essa 'mudança de guarda' ocorre sem traumas, e que mais facilmente campos semânticos complementares ou absolutamente contraditórios podem coexistir por muito tempo. Ora esse fenômeno é fonte de confusão[11], ora de discussões, ora de estímulos criativos; quase sem-

---

11. Um exemplo típico nos é fornecido pela série de definições que Aulo Géllio, no séc. II d.C, dá das cores em suas *Noctes Atticae* (II, 26): ele associa, por exemplo, o termo |*rufus*| (que traduziremos por «vermelho») ao fogo, ao sangue, ao ouro e ao açafrão. Afirma que o termo |*xanthós*| = «cor do ouro» é uma diferença da cor vermelha; assim como |*kirrós*| (que na cadeia dos interpretantes reconstruídos pela filologia latina deveria entender-se como equivalente ao nosso "amarelo-laranja"). Além disso, entende como outras denominações da cor vermelha tanto |*flavus*| (que estamos acostumados a ver associado também ao ouro, ao grão e à água do rio Tevere) como |*flavus*| (que é habitualmente a cor da crina do leão). Mas Aulo Géllio chama de |*fulva*| também a águia, o topázio, a areia, o ouro, enquanto define |*flavus*| como um "misto de vermelho, verde e branco", associando-o à cor do mar e da fronde da oliveira. Afirma, enfim, que Virgílio, para definir a cor "esverdeada" de um cavalo, emprega o termo |*caemlus*|, que comumente é associado à cor do céu. A extrema confusão que se percebe nessa página latina não se deve, provavelmente, apenas ao fato de que o campo das cores de Aulo Géllio é diferente do nosso, mas também à circunstância de que no século II depois de Cristo convivem na cultura latina campos cromáticos alternativos, decorrentes da influência de outras culturas. Daí a perplexidade de Aulo Géllio, que não logra constituir em campo rigoroso uma matéria por ele extraída das citações de escritores de épocas diversas. Como se vê, a experiência 'real' que o autor podia experimentar diante do céu, do mar ou de um cavalo é mediada pelo recurso a determinadas unidades culturais, e a

70 TRATADO GERAL DE SEMIÓTICA

pre caracteriza divisões culturais que são ao mesmo tempo divisões de classe. E, de fato, chamar (e saborear como) |caviar| o menos caro 'caviar de lombo', ou oferecer como |conhaque| um *brandy* produzido fora da Charente, ou pensar que |champanha| não passe de um outro nome para |*champagne*|, constituem comportamentos, modos de pensar e perceber que caracterizam as pessoas pertencentes às classes subalternas.

Concluamos, pois, afirmando que (a) numa dada cultura podem existir campos semânticos complementares ou contraditórios; (b) uma mesma unidade cultural pode, no interior de uma mesma cultura, começar a fazer parte de campos semânticos diversos (uma unidade cultural como «baleia» ocupou historicamente posições diversas em diferentes campos semânticos – primeiro classificada entre os peixes, depois entre os mamíferos – e hoje pode pertencer contemporaneamente a ambos os campos, sem que as duas significações sejam inteiramente incompatíveis); (c) no âmbito de uma cultura um campo semântico pode 'desfazer-se' e reestruturar-se num novo campo.

Os pontos (a) e (b) serão tratados em 2.8.4, porque são matéria para uma teoria dos códigos. Mas têm também consequência direta sobre a teoria da produção sígnica, em particular sobre o problema do tratamento ideológico e retórico dos discursos. Como tais serão retomados em 3.9.

O ponto (c), ao contrário, diz respeito exclusivamente a uma teoria da mutação dos códigos, que é parte da teoria da produção dos signos; portanto, será tratado em 3.8.5.

2.8.4. Campos semânticos contraditórios

Para exemplificar os campos semânticos contraditórios, consideremos o problema dos *antônimos* como par oposicional que constitui um eixo semântico.

Lyons (1968) classifica três tipos de antônimos: (i) complementares (como 'macho *vs* fêmea'), (ii) antônimos propriamente ditos (como 'pequeno *vs* grande'), (iii) antônimos conversos (como 'comprar *vs* vender'). Katz (1972) subdivide os antônimos em (a) contraditórios (como 'mortal *vs* imortal', entre os quais não é possível mediação), (b) contrários (como 'superior *vs* inferior' e 'rico *vs* pobre', que permitem qualquer mediação recíproca) e (c) conversos (como 'marido *vs* mulher' e "comprar *vs* vender', que, como os conversos em Lyons, implicam transformações sintáticas de ativo a passivo e permitem implicações lógicas).

Todavia, mesmo o exame mais superficial de vários tipos de antônimos revela que;

1) O mesmo termo pode implicar relações diversas conforme seja inserido em mais de um eixo semântico (assim, «solteiro» é o contrário

---

sua visão do mundo é determinada (de maneira bastante coerente) pelas unidades culturais (com nomes correspondentes) que ele têm à sua disposição.

de «núbil» mas é também o contrário de «casado», e como «casado/a» pode tornar-se o contrário de «núbil», delineia-se uma espécie de mediação entre dois contrários). Se, logicamente falando, tal mediação parece impossível, não é difícil imaginar uma situação retórica em que, demonstrando-se que solteiros e núbeis estão autorizados a casar-se, as duas unidades semânticas entram em relação de conversidade.

2) O mesmo termo pode implicar indiferentemente relações de contrariedade, contraditoriedade ou conversidade segundo o ponto de vista: isto equivale a dizer que, dada a premissa «numa sociedade opulenta todo pobre tem oportunidade de ficar rico», a relação entre pobre e rico se apresenta como relação entre contrários; mas se a premissa diz «numa sociedade capitalista a riqueza de um é o resultado da pobreza de outro, uma vez que a riqueza nasce da mais-valia extorquida ao proletariado», rico e pobre tornam-se conversos, exatamente como marido e mulher. Suponhamos, enfim, que seja enunciada uma terceira premissa, a mais reacionária de todas, que diz «pobreza e riqueza são condições estabelecidas pela providência»; neste caso, a relação entre rico e pobre assume natureza contraditória.

Se considerássemos 'comprar *vs* vender' à luz da premissa retórica «vende-se o que se tem e compra-se o que se necessita», a relação entre «comprar», «vender», «possuir» e «necessitar» poderia assumir a forma do tradicional quadrado lógico (Fig. 10), embora numa forma logicamente imprópria:

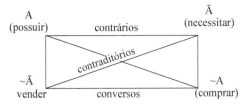

Figura 10

Mas suponhamos que se aceite a premissa retórica «quem compra recebe alguma coisa enquanto quem vende dá alguma coisa»; neste caso, o quadrado assume a forma sugerida pela Fig. 11:

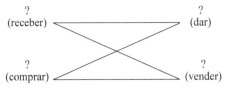

Figura 11

onde «receber» e «dar» já não são contrários, mas conversos como «vender» e «comprar»; «dar» *vs* «comprar» e «receber» *vs* «vender» são contraditórios se a

72 TRATADO GERAL DE SEMIÓTICA

'alguma coisa' comprada ou recebida (ou vendida e dada) se refere a uma mercadoria; mas no primeiro caso a alguma coisa se refere a uma mercadoria e no segundo a uma soma de dinheiro, porquanto é possível vender uma coisa-mercadoria
recebendo ao mesmo tempo uma coisa-dinheiro.

Na realidade, nas linguagens naturais as unidades culturais raramente
são entidades formalmente unívocas e amiúde constituem o que a lógica
das linguagens culturais chama hoje de "*fuzzy concepts*", ou CONJUN-
TOS ESFUMADOS (Lakoff, 1972).

O fato de que o estudo dos sistemas do conteúdo tenha de haver-se
com conjuntos esfumados requer muitas precauções. Antes de tudo, as
unidades de um sistema semântico são analisadas em sua equivocidade,
ou seja, com sememas abertos a mais 'leituras'[12]. Portanto, a organização
de um sistema semântico perde aquela estrutura cristalina e geométrica
que muitas teorias otimistas lhe atribuíam. A contraditoriedade interna
do Sistema Semântico Global (na qual se baseia a dialética da produção
dos signos e da mutação dos códigos) será discutida em 2.13.

2.8.5. Fisionomia metodológica do sistema semântico

Essa natureza contraditória dos campos semânticos deve ajudar-nos
a resolver um problema epistemológico que de outra forma estaria arriscado a permanecer sub-repticiamente oculto.

A questão é *se os campos semânticos existem 'realmente'*. O que
equivale a perguntar se existe alguma coisa, na mente do usuário de uma
linguagem que 'compreende' o conteúdo de uma expressão, que corres-
ponda a um campo semântico. Ora, como a teoria dos códigos nada tem
a ver com o que acontece na mente das pessoas, *os campos semânticos
não devem ser considerados senão como supostas estruturas culturais
e como modelos de tais estruturas postas pelo semiólogo*. Mas não será
inoportuno precisar ulteriormente que: (a) os significados são unidades
culturais; (b) essas unidades são individuadas através da cadeia de seus
interpretantes tal como se dão numa determinada cultura; (c) o estudo
dos signos numa determinada cultura permite definir o valor dos interpretantes em termos posicionais e oposicionais no interior de sistemas
semânticos; (d) postulando-se esses sistemas consegue-se explicar as
condições de existência dos significados; (e) seguindo-se um método
desse tipo é possível construir um robô que possua um sortimento de
campos semânticos e as regras para correlacioná-los a sistemas de significantes; (f) na ausência de descrição de um Sistema Semântico Universal (um sistema que formule uma visão do mundo é, pois, uma
operação impossível porque uma visão global do mundo, na interconexão
das suas manifestações periféricas, muda continuamente) os campos se-

---

12. Como se verá em 2.11.1, semelhantes problemas são esclarecidos por uma
análise componencial, graças à qual um verbo como |comprar| será caracterizado como
predicado a n-postos (C (A, O, P, C, S...» e portanto tornará evidente o fato de que um
Agente recebe um Objeto com o Propósito de obviar a uma necessidade, recebendo-o
através de um Contra-Agente, dando em troca um Instrumento que é o dinheiro etc.

TEORIA DOS CÓDIGOS

mânticos são POSTULADOS como instrumentos úteis para explicar determinadas oposições com o fim de estudar determinados conjuntos de mensagens.

Estas observações põem obviamente em questão a aspiração de muita semântica estrutural de trazer à luz, sem sombra de dúvida, as estruturas imutáveis e universais do significado.

A conclusão mais cautelosa a propósito parece-nos aquela colocada por Greimas (1970) num ensaio que se intitula exatamente "estrutura semântica": "Por estrutura semântica deve-se entender a forma geral da organização de diversos universos semânticos – dados ou simplesmente possíveis – de natureza social ou individual (culturas ou personalidades). A questão de saber se a estrutura semântica está subtensa ao universo semântico, ou se não é senão a construção metalinguística que apreende o universo dado, pode ser considerada como não permanente".

2.9. AS MARCAS SEMÂNTICAS E O SEMEMA

2.9.1. Marcas denotativas e marcas conotativas

Estamos agora em condições de responder à questão: que é o significado de um significante, ou como se define o funtivo 'conteúdo' de uma função sígnica?

O significado é uma unidade semântica 'posta' num 'espaço' preciso dentro de um sistema semântico. Corre-se, porém, o risco de entender que o significado do significante |cão| seja o semema «cão» enquanto oposto a outros sememas dentro de um dado subsistema semântico. Mas qual sistema? O que organiza os animais? Ou o que organiza os seres vivos? Ou os carnívoros? Ou os mamíferos? E sempre que se responde a essa pergunta surge um problema ulterior: por que «cão» deve se opor a, digamos, «gato» e não a «canguru»? Compreende--se imediatamente que se trata da mesma questão colocada por Jakobson (Jakobson & Halle, 1956) quando se perguntava por que nunca se deveria considerar um fonema oposto a outro: e naquele ponto a definição do fonema como entidade opositiva mínima entrava definitivamente em crise para transformar-se na de fonema como um feixe de traços distintivos; o sistema das posições e das oposições considera agora esses traços distintivos e não o fonema, que é o resultado da sua presença ou da sua ausência.

O mesmo retículo interno de traços elementares deve pois regular a diferença entre sememas. Logo, dizer que um significante veicula uma dada posição num dado campo semântico constitui uma definição cômoda, já que o significante deve, ao contrário, referir-se (i) a uma rede de posições no interior do mesmo campo semântico e (ii) a uma rede de posições no interior de diversos campos semânticos.

Essas posições constituem as MARCAS SEMÂNTICAS do semema, e estas marcas podem ser denotativas ou conotativas.

Chamamos DENOTATIVAS às marcas cuja soma (ou hierarquia) constitui e identifica a unidade cultural à qual o significado corresponde em primeira instância e sobre a qual se baseiam as conotações sucessivas.

Ao contrário, chamamos CONOTATIVAS às marcas que contribuem para a constituição de uma ou mais unidades culturais expressas pela função sígnica anteriormente constituída. Como se observou em 2.3 a propósito de denotação e conotação, as marcas denotativas diferem das conotativas apenas enquanto uma conotação deve basear-se numa denotação precedente. Não que as primeiras se distingam das segundas por causa de uma maior estabilidade: uma marca denotativa pode ser tão efêmera como o código que a institui (e os agentes secretos que todos os dias mudam um cifrário o sabem muito bem), enquanto uma marca conotativa pode ser radicada estavelmente numa convenção social e pode durar tanto quanto a denotação na qual se baseia.

Basta, pois, para distinguir as marcas denotativas das conotativas, a seguinte definição formal: (i) uma marca denotativa é uma das posições dentro de um campo semântico à qual o código faz corresponder um significante *sem prévia mediação*; (ii) uma marca conotativa é uma das posições dentro de um campo semântico à qual o código faz corresponder um significante *através da mediação de uma marca denotativa precedente*, estabelecendo a correlação entre uma função sígnica e uma nova entidade semântica.

Todavia, esta definição pode resultar insatisfatória (seja do ponto de vista da teoria dos códigos, seja do da teoria da produção sígnica), pois frequentemente é difícil distinguir as marcas denotativas das conotativas. É fácil admitir que o significante |cão| denota um dado animal graças à soma de determinadas propriedades físicas ou traços zoológicos; e que conota, entre outras coisas, entidades semânticas como «fidelidade». Mas que dizer da marca «doméstico»? Quando, em 2.10.2, se discutir o problema do semema como enciclopédia, a dificuldade será parcialmente esclarecida. Por enquanto, basta dizer que, no quadro da teoria dos códigos, resta estabelecer uma distinção nítida entre marcas denotativas e conotativas.

Uma solução provisória pode ser dada, em forma empírica, passando-se a uma teoria da produção sígnica (na qual é permitido remeter-se à noção de referente):

(a) uma denotação é uma unidade cultural ou propriedade semântica de um dado semema que é ao mesmo tempo uma propriedade culturalmente reconhecida do seu possível referente; (b) uma conotação é uma unidade cultural e propriedade semântica de um dado semema, veiculada pela denotação precedente, e não necessariamente correspondente a uma propriedade culturalmente reconhecida do seu possível referente.

Estas duas definições permitem-nos compreender por que no modelo hidráulico do capítulo 1, AB denotava «nível de perigo» e conotava «evacuação» ou «aluvião». «Nível de perigo» era uma unidade cultural correspondente a um estado da água suposto como real. «Evacuação», ao contrário, não era uma propriedade do suposto referente, mas um significado que surgia através da mediação do conteúdo correspondente ao suposto referente.

* * *

Nasce aqui o problema de como definir as denotações dos significantes que não preveem referente objetivo, como as injunções (|venha!|) ou os sincategoremáticos (|por| e |todavia|). Eis a razão por que consideramos de preferência *ad hoc* a distinção aqui proposta e em cada caso válida somente no âmbito de uma teoria

TEORIA DOS CÓDIGOS 75

da produção sígnica, no curso da qual se reconhecem operações de referência concreta. Deveríamos, pois, por enquanto, ater-nos à definição de denotação como uma marca que não requer nenhuma mediação precedente para ser associada ao significante. A isto se pode objetar que, no caso de |cão|, «carnívoro» é marca indubitavelmente denotativa, dependendo porém de uma marca precedente, ou seja, «mamífero». Na verdade, contudo, «mamífero» pode permanecer inexpresso porque, por princípio de redundância, está semanticamente implícito em «carnívoro»; enquanto «fidelidade» não implica «cão» e, por conseguinte, o segundo MEDEIA o primeiro. É, pois, denotativa a marca à qual o significante é referido sem mediação de marcas precedentes, excluídas aquelas que a própria marca implica semanticamente, por princípio de redundância, por relação hipotáxica, de *pars pro toto*, *species pro genus* etc., com base em hierarquizações fortemente estruturadas no âmbito da cultura em exame.

Seja como for, deve ficar claro, pela discussão acima, que (nos termos aqui assumidos) a denotação não é um equivalente da extensão. Analogamente, a conotação não é equivalente à intensão. Extensão e intensão constituem categorias de uma teoria dos valores de verdade (parte de uma teoria da produção sígnica), enquanto denotação e conotação são categorias da teoria dos códigos. E isto mesmo que em outros contextos filosóficos a identificação (aqui negada) tenha sido colocada. Portanto, a denotação é entendida nestas páginas como uma propriedade semântica e não como um objeto. Quando se falar de um signo que se refere a um objeto, falar-se-á de REFERÊNCIA ou MENÇÃO, e não de denotação. A denotação é o conteúdo da expressão e a conotação o conteúdo de uma função sígnica.

2.9.2. Denotação de nomes próprios e de entidades puramente sintáticas

Antes de passar a uma teoria componencial dos sememas, cumpre desobstruir o campo pela objeção de que os nomes próprios e os significantes de sistemas sintáticos aparentemente não correlatos a algum conteúdo não têm denotação (e, pois, conotações). O problema apresenta-se claramente porque na literatura lógica se diz amiúde que os nomes próprios não têm *denotatum* nem, portanto, extensão, enquanto no quadro de uma teoria dos códigos é suficiente, para haver denotação, que uma expressão seja correlata a um conteúdo analisado em unidades semânticas mais elementares.

A solução, no que concerne aos nomes próprios de pessoas, parecerá mais fundada à luz da noção de semema como enciclopédia (cf. 2.10.2). Se a representação do semema assigna a uma unidade cultural todas as propriedades que lhe são unanimemente atribuídas no âmbito de uma dada cultura, nada melhor que a unidade correspondente a um nome próprio ser institucionalmente descrita em todos os seus pormenores. Isto ocorre, antes de tudo, no que respeita aos nomes de personagens históricos: qualquer enciclopédia nos informa tudo o que é essencial saber para individuar a unidade cultural |Robespierre|, unidade situada num campo semântico bem preciso e compartilhado por culturas diversas (ao

76 TRATADO GERAL DE SEMIÓTICA

menos no que concerne às denotações; podem variar as conotações, como acontece com |Átila|, que recebe conotações positivas somente na Hungria). Só porque o semema «Napoleão Bonaparte» é descrito por marcas bem precisas é que podemos achar ridículo o enunciado proposto em 2.5.3 |Napoleão era um elefante|.

Mas o mesmo se pode dizer de nomes de personagens não famosos como |Mario Filiberto Rossi|, para o qual existe uma descrição satisfatória no cartório de registro civil da comuna em que reside. Uma certidão de registro coloca antes de mais nada uma unidade cultural (*filho de...*, *irmão de..., pai de...*); portanto, atribui-lhe marcas mais analíticas (*nascido em..., profissão...*). Quando respondemos à pergunta |quem é Lúcia?|, não fazemos senão vulgarizar uma certidão de registro (*é a filha de Paulo, irmã de João etc.*). Se, posteriormente, à pergunta respondemos acrescentando uma jovem e dizendo |é aquela ali|, já não estamos explicando uma operação de análise semântica, mas um ato de referência, que requer um outro tipo de análise (cf. 3.3). Isto embora, provavelmente, quando queremos saber quem seja Lúcia, desejemos referir a um objeto concreto o nome correspondente a uma unidade semântica da qual já tínhamos noção (isto é, desejamos saber quem, entre as pessoas presentes, é a filha de Paulo).

A objeção, enfim, de que |Lúcia| ou |Napoleão| podem denotar muitos indivíduos (até mesmo um elefante) não invalida a solução proposta, já que neste caso se está simplesmente diante de casos de homonímia, que se verificam também para nomes de objetos. O universo dos nomes de pessoas é meramente um universo onde abundam os casos de homonímia; exatamente por esta razão, cada cultura elabora regras de redundância, nomeando as pessoas como Lúcia de Paulo, Napoleão I, John Assurbanipal Smith, ou escolhendo nomes que reduzem o risco de homonímia, como no caso de Amintore Fanfani ou Pellegrino Rossi.

Por outro lado, também os *termos sincategoremáticos* são abundantemente homonímicos. O |to| de |*to be*| não é o mesmo de |*to you*|. O |a| de |ir a Roma| não é o mesmo de |andar a cavalo|. O contexto serve para desfazer a ambiguidade desses casos, da mesma forma como serve para esclarecer se a expressão |*cane*| é um nome italiano de animal ou um imperativo latino (os casos curiosos como |*cane Nero!*| requerem simplesmente um contexto mais amplo ou indicações de circunstância).

Resta o caso de nomes próprios de pessoas ignoradas, não descritas em registros ou de que não se pode encontrar a descrição em registro (o mesmo caso de nomes de personagens fictícios). Neste caso, admite-se que faça parte de um código também um vasto *repertório onomástico* que assigna a certas expressões uma descrição sintática genérica que as caracterize como nomes atribuíveis a pessoas (|João| é indubitavelmente uma marca de «humano» e de «macho») propondo-a para o resto como aquilo que os lógicos chamam de "um x não quantificado num enunciado aberto".

No processo de interpretação sígnica, comportamo-nos em seus confrontos como aconteceria diante de uma expressão nunca ouvida (como |ácido triotimolínico| ou |dimetilcaciocavalpirazolônio|) que qualquer falante está em condições de identificar em cada caso como «composto químico». Portanto, se nos dizem que |João destila dimetilcaciocavalpirazolônio|, compreendemos pelo menos que «um homem está produzindo um composto químico», mesmo que suspeitemos que essa proposição seja Falsa e que o nome |dimetilcaciocavalpirazolônio| não seja um 'índice referencial'.

Se depois tivermos preocupações de caráter semântico intencional, pediremos: "Por favor, pode descrever-me este dimetilcaciocavalpirazolônio?" (com o que permanecemos no interior de uma teoria dos códigos). Se, ao contrário, tivermos preocupações de caráter semântico extensional, pediremos: "Por favor, pode mostrar-me o objeto ou estado do mundo que corresponde à expressão que usou?" (com o que nos deslocamos para o âmbito de uma teoria da produção e do uso referencial dos signos).

Há, finalmente, o problema de sistemas semióticos que se dizem puramente sintáticos e sem 'espessura' semântica aparente. É típico o caso da música. Sabe-se que não se trata de definir o significado do signo gráfico

Figura 12

Este significante denota uma posição no sistema das notas; denota uma classe de eventos sonoros que têm como interpretante valores matemáticos e medidas oscilográficas ou espectrográficas.

O problema é, ao contrário, *o que* denota e *se* denota o objeto sonoro ||dó|| que poderia ser emitido por uma trompa. A propósito, deve-se dizer que os significantes dos sistemas sintáticos têm denotações na medida em que se possam individuar seus interpretantes. Assim, a nota dó da oitava central ou a nota emitida pela trompa denotam uma posição do sistema musical tal que ela é mantida através de várias transposições. Pode-se dizer que o sinal físico ||dó|| denota a posição que no sistema musical permanece invariável, quer quando interpretada pelo significante

quer pelo significante

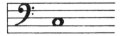

Figura 13

78 TRATADO GERAL DE SEMIÓTICA

Tanto é verdade que, afora os raros casos de ouvido dito "absoluto", o musicista, para reconhecer o ||dó||, precisa ouvi-lo em relação com alguma outra nota, portanto em posição no sistema.

Poder-se-ia objetar que Hjelmslev confundiu *in anticipo* esta conclusão, distinguindo entre *semióticas* e *sistemas simbólicos*. Em outros termos, os sistemas simbólicos (como os jogos, a álgebra, a lógica formal) são sistemas em que a forma da expressão coincide com a forma do conteúdo. São, pois, MONOPLANARES porque são CONFORMES, enquanto a linguagem (e as semióticas) são BIPLANARES e Não CONFORMES. Hjelmslev sustenta que a prova da presença do signo não está no fato de se poder atribuir um conteúdo a uma expressão, mas no fato de o conteúdo não ser conforme à expressão.

Poderemos responder que se está simplesmente invertendo a posição hjelmsleviana, ou seja, asseverando que *a prova da signicidade está na assignabilidade de conteúdo a uma expressão e não na conformidade ou não dos dois planos*. Mas é preciso explicar a razão dessa assunção.

Hjelmslev, na passagem citada, diz que os sistemas 'simbólicos' são afins aos *símbolos isomorfos*, isto é, as figurações ou os emblemas, como o Cristo de Thorvaldsen, símbolo da compaixão, ou a foice e o martelo, símbolo do comunismo. Em outras palavras, Hjelmslev fala aqui *do isomorfismo entre representante e representado que caracteriza os signos chamados 'icônicos'* e portanto exclui do rol das semióticas grande parte dos sistemas visíveis. Eis por que nos atemos a uma definição mais compreensiva. Em 3.4.9 e em toda a secção 3.6 veremos, enfim, que aquilo que Hjelmslev chama de sistemas simbólicos são os sistemas cujas unidades são produzíveis por *ratio difficilis*, e ali será resolvido o problema da legitimidade semiótica dos sistemas *aparentemente monoplanares*.

Por fim, o quanto a definição dos sistemas monoplanares está aberta a uma revisão aprofundada é demonstrado pelo fato de que Hjelmslev classificou entre tais sistemas também jogos como o xadrez. Ora, no xadrez parece evidente que a relação entre duas peças sobre o tabuleiro não *é* absolutamente *conforme* à relação de conteúdo que elas veiculam. De fato, dadas duas posições recíprocas, digamos, entre Rainha preta e Peão branco (e ainda mais a sua correlacionabilidade à posição de todas as demais peças do jogo), o conteúdo expresso por esta relação é dado por todos os possíveis movimentos que se possam conseguir com elas, ou seja, por uma cadeia de soluções alternativas – numa palavra, pelo destino estratégico total do jogo *daquele ponto em diante*. Pode-se, pois, dizer que, mesmo admitindo que uma relação entre duas peças DENOTA apenas a si mesma, ela sem dúvida CONOTA uma série inteira de movimentos previsíveis *do lugar em que está*. O que torna o sistema BIPLANAR.

Além disso, deve-se acrescentar que uma dada peça (em sua relação com as demais) *conota possibilidades diversas para cada um dos dois jogadores*, de modo que temos uma verdadeira função sígnica, ou melhor, um só elemento de expressão que entretém duas funções sígnicas diversas.

Ora, se atentarmos para uma sequência musical, notaremos imediatamente que uma dada situação anuncia e torna possíveis diversas saídas, exatamente enquanto solicita diversas expectativas; assim é que a música se apresenta como sistema semiótico onde cada situação expressiva está aberta a diversas interpretações e portanto tem diversos INTERPRETANTES. O que a põe numa condição de BIPLANARIDADE e NÃO CONFORMIDADE.

2.9.3. Código e regras combinatórias

Uma função sígnica pode ser definida em si mesma e em relação às suas próprias possibilidades combinatórias no interior de contextos diversos.

TEORIA DOS CÓDIGOS

À primeira vista, pareceria que a teoria dos códigos deve considerar a função sígnica em si mesma, dado que a sua inserção num contexto adequado é matéria de produção sígnica. Mas a produção sígnica é possível (especialmente no caso da produção de contextos) somente graças às regras providas pelo código, e o código é amiúde entendido não só como regra correlacional mas também como conjunto de regras combinatórias (em outros termos, o código é visto como competência, e portanto não só como um léxico, mas também como uma gramática, ou como uma gramática que contempla tanto um léxico quanto uma sintaxe).

Assim sendo, o fato de que uma expressão como |João tem triste| resulte inaceitável DEVE depender do código.

Certamente, a prática da produção e da interpretação sígnica pode tornar admissível também |João tem triste | inserindo-a num contexto que a justifique (assim como se pode produzir um contexto poético que torne semanticamente aceitável o fato de que as ideias verdes sem cor dormem furiosamente). Entretanto, seria demasiado redutivo dizer que o código fixa apenas o conteúdo de expressões como |ter| e |triste| sem prover indicações acerca da sua combinabilidade.

Importa, pois (como foi feito), conceber o código como uma dupla entidade que estabelece de um lado correlações semânticas e de outro regras de combinabilidade sintática.

Todavia, achamos que a distinção entre *função sígnica em si mesma* e *função sígnica como unidade combinável* não implica uma dicotomia no código[13].

De fato, um código prove: (i) uma descrição restrita da função sígnica, de modo que ela possa ser entendida em sua natureza biplanar independentemente de cada contexto; (ii) uma definição mais rica que prove também pontos nodais em que a função sígnica, em ambos os seus funtivos, pode amalgamar-se com outras funções sígnicas. Neste sentido, pode-se evitar a presença de regras combinatórias independentes, porque elas são parte da representação codificada da função sígnica.

Ou seja, suponhamos que a representação de um sememe como «amar» tenha uma marca sintática do tipo $V(x, y)$, que especifica tratar-se de um verbo transitivo, e pelo menos uma marca semântica complexa do tipo «Ação (Sujeito ± humano, Objeto ± humano)», enquanto o sememe «comer» deveria ter a marca «Ação (S+humano, O-humano+orgânico)»- Só com este pacto é que |João comeu o avô|

---

13. Segundo Fillmore (1971), um léxico visto como parte de uma gramática gerativa (portanto, um código, enquanto fixa os elementos componenciais dos sememas) deve entre outras coisas tornar evidentes para cada item lexical: (a) a natureza da estrutura profunda do contexto sintático em que o item pode ser inserido; (b) as propriedades do item a que são sensíveis as regras gramaticais; (c) o número de 'argumentos' que o item, caso seja usável como 'predicado', pode requerer; (d) o papel que cada argumento desempenha na situação que o item, caso seja usado como predicado, pode ser usado para indicar; (e) as pressuposições ou as 'condições de felicidade' pelo uso do item, ou seja, as condições que devem ser satisfeitas para que o item seja usado no modo adequado; etc. Como se vê, a representação semântica deve em si mesma resolver o conjunto das regras combinatórias. Uma expressão como |José é filho de um caminhão| é julgada semanticamente anômala (à parte os usos retóricos) porque na representação semântica de |filho| se deve postular uma espécie de predicado de dois postos ($P(x, v)$ na qual tanto x quanto y são caracterizados como «+ humano e + macho +».

80 TRATADO GERAL DE SEMIÓTICA

pode parecer semanticamente anômalo (salvo num contexto cultural diverso, em que também os seres humanos são classificados como alimentos) embora se apresente como sintaticamente correto.

Até onde uma função sígnica, no seu processo de multiplicar conotações, pode ser regulada por mais de um código ou subcódigo, cada código insere seus próprios nós combinatórios. Falando de um tipo tão complexo de competência social como a linguagem verbal, não se deve pensar num único código, mas num sistema de códigos inter-relacionados. A este sistema de funções sígnicas pode-se igualmente chamar 'uma língua', embora se possa aplicar este termo também a outros tipos de códigos sem risco de licença metafórica.

Foi dito (Ducrot, 1972) que uma língua não é um código porque não se limita a associar significantes a significados, mas também provê regras discursivas (que são algo mais que simples regras combinatórias de tipo sintático): com efeito, esta objeção tenciona considerar os problemas pragmáticos como parte de uma semântica das linguagens naturais. Por consequência, é natural que as regras de uma língua deem também o modo de individuar as pressuposições e portanto todas as porções de conteúdo que não são explicitamente veiculadas pelas expressões. Ducrot admite que, enquanto um código deve prover informação direta, uma língua serve também para veicular pressuposições, vale dizer, o que já é sabido e indispensável para se compreender o que é dito. Ora, afirmamos que o código, no sentido mais amplo do termo, não apenas deve permitir falar em torno de outros objetos (função informativa e referencial relacionada com os termos categoremáticos) mas também mover o destinatário (funções *imperativas* e *emotivas* relacionadas quer com determinadas conotações dos termos categoremáticos, quer com o poder significante de expressões não categoremáticas), colocar questões, estabelecer contatos e assim por diante (função típica dos termos sincategoremáticos). Mas em tal caso um código assume todas as funções que Ducrot atribui a uma língua, e uma língua seria algo mais do que um código, se por código se entender somente um artifício que prove a possibilidade de transmitir porções muito restritas de informação para fins puramente referenciais.

Nos parágrafos seguintes se verá como um código (tal como é aqui entendido), por meio de seleções contextuais e circunstanciais, inseridas como nós combinatórios na representação dos sememas, coloca muitas suposições não como parte inferível do conteúdo veiculado mas como *condições necessárias para a veiculação do conteúdo*.

2.9.4. Requisitos da análise componencial

Quando se considera a dupla definição de função sígnica dada no parágrafo precedente (em si mesma e nas suas duplas possibilidades combinatórias), percebe-se que o plano da expressão tem um *status* privilegiado: cada unidade de expressão pode ser definida em si mesma não só independentemente das suas próprias possibilidades combinatórias como também nas suas qualidades materiais de funtivo.

Uma expressão como a palavra |cão| ou uma bandeira vermelha na praia podem ser analisadas em seus componentes articulatórios: quatro fonemas para |cão| (resolúveis em feixes de traços distintivos) e para a

TEORIA DOS CÓDIGOS

bandeira uma forma geométrica (resultante da articulação de elementos euclidianos) e uma cor (resultante de uma dada composição espectral). Essas propriedades físicas (ou marcas da expressão) permanecem como tais mesmo se a expressão não for usada como tal, ou seja, se não estiver correlacionada como funtivo a um outro funtivo: são PROPRIEDADES ESTRUTURAIS DO SINAL.

Se posteriormente se passa a considerar a expressão nas suas possibilidades combinatórias, ela adquire as chamadas marcas sintáticas, como Masculino, Singular, Verbo etc. São as PROPRIEDADES GRAMATICAIS do funtivo enquanto tal. Como se sabe, elas podem corresponder pelo menos a marcas semânticas do mesmo tipo, mas nestes casos deve-se falar de pura HOMONÍMIA METALINGUÍSTICA. |Sonne|, gramaticalmente falando, é Feminino, enquanto |Sol| é Masculino, e todavia ambas as expressões veiculam uma unidade semântica destituída de marcas sexuais[14].

Claro está que as únicas marcas que devem ser consideradas relevantes para a análise da função sígnica são as pertencentes ao funtivo enquanto tal. Ou, pelo menos, na discussão que segue levaremos em consideração somente estas. As marcas estruturais do sinal são, ao contrário, relevantes para efeito de uma teoria da produção sígnica onde se considera também o 'trabalho' físico necessário à produção de um enunciado (cf. 3.1).

Pode-se, então, tentar agora um primeiro modelo analítico de função sígnica:

(i) o significante POSSUI algumas marcas sintáticas (Singular, Masculino, Verbo etc.) que permitem a sua combinação com outros significantes de modo a produzir frases bem formadas e gramaticalmente aceitáveis mesmo que semanticamente anômalas (como |o trem deu à luz um menino|) e de modo a etiquetar como inaceitáveis outras frases que do ponto de vista semântico encerram um sentido (como |je estun autre|)[15];

---

14. O fato de que |Sonne| provoca para um alemão certas conotações, ao passo que |Sole| para um italiano provoca outras, quer dizer apenas que amiúde algumas marcas sintáticas podem "reverberar" das marcas semânticas virtuais. O italiano tem o costume de reverberar marcas semânticas de tipo sexual sobre objetos e animais, enquanto o inglês não pensa que |o trem| deva ser Masculino ou |a locomotiva| Feminina. Mas aqui se trata de processos retóricos de personificação que, precisamente, semanticizam as marcas sintáticas.

15. Esta diferença entre aceitabilidade sintática e aceitabilidade semântica é deixada à sombra nos primeiros desenvolvimentos da gramática transformacional e emerge, ao contrário, com clareza na gramática gerativa. Por exemplo, McCawley (1971) observa que se alguém pronuncia a frase |minha escova de dentes está viva e está tentando matar-me| (frase claramente correta do ponto de vista sintático e anômala do ponto de vista semântico), não se trata de matéria de um curso de língua mas do psiquiatra. Portanto, quando se diz que as marcas sintáticas devem permitir a correta combinação da expressão em contexto, não se sugere que o código contempla uma regra geral além da de estabelecer, por exemplo, Frase Nominal – Determinativo + Nome (+ Adjetivo). Basta que a representação sintática de uma expressão como |casa| estabeleça

$$N + F (+ D -, \pm - A)$$

onde N está para Nome, F para Feminino, D para artigo determinativo, A para Adjetivo e as linhas contínuas esclarecem se o item em questão está inserido antes ou

82 TRATADO GERAL DE SEMIÓTICA

(ii) o significado como semema É FORMADO POR marcas semânticas de diversos tipos suscetíveis de serem organizadas hierarquicamente. Algumas destas marcas podem ou não corresponder (por homonímia metalinguística) a marcas sintáticas (assim, é semanticamente anômalo dizer |o trem deu à luz um menino| porque |o trem| possui uma marca semântica de «Singular» que parece corresponder à marca sintática homônima, mas possui também uma marca de «Inanimado», que não tem equivalente sintático nem se amálgama com a marca de «Animado» relacionada com o verbo |dar à luz|).

(iii) nenhuma marca semântica realiza por si só uma função sígnica; o código associa um conjunto de marcas, semânticas funcionando como um todo indivisível: isto significa que o código, por si só, ASSOCIA MARCA A MARCA e, portanto, não existe uma homologia estreita entre os componentes dos dois funtivos[16], o que permite falar de correlação 'arbitrária'.

Portanto, a representação esquemática do significado de um dado significante (ou do semema veiculado pela unidade de expressão) deve ser como segue:

$$|s| \text{ —ms—«S»——} d_1, d_2, d_3 \text{——} c_1, c_2, c_3 \ldots$$

onde $|s|$ é o significante, *ms* são as marcas sintáticas, «S» é o semema veiculado por $|s|$, *d* e *c* são as denotações e as conotações que o compõem.

No entanto, mesmo que a representação de um semema fosse tão simples (e admitamos por enquanto que o seja), surgiriam vários problemas acerca da natureza dos componentes semânticos.

Dado que um semema é composto por um conjunto de componentes mais ou menos finito e mais ou menos linear, os problemas que surgem são: (a) se estes componentes podem ser identificados; (b) se constituem um conjunto finito de 'universais semânticos'; (c) se são construções teóricas que não requerem análise componencial posterior, ou construções empiricamente fornecidas pelo dicionário, ou seja, palavras, definições, objetos linguísticos (ou pertencentes a outros siste-

---

depois da entidade definida. Naturalmente, a simples marca sintática de N + F pode subtender, por regra de redundância, o resto da descrição combinatória. A regra geral *Frase Nominal* = $D + N (+A)$ nada mais é, neste ponto, do que uma abstração estatística.

16. Naturalmente, o que ficou dito pode ser posto em crise pela existência dos signos chamados 'icônicos', nos quais cada aspecto da expressão parece corresponder por semelhança a um aspecto do conteúdo. Uma solução deste problema é tentada em 3.5 e 3.6. Quanto aos signos reconhecidamente arbitrários, existe uma tese extrema (De Mauro, 1968, 3.4.19 e 3.4.27) segundo a qual, enquanto os componentes de um sistema fonológico são individualizáveis, um sistema do conteúdo encerra unidades chamadas 'noemas lexicais' que podem ser decompostas em unidades menores, chamadas 'hiposemas', equivalentes aos lexemas, mas não permite a individualização de outros componentes semióticos dignos de relevo, exceto em casos muito particulares, como os sistemas científicos. Acreditamos que negar uma correspondência marca a marca entre funtivos não leva necessariamente a negar a articulação interna dos sememas.

TEORIA DOS CÓDIGOS

mas semióticos); (d) se, enfim, sua interconexão é suficiente para definir um semema e o modo pelo qual ele pode ser inserido em contexto (vale dizer, o modo pelo qual o significado pode ser contextualmente desambiguado).

2.9.5. Alguns exemplos de análise componencial

No que se respeita ao ponto (i) acima, Hjelmslev (1943) havia já proposto a possibilidade de descrever um número ilimitado de entidades do conteúdo fazendo uso de um número limitado de FIGURAS, ou seja, de traços combinatórios universais. Assim, dadas quatro marcas elementares como «ovino», «suíno», «macho» e «fêmea», poder-se-iam combinar unidades maiores como «carneiro», «porca», «ovelha» e «porco», com as figuras elementares permanecendo à disposição para combinações sucessivas.

Quanto ao ponto (ii), Chomsky (1965) definiu as marcas sintáticas como um conjunto finito de componentes do qual dependem as 'regras de subcategorização' (a regra de subcategorização dos verbos Transitivos e Intransitivos é que explica por que |John found sad| seria gramaticalmente inaceitável). Quanto aos componentes semânticos, que dão origem às 'regras seletivas', advertia Chomsky que a noção de 'item lexical' pressupõe uma sorte de vocabulário universal fixo em cujos termos os vários objetos são caracterizados; portanto, os traços seletivos seriam 'universais' e 'limitados' ou deveriam ser postulados como tais. Infelizmente, os únicos exemplos deveriam ser postulados como tais. Infelizmente, os únicos exemplos de tais traços que temos à nossa disposição nos textos chomskianos são tão 'universais' que servem apenas para diferenciar um bispo de um hipopótamo (porque um dos dois não tem o traço «Humano»), mas não servem para diferenciar um hipopótamo de um rinoceronte. Esta dificuldade determina a exigência de traços mais analíticos.

Por exemplo, segundo Pottier (1965) o semema «poltrona» pode ser analisado como «para sentar-se», «sobre pés», «para uma pessoa», «com espaldar», «com braços», enquanto o semema «canapé» só possui os dois primeiros traços, carece do terceiro e pode ou não ter os dois últimos. Pottier consegue estabelecer uma matriz combinatória de traços cuja ausência ou presença caracterizam também o escabelo, o pufe, a cadeira, mas os traços da matriz são demasiado pouco 'universais' para servirem ad hoc: portanto não caracterizam nada que não seja um móvel concebido para sentar-se e requerem, além disso, que sejam por sua vez analisados semanticamente.

A semântica estrutural de Greimas (1966) procura por em relevo traços muito 'universais' que são ao mesmo tempo construções teóricas que não requerem análise posterior e que permitem uma análise ulterior apenas no sentido de que cada traço, que faz parte de um par oposicional dominado por um eixo, pode por sua vez tornar-se o eixo de um par oposicional subjacente. É conhecido o exemplo referente ao sistema da espacialidade (Fig. 14).

Os termos em itálico entre parênteses são itens de dicionário caracterizados pela presença dos traços semânticos em questão: por isso, o par comprido/curto é caracterizado pelos 'semas' (ou marcas semânticas) de perspectividade, horizontalidade, dimensionabilidade e espacialidade[17].

As limitações do sistema parecem consistir no fato de o repertório potencial dos traços não ser inteiramente finito. Basta pensar no que acontece quando se

---

17. Greimas entende por |lexema| a manifestação de uma expressão enquanto caracterizada por vários semas; ao contrário, chama |semema| não à globalidade destes semas, como se vem fazendo neste livro, mas a um dado 'efeito de sentido', ou a um percurso de leitura particular do lexema. Em outros termos, Greimas chama lexema ao que é chamado de semema e semema ao que é chamado de percurso de leitura, ou sentido.

passa ao sistema da temporalidade ou ao sistema de valores (Bom, Mau, Aceitável, Inaceitável) para compreender que a série dos traços deve expandir-se como uma galáxia da estrutura imprecisa.

O método de Greimas parece muito útil para explicar como um semema consente em substituições retóricas: quando Greimas demonstra que um lexema como |cabeça| tem um 'núcleo sêmico' com unidades nucleares como «extremidade» e «esfericidade», ajuda-nos indubitavelmente a compreender como, privilegiando uma ou outra unidade nuclear, se podem constituir metáforas do tipo |cabeça de alfinete| ou |cabeça de ponte|. É, pois, certo que

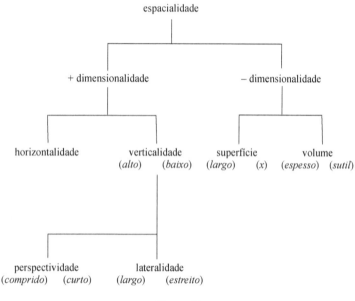

Figura 14

uma análise semântica deve levar em consideração entidades sêmicas desse tipo, mas a solução não parece ainda satisfatória.

Portanto, afigura-se necessário alargar a noção de marca semântica, ainda que isto possa ocorrer a expensas da sua universalidade e limitação.

2.9.6. Uma primeira definição do semema

Um significante denota e conota várias unidades semânticas, e algumas destas se excluem reciprocamente, o que significa que no interior do semema se perfilam 'percursos' mutuamente exclusivos que produzem incompatibilidades semânticas.

Enquanto a decisão acerca da escolha do "percurso", ou "leitura", ou "sentido" a privilegiar é matéria para a produção e interpretação sígnica, as condições estruturais dessa escolha são matéria para a teoria dos códigos. Desse modo, uma teoria da interpretação ou desambiguação do semema baseia-se numa teoria da sua natureza componencial.

|*Mus*| pode denotar «ser vivente» quanto ao eixo 'animado *vs* inanimado', «roedor» quanto a um sistema de eixos zoológicos, e «perigoso» quanto ao eixo que estabelece a compatibilidade de alguma coisa com as condições de vida humana.

Em outras palavras, um significante $|s_2|$ pode denotar a posição α_2 e β_2 em dois eixos diversos e, por causa destas denotações, conotar posições contraditórias γ_1 e γ_3 num outro eixo semântico, conotando assim, através da mediação de γ_1, tanto ε_1 quanto em ζ_1 dois outros eixos, e assim por diante (Fig. 15).

Isto equivale a dizer, com Greimas (1966), que o lexema (para nós, o semema) é o lugar da manifestação e do encontro de semas que procedem de categorias e sistemas sêmicos diversos e mantêm entre si relações hierárquicas, vale dizer, hipotáxicas.

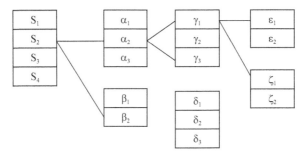

Figura 15

Assim, s_2 'pesca' em várias posições, não necessariamente compatíveis uma com a outra, em diversos eixos semânticos e em diversos campos ou subsistemas.

O que ainda significa que o código oferece ao usuário uma competência que inclui uma série vastíssima de campos semânticos. Estes podem sobrepor-se e contradizer-se de várias maneiras, de modo a tornar possíveis diversas situações. Por exemplo:

(i) o usuário conhece todas as denotações e conotações possíveis do semema «S_2» veiculado pelo significante $|s_2|$ e, por conseguinte, quando recebe este último, leva na devida conta todas as suas possíveis ambiguidades;

(ii) um usuário B tem um conhecimento incompleto do código e acredita que «S_2» seja representável como «$\alpha_2 \gamma_1 \varepsilon_1$», apenas não levando na devida consideração as demais interpretações possíveis e expondo-se

86 TRATADO GERAL DE SEMIÓTICA

a numerosos equívocos, quer quando se exprime, quer quando interpreta as expressões alheias.

Esta definição da representação semântica do semema pode parecer insatisfatória e poderia ser correta recorrendo-se a uma teoria mais estritamente formalizada; ou então exigiria que se definisse a competência geral de um dado grupo cultural como o conhecimento de todas as possíveis correlações codificantes, de modo que essa competência se assemelhasse mais a uma enciclopédia do que a um dicionário. Estas duas opções serão discutidas em 2.10.2.

2.10. O MODELO KF

2.10.1. Solteiros

Um dos modelos de análise componencial mais felizes foi sem dúvida o de Katz e Fodor (1963), posteriormente revisto por Katz e Postal (1964) e que doravante chamaremos de modelo KF. Não obstante seus limites (reconhecidos também por um dos seus autores, cf. Katz, 1972), este modelo provocou tantas discussões e refutações[18] que nos parece útil admiti-lo como ponto de partida para um subsequente Modelo Reformulado.

Malgrado sua notoriedade, é útil reproduzir o modelo KF na Fig. 16, a fim de ter sob os olhos a análise componencial de |bachelor|, que tornou a semântica da última década paranoicamente obcecada por jovens célibes e por focas sexualmente infelizes.

No diagrama (que chamaremos doravante de *Árvore KF*) existem *syntactic markers*, fora de parênteses (que podem incluir categorias como Animado, Numerável (*Count*), Nome Comum). Entre parênteses estão os *semantic markers*, identificáveis com o que os autores chamam de semas e que podem ser, não há dúvida, em número limitado, como queria Hjelmslev. Entre colchetes estão o que os autores chamam de *distinguishers*.

Vêm, por fim, as *seleções restritivas* aqui simbolizadas por letras gregas entre parênteses em ângulo (< >). Por seleções restritivas entende-se "a formaly expressed necessary and sufficient condition for that reading to combine with other" (Katz e Postal, p. 15). Um "reading" é a escolha de um "path", ou seja, de um SENTIDO DE LEITURA. Segundo o contexto, os vários componentes semânticos se combinam com os dos demais lexemas presentes, para tornar plausível ou não uma frase como |a married man is no more a bachelor| ou |my husband is a Bachelor of Arts|.

A possibilidade de combinar o lexema no contexto é dada por uma série de *projection rules*, pela qual diante da frase |the man hits the colorful ball|, uma vez atribuídos a cada lexema seus próprios componentes semânticos, é possível construir uma série de leituras diversas da frase. De fato, |colorful| tem duas marcas semânticas (*Color* e *Evaluative*), dois *distinguishers* (*Abounding in contrast or variety of bright colors* e *Having distinctive character, vividness or picturesqueness*), havendo, por um lado, restrições seletivas como [*Physical object*] V [*Social Activity*] e, por outro, como [*Aesthetic object*] V [*Social Activity*].

---

18. Entre as mais significativas, ressaltem-se as de Weinreich (1965) e vários textos *in* Steinberg & Jakobovits (1971). Cf. também a bibliografia *in* Katz, 1972.

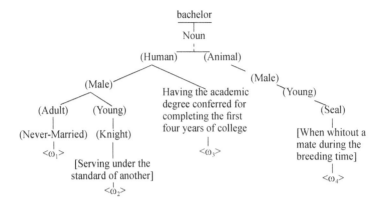

Figura 16

Só após estabelecer os componentes semânticos de |*ball*| com os quais este adjetivo deve entrar em contato se saberá quais são os *amalgamated paths* que levam a interpretar o sintagma [*colorful ball*] como: (a) "atividade social dedicada à dança, abundante de cores"; (b) "objeto de forma esférica, rico de cores"; (c) "míssil sólido projetado por mecanismo de guerra, rico de cores"; (d) "atividade social dedicada à dança, viva e pitoresca". E assim por diante, até a leitura completa e multíplice da frase inteira.

O *sentido* se especifica aqui como uma *escolha binária* que o destinatário da frase executa entre as várias ramificações componenciais possíveis dos lexemas. Se o significado do lexema era o conjunto da sua denotação e das suas conotações, o sentido que lhe é atribuído constitui um percurso seletivo (que procede por sim e não). A este aspecto do sentido como escolha, que também liga os níveis superiores da semiótica ao nível da análise informacional do sinal, voltaremos em 2.15.

Katz e Fodor especificam que os componentes semânticos não devem depender, para serem interpretados, da situação ou circunstância (a que chamam *setting*) *em* que a frase é pronunciada. Como se sabe, na verdade eles indicam diversas desambiguações possíveis, mas sua teoria semântica não pretende estabelecer quando, como e por que a frase é aplicada (usada) num sentido e quando o é num outro. A teoria pode explicar se e por que uma frase tem muitos sentidos, mas não em quais circunstâncias ela deve perder sua própria ambiguidade, nem segundo qual sentido.

O modelo KF procura explicar vários problemas semânticos sem recorrer a uma teoria extensional (apesar de muitos a terem interpretado, e *pour cause*, como modelo extensionalista, mas o projeto intensionalista é vigorosamente sublinhado por Katz, 1972). Entretanto, o modelo recusa considerar certos problemas que poderiam abrir-lhe o caminho para a solução das questões que ele pretendeu resolver.

88 TRATADO GERAL DE SEMIÓTICA

Assim sendo, tentaremos elaborar aqui uma espécie de *cahier de doléances*, no intuito de enuclear os requisitos fundamentais de um Modelo Reformulado. Essas *doléances* podem ser resumidas em seis pontos:

(i) o modelo KF tem os limites de um dicionário (cf. 2.10.2);

(ii) as marcas semânticas são entidades platônicas (cf. 2.10.3);

(iii) as conotações não são levadas em consideração (cf. 2.10.4);

(iv) os contextos não são previstos (cf. 2.10.4);

(v) os *distinguishers* exibem uma impureza extensional (cf. 2.10.5);

(vi) o modelo descreve apenas expressões verbais e termos categoremáticos (cf. 2.L0.5).

Examinemos cada um destes pontos.

2.10.2. Dicionário e enciclopédia

O modelo KF representa a competência ideal de um falante ideal: com efeito, ele tende a formular um dicionário elementar incapaz de explicar a competência social em todas as suas contradições vivas. A diferença entre uma competência ideal e uma competência "histórica" é a mesma observada entre DICIONÁRIO e ENCICLOPÉDIA.

Numa crítica ao modelo KF, Wilson (1967) sustentava que uma teoria semântica deve levar em consideração as crenças efetivas, contraditória e historicamente radicadas, em vez de limitar-se a construções intemporais e imutáveis. Katz (1972) responde-lhe que o que Wilson exige em lugar de um dicionário semântico é uma espécie de enciclopédia que apresente todas as opiniões comumente compartilhadas a respeito dos referentes de uma palavra. Objeção que não deveria impressionar mas antes inclinar à aceitação da perspectiva de Wilson, desde que, obviamente, as opiniões de que se fala não sejam entendidas como opiniões a respeito dos referentes das palavras, mas como definições culturais que uma cultura fornece de todas as suas unidades de conteúdo. Que essas diversas opiniões são representáveis como diversos percursos de um semema e que o código pode prever essa diversidade, será melhor demonstrado em 2.11.

Katz (1972, p. 75) objeta que, em tal caso, as palavras deveriam ser vistas como algo extremamente mutável, porquanto continuamente novas descobertas acerca do mundo, convertidas em matéria de conhecimento comum, deveriam ser inseridas na representação semântica de um item lexical. O que, concordamos, representa um trabalho não despiciendo: mas, infelizmente, semelhante trabalho é exatamente o que uma cultura desenvolve continuamente, enriquecendo e criticando seus próprios códigos (como se verá no capítulo 3).

Por conseguinte, a teoria da competência ideal de um falante ideal, que Katz se preocupa em defender contra o ataque da interação histórica e social, pode dar origem a uma elegante construção formal, arriscando-se porém a não ter a mínima utilidade, mesmo para um editor de dicionários, uma vez que o editor outra coisa não faz senão adiar seu produto para adaptá-lo exatamente ao estado atual

TEORIA DOS CÓDIGOS

da língua. Conquanto muitas vezes a história da língua dependa da existência dos dicionários, felizmente o inverso também é verdadeiro.

Katz está preocupado justamente com o fato de a noção de "opinião corrente" introduzir na teoria semântica todas as modificações idiossincráticas devidas à experiência cotidiana do falante. No entanto, é evidente que bastaria reformular os requisitos de Wilson da seguinte forma: as opiniões correntes, ainda que muito difusas, devem ser CODIFICADAS ou de algum modo reconhecidas e INSTITU-CIONALIZADAS pela sociedade. Katz se pergunta em que base se deveria reconhecer a legimidade de uma nova opinião a respeito do significado de uma palavra. A resposta é: na mesma base a que se refere Katz ao admitir que um |bachelor| é um homem não casado e não uma pasta de dentes. Ou seja, na base que autoriza não só uma enciclopédia mas também um modesto dicionário a registrar que um dado item lexical se acha estatisticamente associado pelo corpo social a um dado significado, mudando de significado em certos contextos fraseológicos específicos e registráveis.

Naturalmente, ao se elaborar uma teoria semântica mais semelhante ao modelo da enciclopédia do que ao do dicionário, não se pode fugir a certas consequências, como a perda de uma certa perfeição formal na descrição (como será mostrado em 2.12 e em 2.13 a propósito do Modelo Q). E não apenas isto. Vemo-nos aqui em face da necessidade de manobrar *'fuzzy concepts'* e todo um repertório de categorias não assimiláveis às da lógica formal (cf. Lakoff, 1972)[19].

2.10.3. As marcas semânticas como interpretantes

A *doléance* (ii) faz referência ao modelo KF de um "platonismo" das marcas semânticas. Com efeito, viu-se em 2.9.5 como é difícil imaginar um conjunto finito e universal de construções teóricas capazes de explicar cada matiz semântico. O modelo KF inicialmente propõe suas marcas como construções teóricas puras que não deveriam em princípio ser submetidas à análise componencial sucessiva, já que uma marca é o *explicans* do semema e não um outro *explicandum*. Todavia, o próprio Katz (1972, p. 44) fala de regras de redundância que postulam uma análise semântica sucessiva de cada componente (porquanto supõem, por exemplo, que a cada marca "Humano" esteja implícita a marca "Animado"), suscitando pois, indiretamente, o problema da INTER-PRETAÇÃO DOS INTERPRETANTES.

---

19. Os *'fuzzy concepts'*, já estudados por L. Zadeh (*Toward fuzziness in computer systems*, Preprint Dept. of Electrical Engineering and Computer Science, University of California, Berkeley, 1969; *Towards a Theory of Fuzzy Systems*, Electronic Research Laboratorium, U. of Cal., Berkeley, 1969) e por G. C. Moisil (*Leçons sur la logique du raisonnement nuancé*, Urbino, 1972, manuscrito), são apresentados por Lakoff como conceitos cujos limites são vagos e submetidos a uma certa graduação. O exemplo típico é a noção de «pássaro», que parece aplicar-se plenamente à águia, menos ao pato e quase nada à galinha, implicando pois uma espécie de predicação 'graduada' (a linguagem natural não conhece pássaros *tout court*, mas pássaros a 10% e pássaros a 5%).

90 TRATADO GERAL DE SEMIÓTICA

A regra de redundância pretende que, dada numa representação semântica de |cadeira| a marca «móvel», esta última "inclua" (embora por brevidade se evite representá-la) a marca «artefato», a qual por sua vez poderá ser analisada em «objeto» + «físico» + «inanimado» etc. Para Katz, as regras de redundância constituem meros artifícios operativos destinados a simplificar a representação, mas não se pode evitar a consequência teórica daí decorrente: as regras de redundância constituem um requisito da teoria que potencialmente tende a complicar ao infinito a análise do semema, já que cada marca se apresenta como o ponto de origem de uma nova representação. Como cada marca deve ser interpretada por outras marcas (que agem como seus interpretantes), nasce o problema de onde devemos parar e, portanto, se os interpretantes constituem um conjunto finito ou se são identificáveis com a infinita recursividade dos produtos da semiose sugerida por Peirce (cf. 2.7.3).

2.10.4. As marcas conotativas e os 'settings'

A *doléance* (iii) concerne às conotações. O modelo KF detém-se nos *distinguishers* e não fornece a medida das possíveis conotações do semema, propondo-se assim como representação estritamente denotativa. Neste sentido, fornece as regras para um dicionário por demais elementar, do tipo do usado por turistas num país estrangeiro, que permitem pedir um café ou um bife, mas não 'falar' realmente uma língua.

Desse modo se sacrificam muitos percursos possíveis. Existem subcódigos bastante difundidos pelos quais, pelo menos na civilização ocidental |solteiro| pode conotar tanto «dissoluto» quanto «jovem desejável», ou mesmo «libertino como *garçonnière*». Em determinados subuniversos semânticos (pense-se no teatro de *pochade*), adensam-se sobre o solteiro conotações autorizadas de simpatia ou de antipatia e verdadeiras marcas 'axiológicas' (do tipo «Bom» ou «Mau»). Ademais, considere-se que uma representação semântica satisfatória pretenderia que |solteiro| conotasse também o contrário de seu antônimo, portanto «casado».

Finalmente, uma teoria semântica que queira pôr-se a serviço de uma semiótica geral, e não de uma simples lexicografia limitada aos usos verbais, deve considerar que um semema possui também conotações estranhas ao sistema semiótico em que se expressa o significante. Em outros termos, a palavra |cão| por vezes conota também a imagem de um cão, e negar a normalidade de semelhantes resquícios conotativos significa limitar inaceitavelmente a análise intensional do conteúdo.

Não cabe, a este respeito, a objeção de mentalismo. Com efeito, não se está falando de associações ou imagens mentais (ainda que estas não devam ser subestimadas): está-se falando de correlações postas em termos culturais. Está-se pensando no fato de que em toda enciclopédia, quando se fala (em termos verbais) de cão, interpretam-se as descrições verbais como descrições icônicas: coloca-se, pois, uma correlação entre a palavra |cão| e as imagens de um ou mais tipos de cães. Imagens e palavras remetem-se mutuamente em termos abstratamente culturais, independente do fato de uma mente humana realizar aquela associação.

É difícil negar que, no caso de |*bachelor*|, a imagem do estudante que recebe o seu diploma ou do jovem pajem do cavaleiro medieval substituem tranquilamente em muitos casos a definição verbal.

TEORIA DOS CÓDIGOS
91

Portanto, uma vez aceito o modelo KF, deve-se exigir que toda a vasta família dos interpretantes de um termo encontre lugar entre as frondes da sua árvore. Mas, neste caso, torna-se difícil atribuir a responsabilidade das relações semânticas e dos amálgamas somente às marcas semânticas (como ocorre na teoria KF), vendo-se os *distinguishers* como pontos terminais a que se chega quando os amálgamas contextuais já foram operados.

Enfim, a propósito de conotações, afirmou-se em 2.9.6 que uma expressão 'pesca' em diversos eixos semânticos, pondo às vezes em contradição suas próprias conotações. Em tais casos, a escolha entre uma e outra conotação deve ser motivada por fatores contextuais ou circunstanciais. O que leva à *doléance* (iv): o modelo KF recusa-se a considerar os *'settings'* e, assim fazendo, não consegue explicar por que um dado termo, expresso numa dada circunstância ou inserido num contexto linguístico específico, adquire um ou outro dos seus sentidos de leitura.

Com muita precisão, esclarecem os autores não estarem interessados neste problema. Mas deveriam estar. De fato, apresenta-se aqui o elo faltante entre a teoria dos códigos e a teoria da produção sígnica, e esse elo é na realidade o espaço de uma intersecção, do contrário se teriam dois conjuntos teóricos privados de um liame que lhes garanta a mútua funcionalidade.

Não nos preocuparemos, neste parágrafo, em criticar a teoria dos *settings* tal como ela é redutivamente evocada e a seguir evitada pelo modelo KF. Será preferível retomar o tema em 2.11, onde se verão as vantagens que derivam de uma teoria dos códigos e de seu Modelo Reformulado, para integrar em seu quadro teórico a teoria dos contextos e das circunstâncias, resolvendo assim um hiato entre a chamada semântica e a chamada pragmática.

2.10.5. A natureza espúria dos 'distinguishers'

Estamos agora na *doléance* (v). No modelo KF, os *distinguishers* aparecem como elementos espúrios que parecem dever corrigir a insuficiência das marcas recorrendo a uma definição mais completa mas infelizmente *ad hoc*. Como essa definição é sempre algo linguisticamente (em vez de metalinguisticamente) mais complexo do que as marcas e o semema inteiro que explica, encontramo-nos diante do discutível resultado de haver explicado o mais simples com o mais complexo.

Se procurarmos controlar a mais completa teoria dos *distinguishers* (a elaborada em Katz, 1972), veremos que eles aparecem como uma solução extensionalista introduzida numa teoria intensionalista para ampliar os limites supostos. Se as marcas fossem meras construções teóricas que não requerem análise posterior (mesmo que esse requisito contradiga as regras de redundância), deveriam ser consideradas categorias intencionais capazes de preservar a teoria por intromissões ex-

92 TRATADO GERAL DE SEMIÓTICA

tensionalistas. Mas os *distinguishers*, diversamente das marcas, não são definidos como puras construções teóricas e parecem, ao contrário, definições muito complexas; qual é, então, a sua função na teoria? Katz (1972) afirma-nos não serem eles propriedades intencionais do semema, mas descrições do referente concreto às quais as várias leituras podem ser aplicadas! Em outras palavras, dado um sentido de leitura que forneça a descrição intensional de um «Animal, Macho, Jovem e Foca», a representação semântica adverte que é possível aplicar tal entidade semântica às focas que durante a estação dos amores não encontram uma companheira.

A primeira fraqueza da solução é dada obviamente pela mistura de um critério extensional com um intensional; mas o resultado mais perigoso é que, sem tal descrição extensional, nada distingue uma foca acasalada de um 'solteiro', exceto o fato de que o segundo é chamado exatamente de |solteiro|.

Assim a teoria, apresentada como intensionalista, se contradiz através de uma *petitio principii*, pois sem indicações extensionais não são absolutamente as marcas semânticas que fornecem o significado do lexema, mas *o nome coligado ao referente!*

Todavia, e curiosamente, um outro percurso de leitura de |*bachelor*| estabelece que pode tratar-se de um «Macho Humano Adulto Não Casado». Por que «Não Casado» é uma marca (e portanto uma construção intensional teórica), enquanto «que não encontrou uma companheira durante o período dos amores» não o é (sendo classificado como *distinguisher*)? «Não Casado» é uma marca suscetível de ser interpretada como «que não encontrou ou não quer procurar uma companheira fixa»; enquanto «que não encontrou uma companheira etc.» é um *distinguisher* suscetível de ser interpretado como «Não Acasalado» (portanto classificável como marca). Por que um é considerado construção teórica e o outro não? Não é, certamente, porque o solteiro humano o é o ano inteiro, enquanto o solteiro animal o é só na estação dos amores; ambas as situações são transitórias; por outro lado, trata-se somente de definir uma duração diversa da estação dos amores para os humanos e para os animais…

Katz diz que os *distinguishers* são "meras distinções denotativas" (onde "denotativo" é usado em seu sentido extensionalista tradicional) e que "marcam meras distinções perceptivas entre referentes pelo sentido conceitualmente igual… Por isso, só uma teoria geral da execução linguística e mecanismos perceptivos pode conectar os *distinguishers*, no vocabulário da teoria semântica, com as construções do vocabulário da teoria perceptiva que lhes correspondem" (1972; p. 84). Katz tem razão ao dizer que uma teoria da competência (que vem a ser a nossa teoria dos códigos) só pode dar instruções sobre como usar as palavras para referir-se a estados do mundo. Mas restringe mais que o devido os limites de tal teoria. Releiamos a frase acima citada: que significa "referente de sentido conceitualmente igual"? Um referente, como tal, não "tem sentido". É um estado do mundo.

No máximo, poderia ser definido como *o* sentido de um signo de outra forma vazio, quando este signo é referido a esse referente. Contudo, sabemos perfeitamente que Katz refuta a teoria pela qual o significado de um signo seria o seu referente. Portanto, o único modo de interpretar a expressão "referente de sentido conceitualmente igual" é que um dado referente, para ser percebido como tal, deve ser incluído numa categoria preestabelecida e, pois, numa construção cultural que é o próprio semema (para um desenvolvimento de uma teoria semiótica da percepção, cf. 3.3). Neste ponto, certamente, esse "sentido conceitualmente idêntico"

TEORIA DOS CÓDIGOS   93

poderá ser analisado, COMO SENTIDO, à luz do aparelho categorial de uma teoria semântica.

Mas então, em vez dos *distinguishers*, a árvore componencial deverá dar uma outra descrição intensional e portanto uma nova rede de marcas semânticas. Os *distinguishers* serão submetidos às mesmas regras de redundância que regulam a ulterior análise semântica de cada marca. Em suma, o objeto de uma teoria da percepção ou é um constructo, ou não o é: se o é, como afirma Katz, deve ser descritível por uma teoria semântica, exatamente com base no princípio de dizibilidade geral que Katz defende a propósito da linguagem verbal. Se um constructo perceptual não pode ser descrito por uma teoria semântica, como, então, estaremos autorizados a usar uma palavra (com os sentidos que comporta) para aplicá-la como nome a um objeto da percepção? Conforme veremos em 3.3.5, também os atos de referência consistem em estabelecer que um significante ao qual um código atribui certas propriedades semânticas pode ser aplicado a um *perceptum* ao qual um outro tipo de código atribui um conjunto de propriedades físicas ou perceptivas: e o segundo pode ser nomeado primeiro, assim como ambos podem ser nomeados por uma metalinguagem comum, precisamente em virtude desses requisitos[20]. Mas o que torna insolúvel o problema dos *distinguishers* no quadro da teoria de Katz é exatamente a ausência de uma noção de interpretante articulada.

Diz-nos Katz, por exemplo, que um *distinguisher* não é uma construção conceitual porque pode também ser um dado perceptivo, como a sensação de vermelho: "É difícil imaginar que uma qualidade como o ser vermelho seja suscetível de analise conceitual" (1972, p. 87).
Ora, à parte o fato de que, se a sensação de vermelho é uma construção estudada por uma teoria da percepção, deve haver uma maneira de analisá-lo conceitualmente – como de fato acontece quando a tonalidade vermelha é definida como a porção do espaço espectral que vai de 650 a 800 milimícrons – Katz não consegue prová-lo porque não considera que as marcas semânticas não são apenas «palavras» (nem, tampouco, construções teóricas que só possam ser traduzidas por meio de palavras), mas INTERPRETANTES, de modo que a representação semântica da palavra |vermelho| ou da palavra |pesca| deve incluir entre seus próprios ramos também um registro mnemônico qualquer de um dado sensorial. Essa assunção não compromete a pureza teórica dos códigos porque vermelho, como dado sensorial, pode ser definido semanticamente como unidade cultural, não

---

20. Katz (1972, p. 85) afirma que "se os elementos em questão constituem marcas semânticas, a distinção que eles marcam é de tipo conceitual. Se, ao contrário, eles constituem *distinguishers*, essa distinção é uma distinção perceptiva (linguisticamente reflexa)". Mas se uma distinção perceptiva pode ser "linguisticamente reflexa", deve implicar também uma distinção conceitual! Katz poderia objetar que existem elementos perceptivos nomináveis através de uma palavra mas conceitualmente analisáveis, como, por exemplo, |vermelho|. O que seria perigoso, porque implicaria que existem palavras que refletem conceitos e são suscetíveis de análise semântica e outras que refletem percepções e não são semanticamente analisáveis. O que seria uma outra maneira de colocar uma diferença entre termos categoremáticos e sincategoremáticos. Mas isto conduz uma teoria semântica coerente à bancarrota completa. E depois, por que |jovem cavalheiro| deveria referir-se a uma experiência perceptiva e |adulto| não?

94 TRATADO GERAL DE SEMIÓTICA

apenas enquanto totalmente resolvível nos seus componentes espectrais, mas também porque sistematizável (e de fato sistematizado) como *posição num campo de cores* (e, enquanto tal, culturalmente distinguível das outras cores). *Uma cor é simplesmente o membro de uma n-tupla de antônimos.* O matiz *x* não pode ser reconhecido como tal se não for inserido num campo de oposições semânticas, assim como «humano» não pode ser compreendido se não for inserido no seu quadro de referência cultural.

A incapacidade de aceitar como marca aquilo que não é verbalmente traduzível em sinônimos ou paráfrases conduz à *doléance* (vi), que se refere à aplicabilidade do modelo KF aos artifícios não verbais ou aos artifícios verbais mas sincategoremáticos. Claro está que o modelo KF não é aplicável a tais artifícios expressivos e portanto não serve para uma teoria geral dos códigos semióticos. É bem verdade que os seus autores nunca pretenderam elaborar uma semântica que ultrapasse os limites da explicação de problemas lexicográficos, mas aqui não se está discutindo as suas intenções quanto à utilizabilidade do seu modelo para os nossos fins. Assim sendo, em vez de discutir-lhe a fraqueza e provar-lhe a inaplicabilidade a objetos aos quais honestamente não estava destinado, passaremos a demonstrar como um Modelo Reformulado se revela de maior ajuda também neste transe.

2.11. O MODELO SEMÂNTICO REFORMULADO (MSR)

2.11.1. Organização do semema

O Modelo Semântico Reformulado pretende inserir na representação semântica todas as conotações codificadas que dependem das denotações correspondentes, juntamente com as SELEÇÕES CONTEXTUAIS e CIRCUNSTANCIAIS.

Essas seleções distinguem os diversos percursos de leitura do semema como enciclopédia, e determinam a atribuição de muitas denotações e conotações. Estas não são matéria de conhecimento empírico e *ad hoc* dos referentes, mas elementos de informação codificada, ou seja, unidades semânticas do mesmo tipo das marcas, salvo que desenvolvem uma função de DESVIO (no sentido ferroviário do termo).

A Fig. 17 representa uma função sígnica-tipo tão enciclopedicamente complexa que mostra diversos gêneros de percursos de leitura diversamente organizados.

Os *ms* são as marcas sintáticas (não discutidas aqui); os *d* e os *c* são denotações e conotações (no sentido de 2.9.1); (*cont*) são seleções contextuais, que dão instruções do tipo "quando encontra (*cont*a) usa as *d* e as *c* seguintes quando o semema é contextualmente associado com o semema «a»; [*circ*] são as seleções contextuais, que dão instruções do tipo "quando encontra [*circ*a] usa as *d* e as *c* que seguem quando o significante que corresponde ao semema é situacionalmente acompanhado do evento ou do objeto ||a||, que deve ser entendido como um significante pertencente a um outro sistema semiótico". Vejamos agora as consequências teóricas de tal modelo.

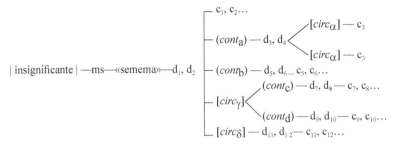

Figura 17

(i) As marcas sintáticas, com as regras de subcategorização que implicam, pertencem à expressão e não ao conteúdo; portanto, um enunciado como |todo *gloppo* é um *bloppo*| é sintaticamente correto, embora não se saiba o que significa, porque |*gloppo*| e |*bloppo*| são igualmente marcados como Nome + Masculino + Singular (da mesma forma em que é sintaticamente correta uma bandeira retangular verde com três círculos em diagonal, ainda que nenhuma nação, sociedade ou outra organização qualquer seja identificável através desse símbolo).

(ii) O semema pode ter marcas denotativas que permanecem imutáveis em quaisquer contexto e circunstância possíveis (como d_1 e d_2 com suas conotações dependentes c_1 e c_2), ou então pode ter diversos *d* e portanto diversos *c* segundo a seleção contextual ou circunstancial. Assim, |*bachelor*| é convencionalmente «jovem» só se uma seleção contextual especificar (*contrastem*), com a denotação «jovem» abrindo a conotação como «castidade»; no diagrama da Fig. 17 um caso do gênero é representado pela seleção contextual (couth). O caso de [$circ_\gamma$] é, ao contrário, aquele em que, dadas algumas circunstâncias, pode haver depois diversas seleções contextuais; o caso ($cont_2$) é aquele em que, dado o mesmo contexto, podem existir diversas circunstâncias de enunciação.

(iii) As seleções contextuais registram outros sememas (ou grupos de sememas) *comumente* associados ao semema representado; as seleções circunstanciais registram outros significantes (ou grupos de significantes) que pertencem a diversos sistemas semióticos, ou então objetos e eventos admitidos como signos ostensivos, *comumente* ocorrentes com o significante correspondente ao semema representado; ambos agem como DESVIO ou COMUTADORES DE AMÁLGAMA. Desse modo, as seleções contextuais e circunstanciais não requerem um tipo de instrução particular porque são, também elas, unidades culturais, seja unidades que constituem o nó principal de outras representações semêmicas, seja marcas da representação componencial de um outro semema. Portanto, os mesmos elementos funcionam alternativamente tanto como marcas quanto como seleções restritivas: o mesmo tipo de entidade cultural desenvolve uma dupla função segundo sua posição

96   TRATADO GERAL DE SEMIÓTICA

estratégica no interior da árvore componencial; com o que se obtém um notável resultado econômico do ponto de vista teórico e os entes não são multiplicados sem necessidade, (iv) As seleções restritivas são eliminadas juntamente com os *distinguishers*. As primeiras são antecipadas pelas seleções contextuais e circunstanciais, os segundos são dissolvidos numa rede de marcas semânticas. Assim, |*bachelor*| deve ser analisado como «homem + + jovem + cumprimento + *college*...». Trata-se, evidentemente, de uma sugestão ainda muito tosca acerca de uma possível análise componencial capaz de eliminar os *distinguishers*; o MSR deveria ser verificado concretamente em muitos casos singulares. Por outro lado, é indispensável, para executar tal análise, postular campos semânticos mais organizados, mesmo no caso de outros tipos de análise semântica, como, por exemplo, a de Bierwisch (1970), que relaciona componentes como:

|pai| = X genitor de Y + Macho X + (Animado Y + Adulto X + + Animado Y)

ou então:

|matar| = X_s causa (Xd muda para (–Vivo Xd.) + (Animado Xd.)

(v) Ao se analisar os verbos, é preciso que uma série de marcas denotativas reproduza os argumentos de um predicado com *n* postos, com base num inventário de PAPÉIS ou 'casos'. Esses casos são ATANTES semânticos no sentido greimasiano do termo, e não nos casos da morfologia (cf. também Fillmore, 1966, 1971). Em suma, uma ação é cometida por um Agente (A), por meio de um Instrumento (I), com um certo Propósito (P) sobre ou contra um Objeto (O) – onde a categoria de Objeto é ainda tosca porque cobre papéis semânticos implícitos em casos morfológicos diversos, como o dativo ou o acusativo; pelo que o Objeto pode ser o Destinatário de uma ação, o Paciente ou um objeto fisicamente modificado pela ação etc. Admitamos também que quando o verbo é de tipo locucionário ele tem um Tema (T) no sentido do complemento que o latim toma com o |*de*| e o ablativo (DE TE (77) *fábula* (*A*) *narratur* (Locucionário)».

Vemos que este enfoque permite levar em consideração também as pressuposições semânticas diretamente implícitas no semema, sem introduzir na representação categorias como "*focus*" ou "pressuposição" (PS), como faz, por exemplo, Fillmore.

Contudo, para elaborar este tipo de representação é necessário, antes de tudo, distinguir entre vários sentidos da palavra |pressuposição|, que na atual literatura filosófica e lógica remete a fenômenos um tanto diversos.

As pressuposições REFERENCIAIS referem-se a uma teoria da referência (cf. 3.3) e são aquelas estudadas por Frege (1892), pelas quais, dado o enunciado |Napoleão morreu em Santa Helena|, é necessário que exista um referente real que verifique a expressão |Napoleão| para que a frase possa ter um valor de verdade.

TEORIA DOS CÓDIGOS   97

As pressuposições CONTEXTUAIS são aquelas estudadas por uma teoria textual e compreendem tanto inferências quanto regras de hipercodificação (cf. 2.14.3). Hiz (1969) fala de "*referentials*", outros de "*correferência*" (Garavelli Mortara, 1974); por exemplo, dado o texto |Duas mas levam à casa de João. Um caminho passa pelo bosque. O outro é mais curto. Ambos são calçados e ele os conhece muito bem|, as circunstâncias |as|, |caminho|, |o outro| se referem à circunstância |duas mas|, enquanto |ele| se refere a |João|.

As pressuposições CIRCUNSTANCIAIS referem-se àquilo que, supõe-se, tanto o emitente quanto o destinatário devem saber ou a eventos ou entidades mais ou menos codificadas. Tanto as pressuposições contextuais quanto as circunstanciais podem ser chamadas, embora com um matiz diverso, de PRAGMÁTICAS.

Por fim, as pressuposições SEMÂNTICAS dependem estritamente da representação sememática, pela qual, quando se diz que |João é solteiro|, fica implícito que João é um macho humano adulto. Mas enquanto implícitas, vale dizer, analiticamente "inclusas" como parte necessária do significado da expressão (cf. Katz, 1972, 4.5), mais que de pressuposições, parece-nos útil chamá-las de INCLUSÕES SEMIÓTICAS (e remetemos à oposição 'semiótico *vs* fatual' em 3.2)[21].

Logo, só as pressuposições semânticas ou inclusões semióticas dizem respeito diretamente à teoria dos códigos e são, implícita ou explicitamente, registradas como parte do significado de uma expressão.

Posto isto, tentemos traduzir em termos de MSR dois verbos estudados por Fillmore (1971), |acusar| e |criticar|, dos quais ele afirma com justiça que o que um afirma é 'pressuposto' pelo outro, e vice-versa. De fato, acusa-se alguém para demonstrar que fez alguma coisa que é universalmente pressuposta como má, ao passo que se critica alguém para mostrar que é mau o que já se admite que tenha feito. Admitamos que tal diferença pode ser resolvida completamente em termos de marcas denotativas.

Suponhamos, pois, que |acusar|, sintaticamente marcado como |v(x, y, z, k, w)|, seja semanticamente analisável como segue:

$d_{ação}$, $d_{pretensão}$- $d_{A:humano}$, $d_{O:humano}$, $d_{S: locucionário}$, $d_{T:ação de O'}$ $d_{T: má}$, $d_{P:revelação}$

---

21. Ao contrário, as pressuposições pragmáticas e referenciais podem ser chamadas de IMPLICAÇÕES FATUAIS, e são objeto tanto de uma prática de hipercodificação quanto de uma teoria da produção e interpretação sígnica (v). Para a última literatura sobre pressuposições na teoria linguística, vejam-se Fillmore, 1971; Langendoen, 1971; Lakoff, 1971b; Gamer, Keenan, Langendoen e Savin *in* Fillmore e Langendoen, 1971. Fillmore (1971) sustenta que |solteiro| pressupõe «macho adulto e humano», tanto assim que o enunciado |aquele homem não é solteiro| serve para dizer que ele não é ou nunca foi casado, e não para implicar que seja fêmea ou criança. Mas, conforme já foi dito em 2.9.1, as denotações, na representação sememática, dispõem-se por hierarquia, e negar a propriedade de nunca ter sido casado não significa negar as possibilidades, mais amplas, de ser macho e adulto. Portanto, a noção de inclusão semiótica apresenta as mesmas vantagens que a de pressuposição, sem sugerir aquela sombra de inferência de fatos não codificados ou de dependência de circunstâncias externas ao discurso.

98 TRATADO GERAL DE SEMIÓTICA

Com efeito, um agente que acusa pretende, através de meios linguísticos, que um objeto humano tenha cometido uma ação considerada má. A natureza performativa do verbo é dada pela marca «pretensão», a qual, por inclusão semiótica, nega que o tema tenha uma marca de «fatualidade»; sua natureza locucionária é dada pelo fato de que o instrumento é verbal.

Digamos então que |criticar|, que tem a mesma marca sintática como predicado de cinco argumentos, seja semanticamente analisável como segue:

$d_{ação}$, d_A: humano, d_S:locurionário, d_O: humano, d_T:ação de O, d_P:censura, d_P: demonstração

A representação mostra que se pode criticar um ser humano com meios verbais porque ele cometeu uma ação que não é registrada como má, mas cuja negatividade se quer demonstrar através de um ato de censura (não se registra o fato de que é possível também criticar um livro, sem existir uma denotação de «censura», porque neste caso dificilmente se usa |criticar|, mas |fazer a crítica|). Torna-se desnecessário representar o fato de que a ação ou o objeto criticados são 'reais' porque esta é uma pressuposição de tipo pragmático e depende de regras de interação abundantemente hipercodificadas (cf. 2.14.5 e a nota 29). Isto é, se critico alguém por alguma coisa que não fez, é como se dissesse que Júlio César morreu em Santa Helena, ou que o marido de Joana D'Arc era estrábico: estou violando regras de menção pela introdução de falsos pressupostos referenciais. Pode-se observar que em italiano |acusar| pode referir-se ao efeito obtido por um objeto (um indício ou um traço) que demonstra a culpa de alguém ("este indício te acusa!"), razão pela qual a representação deveria pôr-se como segue:

$d_{ação}$, d_A: humano,
- $(cont_A + humano) - d_{pretensão} > d_S$: locucionário, d_T: ação de O, d_T: mal. d_P:revelação
- $(cont_A + humano) - d_S = A$, d_{prova}. $d_{(O = A_2 \text{ de } O_2)}$, d_{O_2}: mal

Esta representação é insatisfatória por uma razão muito simples. Como agente é um objeto, embora não se possa falar de ato locucionário performativo, o objeto se comporta como se 'falasse'. Na realidade, este segundo sentido de |acusar|, conquanto amplamente catacresizado, nasce de uma figura de retórica, ou seja, de uma *prosopopeia*. Neste caso, porém, a representação estrutural sincrônica remete a um fato diacrônico e fornece um *traço* etimológico, mostrando ao mesmo tempo que houve um processo de mutação de código (cf. 3.1) que deixou o sistema semântico parcialmente desequilibrado.

TEORIA DOS CÓDIGOS   99

(vi) A árvore pode ser simplificada se considerarmos certos percursos de leitura como percursos unívocos de dois ou mais SEMEMAS HOMÔNIMOS: pode-se supor que existam dois sememas diversos, "bachelor" com a denotação onicontextual imediata de "Humano" e "bachelor$_2$" com a denotação onicontextual imediata de "Animal". Assim fazendo, contudo, arriscar-se-ia a renunciar à reconstrução da história de muitas situações metafóricas: um certo tipo de foca, um homem não casado e um jovem pajem são três unidades culturais diferentes mas têm indubitavelmente um componente em comum («não acasalado»). Portanto, foi provavelmente fácil usar o mesmo nome (o mesmo lexema), que originariamente correspondia a apenas um dos sememas, e atribuí-lo aos outros dois. Como veremos em 3.8, uma metáfora outra coisa não é que a substituição de um semema por outro através do amálgama inovador de uma ou mais marcas semânticas. Quando a metáfora toma pé, verifica-se um processo de CATACRESIZAÇÃO, e dois sememas adquirem o mesmo lexema correspondente (isto é, duas unidades de conteúdo que possuem alguns componentes em comum aceitam a mesma expressão).

A redução de uma só árvore complexa (que leva em consideração homonímias de metáfora ou de catacreses) a mais árvores simplificadas não deve impedir esses tipos de parentela semântica. Mas, em definitivo, parece mais útil conceber árvores dotadas de uma polivalência complexa.

2.11.2. A codificação dos contextos e das circunstâncias

Naturalmente, deve-se ter presentes as objeções já avançadas por Katz e Fodor (1963): estabelecer uma teoria das seleções circunstanciais ou contextuais (ou dos *'settings'*) "exigiria que a teoria representasse *todo* o conhecimento que os falantes têm acerca do mundo". Mas a esta objeção se pode responder que: (a) muitas das funções atribuídas por KF a uma utópica teoria dos *settings* são satisfatoriamente desenvolvidas por uma análise componencial; (b) a teoria não deve mencionar *todas* as possíveis ocorrências de um dado item lexical, mas apenas aquelas CULTURAL e CONVENCIONALMENTE reconhecidas como estatisticamente mais prováveis.

Katz e Fodor manifestam algumas perplexidades acerca da correta desambiguação de uma expressão como |*our store sells alligator shoes* | (que pode significar tanto «vendemos sapatos de crocodilo» quanto «vendemos sapatos para crocodilos»). Sugerem eles que na circunstância apropriada (digamos, uma insígnia de negócio) a expressão deveria adquirir seu sentido mais óbvio de «vendemos sapatos feitos com pele de crocodilo», mas não estão seguros sobre se existem casos em que valha também a outra interpretação. Semelhante perplexidade radica-se num duplo equívoco. Se se dispõe de uma representação semântica adequada, a unidade cultural «sapato» deve ser analisada de modo a mostrar como sua propriedade explícita a de ser destinado a seres humanos, e portanto não poderia ser confundida com o semema «crocodilos», que traz uma marca de «animal». Visto que não se poder ler «sapatos *para* crocodilos», só a primeira possibilidade permanece. Por conseguinte, não é possível qualquer ambiguidade, exceto em Disneylândia

100 TRATADO GERAL DE SEMIÓTICA

– mas Disneylândia, como de um modo geral todas as fábulas, constitui um universo semanticamente reformulado no qual as denotações normais dos sememas são postas em desordem, e não ao acaso, mas segundo regras precisas.

Esclarecido isto, já não é necessário sequer confrontar a expressão em tela com a circunstância da sua enunciação porque ela manterá seu único significado mesmo que apareça escrita na porta de um jardim zoológico (quando muito, poderá suscitar alguma suspeita sobre a correção profissional do diretor).

O outro exemplo fornecido por Katz e Fodor é mais embaraçoso. As duas expressões |devemos levar o menino ao zoológico| e |devemos levar o leão ao zoológico| parecem requerer uma sorte de conhecimento adicional para poderem ser corretamente desambiguadas. Cumpre saber, pelo menos, como dizem os autores, que "os leões... muitas vezes são mantidos na jaula". Mas não é por acaso que dizem "muitas vezes". Existem provavelmente leões que circulam livremente no ático de algum milionário excêntrico, mas este fato é tão inusual e contrário às regras que a sociedade não só se recusa a aceitá-lo e registrá-lo, como ainda encarrega a polícia de impedi-lo. Pelo contrário, a sociedade registra o fato de que os leões costumam viver (a) na selva, (b) nas jaulas dos zoológicos e (c) nos circos equestres. Um leão que vive em estado livre na selva convencionalmente conota «liberdade», «altivez», «nobreza» ou «ferocidade»; um leão que vive no zoológico conota, entre outras coisas, «cativeiro»; um leão no circo conota «amestramento», «habilidade» (enquanto conotações de ferocidade não se excluem, mas passam a segundo plano, o prazer do circo devendo-se justamente ao jogo ambíguo dessas conotações antonímicas, o que explica por que o circo tem alguma coisa em comum com uma execução estética).

Se considerarmos que |zoológico| rege, também ele, uma marca de «cativeiro», para o enunciado referente ao leão uma só leitura correta se impõe: um leão referido ao zoológico é um leão reconduzido ao cativeiro – e o verbo |levar| se carrega contextualmente, neste ponto, de uma conotação de «repressão». Quanto ao enunciado sobre o menino, ao contrário, não parecem existir seleções circunstanciais precisas, e é-se autorizado a ficar indeciso sobre o fato de a experiência que espera a criança ser agradável ou não (o que permanece objeto de interpretação contextual, para além das instruções fornecidas pelo código, matéria de inferência e de pressuposição livre).

Mas que a experiência seja desagradável para o leão é indubitável, exatamente com base nas representações componenciais fornecidas pelo código.

Nota-se, ademais, que quanto a |leão| e |zoológico| nem sequer entraram em jogo seleções circunstanciais, sendo suficientes seleções contextuais (a representação componencial prevê que, no contexto, «selva» ou «zoológico» desencadeiem certas conotações). Só se poderia falar de circunstâncias externas (que, cumpre lembrar, são devidas ao aparecimento de signos ou objetos ligados a outros sistemas semióticos) se fosse pronunciada diante da porta do zoológico a frase |devemos levar o leão|. Mas, neste caso, a circunstância teria valor indicativo (|devemos levar o leão *lá*|) e teria permitido a retradução na forma originariamente examinada.

Se quisermos, ao contrário, individuar um caso de seleção circunstancial codificada, devemos pensar na diferença de significado que assume o desenho de uma caveira no caso de ser posta numa garrafa em vez de na porta de uma cabina elétrica.

Para estabelecer uma teoria das circunstâncias, deve-se admitir que uma semântica da linguagem verbal não pode ser delineada sem se aceitar um fundo semiótico geral de vários códigos interligados. De fato, requer-se que também as circunstâncias objetivas externas sejam sujeitas a tratamento e a convenção semiótica. Só se os objetos, as imagens e as experiências caírem no domínio de uma teoria semiótica será possível pensar que circunstâncias externas entram como

TEORIA DOS CÓDIGOS

entidades codificadas no espectro componencial do semema. Somente se o conteúdo possível de um lexema for traduzido, juntamente com o conteúdo possível de uma outra experiência não verbal, em unidades culturais abstratas, é que se torna possível conceber o MSR aqui delineado.

Pode-se indagar, neste ponto, se é possível estabelecer árvores componenciais que levem em conta todos os contextos e todas as circunstâncias. Mas a questão teria sentido se existisse um Sistema Semântico Global que correlacionasse todas as possíveis interconexões entre seus infinitos elementos. Caso contrário, a questão pode ser reformulada como segue: existem âmbitos culturais e universos de discurso precisos em que isto pode ser feito? Ora, sempre é possível identificar um universo cultural em que algumas seleções circunstanciais ou contextuais são codificadas, como acontece, por exemplo, com os sapatos de crocodilo no âmbito da cultura ocidental. Numa cultura primitiva, em que os sapatos fossem parcamente conhecidos (e a ideia de sapatos de pele de crocodilo fosse inconcebível), a frase atrás discutida poderia também ser interpretada de maneira incorreta. Os nativos pensariam que se está falando de calçado para crocodilo, e talvez a ideia lhes parecesse menos extraordinária do que a de submeter-se ao trabalho de matar répteis tão ferozes para ter o gosto de dar um delicado presente a Cinderela.

2.11.3. O semema como enciclopédia

Existem, pois, casos de códigos incompletos, de espectros semânticos, ao contrário, hierarquicamente organizados segundo critérios científicos, de elencos desconexos de propriedades semânticas atribuídas ao semema pela opinião comum, e assim por diante.

Para um zoólogo, «baleia» é um semema hierárquica e univocamente organizado, de modo que as propriedades secundárias dependem daquelas mais gerais e caracterizantes, produzindo uma árvore semelhante à da Fig. 18.

Para um autor de bestiários medievais, «baleia» teria tido um espectro organizado de maneira análoga, só que as propriedades seriam diferentes: para esse homem, a baleia era um peixe e não um mamífero, e entre as propriedades secundárias teria ele incluído uma série de conotações alegóricas, como a propriedade de representar o Leviatã, o Diabo, o Pecado.

Para o homem comum de hoje, «baleia» é provavelmente um semema um tanto desconexo em que as propriedades de ser peixe e mamífero coexistem e o espectro semântico aparece como uma rede de sobreposições desordenadas entre sentidos contraditórios ou mesmo incompatíveis, com seleções contextuais imprecisas. Um exemplo dessa incompetência semântica pode ser encontrado no modo como Melville – que interpretava com consciente ironia o nível de conhecimento dos marinheiros de Nantuket – define a baleia como um grande peixe com coração bilocular de sangue quente, pulmões e um *"penem intrantem*

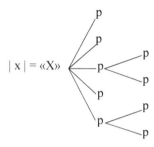

Figura 18

foeminam mammis lactantem" (*Moby Dick*, capítulo 32). Mas Melville queria justamente jogar com essa dupla natureza da baleia, mamífero estudado por Cuvier e peixe fabuloso e diabólico descrito pela Bíblia, visto alternadamente de maneira crítica por Ismael ou de maneira alucinada por Ahab.

Estamos agora autorizados a imaginar uma representação semântica em forma de enciclopédia que dê a razão de todas essas diferenças cognitivas e permita perceber ao mesmo tempo as significações bíblico-medievais, as significações científicas e as imprecisas significações populares (Fig. 19), de modo que numa representação do gênero possa basear-se, por exemplo, uma leitura crítica da obra-prima melvilliana, fazendo jogar conscientemente todas as ambiguidades postas em jogo pelo autor.

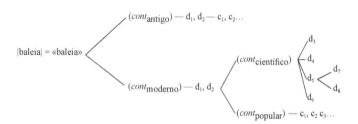

Figura 19

Esse modelo representaria uma espécie de competência em forma de enciclopédia, no sentido já descrito em 2.10.2.

O fato de, no caso da baleia, a enciclopédia assemelhar-se mais a um *Speculum Mundi* medieval do que à *Enciclopédia Treccani* sugere a ideia de que o universo das linguagens naturais está muito longe do universo das linguagens formalizadas e tem muitos pontos de contato com um universo 'primitivo'.

Quanto ao significado «baleia», é claro que o decidir entre considerá-lo peixe ou mamífero depende de uma seleção contextual prévia que precede qualquer outra atribuição de marca denotativa. Naturalmente, para conceber a baleia como peixe, uma cultura deve ter organizado preventivamente um campo semântico em que baleia é oposta e coligada a «delfim», «tubarão» etc. (mas no universo semântico *de Pinocchio*, «baleia» e «tubarão» ocupam o mesmo espaço semântico) e essas unidades culturais devem ter algumas marcas em comum e outras em oposição. O mesmo acontece quando a baleia é considerada mamífero.

E agora, se encontrarmos «baleia» num contexto contemporâneo, teremos à nossa disposição duas outras seleções contextuais. Se o contexto é de tipo científico, teremos uma hierarquia de propriedades denotadas dependentes das denotações primárias (as quais podem também ser não registradas em virtude das regras de redundância), enquanto se o contexto é o do discurso popular ou comum teremos uma série não organizada de conotações esparsas, muitas das quais provavelmente são as mesmas da representação medieval.

Um espectro componencial de tal tipo é um espectro sincro-diacrônico e não só consente em desambiguar os textos segundo a época à qual são atribuíveis, como permite aceitar o duplo jogo imposto por Melville em suas páginas, onde o autor deliberadamente joga com as várias noções de baleia, especulando com a sobreposição dos sentidos de leitura e com a ambiguidade global que constitui um dos resultados estéticos do seu jogo.

2.11.4. *Análise componencial de expressões não verbais*

O MSR pode aplicar-se também a signos não verbais. Vejam-se os dois exemplos seguintes (Figs. 20 e 21):

||bandeira vermelha|| — ms – «bandeira vermelha» $\Big\langle$ $[circ_{\text{auto-estrada}}]$ — $d_{\text{atenção}}$
$[circ_{\text{ferrovia}}]$ — d_{stop}
$[circ_{\text{comício}}]$ — $d_{\text{comunismo}}$

Figura 20

||caveira|| — ms - «caveira» —d_{morte} $\Big\langle$ $[circ_{\text{garrafa}}]$ — d_{veneno}
$[circ_{\text{bandeira}}]$ — d_{pirata}
$[circ_{\text{cabina}}]$ — $d_{\text{alta voltagem}}$ — c_{perigo}
$[circ_{\text{camisa}}]$ — $d_{\text{audácia}}$

Figura 21

Naturalmente, estes exemplos referem-se a signos visíveis estritamente codificados, e poder-se-ia objetar que o mesmo procedimento não

104 TRATADO GERAL DE SEMIÓTICA

se pode aplicar aos chamados signos 'icônicos'. Este ponto será discutido no capítulo 3. No momento, limitamo-nos a verificar o modelo sobre outros tipos de signos[22].

2.11.5. Análise componencial dos índices

Antes de tudo, verifiquemos o MSR sobre os chamados signos sincategoremáticos. Não é difícil mostrar que termos como |com *vs* sem| ou |antes *vs* depois| podem ser vistos como unidades culturais inseridas em eixos específicos. E é possível analisar essas unidades mostrando como têm marcas semânticas independentes do contexto em que aparecem. Tampouco analisar o sentido de estar |sob (alguma coisa)| parece mais árduo do que analisar o de ser |pai (de alguém)| (cf. Leech, 1969; Bierwisch, 1970).

O problema, contudo, pode tornar-se mais difícil quando se examina o significado dos signos ditos deíticos e anafóricos, como |este-aquele| ou |aqui-lá|.

Estes signos parecem muitos afins aos índices gestuais ou às setas direcionais. Estes últimos serão melhor examinados a seguir porque deveremos ter em conta também suas marcas sintáticas particulares. Mas, no que respeita à organização do conteúdo, pode-se desde já aplicar também a eles quanto se dirá agora sobre os índices verbais. Peirce definiu os índices como tipos de signos causalmente conexos com seu objeto e classificado entre os índices e sintomas, os traços etc. mas, pelo menos duas vezes, tentou-se excluir deles os índices gestuais e os 'comutadores' (*shifters* ou *embrayeurs*) verbais porque eles não apresentam uma conexão necessária e física com o objeto a que se referem, não são naturais, mas artificiais, e por vezes são fixados por decisão arbitrária. Peirce (2.283) chamou-os de "subíndices" ou "hipossemas".

Ora, os próprios subíndices, enquanto conectados com o objeto para o qual apontam e dos quais parecem receber seu significado, não poderiam entrar no quadro de uma semiótica não referencial. Se um signo consiste na correlação entre uma expressão e um conteúdo (independente da existência do seu referente), como se poderá chamar 'signo' a um índice como |este|, que recebe sentido pela presença da coisa à qual se refere? A coisa à qual se refere pode ser ou uma entidade extralinguística (como sucede quando respondo |este| à pergunta |qual desses caramelos você quer?| ou quando se aponta um dedo para um determinado objeto) ou uma outra entidade linguística a que a expressão verbal se refere 'anaforicamente', como quando se diz |não aprovo uma frase como esta|. Em todo caso (diz-se), aquilo para que o índice 'aponta' é sempre algo de externo ao enunciado em questão.

Mas suponhamos agora que alguém diga |não aprovo uma frase como esta| sem que alguém tenha dito antes uma outra coisa (nem o diga depois). O destinatário da mensagem adverte que a linguagem foi usada

---

22. Uma análise dos signos arquitetônicos é desenvolvida por Eco (1971), onde se analisam componencialmente os significantes do objeto arquitetônico ||*coluna*||.

TEORIA DOS CÓDIGOS

'a propósito' e começa a perguntar-se a que coisa se refere o emitente (talvez procurando lembrar-se da última conversação tida com ele para encontrar uma pressuposição qualquer). Significa isto que o emitente havia mais ou menos suposto, através do uso do índice verbal: «Estou nomeando algo que não está aqui e que produziu o presente enunciado». Portanto, o significado de |este| é 'compreendido' mesmo que a coisa ou o evento linguístico pressuposto não exista e nunca tenha ocorrido.

Ainda uma vez, pois, é possível usar expressões também para mentir, e portanto para veicular um conteúdo ao qual não corresponde algum referente verificável. *A presença do referente não é necessária para a compreensão de um índice verbal.* Também ele é composto de uma expressão que veicula um conteúdo. No caso de |este|, a marca denotada é «proximidade» (com a marca adjuntiva «falante» no sentido de «proximidade do falante»; no mesmo sentido em que o uso de |eu| significa «o sujeito lógico do enunciado é o emitente da enunciação ou o sujeito do ato de enunciar»).

Contudo, se se aceita esta explicação, a teoria referencial dos índices e dos subíndices é posta em crise. Segundo a teoria referencial, um índice indica um objeto (mesmo que seja um outro elemento verbal) *por causa de sua proximidade física em relação a ele*. A 'proximidade', pois, sempre foi vista como uma marca sintática da expressão, mas era uma marca sintática bastante curiosa: a expressão era capaz de significar um objeto como o seu próprio significado porque a proximidade do objeto era uma marca do significante!

Ao contrário, a presente teoria *exclui* a conexão física com o referente e considera a proximidade como um conteúdo veiculado.

Não que |este| adquira significado porque alguma coisa lhe está próxima; pelo contrário, |este| significa que deve existir alguma coisa que lhe esteja próximo.

Eis por que se alguém pergunta – na ausência de livros nas proximidades imediatas – |que livro você prefere?| e se responde |este|, o ouvinte entende perfeitamente que se está indicando algo que deve estar muito próximo e todavia, não havendo qualquer livro por perto, compreende que se está executando um ato de referência impróprio, equivocado, inútil.

A oposição expressiva |este *vs* aquele| baseia-se na oposição semântica «proximidade *vs* distância» (ou «proximidade *vs* –proximidade»), que representa uma segmentação precisa do conteúdo.

Pode-se observar que, se a pergunta |qual?| se refere a dois ou mais objetos colocados à mesma distância do falante, a resposta |este|, se não for acompanhada de um índice não verbal (apontar com o dedo, movimento dos olhos ou da cabeça), não funciona. O conteúdo de |este| permanece compreensível, mas o ato de referência resulta incompleto. Poder-se-ia, então, dizer que: (a) em muitos casos os índices verbais têm função puramente redundante e o que conta é o índice gestual; (b) o índice gestual pode ser visto como uma seleção circunstancial que prescreve que o objeto de |este| seja aquele para o qual se aponta o dedo; (c) existem, com efeito, dois atos de referência encaixados um no outro: primeiro, |este| inicia um ato de referência cujo objeto é o dedo apontado;

106   TRATADO GERAL DE SEMIÓTICA

segundo, o dedo se refere ao objeto em questão. Mas a explicação (c) representa apenas uma complicação da explicação (a) porque também neste caso o índice verbal assume função redundante.

Outro problema é se os índices verbais estão para um conteúdo que seja *verbalmente traduzível*. |Este| significa realmente algo que pode ser interpretado pela palavra |proximidade|? Procuramos compreender não a função 'deítica', mas a função 'anafórica' de |este|.

Quando usado para fins deíticos, |este| inicia um ato de referência, mas quando aparece num contexto com função anafórica parece implicar uma pressuposição. Em tais casos desaparece até a diferença entre |este| e |aquele| (que deiticamente remete à oposição semântica «perto *vs* longe»), e pode-se implicar a mesma pressuposição dizendo seja |este não me agrada|, seja |aquele de que falou não me agrada|. A denotação mais óbvia seria «a unidade semântica anterior». Mas semelhante verbalização deixa muitos problemas sem solução. A unidade semântica anterior pode ser uma frase inteira, uma palavra, um longo discurso, e em cada caso não é necessário que seja 'imediatamente anterior' o uso do termo anafórico. Uma verbalização mais genérica porém mais satisfatória seria «a última porção *relevante* do conteúdo anteriormente veiculado». Com efeito, |este| e |aquele|, quando usados anaforicamente, parecem convidar genericamente a Virar a mente para trás'. Uma vez iniciada essa operação atencional, o resto permanece como matéria de livre interpretação contextual. Assim é que seria mais satisfatório registrar o conteúdo de |este| ou de |aquele|, usados em função deítica, com um artifício não verbal, tipo →. A função anafórica poderia então ser registrada como ←[23].

Devemos lembrar o que foi afumado em 2.7.2 e em 2.10.4, isto é, que *não se diz que o interpretante de um signo deva ser um signo do mesmo tipo* (pertencente ao mesmo sistema semiótico) e portanto não se afirma que a denotação de uma palavra seja uma marca necessariamente traduzível com uma outra palavra. Entrar, sair, subir, jazer, pender são, por exemplo, porções de conteúdo muito bem segmentadas que se referem ao comportamento corporal. Esses 'segmentos de comportamento' são culturalmente catalogados e têm também um nome. Entretanto, as experiências recentes em cinésica nos dizem que um gesto pode ser descrito muito melhor através de uma estenografia não verbal no que se refere ao plano da expressão e através de registros cinematográficos ou respostas comportamentais no que respeita à descrição de seu conteúdo. Quando Morris (1946) afirma que o *'significatum'* de um signo é a nossa disposição para responder-lhe (reduzindo a semântica a uma verificação comportamental dos efeitos do significante), sem dúvida reduz a teoria do significado a algo além do aceitável, mas com efeito sugere que certos significantes devem ser interpretados por respostas comportamentais.

---

23. Dada a imprecisão da remissão anafórica, intervém em nível de representação fonética fenômenos de ENTONAÇÃO que ajudam a estabelecer com maior exatidão a qual porção de conteúdo pode referir-se |este|. Suponhamos que sejam pronunciadas duas versões da mesma frase, enfatizando-lhe partes diversas: (i) |você foi a Moscou *com Luís*, e isto eu não suporto| e (ii) |você foi *a Moscou* com Luís, e isto eu não suporto!|; claro é que no primeiro caso se assiste a uma cena de ciúme, e no segundo a uma manifestação de histerismo antissoviético. Sobre a radicação semântica dos fenômenos de entonação, cf. Lakoff, 1971b.

TEORIA DOS CÓDIGOS

Admitamos agora que uma das denotações principais de |este| seja uma atitude comportamental. Estamos em face de uma expressão que é ao mesmo tempo referencial e imperativa (ordena-me para voltar a atenção a) e que nos termos morrisianos poderia ser definida seja como um DESIGNADOR, seja como um PRESCRITOR (o que é melhor do que dizer, como o faz Morris, que se trata de um IDENTIFICADOR e, portanto, de algo semelhante aos nomes próprios no sentido russelliano do termo).

Assim, quando usado deiticamente, |este| significa

$$\rightarrow (ou «olhe para…») + próximo + falante$$

Ao contrário, quando usado anaforicamente, |este| significa

$$\leftarrow + próximo + contexto$$

Portanto, sua análise componencial assumiria a seguinte forma:

$$|este| - ms - este - {}^d próximo \begin{cases} [circ_{+índice}] - d_{emitente} - d \rightarrow \\ [circ_{-índice}] - d_{contexto} - d \leftarrow \end{cases}$$

Figura 22

|Este|, pois, tem sempre uma denotação de proximidade, mas quando relacionado com um índice gestual denota proximidade do falante e focaliza a atenção do destinatário em sentido deítico; quando, ao contrário, o índice gestual está ausente, isto significa que a atenção deve focalizar-se retrospectivamente na direção de um contexto anterior[24].

Facilmente se nota que, uma vez admitido que as marcas semânticas podem também ser artifícios não verbais e não verbalmente traduzíveis, a representação de um índice não é diferente da de um termo categoremático como |baleia|[25]. Considere-se, além disso, que também em termos categoremáticos, como, por exemplo, |laranja|, se devem prever marcas não verbalizáveis, como a cor, a forma, o tipo de rugosidade, o sabor etc.

O mesmo tipo de representação pode ser verificado nos índices não verbais, como um dedo apontado ou qualquer outro 'apontador' ciné-

24. Aprofundando este tipo de representação semântica, descobre-se provavelmente quão artificial é a distinção entre 'adjetivos' e 'pronomes' demonstrativos: dizer |quero esta| indicando uma maçã ou dizer |quero esta maçã| ou então dizer |você me esbofeteou e este fato não me agrada|, não muda a natureza da referência nem o significado veiculado.

25. Naturalmente, tudo isto suscita uma outra questão: se sincategoremáticos como |se| ou |agora| podem também ser componencialmente analisados, que dizer da posição sintática de um signo no contexto? Em |Paulo ama Maria|, é a posição que faz de Paulo sujeito e de Maria objeto da paixão. Ora, Morris definiu também a ordem das palavras como um signo, e chamou a este tipo de signos *formadores* (1938). Para uma solução desse problema, cf. 3.6.5.

108 TRATADO GERAL DE SEMIÓTICA

sico, que parecem tão estreitamente ligados ao próprio objeto de referência.

A análise dos índices gestuais, todavia, é mais laboriosa porque, enquanto no caso de expressões verbais se deu por descontada a análise das marcas sintáticas (já amplamente analisadas pela fonologia e pela sintaxe), para um dedo apontado essas marcas devem ser individuadas *ex novo*.

Trata-se, obviamente, de características físicas diversas das expressões verbais, uma vez que diversos tipos de expressão se referem a diversos sistemas de parâmetros físicos (cf. 3.4.2), e parâmetros físicos diversos geram traços caracterizantes diversos.

Um dedo apontado tem *quatro marcas sintáticas* pertinentes: duas dimensionais e duas cinésicas. Temos primeiro uma marca de ‖*longitude*‖ e uma marca de ‖*extremidade*‖ ou ‖*apicalidade*‖.O dedo é mais comprido do que largo e 'detém-se' na ponta das unhas. A observação pode parecer banal, mas não o é: basta pensar em outros artifícios que tendem a sub--rogar o dedo apontado e se verá como é necessário que eles realizem seus próprios traços físicos. Por exemplo, uma seta direcional reproduz 'iconicamente' tanto a longitudinalidade quanto a apicalidade. Certo, a seta, além de dar a impressão de 'deter-se' na ponta, dá a de 'viajar para' uma direção dada, e irreversivelmente. Mas este movimento sugerido ajuda a reconhecer e a distinguir o ponto do qual a seta 'nasce' daquele para o qual 'cresce': o que significa que a seta, como o dedo, tem uma 'raiz' e um 'ápice', e em ambos os casos é o ápice que se torna pertinente. Certamente, uma seta de rua não se move realmente na direção de alguma coisa, enquanto um dedo apontado, sim; mas não é por acaso que se escolhe a seta para substituir um dedo apontado: a seta faz supor o movimento que o dedo de fato realiza.

Por conseguinte, o terceiro traço do dedo apontado é o seu ‖*movimento para*‖. Trata-se de uma marca que sempre está presente, ainda que imperceptivelmente. Antes, em outros índices cinésicos, o movimento é tão importante (pense-se na cabeça que 'se volta para' ou nos olhos que giram numa dada direção) que se torna mais importante que a marca de longitude, na verdade ausente.

Portanto, enquanto no movimento da cabeça e dos olhos prevalecem como marcas indispensáveis movimento e apicalidade, no dedo apontado prevalecem apicalidade e longitude: a longitude é tão importante que se, em vez de indicar alguma coisa com um só dedo, uso dois índices em paralelo, a capacidade de indicar depende da distância entre os dois dedos. Se a distância é, digamos, de alguns centímetros, a marca longitudinal é neutralizada pela ‖*latitude*‖ expressa pela distância entre os dois dedos: de fato, não se vê o gesto como tencionando indicar alguma coisa, mas como tencionando medir o formato de alguma coisa. Basta, porém, que a distância entre os dois dedos seja reduzida a menos de um centímetro para que a longitudinalidade volte a emergir e se evidencie, reafirmando a intenção de exprimir uma direção.

A quarta marca é ainda de tipo cinésico, e constitui uma ‖*força dinâmica*‖. É muito difícil tanto descrever como registrar e codificar com exatidão essa marca, mas é exatamente com base nela que se distingue se o índice exprime «proximidade» ou «distância» (do falante). Quando o dedo aponta como uma energia fraca, isto significa «proximidade»; quando, ao contrário, aponta com grande energia (o gesto é mais abundante e dele participam o braço e o ombro), isto significa «distância». Portanto, em casos de força imprecisa, o índice gestual deve ser acompanhado de um índice verbal (como se viu na Fig. 22). Quando respondo à pergunta |qual?| não posso dizer |este| ou |aquele| sem acompanhar a expressão verbal com um índice gestual (ainda que a língua italiana me permitisse atribuir significados diferenciais a |este|, |esse| ou |aquele|: mas basta pensar no nosso comportamento cotidiano para descobrir que nunca se usam tais deíticos sem ajuntar-lhes pelo menos um mínimo gesto dos olhos), a menos que nos encontremos no caso de escolha, raríssimo, entre dois objetos dos quais um esteja presente e outro ausente. Em todo caso, para o índice gestual a presença do índice verbal constitui seleções circunstanciais (enquanto na Fig. 22 o índice gestual constituía seleções circunstanciais para o índice verbal).

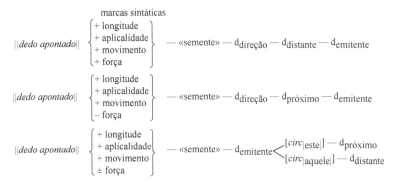

Figura 23

Neste ponto, porém, cabe observar que, quando se falava de índices verbais, as marcas sintáticas eram inteiramente independentes das marcas semânticas, enquanto no dedo apontado a presença ou a ausência de uma dada marca sintática determina a mutação das marcas semânticas. Deve-se, pois, dizer que nos índices gestuais *a organização do semema é determinada pela estrutura do sinal assumido como funtivo-expressão*. Trata-se do conhecido liame de MOTIVAÇÃO entre significante e significado, que tanta tinta semiótica já fez derramar e que habitualmente induz a distinguir entre signos arbitrários e signos motivados. Decidimos, contudo, adiar este ponto porque ele poderá ser retomado somente em 3.4.10, no âmbito de uma teoria da produção sígnica.

Digamos, por ora, que a teoria dos códigos pode descurar a diferença entre signos arbitrários e signos motivados, já que está interessada apenas no fato de existir uma convenção que correlaciona uma dada expressão a um dado conteúdo, independentemente do modo como a convenção foi originalmente colocada e é comumente aceita. E que seja matéria de

110 TRATADO GERAL DE SEMIÓTICA

convenção é dado pelo fato de que em muitas civilizações o dedo apontado não desenvolve funções de indicação (mas sim, por exemplo, de maldição) e as funções de indicação são assumidas por outros gestos, como um certo movimento dos lábios (Sherzer, 1973).

2.12. O MODELO Q

2.12.1. Recursividade semântica infinita

Deve-se ter presente que o MSR não escapa a pelo menos uma das objeções a que foi submetido o modelo KF.

A análise componencial isola no semema percursos de leitura ou sentidos compostos por diversos nós, que representam as marcas semânticas. No modelo KF tais marcas tornavam-se, em certo ponto, definições complexas e implicitamente referenciais (os *distinguishers*), ao passo que no MSR tudo se reduz a uma rede de unidades culturais. Mas permanece aberta a questão acerca das unidades culturais conforme foram registradas na árvore componencial. Que são, por exemplo, as expressões |peixe| ou |próximo| usadas para exprimir as unidades «peixe» e «próximo» na interpretação de |baleia| ou |este|? Katz e Fodor diriam tratar-se de construções metassemióticas e não de outras palavras, e que não devem ser ulteriormente explicadas porque foram colocadas como instrumentos explicativos. Mas essa resposta, de um lado, não nos livra da impressão de encontrarmo-nos em face de fatos lexicais que explicam outros fatos lexicais, nem da de não estarmos tratando com um conjunto reduzido e finito de universais semânticos capazes de explicar uma grande quantidade de expressões.

Infelizmente, vimos que quando se procura reduzir estes universais (como na análise sêmica greimasiana da verticalidade) eles resultam insuficientes para explicar muitas diferenças de significado. E como se aumenta o número das marcas (como no caso de Pottier), vemo-nos diante de artifícios *ad hoc*, para chegar, enfim, ao excesso de empirismo que são os *distinguishers* no modelo KF. O fato é que, como já se disse, fatalmente *toda unidade semântica posta para analisar um semema é por sua vez um semema que deve ser analisado*. Assim sendo, dado um semema bem simples, como o da Fig. 24,

$$|s| - ms - «S» \; d_1, d_2 <\begin{array}{l}(cont_a) \; c_1, c_2 \\ (cont_b) - d_3, d_4 - c_3, c_4\end{array}$$

Figura 24

verifica-se que d_1, d_2, d_3, d_4 e C_i, c_2, c_3 e c_4 deveriam por sua vez tornar-se outros tantos «S», ou seja, o ponto de partida de uma nova árvore componencial. Cada marca constitui, em suma, no interior do semema,

TEORIA DOS CÓDIGOS

uma sorte de semema *'embedded'* que gera sua própria árvore e assim por diante, ao infinito. A representação gráfica desse panorama de infinita recursividade é difícil de imaginar; basta pensar que tal representação deveria considerar todos os campos semânticos subjacentes que conferem valor a cada unidade em jogo. Como representar, então, semelhante universo semântico, que vem a ser exatamente o universo semântico em que vivem os seres humanos? Examinemos uma proposta, formulada em outro contexto metodológico e disciplinar, mas singularmente iluminante para os fins do nosso discurso. Trata-se do modelo de memória semântica elaborado por M. Ross Quillian (1968).

2.12.2. Um modelo n-dimensional: o modelo Q

O modelo Quillian (modelo Q) baseia-se numa massa de nós interligados por diversos tipos de liames associativos. Para cada significado de lexema deveria existir na memória um nó que prevê como seu "patriarca" o termo a definir, aqui denominado *type*. A definição de um *type* A prevê o emprego, como seus interpretantes, de uma série de outros significantes que são incluídos como *tokens* (e que no modelo constituem outros lexemas).

A configuração do significado do lexema é dada pela multiplicidade dos seus liames com vários *tokens*, cada um dos quais, porém, se converte por sua vez no *type* B, patriarca de uma nova configuração que compreende como *tokens* muitos outros lexemas, alguns dos quais eram também *tokens* do *type* A e que podem compreender como *token* o próprio *type* A. Citemos aqui um exemplo, a definição de |*plant*|, dada em forma de gráfico no esquema reproduzido na Fig. 25.

Como se pode observar, neste esquema um *token* como |grow| pode tornar-se o *type* de uma nova ramificação (ou *plane*) que compreende entre os seus *tokens* muitos dos de |*plant*| (como, por exemplo, |*air*| ou |*water*|) e o próprio |*plant*|.

A estrutura global dessa memória semântica formaria uma impressionante agregação de planos, cada um dos quais consistiria em nós de *tokens*, exceto o nó originário.

Como se vê, este modelo prevê a definição de cada signo graças à interconexão com o universo de todos os outros signos em função do interpretante, cada um deles pronto para tornar-se o signo interpretado por todos os demais: o modelo, em sua complexidade, baseia-se num processo de SEMIOSE ILIMITADA. Por um signo admitido como *type* é possível tornar a percorrer, do centro à periferia mais extrema, todo o universo das unidades culturais, cada uma das quais pode por sua vez tornar-se centro e gerar infinitas periferias.

Semelhante modelo pode ainda receber uma configuração gráfica bidimensional quando se examina uma de suas partes (e é compreensível que na sua simulação mecânica, graças ao número limitado de *tokens* admitidos, seja possível conferir-lhes uma estrutura descritível). Mas, de fato, *nenhum gráfico está em condições de representá-lo na sua complexidade*. Para tanto, deveria ele aparecer como uma espécie de rede poli-

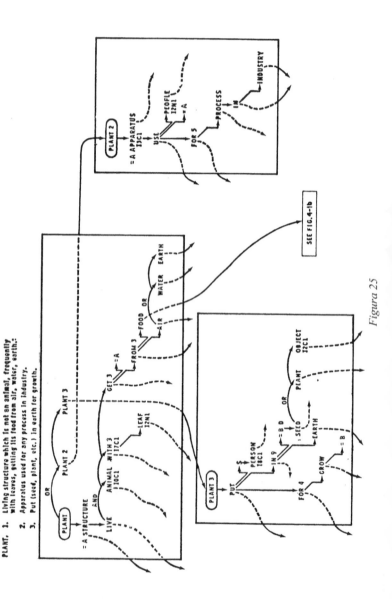

Figura 25

[Por M. Ross Quillian, "Semantic Memory" (M. Minsky ed.), *Semantic Information Processing*, Cambridge, M.I.T. Press, 1968.]

TEORIA DOS CÓDIGOS   113

dimensional, dotada de propriedades topológicas, onde os percursos se encurtam e se alongam e cada termo adquire proximidades com outros, através de atalhos e contatos imediatos, ao mesmo tempo continuando ligado a todos os outros segundo relações sempre mutáveis.

Podemos imaginar as unidades culturais isoladas como um número muito rito de bolinhas contidas numa caixa: agitando a caixa, verificam-se diversas configurações, proximidades e conexões entre as bolinhas. Essa caixa seria uma fonte informacional dotada de alta entropia, e constituiria o modelo abstrato das associações semânticas no estado livre. Segundo o humor, o conhecimento anterior, as idiossincracias próprias, cada qual poderia estar em condições de chegar, partindo do lexema |centauro|, à unidade «bomba atômica», ou a «Mickey Mouse».

Nós, porém, estamos procurando um modelo semiótico que justifique conotações convencionalmente atribuídas a um lexema. Por isso, devemos pensar em bolinhas magnetizadas que estabelecem um *sistema de atrações e repulsões*, de modo que algumas se aproximam e outras não. Tal magnetização reduziria as possibilidades de inter-relação. *Constituiria um s-código*.

Melhor ainda: podemos pensar que cada unidade cultural, neste Universo Semântico Global, emite determinados comprimentos de onda que a põem em sintonia com um número limitado (embora muito amplo) de outras unidades. Também aqui teremos o modelo de um s-código. Só que se deveria admitir que os comprimentos de onda podem mudar por força de novas mensagens emitidas e que, portanto, as possibilidades de atração e repulsão mudam no tempo.

Com efeito, o modelo Q admite que o código pode ser nutrido de novas informações e que de dados incompletos se podem inferir outros. *O modelo Q é um modelo da criatividade linguística*. Além disso, dá ele uma imagem compreensiva também das discussões wittgensteinianas sobre o significado. Quando Wittgenstein (1953, I, 67) menciona a existência de "semelhanças de família" (*Familienähnlichkeiten*), dá o exemplo do |jogo|. A ideia de jogo se refere a uma família de atividades extremamente disparatadas, que vão do xadrez ao jogo de bola e que podem ter componentes em comum (entre o xadrez e o jogo de bola entre duas pessoas existe a ideia da vitória e da derrota) e podem ser separados por dessemelhanças radicais (jogo de xadrez e jogo solitário da criança que atira a bola contra um muro, ou jogo de xadrez e brincadeira de roda). Wittgenstein conclui que "alguma coisa percorre todo o fio, isto é, o ininterrupto sobrepor-se destas fibras". Essa imagem de uma contínua sobreposição de correlações faz lembrar o modelo Q: o modelo Q é, já na fase em que Quillian o apresenta, uma porção de Universo Semântico em que o código interveio para instituir atrações e repulsões.

2.13. ESTRUTURA DO ESPAÇO SEMÂNTICO

Tudo o que ficou dito sobre o sistema semântico obriga-nos a rever ainda uma vez a ideia do código.

Supõe-se que o código torne equivalentes os elementos de dois sistemas, quer termo a termo, quer fio a fio, e assim por diante. Mas o estudo dos sistemas semânticos mostra que (quando, por exemplo, se fala da língua como código) é necessário considerar uma vasta série de sistemas

114 TRATADO GERAL DE SEMIÓTICA

parciais (ou campos) do conteúdo, que se acham diversamente correlacionados com conjuntos de unidades da expressão.

Este fato gera uma situação em que podem existir muitas árvores componenciais para um só significante, que o conectam simultaneamente a diversas posições em diversos campos semânticos. Assim, o sistema dos campos semânticos, envolvido como está neste jogo de múltiplos deslocamentos, resulta atravessado (ao longo de uma dimensão que dificilmente um gráfico conseguiria homogeneizar com os precedentes) por vários percursos de leitura de cada semema. A soma desses atravessamentos cria o que chamamos de Modelo Q.

Um código como 'língua' deve, portanto, ser entendido como uma soma de noções (algumas referentes a regras combinatórias dos elementos sintáticos, outras concernentes a regras combinatórias dos elementos semânticos) que constituem a cabal competência do falante. No entanto, essa competência generalizada é a soma das competências individuais que dão origem ao código como convenção coletiva.

O que se chamou de 'o código' é, pois, um *complexo retículo de subcódigos* que vai muito além do que podem exprimir categorias como 'gramática', por mais compreensivas que se apresentem. Deveríamos chamá-lo de HIPERCÓDIGO (assim como se fala de 'hipercubo') que reúne vários subcódigos, alguns dos quais fortes e estáveis, outros mais fracos e transitórios.

Da mesma forma, os códigos reúnem vários sistemas, alguns fortes e estáveis (como o fonológico, que permanece imutável durante séculos), outros mais fracos e transitórios (como muitos campos e eixos semânticos).

A teoria dos códigos só está interessada nos resultados desse jogo tal como ele se apresenta após a intervenção da magnetização. A teoria da produção sígnica e da mutação dos códigos está interessada no processo pelo qual a regra é imposta sobre a indeterminação da fonte (cf. capítulo 3).

Mas esta dificuldade de definir todas as regras que formam o código, na sua característica e no seu número, não depende apenas do fato de que a pesquisa se encontra numa fase ainda primitiva. Depende do fato de presumivelmente o código não ser uma condição natural do Universo Semântico Global nem uma estrutura subjacente, de maneira estável, ao complexo de liames e ramificações que constitui o funcionamento de toda associação sígnica.

Voltemos à metáfora da caixa com bolinhas. Dissemos que se as bolinhas em liberdade representam um modelo de fonte informacional de alta entropia, o código é a regra que magnetiza as bolinhas segundo um sistema de atrações e repulsões. Ora, sustentar que existe uma estrutura do Espírito Humano, que é a estrutura mesma de toda comunicação, significa que a magnetização É INERENTE às bolinhas como uma de suas propriedades. Ao contrário, se o código é uma convenção social passível de mudar no tempo e no espaço, a magnetização constitui uma condição TRANSITÓRIA do sistema. Refutar o estruturalismo dito "ontológico"[26] equivale realmente a entender as magnetizações como fenômenos

26. Cf. a oposição entre estruturalismo metodológico e estruturalismo ontológico em Eco (1968), particularmente a seção D, "A estrutura e a ausência".

TEORIA DOS CÓDIGOS

culturais e a ver, no máximo, a caixa-fonte como *o lugar de uma combinatória*, de um jogo altamente indeterminado que não interessa à semiótica antes da intervenção da magnetização.

Se isto for verdade, deveremos ou admitir que aquilo a que chamamos subcódigos (por exemplo, um certo tipo em vez de outro, complementar, de associação conotativa entre os elementos de dois campos semânticos) são fenômenos tão transitórios que seria impossível, salvo em casos de magnetização 'forte' e duradoura (as definições científicas), instituir e descrever estruturas estáveis. Além disso, o fato de cada elemento do jogo poder manter relações contemporaneamente com numerosos outros elementos torna difícil simplificar os casos de substituição simples, como, por exemplo, o emparelhamento entre dois campos semânticos isolados, elemento por elemento, ou a constituição de gráficos explicativos mas simplificadores, como uma árvore KF.

Uma árvore componencial, mesmo a proposta pelo MSR, deve ser entendida como um artifício hipotético e transitório posto com o fim de explicar determinadas mensagens, como uma hipótese de trabalho elaborada para controlar o ambiente semântico imediato de uma dada unidade de conteúdo.

Consideremos por exemplo o caso de uma mensagem muito simples, emitida por um semáforo. Segundo um código internacional, $\|vermelho\|$ significa «pare» e $\|verde\|$ significa «siga». Mas «pare» pode também conotar «obrigação», enquanto $\|verde\|$ (ao menos para os pedestres) conota também «escolha» (pois como o verde posso também decidir não passar, enquanto com o vermelho sou obrigado a parar). Num nível conotativo subsequente, «pare» conota «multa», enquanto $\|verde\|$ pode conotar «apressar--se», principalmente quando o sinal é recebido por um automobilista.

Uma representação componencial de verde e vermelho, portanto, se apresentaria como na Fig. 26:

$$\|verde\| = \text{«verde»} - d_{siga} \begin{cases} [circ_{carro}] - c_{apressar\text{-}se} \\ [circ_{pedestre}] - c_{escolha} \end{cases}$$

$$\|vermelho\| = \text{«vermelho»} - d_{pare} - d_{espera} - d_{obrigação} \ [circ_{siga}] - d_{multa}$$

Figura 26

Ambas as árvores explicam o modo como o sinal semafórico significa. Mas com base em que eixos semânticos subjacentes é possível elaborar essas funções sígnicas? Se usarmos uma representação hjelmsleviana clássica, somos tentados, por amor da simetria, a simplificar os campos postulados com base na seguinte sobrelevação de conotações (Fig. 27):

«multa»	expressão de				expressão de		«apressar-se»
	«obrigação»	expressão de		expressão de		«escolha»	
		«pare»	$\|ver\text{-}melho\|$	$\|verde\|$	«sigla»		

Figura 27

Mas esta seria uma solução enganadora. Conquanto exista aqui um eixo 'siga vs pare' a estabelecer a oposição entre denotações imediatas, e apesar de ser possível individuar uma oposição 'obrigação vs escolha', não existe qualquer oposição sensata entre «multa» e «apressar-se».

Com o que se constata ainda uma vez que: (a) um semema encontra seus interpretantes 'pescando' em diversos eixos semânticos, ao passo que o semema que imediatamente se lhe opõe ao nível da denotação primária pode, no que concerne às conotações sucessivas, pescar em outras posições de outros eixos não relacionados com aquele individuado pelo primeiro semema; (b) dois sememas podem manter relação opositiva no que respeita à denotação primária mas têm ao mesmo tempo algumas conotações comuns; (c) o mesmo semema pode derivar duas de suas próprias conotações de duas posições opostas do mesmo eixo semântico. Por exemplo, «vermelho», em sua periferia componencial extrema, pesca na posição «multa» (no eixo 'multa vs prêmio'), enquanto «verde» nada tem a ver com este eixo. Entretanto, pode haver um outro semema, extremamente distante por posição no espaço semântico de «vermelho» e de «verde», o qual pesca na posição «prêmio» sem ter um dos seus opostos que pesque na de «multa». É exatamente o caso do |*bachelor*| (no sentido de B.A., diplomado de Faculdade americana), que conota «prêmio» e «passagem», pois outra coisa não é a cerimônia da premiação de fim de curso senão um 'rito de passagem'!

Assim sendo uma representação *ad hoc* dessa embaraçante situação estrutural, entremeada de homologias, oposições e discrepâncias, assumiria a formada Fig. 28, que lembra, justamente, algo do Modelo Q.

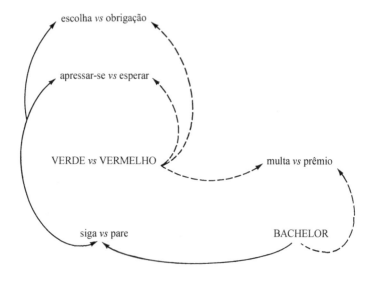

Figura 28

Deverá, pois, constituir-se em princípio metodológico da pesquisa semiótica a afirmação de que a delimitação de campos e eixos semânticos, bem como a descrição de códigos como atualmente funcionantes, só pode ser cumprida *por ocasião do estudo das condições comunicativas de uma dada mensagem.*

TEORIA DOS CÓDIGOS   117

O que equivale a dizer que *uma semiótica do código é um instrumento operativo que serve a uma semiótica da produção sígnica*. No momento em que se assevera que é possível fazer uma semiótica do código, reconhece-se-lhe a contínua parcialidade e revisibilidade; e deve-se admitir que ela tem só ocasião de se constituir quando a prática comunicativa a postula como sua condição explicativa.

A constituição de um código completo deve pois permanecer apenas como uma HIPÓTESE REGULATIVA: no momento em que um código do gênero fosse inteiramente descrito, ele já teria mudado, e não só por influência de vários fatores históricos, mas pela própria erosão crítica que sua análise teria realizado nos seus confrontos. Toda vez que se descrevem estruturas da significação verifica-se algo, no universo da comunicação, que as torna não mais completamente aceitáveis. Essa condição de equilíbrio, porém, não é uma contradição da semiótica: é uma condição metodológica que a iguala a outras disciplinas, como a física, rede de critérios de método como o princípio de indeterminação ou o princípio de complementaridade. *Só se adquirir esta consciência dos seus próprios limites, sem aspirar a ser um saber absoluto, a semiótica poderá aspirar a ser uma disciplina científica.*

2.14. HIPERCODIFICAÇÃO E HIPOCODIFICAÇÃO

2.14.1. Os determinantes não codificados da interpretação

A mobilidade do espaço semântico faz com que os códigos mudem processualmente. Ao mesmo tempo impõe à atividade de produção sígnica e de interpretação dos textos a necessidade de uma PLUS-CODIFICAÇÃO contínua.

O intérprete de um texto é obrigado a um tempo a desafiar os códigos existentes e a avançar hipóteses interpretativas que funcionam como formas tentativas de nova codificação. Diante de circunstâncias não contempladas pelo código, diante de textos e de contextos complexos, o intérprete se vê obrigado a reconhecer que grande parte da mensagem não se refere a códigos preexistentes e que todavia ele deve ser interpretado. Se o é, devem então existir convenções ainda não explicitadas; e se estas convenções não existem, devem ser postuladas, pelo menos *ad hoc*.

Tentemos esclarecer esta situação de fronteira, onde a atividade de produção e interpretação sígnica nutre e enriquece o universo dos códigos.

A teoria dos códigos explica como se possuem regras de competência que permitem desambiguar ou ambiguar, formar e interpretar mensagens e textos.

O exemplo do semáforo (dado em 2.13) mostra que existe um sistema de subcódigos juntamente com uma série de seleções contextuais e circunstanciais previstas pelo código até onde foram institucionalmente inseridas na representação de certas funções sígnicas. No caso do semáforo, as seleções previstas são suficientes para desambiguar os signos em qualquer circunstância.

Há, porém, outros casos que o código não prevê e onde, além de contextos imprevisíveis, atuam circunstâncias inéditas, ou tão complexas que adensam em tomo do signo uma espécie de nebulosa de fatores extrassemióticos. Nestes casos, pode-se perfeitamente falar de DETERMINANTES NÃO CODIFICADOS DA INTERPRETAÇÃO.

Um caso típico de contexto não codificado é o proposto por Katz e Fodor no curso da sua polêmica contra uma teoria dos contextos. A expressão |ele segue Marx| pode ser lida como:

(i) «ele segue Karl» $\begin{cases} \text{«ele é discípulo de Karl»} \\ \text{«ele vem depois de Karl»} \end{cases}$

(ii) «ele segue Groucho» $\begin{cases} \ldots\ldots \\ \ldots\ldots \end{cases}$

Há aqui dois percursos de sentido, (i) e (ii), que são dois significados denotativos da expressão, e cada um deles veicula uma dupla possibilidade de leitura conotativa. As conotações podem ser desambiguadas recorrendo-se a possíveis seleções contextuais previstas pela árvore componencial de |seguir|: dizemos que o verbo permite uma interpretação em sentido físico quando é seguido por um nome concreto e uma interpretação metafórica quando é seguido por um abstrato. Mas continua ambíguo o caso, aqui evidente, de nomes próprios que podem ser admitidos como metonímias pelas ideias difusas das pessoas nomeadas. Podemos ainda supor que exista uma seleção (con_{estilo}) que prescreve ler |seguir| como «imitar» ou «concordar com» quando o verbo é usado num contexto que se refere a estilos de pensamento ou hábitos.

Nenhum problema existe quanto à possibilidade de identificar Karl ou Groucho; se, como ficou dito em 2.9.2, os sememas correspondentes a nomes próprios de pessoa podem ser analisados, então «Marx (Karl)» possuirá uma marca de «política», enquanto «Marx (Groucho)» terá uma marca de «cinema», e não será difícil amalgamar estas marcas com as de outras unidades do contexto.

Mas o que permanece ambíguo em cada caso é a conotação 'ideológica' da frase. Em outros termos, seguir Marx é uma coisa boa ou má? Se um membro da maioria silenciosa diz que alguém segue Marx, é óbvio que o enunciado é algo mais que uma atribuição ideológica, é uma clara sentença de condenação. Condenação que faz parte do conteúdo global do enunciado, visto que o enunciado foi enunciado exatamente por implicar um juízo de valor. Ainda uma vez, pois, encontramo-nos em face de situações contextuais e circunstanciais que determinam a interpretação do enunciado, mas aqui não se pode falar de possibilidades previstas pelo código. Como definiremos, então, este tipo de interpretação?

2.14.2. A abdução

Trata-se agora de entender |interpretação| num sentido diverso do de «decodificação». Trata-se de falar de uma interpretação que confira sentido a amplas porções de discurso com base em decodificações parciais. O termo |interpretação| adquire então o sentido que tem nas discussões hermenêuticas ou na crítica literária e artística.

TEORIA DOS CÓDIGOS

Logicamente falando, essa interpretação é uma INFERÊNCIA. Inicialmente, assemelha-se ao tipo de inferência lógica que Peirce chamou de 'abdução' (e em certos casos de hipótese'): "Suponhamos que eu entre num quarto e encontre um certo número de sacos contendo diversos tipos de feijão. Sobre a mesma há uma porção de feijão branco, e após uma breve procura descubro que existe um saco contendo só feijão branco. Infiro daí a probabilidade, por uma aposta lógica, que esta porção foi tirada daquele saco. Este tipo de inferência é denominado *avançar uma hipótese*" (2.623).

No caso das *DEDUÇÕES* lógicas há uma regra pela qual, dado um caso, se infere o resultado:

« *Todos os feijões deste saco são brancos – Estes feijões provém deste saco – Estes feijões são brancos* (seguramente)».

No caso da *INDUÇÃO*, dado um caso e um resultado, infere-se deles a regra:

« *Estes feijões provém deste saco – Estes feijões são brancos – Todos os feijões deste saco são brancos* (provavelmente)».

No caso da hipótese ou *ABDUÇÃO*, tem-se a inferência de um caso por uma regra e por um resultado:

« *Todos os feijões deste saco são brancos – Estes feijões são brancos – Estes feijões provêm daquele saco* (provavelmente)».

A abdução é um caso de inferência sintética "onde encontramos alguma circunstância muito curiosa que poderia ser explicada pela suposição de que ela seja o caso específico de uma regra geral, e por isso adotamos essa suposição" (2.624). "Certa vez desembarquei no porto de uma província turca; e, caminhando na direção da casa aonde deveria ir, encontrei um homem a cavalo, rodeado de quatro cavaleiros que traziam um palio sobre a sua cabeça. Como o governador da província era o único personagem a quem eu poderia atribuir honras desse tipo, deduzi que se tratava do governador. Tratava-se de uma hipótese" (2.265). Peirce não sabia se (e se) um palio era um signo ritual que distinguia um governador (caso em que teríamos um ato de simples decodificação). Ele inventou ou SUPÔS UMA REGRA SEMIÓTICA GERAL[27].

---

27. A abdução não intervém apenas quando se interpreta uma mensagem referida a contextos ou circunstâncias não codificadas. Serve também para individual o código (ou o subcódigo) correto por uma mensagem imprecisa. Suponhamos três cartões onde esteja escrito (i) |cane|, (ii) |e gato| e (iii) |sugar|. Pedem-nos para combinar dois deles e não sabemos se |cane| representa a transcrição grafemática do inglês [*kan*] ou do italiano [*cane*]. Visto que o cartão pode ser associado tanto a |e gato| ('cane e gatto') quanto a |sugar| ('*sugarcane*'), a escolha entre as duas combinações só pode ser sugerida pelo contexto ou pela circunstância (trata-se de saber se se deve compor um sintagma inglês ou italiano). Intervém então um ato de abdução. Pensando bem, um ato desse tipo é requerido em linha de princípio toda vez que ouvimos uma palavra e devemos decidir a que língua atribuí-la (mesmo que o hábito costume prevalecer implique automaticamente a escolha, que nem por isso é eludida): portanto, a abdução intervém em todo tipo de decodificação, vale dizer, sempre se deve reconhecer a natureza *'emic'* de um enunciado *'etic'*.

120 TRATADO GERAL DE SEMIÓTICA

Este caso não parece diferir do de uma interpretação na ausência de seleções contextuais. De fato, supondo-se que existisse uma regra, porventura não expressa, mas comumente compartilhada, do tipo

$$\|p\acute{a}lio\| - d_x - (cont_{sobre\ pessoa}) - c_{honra}$$

Peirce simplesmente arriscou uma seleção circunstancial *adhoc* do tipo:

$$[circ_{nesta\ província}] - d_{governador}$$

À primeira vista, a abdução parece mais um livre movimento da imaginação nutrido de emoções (como uma vaga 'intuição'), em vez de um processo normal de decodificação. Com efeito, em outras passagens Peirce acentua esta sua natureza emotiva. "A hipótese substitui uma concepção singular por um complicado nexo de predicados atribuídos a um sujeito... há agora uma sensação particular típica do ato de pensamento pelo qual esses predicados parecem ser inerentes ao sujeito. Na inferência hipotética esse sentimento tão complexo é substituído por um sentimento simples de grande intensidade... Analogamente, os diversos sons emitidos por instrumentos de uma orquestra atingem o ouvido e o resultado é uma emoção musical especial, totalmente distinta dos próprios sons" (2.643). O que importa reter dessa citação não é a descrição de um estado emotivo particular, mas a ideia de que o ouvinte, sentindo a música, percebe algo mais complexo do que a soma dos significados isolados dos sons. Se este movimento interpretativo se detivesse no gozo dessa imprecisa emoção, não haveria abdução nem qualquer outra coisa de relevante para os fins do nosso discurso. Mas o movimento abdutivo se cumpre quando um novo sentido (uma nova qualidade combinatória) é atribuído a cada som enquanto componente do significado contextual da peça inteira.

Este último exemplo parece antes um caso de interpretação estética, mas o do governador turco é mais transparente. Ao fim do esforço abdutivo, Peirce já podia atribuir a $\|p\acute{a}lio\|$ a conotação, até então não codificada, de governador. Peirce repete muitas vezes que também as inferências são fenômenos semióticos, que uma regra pode ser considerada como o signo que está para o seu resultado deduzível e que um caso específico pode ser o signo que está para a regra que dele se deduz: todavia, seria difícil reconhecer como signo a regra à luz da qual a abdução interpreta o caso. *A menos que a abdução, uma vez realizada, se tome um reflexo social adquirido.*

Dizemos então que a abdução, como qualquer outra interpretação de contextos e circunstancias não codificados, representa o primeiro passo de uma operação metalinguística destinada a enriquecer o código. Ela constitui o mais evidente exemplo de PRODUÇÃO DE FUNÇÃO SÍGNICA.

Um contexto ambíguo e não codificado, uma vez consistentemente interpretado, dá origem, se aceito pela sociedade, a uma convenção e portanto a uma correlação codificante. O contexto torna-se então, passo a passo, uma sorte de sintagma preformado, como acontece com uma metáfora, que à primeira vista deve ser abducionalmente interpretada e em seguida se torna aos poucos catacrese. Uma teoria semiótica não pode

TEORIA DOS CÓDIGOS

negar que existam atos concretos de interpretação que produzem sentido – e um sentido que o código não previa; do contrário, a evidência da flexibilidade e da criatividade das linguagens não teria fundamento teórico: mas estas interpretações não raro produzem novas porções de código até onde constituem processos embrionários de HIPERCODIFICAÇÃO ou de HIPOCODIFICAÇÃO.

2.14.3. A hipercodificação

Se examinarmos dos dois exemplos peircianos do governador turco e da peça musical, veremos que de fato Peirce retoma sob a rubrica de abdução dois movimentos hipotéticos diversos.

No caso do governador turco, a abdução se baseia nos sistemas de convenções precedentes: o fato de um pálio significar «honorificência» era já matéria de convenção, e tratava-se somente de complicar uma função sígnica existente com a seleção circunstancial *ad hoc* referente àquela província.

Assim fazendo, Peirce produziu uma hipercodificação: com base numa regra anterior, propôs uma regra aditiva para uma aplicação extremamente particular da regra geral.

Todas as regras retóricas e estilísticas que operam em cada língua constituem exemplos de hipercodificação. Um código-base estabelece que uma certa combinação gramatical é compreensível e aceitável, e que uma regra retórica sucessiva (que não nega a precedente mas a admite como ponto de partida) estabelece que aquela combinação sintagmática deve ser usada em circunstâncias específicas com uma dada conotação estilística. A hipercodificação age também ao nível de regras gramaticais, como, por exemplo, a eliminação do futuro (*'will'*-*deletion*) em enunciados que dão por certo o evento que deverá verificar-se e que segundo Lakoff (1971b) sublinham o papel das pressuposições semânticas na sintaxe. Com efeito, podemos dizer |o Milan *joga* amanhã contra o Juventus| porque o evento, embora ainda não tenha ocorrido, é pressuposto como certo, enquanto dizemos |o Milan *vencerá* o Juventus amanhã| porque o êxito favorável é afirmado mas não pressuposto. Todavia, não acreditamos que deva afirmar que a pressuposição comanda a eliminação do futuro; bem pelo contrário, a eliminação do futuro, introduzindo uma marca de «fatualidade», impõe ao destinatário a pressuposição. Portanto, o fato de usar o presente ao falar de eventos futuros é fenômeno de hipercodificação que exprime um dado conteúdo de «certeza» através da formulação sintática hipercodificada. Mesmo fora da linguagem verbal podemos pensar no objeto da iconografia como produto de hipercodificação: admitindo-se que existe um código icônico que permite reconhecer a imagem de uma mulher carregando um par de olhos sobre um prato, a hipercodificação estatui que essa mulher representa Santa Luzia.

A hipercodificação age em duas direções. De um lado, onde o código atribui significados a expressões mínimas, a hipercodificação regula o sentido de fios mais macroscópicos: as regras retóricas e iconológicas pertencem a este tipo. De outro, dadas certas unidades codificadas, elas são analisadas em unidades menores às quais se atribuem novas funções sígnicas, tal como sucede quando, dada uma palavra, a paralinguística hipercodifica os diversos modos de pronunciá-la atribuindo-lhe diversos matizes de significado.

122 TRATADO GERAL DE SEMIÓTICA

Todas as fórmulas de cortesia e expressões 'táticas' pertencem à linguagem cotidiana hipercodificada: uma expressão como |por favor| é compreendida no seu sentido etiquetal em virtude de hipercodificação. Naturalmente, a hipercodificação, quando acerta, produz aquilo que em 2.3 foi chamado de subcódigo: em tal sentido, a hipercodificação é uma atividade inovadora que pouco a pouco perde o seu poder provocativo, produzindo a aceitação social.

Com mais frequência, porém, as entidades hipercodificadas flutuam, por assim dizer, entre os códigos, no limiar entre convenção e inovação. Através de um lento e prudente processo, uma sociedade as admite gradativamente nas categorias das regras reconhecidas. Às vezes as regras de hipercodificação funcionam, permitem a troca de signos, mas a sociedade não as reconhece ainda, deixando de institucionalizá-las. Um caso típico é o das regras narrativas individuadas por Propp: ao longo de centenas e talvez milhares de anos, as sociedades primitivas permitiram construir e compreender histórias baseadas em funções narrativas, mas o elenco destas funções introduzido por Propp tinha o valor de uma tentativa abdutiva que buscava trazer à luz leis não expressas. Essas leis são hoje matéria de subcódigos narrativos aceitos, mas a gramática textual está procurando, no fundo, hipercodificar porções mais amplas de discursos.

Da mesma forma, o sistema 'ideológico' de expectativa, pelo qual o membro da maioria silenciosa atribui uma conotação negativa a |ele segue Marx| (cf. 2.14.1), é um exemplo de hipercodificação validada por determinado grupo político.

E em modelos de hipercodificação se baseia um crítico quando liquida, por vezes, uma obra com juízos como "*dejà vu*", "puro Kitsch", "vanguarda de segunda mão" ou "narrativa de consumo": com efeito, o mau artista, o maneirista, o repetidor de sucesso, outra coisa não faz senão coser, entre suas unidades hipercodificadas e já gravadas, conotações de artisticidade[28].

28. Para um procedimento do gênero, veja-se a análise do Kitsch em "La struttura del cattivo gusto" (Eco, 1964). Mas toda a vida da interpretação textual é regida pelos mesmos princípios. Verón (1973a) reclama o princípio de 'intertextualidade' sustentado por Kristeva (1969) e por Metz (1968), o qual se liga ao da hipercodificação, porquanto só em virtude de hipercodificação se *é* capaz de referir um texto a interpretar a uma série de textos precedentes: "Boa parte das propriedades do discurso dos semanários de informação fica incompreensível se não se têm em conta suas próprias relações sistemáticas com os discursos do cotidiano; deste ponto de vista, os semanários constituem uma verdadeira 'metalinguagem' cujos pressupostos não podem ser descritos senão como operações intertextuais... Há uma relação intertextual à qual não se prestou tanta atenção quanto às duas precedentes. Trata-se da função, desenvolvida no processo de produção de um certo discurso, de outros discursos relativamente autônomos que, embora funcionando como momentos ou etapas da produção, não aparecem na superfície do discurso 'produzido' ou 'terminado'... A análise desses textos e desses códigos que não aparecem na superfície de um dado discurso, mas que não obstante fazem parte do seu processo de produção, parece-me essencial: seu estudo pode oferecer-nos esclarecimentos fundamentais sobre o próprio processo de produção e sobre a leitura do discurso ao nível da recepção... Esses discursos 'ocultos' (pode-se pensar também nos desenhos, nos croquis e nos projetos de arquitetura) desempenham um papel fundamental na produção de certos objetos discursivos

TEORIA DOS CÓDIGOS

2.14.4. A hipocodificação

Passemos agora ao segundo exemplo de Peirce, o da melodia. O que ocorre quando o ouvido colhe, entre os sons de uma composição a forma unitária que só se consegue definir como "uma particular emoção"? E o que acontece quando, ouvindo várias peças de diversos compositores, se colher algo definível como 'uma ária familiar', embora os respectivos estilos não tenham sido devidamente analisados ou reduzidos a fórmulas operativas?

Isto parece constituir um caso típico de codificação imprecisa, uma sorte de 'gesto' abdutivo que resume uma ou mais porções bastante vastas de textos sob uma etiqueta comum.

Suponhamos que eu visite uma nação estrangeira cuja língua desconheço. Pouco a pouco começo a entender alguma coisa: não precisamente uma gramática, mas alguma tendência geral, dos comportamentos entretecidos de sons, gestos, expressões do rosto. Um pouco mais e começo a compreender que alguns desses comportamentos correspondem a um certo significado genérico. Por exemplo, admitindo-se que o país estrangeiro seja os Estados Unidos, percebo que, quando acompanhadas de um sorriso, expressões como |I love you – I like you – I am fond of you – I adore you – Hi, man| – Hello, my friend! –How are you? | significam todas MAIS OU MENOS «amizade». Basta conhecer um pouco de inglês para saber que estas diversas expressões são capazes de diferenciar um encontro entre colegas de profissão de uma apaixonada noite de amor; mas, no fundo, pode-se dizer tranquilamente que, para os fins de estabelecer relações sociais não muito levianas, este tipo de codificação 'no mais ou menos' pode também servir-me, no mínimo, para distinguir os amigos dos inimigos. Chamemos a este tipo de operação 'no mais ou menos' uma 'hipocodificação'.

Desse modo, a HIPOCODIFICAÇÃO pode definir-se como a operação pela qual, na ausência de regras mais precisas, porções macroscópicas de certos textos são provisoriamente admitidas como unidades pertinentes de um código em formação, capazes de veicular porções vagas mas efetivas de conteúdo, ainda que as regras combinatórias que permitem a articulação analítica de tais porções expressivas permaneçam ignoradas.

Como se verá em 3.6.7, vários tipos de textos, como, por exemplo, as imagens produzidas por uma civilização longínqua, são compreendidos por meio da hipocodificação.

Assim, se a hipercodificação procede de códigos existentes a subcódigos mais analíticos, a hipocodificação procede de códigos inexistentes (ou ignorados) a códigos potenciais e genéricos. Este movimento duplo, tão facilmente reconhecível em muitos casos (a paralinguística é um exemplo de hipercodificação, os juízos estéticos, habitualmente atestados de maneira tão vaga sobre a oposição 'belo vs feio', procedem por hipocodificação), substancia a atividade da produção sígnica tão a fundo,

e, em tal sentido, constituem um lugar privilegiado onde transparecem certos mecanismos ideológicos que funcionam na produção. Eles tratam, se assim podemos dizer, com uma 'intertextualidade do profundo', porque são textos que, fazendo parte da produção de outros textos, nunca conseguem (senão raramente, por canais restritos), chegar ao consumo social dos discursos".

124 TRATADO GERAL DE SEMIÓTICA

que às vezes é difícil estabelecer se nos encontramos diante de fenômenos de hiper ou de hipocodificação. Nesses casos ambíguos, poder-se-á falar mais genericamente de EXTRACODIFICAÇÃO (categoria que abrange ambos os fenômenos).

Os movimentos de extracodificação são objeto do estudo tanto de uma teoria dos códigos quanto de uma teoria da produção sígnica.

2.14.5. A competência discursiva

Também na atividade pessoal e idiossincrática de memorização das próprias experiências semióticas, existe atividade de extracodificação. Há frases e discursos inteiros que não devemos mais interpretar porque já os experimentamos em contextos ou circunstâncias análogos. Existem circunstâncias em que o destinatário já sabe o que o emitente dirá. O comportamento interativo está baseado em regras de redundância desse tipo, e se nós tivéssemos de escutar, ler, olhar cada expressão que nos é comunicada, analisando-a elemento por elemento, a comunicação seria uma atividade demasiado fatigante. Na realidade, estamos continuamente a antecipar as expressões de outrem, preenchendo os espaços vazios dos textos, prevendo palavras que o interlocutor dirá e pressupondo palavras que o interlocutor não disse ou que deveria ter dito antes, mesmo que nunca as tenha dito.

A LÓGICA DAS PRESSUPOSIÇÕES depende, no fundo, de atividades de extracodificação, assim como delas dependem as chamadas regras conversacionais, os procedimentos interpretativos, todas as regras de interação que regem os atos locutivos e são estudadas pela filosofia da linguagem, pela sociolinguística e pela etnometodologia (Austin, 1966; Ducrot, 1972; Goffmann, 1971; Verón, 1973; Cicourel, 1969; Gumperz, 1971; Hymes, 1971; etc).

Todas as elipses usadas nos discursos comuns e o próprio uso de artifícios anafóricos (|dê-mo|, |lembre-se amanhã!|, |é um daqueles...| etc.) se baseiam por certo em operações abdutivas 'frescas', mas na maioria das vezes se referem a extracodificações anteriores. E isto não ocorre apenas na interação verbal, nem somente na gestual: a maior parte dos procedimentos estilísticos em pintura, onde a parte sugere o todo através de poucos sinais, a própria convenção pela qual o painel faz supor que para além dele a vida retratada deve 'continuar', estes e outros fenômenos dependem de um mecanismo do gênero.

Naturalmente, há diferença entre a forte extracodificação que um grupo exerce estabelecendo publicamente a natureza convencionada de uma mensagem preformada (como as fórmulas de cortesia) e a frágil e efêmera extracodificação que depende da memória individual, da regra não explicitada e imprecisa, da convenção mal esboçada, do acordo tácito entre alguns membros do grupo.

Existe, em suma, uma escala de extracodificações que vai dos procedimentos constritivos (na tragédia o herói *deve* morrer) a uma espécie de COMPETÊNCIA DISCURSIVA, onde as pressuposições são arriscadas, quase adivinhadas, e não obstante hipotizadas *ad hoc*. Em outras

TEORIA DOS CÓDIGOS

palavras, existe diferença entre o que está implicado CONVENCIONAL-
MENTE e o que está implicado CONVERSACIONALMENTE (cf. Katz,
1972, p. 144, e Grice, 1968).

Por estas razões, hiper e hipocodificação permanecem a meio caminho entre teoria dos códigos e teoria da produção e interpretação
sígnica, produzindo (i) enunciados metassemióticos que introduzem
nos códigos novas funções sígnicas, (ii) simples abduções conversacionais *ad hoc*, (iii) imaginações pessoais de pressuposições 'experi-
mentais', que formam talvez concreções idioletais e às vezes levam a
equívocos de todo tipo[29].

2.14.6. *Gramáticas e textos*

A noção de extracodificação (juntamente com a de hiper e hipo-
-codificação) permite retomar neste contexto a diferença proposta por

---

29. A noção de extracodificação permite também esclarecer a diferença entre diversos tipos de pressuposição delineada na nota 21. Distinguimos ali (a) pressuposição
referencial, matéria para uma teoria da referência; (b) pressuposição pragmático-con-
textual; (c) pressuposição pragmático-circunstancial; (d) pressuposição semântica, a
única que é objeto de uma teoria dos códigos. Parece que as pressuposições de tipo (b)
e (c) constituem em grande parte matéria de livre interpretação e trabalho inferencial,
mas que em vários casos são matéria de extracodificação. Quando os etnometodólogos
postulam "PROCESSOS INTERPRETATIVOS" para explicar a interação comunicativa,
pensam provavelmente em regras extracodificadas: tais são, por exemplo, em Cicourel
(1971, p. 52), os procedimentos catalogados como "reciprocidades das perspectivas" e
as "assunções de etcetera" (tudo o que na comunicação é dado como 'óbvio' remete a
conhecimento institucionalizado). Segundo Fillmore e outros autores, a expressão |feche
a porta| implica pelo menos cinco pressuposições, a saber: (i) uma relação particular
entre emitente e destinatário; (ii) a possibilidade por parte do destinatário de atender ao
pedido do emitente; (iii) a ideia de uma porta precisa por parte do emitente; (iv) o fato
de que a porta está aberta quando a expressão é enunciada; (v) o desejo de ter a porta
fechada. De todos estes requisitos, o (i) e o (v) são matéria de hipercodificação: regras
discursivas estabelecem que quem pede para se fazer alguma coisa esteja em condição
de pedir (a menos que viole as regras) e que quer ou deseja que se faça a coisa pedida;
o (ii) é matéria pragmático-circunstancial, mas uma outra regra discursiva exige que se
peça aquilo que a pessoa solicitada esteja em condição de fazer (afora casos de sadismo,
que na verdade violam as regras discursivas); o (iii) torna-se matéria de código na medida em que o artigo determinativo, funcionando como índice, veicula um conteúdo de
«especificidade»; quanto ao resto, trata-se de inferência circunstancial e de menção; por
fim, o (iv) é matéria de pressuposição semântica porque na representação de |fechar|
deve ser registrado o fato de se fecharem portas, janelas, caixas ou trabalhos em gêneros
que estejam abertos. Se alguém pede para fechar uma porta fechada, encontramo-nos
diante de um uso ilícito da linguagem, exatamente como se alguém apontasse para um
gato e dissesse |aquilo é um armário| (o conteúdo seria entendido, mas a referência seria
incorreta, cf. 3.3). Ducrot (1970) menciona finalmente uma série de pressuposições im-
plicadas pela expressão |Pedro chegou| que não podem ser previstas por nenhum código
(que outras pessoas teriam a possibilidade de chegar, que Pedro seja conhecido do destinatário, que este último esteja interessado na chegada de Pedro etc.. Mas, numa sociedade fortemente ritualizada, também estas pressuposições poderiam ser matéria de
extracodificação com base em regras de conversação muito estritas que tornam praticamente insignificantes, ou carregam de significados negativos, as expressões pronuncia-
das 'fora do lugar'.

126 TRATADO GERAL DE SEMIÓTICA

Lotman entre culturas GRAMATICALIZADAS e culturas TEXTUALI-ZADAS. Essa diferença pode referir-se a diversos modos de organização dos códigos e poderá em seguida ajudar-nos a distinguir diversos tipos de produção sígnica (cf. 3.6).

Lotman (1969, 1971) afirma que existem culturas regidas por sistemas de regras e outras governadas por repertórios de exemplos ou modelos de comportamento. No primeiro caso, os textos são gerados pela combinação de unidades discretas e são julgados corretos se se harmonizam com as regras de combinação; no outro caso a sociedade gera diretamente textos que aparecem como macro unidades (das quais eventualmente se podem inferir as regras) que antes de tudo propõem modelos a imitar. Um bom exemplo de cultura gramaticalizada poderia ser o direito romano, onde se prescrevem minuciosamente as regras para cada caso, excluindo-se todo tipo de desvio; enquanto um exemplo de cultura textualizada poderia ser a *Common Law* anglo-saxônica, que propõe as sentenças precedentes como textos nos quais se deve inspirar para resolver de maneira análoga casos análogos.

Lotman sugere que as culturas gramaticalizadas estão mais orientadas para o conteúdo, enquanto as textualizadas privilegiam a expressão. A explicação está no fato de que só havendo elaborado um sistema do conteúdo altamente segmentado se está em condição de fazer corresponder-lhe um sistema 'gramatical' muito articulado, enquanto uma cultura que não tenha diferenciado suficientemente seus próprios conteúdos exprime nebulosas de conteúdo através de acúmulos expressivos.

Para Lotman, a cultura gramaticalizada repousa sobre o Manual, e a textualizada sobre o Livro (Sagrado). Um manual, efetivamente, provê regras para se construir um número infinito de objetos, enquanto o Livro é o texto que produz apenas modelos a imitar e pode ser eventualmente retraduzido em manual somente quando se torne conhecida a regra que o produziu.

Lotman evoca a experiência comum da aprendizagem linguística individuando-lhe dois caminhos: os adultos costumam aprender uma língua de maneira gramaticalizada, ou seja, aprendendo-lhe as regras (recebem um conjunto de unidades com as instruções combinatórias e as articulam entre si); as crianças, ao contrário, aprendem tanto a língua materna quanto uma eventual língua estrangeira expondo-se a contínuas execuções textuais, e 'absorvem' pouco a pouco uma competência sem estarem cônscios de todas as regras que ela implica. É claro que a aquisição linguística na criança parte de atos de hipocodificação e passa por estágios de codificação gramatical sucessiva para chegar enfim a amadurecer fenômenos de hipercodificação (que continua durante toda a vida adulta e se identifica com a maturação cultural de uma sociedade).

Se se pode pensar na filogênese cultural em termos de ontogênese linguística, diremos que com as sociedades sucede a mesma coisa. As sociedades primitivas são, via de regra, textualizadas (e se baseiam, em sua maioria, em processos de hipocodificação), enquanto as sociedades 'científicas' são gramaticalizadas. Mas a distinção não pode ser tão simplista, porque uma sociedade científica parece fortemente gramaticalizada somente em nível conceitual (sistemas científicos, classificações, categorizações filosóficas), enquanto ao nível dos comportamentos parece, ao contrário, característico das sociedades mais desenvolvidas (pense-se no influxo dos *mass media*) referir-se a massas de textos hipocodificados, a modelos de permissividade, a regras muito abertas (cf. Fabbri, 1973); ao contrário, é típico das sociedades primitivas ter comportamentos rituais e etiquetais muito mais gramaticalizados do que os nossos.

Em todo caso, não afirmaremos que os dois pares 'hipo- e hipercodificação', de um lado, e 'texto e gramática', do outro, constituam duas oposições homólogas e coextensivas. A atividade de extracodificação

TEORIA DOS CÓDIGOS

relaciona-se com o movimento que vai da produção sígnica para os códigos e chega a constituir uma categoria da teoria dos códigos, enquanto a oposição 'gramática *vs* texto' refere-se à teoria da produção sígnica *tout court*; a ela voltaremos no capítulo 3.

2.15. A INTERAÇÃO DOS CÓDIGOS E A MENSAGEM COMO FORMA ABERTA

A atividade de extracodificação (juntamente com a interpretação de circunstancias não codificadas) não só induz a escolher abdutivamente o código mais apropriado ou a identificar o subcódigo que encaminhará às conotações justas. Ela muda também o impacto informativo dos signos: uma caveira numa garrafa significa veneno, mas a informação muda de valor se em vez de encontrar a garrafa no armário de detergentes a encontro no armário de licores.

Assim, o cruzamento das circunstâncias e das pressuposições entrelaça-se com o cruzamento dos códigos e dos subcódigos, fazendo de cada mensagem ou texto uma FORMA VAZIA a que se podem atribuir vários sentidos possíveis. A mesma multiplicidade dos códigos e a indefinida variedade dos contextos e das circunstâncias faz com que a mesma mensagem possa ser decodificada de diversos pontos de vista e com referência a diversos sistemas de convenções. A denotação de base pode ser entendida como o emitente queria que fosse entendida, mas as conotações mudam simplesmente porque o destinatário segue percursos de leitura diversos dos previstos pelo emitente (ambos os percursos sendo autorizados pela árvore componencial a que ambos se referem).

Vimos que, recebendo uma mensagem como |ele segue Marx| emitida por um comunista, uma destinatário anticomunista pode colher exatamente todas as denotações e parte das conotações desejadas pelo emitente (do qual pressupõe a ideologia), carregando, porém, o semema de marcas conotativas negativas com base em seu subcódigo axiológico e portanto recebendo, por fim, uma mensagem substancialmente diversa.

Em situações-limite, até as denotações primárias são diversas e, conquanto raras, são emblemáticas as situações linguísticas em que uma expressão, se for individuada como pertencente a uma dada língua, diz uma coisa, e se for entendida como gerada por uma outra língua, diz outra (|*cane Nero*|, |*as vitelas dos romanos são belas*| etc.. Mesmo no interior de uma dada língua são possíveis desvios do gênero, que fazem a delícia dos formuladores de jogos enigmáticos (|*campo incolto*|, que significa tanto «terreno não cultivado» quanto «vivo sem cultura», ou |*la fiera africana*|, que pode ser tanto um leão quanto a exposição universal de Mombaça).

Neste ponto, cabe até formular a definição 'informacional' da mensagem tal como foi proposta no capítulo 1.

A mensagem parecia, naquele contexto, uma redução da informação, porquanto o sinal que lhe constituía o funtivo representava uma seleção entre os símbolos equiprováveis existentes na fonte. Mas, assim que a mensagem chega ao destinatário, ela aparece como fonte de informação posterior. Paradoxalmente, ela possui, embora em medida diversa, as

128 TRATADO GERAL DE SEMIÓTICA

mesmas características de equiprobabilidade da fonte – pelo menos em linha teórica. Torna-se a fonte de diversos conteúdos possíveis. Assim é que se torna correto (e não apenas metafórico) falar de INFORMAÇÃO DA MENSAGEM (além de informação da fonte e de informação do código, como se fez em 1.4.4).

As marcas semânticas que se podem atribuir à mensagem são elementos computáveis de um repertório sistematizado (de um s-código) identificável através de escolhas binárias sucessivas. Se a informação depende da riqueza das escolhas possíveis, então os diversos percursos de leitura propostos por um semema, complicados pelas escolhas de seleção contextual e circunstancial, constituem um retículo de opções binárias possíveis.

Esta informação da mensagem é definitivamente reduzida só pelo destinatário que escolhe a interpretação definitiva. No caso de mensagens estéticas que requerem expressamente a coexistência de sentidos múltiplos, a informação permanece irredutível.

Não é certo que, mesmo admitindo o projeto de uma descrição exaustiva do Campo Semântico Global, a informação da mensagem possa ser computada em termos quantitativos, mas ela constitui não obstante uma série de possibilidades. Não representa uma fonte de equiprobabilidade estatística, mas no fim das contas é ainda e sempre a matriz de uma vasta, conquanto não indeterminada, gama de probabilidades.

Tanto a informação da fonte quanto a informação da mensagem são definíveis como um estado de desordem em relação a uma ordem sucessiva, como uma situação de ambiguidade, em relação a uma desambiguação posterior, e como uma possibilidade de escolha alternativa com referência a um sistema de escolhas definitivamente realizadas.

Acresce que, como ficou dito, o que comumente se chama de 'mensagem' é quase sempre um 'texto': retículo de diversas mensagens dependentes de diversos códigos e subcódigos, que ora correlaciona diversas unidades expressivas com o mesmo conteúdo (uma mensagem verbal é, por exemplo, acompanhada sempre de mensagens paralinguísticas, cinésicas e prossêmicas que veiculam, reforçando-o, o mesmo conteúdo), ora correlaciona diversos conteúdos para a mesma substância expressiva.

Portanto, o modelo comunicativo normalmente sugerido pelas teorias da comunicação de implante informacional deveria ser reformulado como na Fig. 29.

A mensagem como fonte constitui uma matriz de constrições que permitem resultados opcionais. Alguns destes resultados podem ser considerados férteis inferências que enriquecem a mensagem original, outras são 'aberrações'. Mas deve-se entender 'aberrações' apenas como traição das intenções do emitente. Dado que um nó de mensagens adquira, uma vez interpretado, sua autonomia textual, é duvidoso que do ponto de vista do texto em si mesmo (referido à natureza contraditória do Espaço Semântico) tal 'traição' deva ser vista de maneira totalmente negativa.

Algumas vezes o sistema das unidades culturais do destinatário (e as circunstâncias concretas em que ele vive) autorizam uma interpretação que o emitente não teria mais podido prever (ou desejar). Este fenômeno é visível na sociologia das comunicações de massa, que reconheceu a existência dos 'efeitos *boomerang*' do *'two step flow'*, da filtração realizada por *leaders* de opinião e assim por diante.

Em decorrência destas decodificações imprevisíveis, a mensagem pode ser 'consumida' em um só dos seus níveis de sentido, enquanto outros, igualmente legítimos, permanecem na sombra. Greimas (1966) chamou a esses níveis de sentido ISOTOPIAS. Frequentemente, por mais 'aberrante' que a interpretação possa ser, as várias isotopias interagem diversamente entre si, num processo sugerido pela Fig. 30.

Quando o destinatário não consegue individuar o código do emitente, nem substituir qualquer outro código, a mensagem é recebida

Figura 29

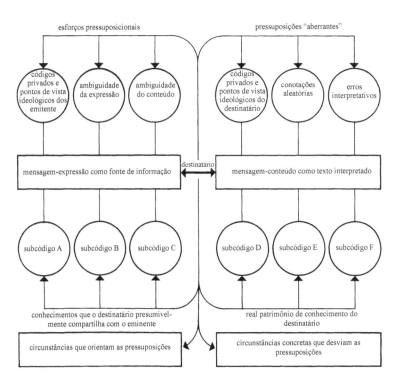

Figura 30

130 TRATADO GERAL DE SEMIÓTICA

como simples 'rumor'. O que ocorre quando, no circuito das comunicações de massa em nível planetário, mensagens passam dos centros do poder comunicativo e chegam à extrema periferia subproletária do mundo.

Novos estudos sociológicos semioticamente orientados (cf. Fabbri, 1973) estão começando a indagar se não são exatamente esses fenômenos de rumor que produzem novas culturas, como a reorganização de uma espécie de 'terceiro mundo semântico'[30].

No entanto, ao examinar estes problemas, a presente discussão ultrapassou os limites de uma teoria dos códigos: o que alguém faz da mensagem recebida é matéria para a teoria da produção e interpretação dos signos – que se apresenta, pois, como a forma mais articulada da pragmática, embora abranja muitos dos problemas de tradicional competência da semântica; enquanto a teoria dos códigos, inserindo em seu âmbito a teoria dos contextos e das circunstâncias, assumiu no âmbito semântico tarefas que outrora se atribuíam à pragmática.

A tarefa a que este capítulo devia ater-se era a de mostrar como a própria imprevisibilidade da produção e interpretação de signos é gerada pela organização do universo semântico, tal como apresentado e descrito pela teoria dos códigos.

---

30. Na Fig. 30, tanto as circunstâncias desviantes como as orientantes constituem o complexo não codificado dos fatores biológicos, dos eventos econômicos e das interferências externas que aparecem como o quadro inevitável de toda relação comunicativa. Constituem eles a presença da 'realidade material' que flecte e modula todo processo comunicativo. Neste ponto, não resta senão perguntar (como já se fez em Eco, 1968) se o processo comunicativo é capaz de desfrutar as circunstâncias nas quais acontece. Ou seja, trata-se de indagar se a circunstância pode tornar-se elemento intencional do processo de comunicação. Se é a circunstância que orienta para a individuação dos subcódigos à luz dos quais se devem escolher as interpretações possíveis das mensagens, devemos perguntar-nos se, em vez de mudar as mensagens ou controlar a sua produção, se pode mudar-lhes o conteúdo, atuando sobre as circunstâncias em que serão recebidas. E este um aspecto revolucionário da empresa semiótica, e numa época em que as comunicações de massa aparecem como manifestação de um 'domínio' que prove mensagens, para o controle social, talvez ainda seja possível mudar as circunstâncias de recepção para mudar as interpretações do destinatário. Trata-se do que em outras obras chamamos de GUERRILHA SEMIOLÓGICA. Em oposição a uma estratégia da codificação (tornar as mensagens redundantes para assegurar sua interpretação unívoca segundo códigos indiscutíveis), eis a possibilidade de uma tática da decodificação em que a mensagem, enquanto expressão, não muda, mas o destinatário redescobre a sua liberdade de resposta.

3. Teoria da Produção Sígnica

3.1. PLANO GERAL

3.1.1. O trabalho produtivo

Que acontece quando se produz um signo ou uma sequência de signos? Antes de tudo, deve-se levar a cabo um trabalho em termos de *fadiga física*, já que é preciso 'emitir'. Entendemos aqui |emitir| não só no sentido da emissão de sons, porquanto nos estamos referindo a todo tipo de produção de sinais físicos.

Dizemos, pois, que se 'emite' uma imagem, um gesto, um objeto que, para além das suas funções físicas, objetive COMUNICAR alguma coisa.

Em todos estes casos, a emissão pressupõe um TRABALHO. Primeiro o trabalho de produção do sinal, depois o trabalho requerido pela *escolha* – entre sinais de que disponho – daqueles a serem combinados entre si para compor uma expressa, e por fim o trabalho exigido pela identificação de unidades expressivas a combinar em sequências expressivas, mensagens, textos. A fluência e a dificuldade de palavra, quando dependem do conhecimento mais ou menos perfeito dos códigos linguísticos, são matéria para uma imagem semiótica, embora aqui não nos ocupemos delas – Rossi-Landi (1968) interessaram-se particularmente por esse fenômeno.

Mas suponhamos que alguém, em vez de emitir uma palavra, emita uma imagem: por exemplo, que desenhe um cão para um cartaz de aviso a ser colocado na cancela do seu jardim.

Este tipo de produção parece ser muito diverso do requerido pela emissão da palavra |cão|. *Impõe um trabalho adicional*. Ademais, para

132 TRATADO GERAL DE SEMIÓTICA

dizer |cão|, preciso apenas escolher entre um repertório de tipos linguísticos preestabelecidos a fim de produzir uma ocorrência de um tipo preciso, enquanto para desenhar um cão devo INVENTAR um novo tipo. Existem, portanto, diversos gêneros de signos, alguns dos quais requerem mais trabalho do que outros.

Finalmente, quando emito palavras, imagens etc. devo também trabalhar para as articular em sequência de funções sígnicas que sejam ACEITÁVEIS e compreensíveis.

Posso, naturalmente, elaborar tais sequências para REFERIR-ME a coisas ou estados do mundo, para fazer asserções sobre a organização de um dado CÓDIGO, para INTERROGAR ou PEDIR. Ao enviar ou receber mensagens, tanto o emitente quanto o destinatário devem individuar redes de PRESSUPOSIÇÕES e de possíveis CONSEQUÊNCIAS lógicas. E ao desviar mensagens, juízos, referências, contribuímos para modificar os códigos – trabalho social que pode ser desenvolvido tanto pública quanto sub-repticiamente, pelo qual o fenômeno de MUTAÇÃO de código se entrelaça com o de COMUTAÇÃO de código, que se verifica em vários discursos retóricos e ideológicos.

Muitas destas atividades já estão sendo estudadas por disciplinas existentes, outras devem constituir o objeto de uma indagação semiótica. Mas também aquelas já estudadas por outras disciplinas devem ser incluídas entre os ramos de uma semiótica geral, conquanto provisoriamente possam ser deixadas aos cuidados de quem até agora as têm eximiamente teorizado.

3.1.2. Tipos de trabalho semiótico

Enquanto a teoria dos códigos tratava com a estrutura da função sígnica e com as possibilidades gerais de codificação e decodificação, a teoria da produção sígnica se preocupa com todos os problemas catalogados na Fig. 31. Esta figura refere-se ao trabalho realizado ao se interpretar e produzir signos, mensagens, textos – vale dizer, ao esforço físico e psíquico requerido para manipular o sinal, para apreender códigos existentes ou para negá-los, o tempo requerido, o grau de aceitabilidade social, a energia despendida ao se comparar os signos com os eventos a que se referem, a pressão exercida pelo emitente sobre o destinatário etc. As setas que inter-relacionam os vários tipos de trabalho mencionados procuram corrigir a excessiva simplificação devida à bidimensionalidade da representação: cada tipo de trabalho interage com os demais, e o processo de produção sígnica, na sua inter-relação com a própria vida dos códigos, representa o resultado de uma rede de forças interagentes.

Do lado direito da tabela são mencionados os diferentes enfoques que se exercem sobre várias áreas de interesse e que têm sua história e bibliografia independente do enfoque semiótico generalizado aqui proposto. A existência dessas disciplinas 'concorrentes' deve ser vista como um entre os mais óbvios limites 'empíricos' já mencionados em 0.4.

TEORIA DA PRODUÇÃO SÍGNICA

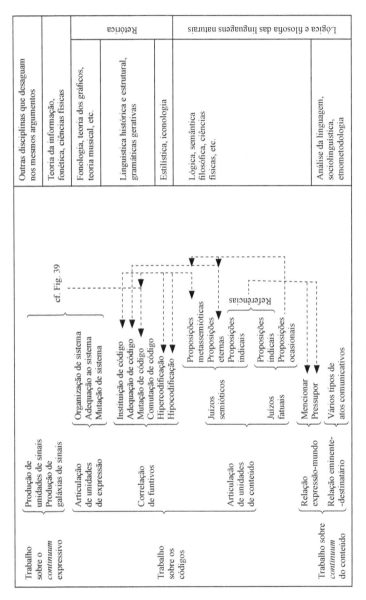

Fig. 31. Trabalho requerido pelo processo do signo

134   TRATADO GERAL DE SEMIÓTICA

(i) Há um trabalho desenvolvido sobre o *continuum* expressivo para PRO-DUZIR FISICAMENTE os sinais. Esses sinais podem ser produzidos como entidades físicas privadas de funções semióticas; no entanto, enquanto produzidos ou selecionados entre entidades preexistentes, como plano da expressão de uma função sígnica, seu modo de produção física interessa à semiótica. Podem eles consistir em UNIDADES discretas já segmentadas ou em GALÁXIAS matéricas 'de alguma forma' correlacionadas a um conteúdo. Em ambos os casos sua produção põe em jogo *diversas técnicas de trabalho*, das quais se falará na Fig. 39.

(ii) Há um trabalho desenvolvido ao se ARTICULAR unidades de expressões, quer elas preexistam enquanto propostas por um sistema expressivo, quer sejam propostas como os funtivos, segmentados de alguma maneira, por uma nova correlação codificante. Esse tipo de trabalho diz respeito *à escolha e à disposição dos significantes*. Pode haver articulação de expressão no ato de ORGANIZAR um novo sistema, no curso de uma operação expressiva em que se procura ADEQUAR-SE ao (ou respeitar o) código, no âmbito de um texto em que o emitente inventa novas unidades expressivas, enriquecendo e por isso MUDANDO o sistema (por exemplo, quando Laforgue inventa a palavra |*volupté*| e Joyce |*meandertale*|, cf. Eco, 1971). Naturalmente, estas modificações no plano da expressão estão correlacionadas a modificações no plano do conteúdo para não resultarem em puros contrassensos gramaticais; portanto, os trabalhos de organização, adequação e mudança do sistema devem sempre ser considerados em relação a um trabalho análogo no plano do conteúdo, através da mediação de um trabalho ao nível da correlação entre funtivos (veja-se ponto iii).

(iii) Há um trabalho desenvolvido para correlacionar pela primeira vez um grupo de funtivos a um outro, instituindo assim um código: um exemplo de INSTITUIÇÃO DE CÓDIGO é a operação executada a propósito do sistema hidráulico de 1.1.

(iv) Há um trabalho desenvolvido tanto pelo emitente como pelo destinatário ao se produzir ou interpretar uma mensagem observando (ADEQUANDO-SE a) as leis de um determinado código, como acontece no caso dos atos semióticos cotidianos (por exemplo, |o trem de Turim parte às 17h15 no terceiro trilho|). Esse tipo de trabalho foi amplamente considerado no capítulo 2.

(v) Há um trabalho desenvolvido para MUDAR OS CÓDIGOS. É um processo complexo que envolve JUÍZOS SEMIÓTICOS e JUÍZOS FATUAIS (cf. 3.2) e outras formas de manipulação textual; neste sentido, refere-se também à manipulação ESTÉTICA dos códigos (cf. 3.7).

(vi) Há um trabalho desenvolvido por vários tipos de discurso retórico, sobretudo pelos discursos 'ideológicos' (cf. 3.9), onde se depara com o campo semântico fingindo ignorar sua contraditoriedade. Em tais casos, para cobrir a natureza contraditória do Campo Semântico Global (cf. 2.13), o discurso ideológico COMUTA de código a código sem tornar evidente tal processo. A comutação de código é também operada nos textos estéticos, porém nesses casos não se trata de artifícios sub-reptícios, mas de procedimento manifesto que produz ambiguidade planificada e interpretações em mais níveis (cf. 3.7.1).

(vii) Há um trabalho desenvolvido ao se interpretar textos por meio de processos referenciais. Baseado em abduções que produzem formas de HIPERCODIFICAÇÃO e de HIPOCODIFICAÇÃO, este aspecto – tão importante – a interpretação textual foi objeto de toda a secção 2.14.

(viii) Há um trabalho desenvolvido por emitente e destinatário visando articular e interpretar enunciados cujo conteúdo deve ser verificado. A secção 3.2 trata precisamente das PROPOSIÇÕES (metassemióticas, eternas e empíricas) a que se costuma chamar ASSERTOS, enquanto a secção 3.3 trata dos ENUNCIADOS INDICATIVOS que são usados nos processos de referência ou menção (ponto ix).

Os juízos SEMIÓTICOS predicam de uma entidade semiótica o que o código já lhes atribui (cf. 3.2) e podem assumir as seguintes formas: (a) proposições METASSEMIÓTICAS, que implicam uma forma performativa do tipo «eu estabeleço que doravante a expressão 'nave' será usada também para veículos espaciais»; (b) proposições ETERNAS do tipo «os solteiros são machos»; (c) pro-

TEORIA DA PRODUÇÃO SÍGNICA 135

posições INDICAIS, que reúnem certos objetos, admitidos como representativos de uma série de propriedades, a certas palavras («este objeto é um lápis»); este último tipo de juízos semióticos, enquanto pronunciado a respeito de objetos reais, é também chamado de ATO DE REFERÊNCIA ou MENÇÃO e pode ser estudado em conexão com as proposições fatuais (cf. 3.3.1).

Os juízos FATUAIS predicam de uma dada entidade semiótica o que o código nunca lhes atribuiu. Esses juízos podem ser de dois tipos: (a) proposições INDICAIS, que atribuem a uma ocorrência concreta de tipo semiótico uma propriedade fatual que não pertence por definição a outras ocorrências do mesmo tipo («este lápis é preto»); esse tipo de juízos, também chamado de proposições OCASIONAIS (cf. 2.5.3), não modifica a representação semântica da unidade em questão e pode ser negligenciado numa indagação semiótica, remetendo antes de tudo *a uma teoria da verificação extensional ou da correspondência entre proposições e estados do mundo*; entretanto, sempre se reveste de relevo semiótico quando, para predicar uma unidade semântica como propriedade de um objeto, se deve considerar as propriedades definidas desse objeto, e tal operação envolve um aspecto semiótico (cf. 3.3.3-3.3.6); (b) proposições OCASIONAIS não indicativas, como «a Lua foi alcançada por seres humanos»; como se verá em 3.2.2, esse tipo de juízo, quando pronunciado pela primeira vez, é uma PROPOSIÇÃO FATUAL INDICAL (é predicado algo de uma entidade à qual o código não atribuía tal propriedade, e essa inerência é afirmada pela primeira vez através de artifícios indicais do tipo «a partir deste momento» ou «apenas ontem»); mas quando tais juízos são aceitos como Verdadeiros por um grupo social, logo revestem função metassemiótica e gradualmente *tornam-se juízos semióticos* (no sentido de que cada um já pensa na Lua como um corpo celeste alcançável pelo homem).

(ix) Há um trabalho desenvolvido visando determinar se uma expressão SE REFERE às propriedades reais da coisa de que se está falando. É um trabalho estreitamente ligado àquele desenvolvido para colher e verificar o conteúdo de um enunciado indical, fatual ou semiótico (cf. 3.3).

(x) Há um trabalho realizado para se interpretar expressões com base em circunstâncias mais ou menos codificadas. Este trabalho de INFERÊNCIA está ligado àquele desenvolvido para 'compreender' alguma coisa (e enquanto tal refere-se a uma teoria da percepção e da inteligência) e àquele desenvolvido no interior de um texto (veja-se vii), que foi definido como trabalho de hiper ou hipocodificação (cf. também 2.14).

(xi) Há um trabalho desenvolvido pelo EMITENTE no sentido de centrar a atenção do DESTINATÁRIO sobre suas próprias atitudes e intenções, a fim de solicitar respostas comportamentais. Esse tipo de trabalho, que será levado em consideração em várias das secções seguintes, costuma referir-se a uma teoria dos "*speech acts*". Esclarecido que essa noção de *'speech acts'* deve também referir-se a atos não expressos verbalmente, podemos ater-nos à repartição canônica, embora insuficiente, entre atos LOCUCIONÁRIOS, que correspondem aos juízos fatuais e semióticos, atos ELOCUCIONÁRIOS (que desenvolvem uma ação, mandando, prometendo, batizando etc.) ou atos PERLOCUCIONÁRIOS (que visam estabelecer um contato, provocar emoções etc). Chamaremos a todos ATOS COMUNICATIVOS[1].

1. Cada um dos juízos catalogados em (viii) pode ser traduzido num ato não locucionário. Por exemplo, os juízos semióticos podem produzir *'speech acts'* como |É verdade que todos os solteiros são machos?|, |Se apenas os solteiros fossem machos!|, |Este objeto é um lápis?|, |Olhe! Um lápis|, |Que lápis horrível!| etc. Também os juízos fatuais permitem traduções do gênero: |É verdade que a Lua foi alcançada por seres humanos?|, |Mas este lápis é realmente preto?|, [Defino este lápis como preto|, |Meu Deus! Seres humanos na Lua!!!|, |Ecólogos de todo o mundo, uni-vos! O homem chegou também à Lua!|. Ainda que, logicamente falando, todos estes atos possam ser reduzidos a asserções e que transformacionalmente falando, seu indicador de frase possa ser transformado no de um enunciado declarativo (exceto a inserção de marcas específicas de pergunta ou de exclamação), eles colocam uma série de problemas de não fácil solução.

136 TRATADO GERAL DE SEMIÓTICA

3.1.3. Como ler as secções seguintes

Este terceiro capítulo não aborda todos os problemas que se referem à teoria da produção sígnica, e passará em resenha apenas algumas questões que nos parecem requerer uma atenção mais urgente da parte da teoria semiótica geral.

Tentemos agora esclarecer o sistema de prioridade que rege as páginas seguintes.

O trabalho desenvolvido para manipular o *continuum* expressivo, onde produz ocorrências concretas de dados significantes, traz como evidência imediata o fato de que *existem diversos tipos de signos*. Se a teoria dos códigos, no seu esforço de oferecer uma definição unificada da função sígnica, havia *voluntariamente* obliterado essas diferenças, a teoria da produção sígnica, *considerando o trabalho efetivo e material necessário para a produção dos significantes*, é obrigada a reconhecer que existem diversos modos de produção, decorrentes de um processo tríplice: (i) o processo de MANIPULAÇÃO do *continuum* expressivo; (ii) o processo de CORRELAÇÃO da expressão formada por um conteúdo; (iii) o processo de CONEXÃO entre estes signos e eventos reais, coisas ou estados do mundo. Estes três processos estão estreitamente inter-relacionados: uma vez colocado o problema da formação do *continuum* expressivo, nasce o da sua relação com o conteúdo e com o mundo. Ao mesmo tempo, porém, compreende-se que *aqueles que eram comumente chamados de 'tipos de signos' não são o resultado claro e inequívoco dessas operações*, mas da sua inter-relação complexa.

Compreende-se então que existem signos que parecem mais adaptados para exprimir correlações abstratas (como os SÍMBOLOS) e outros que parecem ter uma relação mais direta com os estados do mundo, como os ÍNDICES e os ÍCONES, mais diretamente envolvidos nos atos de menção de objetos. Como os chamados 'tipos de signos' parecem estar, por definição, ligados ao seu uso mais ou menos referencial, afigura-se mais oportuno fazer preceder a indagação sobre tipologia dos signos pela indagação sobre os processos de referência.

Portanto, os parágrafos seguintes não seguem a ordem dos argumentos delineada na Fig. 31, e procedem segundo prioridades que definiremos mais 'fenomenológicas'.

Falar das menções serve para identificar vários tipos de signos postos em jogo (do dedo apontado aos objetos ostentados como representantes de uma classe); e, uma vez identificadas diferenças e similaridades nos vários modos de produzir estes signos, descobre-se também que essas diferenças não caracterizam os chamados 'signos' em si mesmos, *mas o modo como são produzidos*, ou antes, uma série de modalidades produtivas que não determinam diretamente tipos de signos, de maneira que *os tipos de signos aparecem antes como o resultado de diversas modalidades operativas*.

Neste livro, não nos ocuparemos de tais problemas, remetendo às várias pesquisas em curso, em particular às das escolas analíticas inglesas e aos estudos dos etnometodólogos (Austin, 1962; Searle, 1969; Gumperz & Hymes, 1972; Cicourel, 1973).

TEORIA DA PRODUÇÃO SÍGNICA 137

Assim, uma tipologia dos signos deverá ceder lugar a uma tipologia dos modos de produção sígnica, mostrando uma vez mais a vacuidade da noção clássica de 'signo', simulação da linguagem cotidiana cujo posto teórico é ocupado pela noção de *função sígnica como resultado de diversos tipos de operação produtiva.*

3.2. JUÍZOS SEMIÕTICOS E JUÍZOS FATUAIS

3.2.1. *Analítico vs Sintético e Semiótico vs Fatual*

Comunicar significa deter-se em circunstâncias extrassemióticas. O fato de tais circunstâncias poderem ser traduzidas em termos semióticos não elimina sua presença contínua sobre o fundo de qualquer fenômeno de produção sígnica. Em outras palavras, a significação se confronta *com* (e a comunicação ocorre *dentro de*) um quadro global de condições materiais, econômicas, biológicas, físicas.

O fato de que *a semiose vive como fato num mundo de fatos* limita a pureza absoluta do universo dos códigos. A semiose ocorre entre eventos, e dão-se eventos que nenhum código previa. A criatividade semiótica permitida pelos códigos requer então que esses eventos sejam *nomeados* e *descritos*. A organização dos códigos pode mesmo ser posta em crise por assertos inovadores que se referem a eventos não previstos pela organização do sistema do conteúdo. Que acontece, então, quando uma mensagem se refere a algo que o sistema do conteúdo não havia ainda segmentado e organizado? O novo conjunto de unidades culturais assim introduzido na competência social modifica os campos semânticos preestabelecidos? E como?

Uma chave nos é oferecida por uma clássica distinção filosófica, aquela entre juízos ANALÍTICOS e SINTÉTICOS.

Considerada do ponto de vista de uma semântica referencial, tal distinção prestou-se a críticas não obstante justificadas. Perguntou-se, por exemplo, por que nunca uma proposição como «todos os homens são animais racionais» deva ser julgada tradicionalmente como analítica, enquanto «todos os homens são bípedes» foi tida como sintética. Com efeito, se as propriedades que predicam são 'objetivas', não se vê a razão dessa diferença.

Mas uma resposta satisfatória foi proporcionada por Cassirer (1906) ao fazer a história da teoria do conhecimento na filosofia moderna: o juízo analítico é tal porque predica o que está contido *implicitamente* no conceito do sujeito, ao passo que o juízo sintético assigna ao sujeito um atributo novo, devido à *síntese dos dados da experiência.*

Por isso, quando Kant afirma que «todos os corpos são extensos» *é* analítico e «todos os corpos são pesados» é sintético, está se referindo ao 'patrimônio de pensamento' compartilhado por seus contemporâneos. Isto equivale a dizer que também para Kant «corpo» não constituía um referente, mas uma unidade cultural, e pelos exemplos de Descartes até Newton e os enciclopedistas a «extensão» era atribuída a esta unidade cultural como qualidade essencial que fazia parte da sua definição, enquanto o «peso» era considerado qualidade contingente e acessória, incapaz de fazer parte da definição de «corpo». Assim os juízos, mesmo na tradição filosófica moderna, são apresentados como analíticos ou sintéticos segundo os códigos culturais vigentes, e não segundo as supostas propriedades naturais dos objetos ou dos eventos do mundo. Por outro lado, Kant afirma explicitamente na

138 TRATADO GERAL DE SEMIÓTICA

primeira *Crítica* que "a atividade da nossa razão consiste em grande parte... na análise dos conceitos que nós mesmos já havíamos referido aos objetos".

Portanto, como a oposição 'analítico vs sintético' envolve tantos problemas filosóficos, *procuremos retraduzi-la nos termos do presente contexto semiótico*, reformulando-a de maneira mais manejável.

Chamemos SEMIÓTICO a um juízo que predica de um dado conteúdo (uma ou mais unidades culturais) as marcas semânticas já atribuídas a ele por um código preestabelecido; e chamemos FATUAL a um juízo que predica de um dado conteúdo marcas semânticas não atribuídas a ele antes pelo código.

Assim, |todo homem não casado é solteiro| constitui um juízo semiótico na medida em que existe um código que assigna a solteiro a marca não -casado. Ao contrário, |Luís é solteiro| constitui um juízo fatual. No dia 28 de outubro de 1922, |Mussolini tomou o poder na Itália| constituía um juízo fatual. Mas a partir daquele momento o mesmo enunciado começou a representar um juízo semiótico, porque a sociedade institucionalizou aquele dado de conhecimento, e numa representação enciclopédica de «Benito Mussolini» deve-se encontrar a característica de ter-se apoderado do poder no dia 28 de outubro de 1922. Ao contrário, admitindo-se que tenha sido pronunciado, o enunciado |no dia 28 de outubro Mussolini bebeu uma xícara de café| foi ou poderia ser um juízo fatual com escassas possibilidades de transformar-se num juízo semiótico.

Assim sendo, tem razão White (1950) quando afirma, ao criticar a distinção analítico-sintético, que *um juízo é analítico com base numa convenção* e que, quando a convenção muda, os juízos analíticos tornam--se sintéticos, e vice-versa. Mas o que ele entende como um limite lógico da distinção tradicional é, ao contrário, uma condição para a validade da distinção entre juízo semiótico e juízo fatual.

3.2.2. Assertos

Consideremos agora um tipo particular de juízos, ou seja, os ASSERTOS semióticos, metassemióticos e fatuais, para não confundi-los com os juízos indicativos ou referências.

Deve-se lembrar que:

(a) |esta é uma nota de um dólar| não é um asserto: é uma referência (cf. 3.3);

(b) |um dólar vale 625 liras| era um asserto semiótico em 1972, e portanto exprimia uma relação significante codificada;

(c) |um dólar vale 580 liras| representou um asserto fatual preocupante, enunciado no curso de 1972;

(d) |um dólar vale 580 liras| torna-se um asserto semiológico do tipo (b) durante 1972 e boa parte de 1973;

(e) no curso de 1974, |um dólar vale 580 liras| permanece um asserto semiótico de tipo 'histórico', assim como a afirmação |a baleia é um peixe| (ambos úteis para compreender o universo semântico de sociedades 'antigas'); de 1974 em diante, todo asserto fatual sobre a con-

TEORIA DA PRODUÇÃO SÍGNICA

vertibilidade dólar-lira se transforma em asserto semiótico por períodos muito breves, e imediatamente o código se reestrutura, com grande embaraço dos operadores econômicos que se veem na obrigação de manejar códigos denotativos extremamente precários; (f) em todo caso, quando um asserto fatual se torna semiótico, ele assume a forma de um asserto metassemiótico que explicita (ou propõe) uma fórmula *performativa* do tipo |o presidente dos Estados Unidos (ou o Governador do Banco da Itália, do Mercado Comum etc.) *estabelece que* de hoje em diante cada um aceitará a convenção financeira pela qual um dólar equivale a x liras|. Por mais precário que seja o código, o asserto metassemiótico fixa a validade dos assertos semióticos subsequentes até que seja 'descalçado' por outro asserto metassemiótico.

O exemplo da convertibilidade das moedas é particularmente adequado, porque o mercado financeiro representa um caso bem exemplificativo de acoplamento ou correlação entre unidades pertencentes a sistemas diversos, cada unidade permanecendo semanticamente definida pela oposição que ela mantém com as demais unidades.

Diremos então, para concluir esse exemplo, que os assertos fatuais têm até mesmo a propriedade de pôr em crise e reestruturar os códigos[2].

3.2.3. Assertos não verbais

Conquanto para designar o trabalho de articulação do conteúdo sejam empregados termos tomados de empréstimo à lógica (no que se refere à maioria das expressões verbais), é claro que todos os tipos de assertos aqui exemplificados podem encontrar seu equivalente em expressões não verbais. A *Enciclopédia Treccani* é um texto que organiza muitos assertos metassemióticos porque reúne definições verbais de várias unidades semânticas e usa ao mesmo tempo desenhos e fotografias

---

2. Quando um juízo fatual é emitido, a atitude mais normal é examiná-lo. Esse exame constitui o primeiro dever do cientista, do historiador, do jornalista e, em definitivo, de qualquer pessoa prudente. Seria, pois, errôneo dizer que a semiótica não se ocupa dessa atividade de exame (ideia parcialmente sugerida em Eco, 1971), salvo que, no caso de exame de referências, os juízos fatuais não remetem imediatamente a algo percebido, mas requerem operações mediadoras, cada uma das quais implica outros níveis de convenções semióticas (por exemplo, um historiador deve controlar um juízo fatual com base em testemunhos escritos ou orais, achados arqueológicos e assim por diante). Esse tipo de trabalho, registrado na Fig. 31 sob a rubrica 'Relação expressão-mundo', deve ser aprofundado por uma teoria semiótica geral. Até agora esse trabalho tem sido objeto de pesquisas em semântica filosófica, bem como na metodologia das várias ciências. Que até hoje semiótica e lógica pareçam haver marchado de modo bastante independente (a despeito das sugestões de Peirce) é devido ao fato de que, exceto no caso de Morris, a semiótica se achava mais ligada à linguística e à antropologia cultural do que à filosofia e à lógica. Mas esse limiar entre lógica e semiótica está-se fazendo cada vez mais sutil: foi decididamente ultrapassado pelas recentes pesquisas em SEMÂNTICA GERATIVA, e já se assiste a uma marcha de aproximação dos lógicos e dos analistas da linguagem comum (através da problemática da lógica das linguagens naturais) aos problemas da semiótica. O primeiro Congresso Internacional de Semiótica (Milão, junho de 1974) viu tal encontro amplamente realizado (cf. os relatórios de J. Pele, J. Cohen e outros).

para analisar os componentes semânticos das suas unidades (por exemplo, quando representa visualmente as partes do corpo humano ou as fases de um motor de quatro tempos). O *Corriere della Sera* elabora muitos assertos fatuais tanto por meio de palavras como por meio de fotografias ou diagramas.

A demonstração visual do teorema de Pitágoras constitui um asserto semiótico. Um sinal de trânsito que anuncia um cruzamento perigoso é ao mesmo tempo um ato de referência e um asserto fatual. Outros sinais indicando «pare» ou «atenção!» são ao contrário atos comunicativos do tipo assinalado em 3.1.2. (xi).

O desenho de um cavalo com a legenda cavalo representa um juízo semiótico indicativo; o retrato do vencedor do último prêmio Nobel com a legenda (eis) o vencedor do prêmio Nobel constitui um juízo fatual indicativo.

O gesto napolitano usado para dizer que se está com fome é um juízo fatual indicativo. E assim por diante.

3.2.4. Outras questões

A dialética entre códigos e mensagens, onde os códigos controlam a emissão de mensagens, mas novas mensagens podem reestruturar os códigos, constitui a base para uma discussão sobre a criatividade das linguagens no seu duplo aspecto de 'criatividade governada pelas regras' e 'criatividade que muda as regras'.

Os assertos fatuais são um exemplo de criatividade permitida pelas regras do código. Podem-se definir verbalmente novas partículas físicas usando e combinando elementos preestabelecidos da forma da expressão, para introduzir algo de inédito na forma do conteúdo; pode-se definir um novo composto químico combinando elementos preexistentes e não obstante preenchendo um espaço *ainda vazio* num sistema preestabelecido de oposições semânticas; pode-se alterar tanto a estrutura do sistema da expressão quanto a do sistema do conteúdo adequando-se às suas possibilidades dinâmicas, às suas capacidades combinatórias, como se o código 'pedisse' para ser continuamente reestruturado em níveis posteriores, como num jogo de xadrez, onde cada movimento de uma peça reconstitui uma unidade sistemática do conjunto num nível superior de desenvolvimento do jogo.

Portanto, a possibilidade de assertos metassemióticos, que alteram o espectro componencial de um lexema e reorganizam os sentidos de um semema, ainda se baseia nos elementos preestabelecidos e nas possibilidades combinatórias do código.

O modo pelo qual os juízos fatuais e semióticos podem mudar o código deve servir para resolver um grave problema epistemológico, ou seja, o das *relações entre lógica estrutural e lógica dialética* (cf. Eco, 1971). Se os sistemas semióticos são estruturas dadas pela mútua solidariedade dos seus elementos (implicando assim uma permanência 'homeostática' do todo estruturado), como se dá que as estruturas se *transformem*? Isto equivale a perguntar-se: como mudam os códigos?

TEORIA DA PRODUÇÃO SÍGNICA 141

As respostas variam: Sève (1967) sugere que as estruturas são apenas configurações transitórias de processos materiais e que uma lógica estrutural é apenas *a ciência dos segmentos intermodais da contradição dialética*. Constituiria ela, pois, uma 'razão analítica' que não compreende o processo dialético na sua complexidade e globalidade. Godelier (1966) sustentou que existem dois tipos de contradição, uma que se instaura *no interior* das estruturas, outra *entre* as estruturas: a primeira corresponde, no fundo, à autocontraditoriedade dos códigos discutida em 2.12-13, a segunda depende do aparecimento de novos fenômenos materiais e pode ser identificada com a necessidade dos juízos fatuais. Lotman (1970) considera a mutação de código na sua tipologia das culturas, falando de mutação *de fora* e mutações *de dentro*.

Os aspectos matemáticos e cibernéticos desse problema foram estudados por Apostel (1960) e por Piaget (1968). E pode-se pensar que o desenvolvimento das *teorias dos sistemas* (mecânicos e vivos) pode lançar nova luz sobre este problema que, no âmbito do presente enfoque, só pode ser reconhecido (os códigos *de fato* mudam) e definido do ponto de vista teórico, arriscando-se explicações em termos de 'mecanismo interno' apenas em alguns casos específicos, como, por exemplo, nas discussões sobre a retórica e a ideologia (cf. 3.8 e 3.9)[3].

3.3. A REFERÊNCIA OU MENÇÃO

3.3.1. Juízos indicais

Os signos são usados também para NOMEAR objetos e estados do mundo, para INDICAR coisas efetivamente existentes, para dizer que existe algo e que esse algo é feito de uma certa maneira.

Os signos são tão frequentemente usados para tal fim, que muitos filósofos acreditaram ingenuamente que um signo só o é quando usado dessa maneira. Assim, esses filósofos procuraram desenvolver para cada utilidade uma noção de signo que não estivesse estreitamente ancorada ao *'denotatum'* real e verificável do próprio signo, isto é, o ESTADO DO MUNDO ou o OBJETO ao qual o signo se refere. E, mesmo quando aceitavam uma distinção entre significado e referente (ou *denotatum*), seu interesse centrava-se exclusivamente na correspondência entre signo e referente. O significado era levado em consideração só enquanto 'espelhava' de uma ou de outra forma o referente.

A teoria dos códigos do capítulo 2 procurou restituir ao significado seu *status* autônomo e retirou do termo |denotação| todo relevo referencial ou extensional.

---

3. Para uma primeira abordagem da discussão sobre os sistemas: Edgar Morin, *Il paradigma perduto*, Milão, Bompiani, 1974; Ludwig von Bertalanffy, *Teoria generale dei sistemi*, Milão, Isedi, 1971; Paul Garvin (organizador), *Cognition – A Multiple View*, New York, Sparthan Books, 1970 (em particular os escritos de Humberto Maturana, Heinz von Foerster, Gordon Pask).

142 TRATADO GERAL DE SEMIÓTICA

A presente secção 3 do capítulo 3, embora reconhecendo a existência de assertos ou juízos indicais FATUAIS, ainda não esclareceu o que vem a comportar *a comparação de tais juízos com os fatos em tomo dos quais eles são emitidos*. Na realidade, os juízos fatuais, de que temos falado até aqui, podem perfeitamente ser emitidos também para afirmar alguma coisa sobre fatos *inexistentes*; podem, pois, MENTIR.

Se eu afirmo que o homem que inventou os óculos não foi Frei Alessandro della Spina, mas seu companheiro de cela, não ponho em crise nenhum juízo semiótico particularmente institucionalizado, porque o inventor dos óculos é, para as enciclopédias, uma entidade histórica bastante incerta; mas, em todo caso, emito um asserto fatual ou uma proposição ocasional. Seria muito difícil estabelecer se essa proposição é Verdadeira ou Falsa, e seria útil dispor de alguma verificação mais aprofundada; em todo caso, porém, tratar-se-ia de um asserto fatual. Verdadeiro ou Falso, porquanto afirma alguma coisa que o código ainda não havia fixado definitivamente. Por conseguinte, podem existir assertos ou juízos fatuais que não são verificados por algum estado do mundo. *Tais assertos têm um significado independente da sua verificação*; ainda assim, uma vez que seu significado é compreendido, eles requerem uma verificação.

Consideremos agora um outro tipo de juízos fatuais, os indicais – por exemplo, o ato de medir alguma coisa presente, como |este lápis é azul| ou |isto é um lápis|. Conforme sugerido em 3.1, há uma diferença entre os dois tipos, representando o segundo um caso de juízo indical semiótico (e não fatual). Todavia, ambos os juízos parecem mencionar (ou referir-se a) alguma coisa. Pode-se afirmar que seu significado depende do objeto real que mencionam, mas nesse caso se comprometeria aquela independência do significado em relação ao referente, tão vigorosamente sustentada em 2.5.

3.3.2. Significado e referência

Diz Strawson (1950) que "mencionar ou referir-se não é o que uma expressão faz; é uma coisa que alguém pode fazer usando uma expressão". Deste ponto de vista, "significar" é a função de um enunciado, enquanto mencionar ou referir-se, assim como verdade e falsidade, são funções do uso de um enunciado: "Dar o significado de uma expressão... é dar *diretivas gerais* para usá-la ao referir-se a (ou mencionar) objetos ou pessoas particulares; dar o significado de um enunciado é dar *diretivas gerais* para usá-lo ao fazer-se asserções verdadeiras ou falsas"[4].

4. Após elaborar sua crítica à dicotomia russelliana entre significado e denotação (e reduzi-la à mais aceitável complementaridade entre significar e mencionar), Strawson adianta uma conclusão com a qual se pode concordar em seus princípios filosóficos, mas que não nos ajuda no desenvolvimento de uma teoria semiótica. Diz ele: "Nem as regras aristotélico-russellianas nos dão uma lógica exata para cada expressão da linguagem ordinária, porque a linguagem ordinária não tem lógica exata". O propósito da teoria dos códigos era mostrar que as linguagens, embora não tenham uma lógica exata, possuem pelo menos uma lógica qualquer. E, provavelmente, o problema não está em encontrar uma lógica, se por lógica se entende somente uma teoria estritamente

TEORIA DA PRODUÇÃO SÍGNICA 143

Procuremos agora retraduzir as sugestões de Strawson nos termos da teoria dos códigos. Dar diretivas para usar uma expressão quer dizer que *a análise semântica de um semema estabelece uma lista de propriedades semânticas que deveriam corresponder às supostas propriedades extrassemióticas de um objeto*. E se esta explicação se afigura exageradamente bizantina, pode-se reformulá-la como segue: dar diretivas gerais para usar uma expressão em atos de referência significa estabelecer *a quais experiências reais certos nomes*, certas *descrições* ou certos *enunciados* podem *ser aplicados*.

Evidentemente, a segunda definição, embora mais compreensível, diz muito pouco. Acima de tudo, permanece a necessidade de responder à pergunta sobre *como* estabelecer as regras de tal aplicação.

Voltemos, pois, à primeira formulação do problema. Neste ponto, porém, surge um problema ulterior: como se faz para estabelecer uma correspondência entre propriedades semânticas de um semema (matéria nitidamente semiótica) e as supostas propriedades não semânticas de uma coisa? *Como pode a coisa assumir o aspecto de uma entidade semioticamente apreensível?*

De fato, ou no ato de referência a coisa mencionada assume o *status* de uma entidade semioticamente tratável, ou não se pode definir em termos semióticos a referência. Razão pela qual se deve agora considerar o processo total.

3.3.3. O processo de referência

O ato de referência põe um ENUNCIADO (ou a correspondente PROPOSIÇÃO) em contato com uma CIRCUNSTÂNCIA CONCRETA por meio de um artifício INDICAL. Poderemos chamar esses artifícios indicais de APONTADORES. Um dedo apontado, um olhar direcionado, um índice verbal como |este| são apontadores. Aparentemente, eles são caracterizados pelo fato de o seu significado ser dado pelo objeto com o qual estão fisicamente relacionados. Mas em 2.11.5 se mostrou a falácia dessa assunção. Todo apontador tem antes de tudo um conteúdo, uma marca de «proximidade» independente da proximidade real do objeto. Mas, para os fins da presente discussão, façamos de conta que admitimos como boa a noção tradicional de índice como alguma coisa que efetivamente aponta para *alguma outra coisa*.

Suponhamos que eu aponte para um gato dizendo |isto é um gato|. Todos concordariam em reconhecer que a proposição «o objeto que indiquei com o dedo é um gato» é Verdadeira, ou melhor, que é Verdadeira a proposição «o objeto percebido para o qual apontei o indicador no momento x era um gato» (para simplificar: todos concordariam em dizer que o que chamei de gato era um gato).

---

axiomatizada. Trata-se de encontrar uma *teoria semiótica*. Esta é, seguramente, diversa da lógica formal, e sem embargo deveria estar em condições de dissolver a sombra de ceticismo sugerida pela citação de Strawson, da qual é fácil deduzir que as linguagens naturais, como não têm lógica, não têm uma teoria.

144 TRATADO GERAL DE SEMIÓTICA

Mas, como as proposições acima foram verificadas como Verdadeiras, sou obrigado a retraduzi-las como segue: "o *perceptium* relacionado com o meu dedo apontado no momento *x* representa a ocorrência concreta de um tipo perceptivo definido conceitualmente de tal modo que as propriedades possuídas pelo modelo perceptivo correspondem sistematicamente às propriedades semânticas do semema gato e ambos os conjuntos de propriedades são usualmente representados pelos mesmos significantes".

Neste ponto, o referente-gato não é mais um mero objeto físico. Transformou-se numa entidade semiótica. Mas essa transformação metodológica introduz o problema da DEFINIÇÃO SEMIÓTICA DOS *PERCEPTA* (cf. 3.3.4). Se o enunciado |isto é um gato| era um ato semiótico, e o gato um *perceptium* empírico, seria muito difícil dizer o que era a expressão |é|. Não seria um signo, porque |isto é| representa o artifício conectivo que une um enunciado a um *perceptium*. Não seria um apontador, porque se diz que os apontadores apontam para o *perceptum* a conectar, enquanto |é| parece antes sancionar a conexão. A única solução seria afirmar que |isto é um gato| significa «as propriedades semânticas comumente correlacionadas pelo código linguístico ao lexema |gato| coincidem com as propriedades semânticas que um código zoológico correlaciona com o dado *perceptum* admitido como artifício expressivo». Em outros termos, tanto a palavra |gato| quanto o *perceptum* ou objeto ||gato|| *estão culturalmente para o mesmo semema*. Solução que se afigura um tanto bizantina, mas só quando se está acostumado a pensar que uma percepção Verdadeira' representa uma *adaequatio rei et intellectus*, uma *simplex apprehensio* que reflete a coisa. Em vez disso, experimentemos pensar que a expressão |isto é um gato| seja emitida na presença do *desenho* de um gato... Eis que a proposta acima se torna mais que aceitável: temos um significante *x* que é uma expressão linguística à qual corresponde um dado conteúdo, e temos um significante *y* que é uma expressão visível à qual também corresponde um dado conteúdo. Em tal caso, estamos comparando dois conjuntos de propriedades semânticas, e a cópula |é| é lida como |coincide satisfatoriamente| (vale dizer: os elementos do plano do conteúdo de um código coincidem satisfatoriamente com os elementos do plano do conteúdo de um outro código; trata-se, pois, de um simples processo de transliteração)[5].

Por que o ato de referência atuado em presença de um gato verdadeiro nos parece tão diverso? Porque não ousamos considerar o *percep-*

5. Posto isto, concordamos que existe uma notável diferença entre a função semiótica desenvolvida por uma fotografia ou por um desenho e a desenvolvida por um objeto correspondente. Mas, no âmbito do presente discurso, as identidades eram mais importantes do que as diferenças. Outra objeção poderia ser que a nossa teoria da referência não leva em conta a referência a indivíduos. Que significa |este homem é o João|? Relacionada ao que ficou dito em 2.9.2 (a propósito da denotação de nomes próprios), a expressão significa que as propriedades semânticas que um certo grupo social atribui ao lexema |João| coincidem com as propriedades semânticas atribuíveis àquele *perceptum*. Significa que se devem associar à ocorrência perceptiva as mesmas noções que presumivelmente se associam ao lexema |João| – digamos, «um homem que é irmão de Maria, diretor das grandes lojas locais, que o falante frequentemente descreveu como seu melhor amigo etc.»

TEORIA DA PRODUÇÃO SÍGNICA 145

tum como resultado de um processo semiótico anterior, como, ao contrário, o fizeram Locke, Peirce e outros pensadores.

3.3.4. As ideias como signos

Há uma breve passagem de Peirce (5.480) onde ele sugere um novo modo de considerar os objetos reais. Em face da experiência, diz ele, nós elaboramos ideias para conhecê-la. "Essas ideias são os *primeiros interpretantes lógicos* dos fenômenos que os sugerem e que, na medida em que os sugerem, são signos, dos quais eles são... os interpretantes."

Essa passagem nos conduz ao problema da *percepção como interpretação de dados sensores desconexos* que são organizados por um processo transativo com base em hipóteses cognoscitivas baseadas em experiência anterior (cf. Piaget, 1961). Suponhamos que eu passe por uma rua escura e entreveja uma forma imprecisa na calçada. Caso não a reconheça, pergunto-me "que é isto?", mas essa pergunta não raro é formulada como "que significa isto". Se posteriormente eu fixo melhor os olhos na escuridão e avalio com mais ponderação os dados sensores à minha disposição, reconheço finalmente o objeto misterioso como um gato. Não fiz mais que aplicar, a um campo impreciso de estímulos sensoriais, a unidade cultural «gato». Neste ponto posso até traduzir a experiência perceptiva em experiência verbal e dizer |eu vi um gato|, elaborando um interpretante linguístico da minha percepção. Nesta ocasião o campo estimulante se me apresentou como o significante de um possível significado que já fazia parte da minha competência antes do evento perceptivo em questão[6].

Afirma Peirce: "A função representativa de um signo não reside nem na sua qualidade material nem na sua pura aplicação demonstrativa; porque ela é algo que o signo não é em si mesmo ou numa relação real com o seu objeto; mas algo que ele é *para um pensamento*, enquanto os dois caracteres ora definidos pertencem ao signo independente do fato de que ele se dirige a qualquer pensamento. Não obstante, se tomo todas as coisas dotadas de certas qualidades e as relaciono fisicamente com outra série de coisas, coisa-com-coisa, elas se tornam legitimamente signos" (5.287).

Para sustentar que os objetos (enquanto percebidos) podem ser vistos como signos, deve-se igualmente sustentar que os próprios *conceitos dos objetos* (como resultado de um esquema perceptivo) devem ser considerados semioticamente. O que conduz decisivamente à asserção de que *também as ideias são signos*. Essa asserção é feita por Peirce sem

---

6. "Uma casa é o ícone da forma cultural ou da complexa combinação de formas das quais constitui a expressão material. Uma árvore, além de ser um objeto natural que interessa ao botânico, é um ícone que significa uma forma cultural, a mesma forma que significamos com a palavra *árvore*. Todo objeto, evento ou ato tem o valor de um estímulo para os membros de uma sociedade somente enquanto é um signo icônico que significa uma forma correspondente na sua cultura" (Goodenough, 1957). Evidentemente, essa questão, sustentada do ponto de vista do antropólogo, guarda afinidades com a que expusemos *na Introdução* e que será retomada em 3.6.3; e tem pontos de contato com a posição peirciana.

146 TRATADO GERAL DE SEMIÓTICA

meios-termos: "Toda vez que pensamos, temos presente na consciência algum sentimento, imagem, concepção ou outra representação que serve de signo" (5.283). No entanto, pensar é também correlacionar signos: "Todo pensamento anterior sugere alguma coisa ao pensamento que o segue, vale dizer, é o signo de alguma coisa para este último" (5.284).

Estas afirmações de Peirce ligam-se a uma antiga tradição filosófica. Ockham (I *Sent*, 2.8, *Ordinatio*, 2.8, *Summa totius logicae*, 1.1) insiste no fato de que, se um signo linguístico remete a um conceito como seu conteúdo, o conceito é alternativamente uma espécie de significante que exprime como seu conteúdo coisas singulares. A mesma solução se encontra em Hobbes (*Leviatã*, i, 4), para não falar de Locke que, no *Ensaio sobre o entendimento humano*, (IV, 20), afirma *a identidade de lógica e semiótica* e a natureza semiótica das ideias. As ideias não são (como queriam os escolásticos) a imagem especular das coisas, mas o resultado de um processo abstrativo (em que, cabe observar, ficam retidos apenas alguns elementos pertinentes) que não nos dá das coisas a essência individual, mas *a essência nominal*, a qual é em si mesma uma síntese, uma reelaboração da coisa significada. O procedimento que leva da experiência indiferenciada ao nome é o mesmo que leva da experiência das coisas ao *signo* das coisas que é a ideia. As ideias, para Locke, são um produto semiótico.

Naturalmente, em Locke a noção de ideia está ligada a assunções mentalistas, mas basta substituir o termo 'ideia' (como algo que se presume aconteça numa mente humana) por 'unidade cultural' (como algo que pode ser verificado através da remissão aos seus interpretantes no interior de um contexto cultural) para que a proposta lockiana revele a sua atualidade para um discurso semiótico. Por outro lado, essa atitude caracteriza todos os pensadores ingleses do século XVII, e também Berkeley (*Tratado*, Intr., 12) afirma que uma ideia é *geral* quando representa ou 'estar para' todas as ideias particulares do mesmo gênero.

Obviamente, este capítulo da história da semiótica merece uma consideração mais atenta (cf. Formigari, 1970). Limitamo-nos aqui a traçar as linhas-mestras de um discurso que deveria ser retomado pela moderna psicologia da percepção e da inteligência. Contudo, estes breves indícios bastam para dizer-nos por que, durante tanto tempo, em toda a história da filosofia a noção de *significado linguístico* esteve associada à de *significado perceptivo*, usando-se o mesmo termo em ambos os casos, o que a muitos afigurou-se como uma homonímia despistante[7].

7. Um exemplo de 'estupor' ingênuo face a esta homonímia (ou melhor, de tentativa consciente de negar-lhe as motivações semânticas) encontra-se em Guido Morpurgo Tagliabue, "La chiave semiologjca della architettura" (*Rivista di Estética*, XIV, 1, 1969): "O termo *significado* tem um duplo emprego. Um livro significa um livro. O 'livro' significa o livro. A coisa significa, e significa a palavra: mas são duas operações inconfundíveis. A coisa representa a si mesma. A palavra (ou, como quer que seja, o signo) representa a coisa, uma outra coisa de si. No primeiro caso, o significante coincide com o significado, no outro não. São considerações demasiado óbvias…" (p. 9). As considerações são tão óbvias que dão azo a suspeitas. Que quer dizer a coisa "representa" a si mesma? Ou um livro "significa" um livro? E por que usar, com respeito à coisa, a metáfora pela qual o significante coincidiria com o significado? Como se verá mais adiante, Husserl compreendera muito bem o que se ocultava sob essas homonímias. Não se compreendendo isto, chega-se a curiosas afirmações, que frequentemente encontramos no artigo de Morpurgo Tagliabue: "Toda coisa que eu espero ou faço é dotada de significado, por definição… Em toda apreensão nós intentamos um significado: é um ato semântico. Isto não significa que todo ato *semântico* seja uma operação semiótica… Inversamente, nem tudo o que é semiósico é semântico" (p. 10). A última afirmação é aceitável, a primeira não, a não ser que se restrinja o âmbito da semiose à emissão de palavras. Mas mostrar-se muito respeitoso em relação à autonomia da linguística leva a não ser respeitoso para com os direitos da gnosiologia. De fato, que um livro me "represente" um livro (isto é, que *este* livro me re-

TEORIA DA PRODUÇÃO SÍGNICA 147

Husserl, por exemplo (*Investigações Lógicas*, I e IV), lembra que o ato dinâmico de conhecer implica uma operação de "preenchimento" que é atribuição de sentido ao objeto da percepção: "Ora, como do ponto de vista fenomenológico encontramos, em lugar de uma mera soma, uma unidade muito estreita que é exatamente uma unidade *intencional*, estaremos certos em dizer que ambos os atos, dos quais um constitui para nós a palavra completa e o outro a coisa, confluem intencionalmente para uma *unidade de ato*. Naturalmente, poder-se-á descrever adequadamente essa situação seja dizendo *o nome 'vermelho' denomina como vermelho o objeto vermelho*, seja com as palavras *o objeto vermelho é reconhecido como vermelho e denominado como vermelho mediante esse reconhecimento*. No fim das contas, *denominar como vermelho* – no sentido da denominação *atual*, que pressupõe a sotoposta intuição do denominado – e *reconhecer como vermelho* são expressões de significado idêntico" (VI, 7). Seria interessante verificar até que ponto a noção fenomenológica de significado coincide com a de 'unidade cultural'. Reler Husserl sob esta luz levaria talvez ao descobrimento de que o significado semiótico é a codificação socializada da experiência perceptiva que a *epoché* fenomenológica tenta encontrar no seu frescor originário. E o significado da percepção cotidiana que a *epoché* tenta remover outra coisa não é senão a atribuição de unidade cultural ao campo ainda indiferenciado dos estímulos perceptivos, dos quais falamos no exemplo do gato entrevisto na escuridão. Pelo que se delinearia uma sorte de relação quiástica entre semiótica e fenomenologia, a segunda pretendendo refundar desde o início as condições de formação de unidades culturais que a semiótica *deve*, ao contrário, aceitar antes de tudo como 'dadas', porque constituem a ossatura dos sistemas de significação e as condições da comunicação comum. A *epoché* fenomenológica levaria novamente, então, a percepção a um estádio de recodificação dos seus referentes, entendendo-os como mensagens altamente ambíguas, em grande parte afins aos textos estéticos.

Não é este o local apropriado para aprofundar tal problema. Mas esta rápida investigação serviu ao menos para delinear outro limite ou limiar da semiótica, o nó pelo qual *uma semiótica deve ser substituída por uma hermenêutica* (ou o nó pelo qual também uma hermenêutica aparece como uma forma de semiótica do ambíguo, criativa ou gnosiologicamente programado): o qual posteriormente constitui o limiar em que se debatem hoje as semióticas da 'textualidade', muito vagas para serem definidas como 'ciência dos signos' e muito timoratas para serem declaradas pelo que são – formas renovadas, sob outras latitudes, de fenomenologia da experiência enquanto refletida ou substituída pelo texto poético (cf. cap. 4).

3.3.5. |É| como artifício metalinguístico

Voltemos ao nosso exemplo de 3.3.3: |isto é um gato|. Estamos agora prontos para aceitar a ideia de que um ato de referência se torna possível por um processo semiósico anterior, bastante complexo, no curso do qual o objeto percebido já se constitui como entidade semiótica: (i) eu RECO-

presente O Livro) é problema não destituído de importância em que, diversamente do que afirma Morpurgo Tagliabue, o que funciona como significante não coincide inteiramente com o que entendo como significado. Provavelmente, Morpurgo Tagliabue não aprofundou o tema porque atribuía essas opiniões acerca da significatividade dos objetos à "operação astuta" de um "jovem semiólogo" (o autor deste livro tinha então apenas trinta e sete anos). Não se dava conta de que por trás dele se agitava a sombra de filósofos de idade tão avançada quanto pelo menos os seus pontos de vista.

NHEÇO que o gato é um gato, isto é, aplico a ele um esquema cultural (ou ideia, ou conceito); (ii) neste ponto, interpreto a OCORRÊNCIA-gato como o significante do TIPO-gato (que no caso é a unidade cultura correspondente), fixando-me nas propriedades semânticas exibidas pelo tipo e excluindo as propriedades físicas individualizantes exibidas pela ocorrência (naturalmente, o mesmo acontece quando afirmo |este gato é branco e preto|; (iii) dentre as propriedades semânticas da unidade cultural «gato», seleciono apenas aquelas que coincidem com as propriedades semânticas expressas pela palavra |gato|.

Portanto, comparo dois objetos semióticos, ou seja, o conteúdo de uma expressão linguística com o conteúdo de um ato perceptivo.

Neste ponto, aceito a equação representada pela cópula. Enquanto tal equação representa um ato metalinguístico (que associa uma construção linguística com uma construção perceptiva semiotizada, isto é, comparando e equiparando significantes pertencentes a códigos diversos), ela pode ser aceita ou refutada. De fato, ela satisfará ou não às regras semânticas que obrigam a predicar de uma dada unidade determinadas propriedades, e a cópula |é| nada mais será que uma expressão metalinguística que significa «possui algumas das propriedades semânticas de»[8]. Em certas circunstâncias, pode-se usar uma metalinguagem não verbal, como quando a cópula é substituída por um apontador gestual que significa |isto| e |é| ao mesmo tempo – embora comunicações do tipo |(dedo apontado) gato!| pertençam apenas à linguagem das crianças e à relação entre indivíduos de línguas diferentes, constituindo o tipo de linguagem que os americanos definem *'me Tarzan, you Jane!'*.

3.3.6. Predicar novas propriedades

Toda a discussão de 3.3.3 a 3.3.5 esclareceu o *status* dos JUÍZOS INDICAIS SEMIÓTICOS. Resta esclarecer a natureza dos JUÍZOS INDICAIS FATUAIS.

Por exemplo, no caso de |este gato tem apenas um olho| atribui-se a uma ocorrência do tipo-gato uma propriedade que o código não considera oportuno reconhecer-lhe, em vista da sua idiossincrasia. Assim, encontramo-nos novamente diante da relação entre um constructo semiótico (a frase verbal) e um puro *perceptum*. Acontece, porém, que a propriedade de ter um só olho não é um mero *perceptum*, mas uma espécie de propriedade semântica 'errante', proveniente de algum subsistema organizado ('monóculo *vs* binóculo'), reconhecida como tal e portanto atribuída *àquele gato*; de modo que também a propriedade idios-

---

8. Existem, porém, duas maneiras de entender o emprego da cópula |é| e dos apontadores. Se, indicando um pinguim, digo |isto é um gato|, entendendo «este objeto tem a propriedade de ser um gato», estou pronunciando um juízo indical semiótico que representa um uso impróprio do código; do ponto de vista da referência, isto conduz a uma asserção Falsa. Se, pelo contrário, entendo «o nome deste animal é |gato|», então estou pronunciando um juízo metassemiótico arbitrário que só pode ser aceito por quem não conhece a língua em que falo.

sincrática é entendida como ocorrência de um tipo geral. O problema é que a ocorrência-gato pode ter muitas propriedades que o tipo não prevê, desde que não tenha propriedades em contradição com a representação semântica do tipo. De fato, existe grande diferença entre dizer |vi um gato monóculo| e |vi um gato com um só olho (isto é, sem um olho)|; no primeiro caso, afirma-se alguma coisa de semanticamente anômalo, tal como é semanticamente anômala a figura do ciclope, e no segundo se afirma alguma coisa que o código reconhece como possível, isto é, a deperecibilidade de certas características anatômicas.

Neste sentido, predicar novas propriedades de um objeto não difere muito de produzir frases semanticamente aceitáveis ou não. Posso aceitar frases *bem formadas* como |este lápis é verde| ou |aquele homem canta| e posso refutar frases como |aquele lápis canta| e |aquele homem é verde| (salvo casos de uso retórico). Trata-se de um problema normal de amálgama semântico. Da mesma forma, aceito a ideia de que um objeto-lápis seja verde e de que um objeto-homem cante. Enquanto acho semanticamente inaceitável e experimentalmente extravagante o fato de que |este lápis tem dez quilômetros de comprimento| ou |este homem é movido por um motor a explosão|.

Resta ainda o fato de juízos indicais que predicam de um objeto algo que não pertence nem ao semema nem ao conceito correspondente nem, portanto, ao esquema perceptivo correlacionado; como se dissesse |este gato mede dois metros de comprimento|. Aqui, os casos são dois: ou estou usando a expressão impropriamente, porque o objeto vivente a que me refiro não permite uma construção perceptiva que ostente aquela propriedade; ou digo a verdade, mas em tal caso sou obrigado a duvidar tanto de minha experiência perceptiva quanto da minha competência semântica. Pode acontecer que eu não tenha realmente visto um gato, mas uma pantera; mas se o objeto em questão, a uma inspeção mais acurada, mostrasse todas as propriedades de um gato e nenhuma propriedade característica da pantera, encontrar-me-ia diante do embaraçoso contraste entre o resultado de uma percepção e a construção conceitua que a corrobora, e seria obrigado a reformular essa construção (e o semema correspondente) admitindo no meu universo semântico a possibilidade de que os gatos meçam dois metros. Assim sendo, deverei emitir o juízo metassemiótico apropriado que sanciona esta mutação do código.

Suponhamos agora que eu diga |este homem é calvo| indicando um cantor *pop* provido de uma longa cabeleira: eis outro caso de uso impróprio da linguagem. Basta traduzir o enunciado como |este homem é um homem calvo| para que ainda uma vez resulte que estou atribuindo propriedades semânticas a um *perceptum* que não pode ser admitido como ocorrência de um tipo geral de «homem calvo».

3.3.7. O atual rei da França é solteiro?

O gato de dois metros representa um caso bastante extravagante de proposição em que se predica uma propriedade por demais curiosa. Existem outros casos em que o predicado não coloca problemas, mas o sujeito

150   TRATADO GERAL DE SEMIÓTICA

(ou o argumento) sim. O exemplo clássico é o enunciado |o atual rei da
França é calvo|, que tem provocado verdadeiros jogos olímpicos de se-
mântica filosófica, sem que ninguém tenha ainda conseguido bater o
record definitivo de sutileza resolutória.

Todos estão de acordo em reconhecer que este enunciado, emitido
em nossos dias, parece embaraçoso. Foi dito que ele está desprovido
de significado porque as *descrições definidas* do tipo |rei da França| só
são significantes se tiverem *índices referenciais*, vale dizer, se existir
um objeto para o qual estão. Nas páginas anteriores, demonstrou-se à
exaustão que mesmo essas expressões têm um significado, e não é necessário que a descrição em pauta seja verificada por uma pressuposição, porque isto só é necessário quando se pretende atribuir um valor
de Verdade à proposição: só nestes casos é que enunciados como |o
marido de Joana D'Arc vem da Bretanha| levantam sérios problemas
extensionais, porque a descrição |o marido de Joana D'Arc| não tem
índice referencial.

Contudo, |o rei da França| não está para uma pessoa, mas para uma
unidade cultural, uma classe, e não só compartilha com o marido de Joana
D'Arc a característica de significar alguma coisa, como pode corresponder a alguma coisa que existiu outrora e que poderia ainda existir num
mundo não totalmente impossível.

Suponhamos que se diga |o rei da França é sábio|, como sugere Straw-
son: a expressão é plena de significado e se trata, no máximo, de saber em
que circunstâncias históricas é pronunciada; dita de Luís XIV parece aceitável, dita de Luís XVI é-o um pouco menos.

Suponhamos agora que eu diga |este é o rei da França| indicando o
Presidente da República Francesa. Isto não diferiria de dizer |isto é um
gato| indicando um cachorro. Haveria incompatibilidade semântica entre
as propriedades do semema e as da unidade cultural representa pela pessoa indicada, tomada como ocorrência de um constructo conceitual.

Suponhamos, enfim, que se diga |o rei da França é calvo|: em si mesma,
a expressão é altamente significante e pode tornar-se Verdadeira ou Falsa
conforme seja usada para mencionar Carlos, o Calvo (eleito imperador em
875) ou Luís XVI (que, como vimos, nem era sábio nem calvo).

Em todo caso, ambas as menções pressupõem um artifício indicativo, um APONTADOR qualquer. O que acontece também quando digo
|o presente (ou o atual) rei da França é calvo|. A expressão |atual| *é de
fato um apontador*, tendo dos apontadores todas as propriedades exami-
nadas em 2.11.5.

Se procurarmos delinear a estrutura semântica profunda do enunciado em questão poderemos traduzi-lo como: «há um rei da França – o
rei da França é calvo». Mas |há| significa duas coisas: «existe» e «aqui»;
o segundo sentido, no presente contexto, assume o significado de «no
momento histórico preciso (nas coordenadas espaço-temporais precisas)
em que o emitente emite sua mensagem».

Tal é, exatamente, o significado de |atual|, cuja árvore componencial
pode ser representada como segue:

TEORIA DA PRODUÇÃO SÍGNICA

$$|\text{atual}| - \text{sm} - \text{«atual»} - d_{\text{tempo}} - d_{\text{próximo}} - d_{\text{imediato}} \Big\langle \begin{array}{l} [circ_{+\text{índice}}] \rightarrow \\ [circ_{-\text{índice}}] \Big\rangle \end{array}$$

Figura 32

onde a ausência de índice gestual sugere uma *proximidade imprecisa e multidirecional*. Em termos de significado, o destinatário recebe um conteúdo de tipo imperativo: «Volte a sua atenção para o contexto espaço-temporal imediato». Em termos de referência, o destinatário não consegue descobrir neste contexto espaço-temporal um objeto que satisfaça às propriedades postuladas pelo semema. Portanto, a comunicação 'aborta': a proposição não é Verdadeira nem Falsa, mas simplesmente inaplicável e, pois, *usada impropriamente*. É como se eu dissesse |*isto* é o rei da França e é calvo| apontando o dedo para o vazio.

Por conseguinte, |o atual rei da França é calvo| é um enunciado provido de significado que, quando considerado como menção, constitui um exemplo de mau uso da linguagem (ou inábil produção de signos para fins de referência). Ao contrário, |o rei da França é calvo| é um enunciado provido de significado que, quando usado para referências imprecisas, mais que *mal* usado, parece *inusável*. Tanto é verdade que a reação mais normal é a de perguntar |mas que rei da França?|, pedindo assim uma marca circunstancial e um artifício indical que transformem o segundo enunciado em alguma coisa de semelhante ao primeiro[9].

3.4. O PROBLEMA DA TIPOLOGIA DOS SIGNOS

3.4.1. Verbal e não verbal

Conquanto em 2.1 se tenha dado uma definição da função sígnica válida para qualquer tipo de signos, e embora o processo de produção sígnica haja sido examinado do ponto de vista de muitos signos não verbais, seria arriscado sustentar que não existem diferenças entre diversos tipos de signos.

Certamente, é possível exprimir o mesmo conteúdo quer através da expressão |o sol está surgindo|, quer através de outro artifício visual composto de uma linha horizontal, um semicírculo e uma série de linhas diagonais irradiando do centro do semicírculo. Mas seria bem mais difícil afirmar por meio de artifícios visuais o equivalente de |o sol *ainda* está surgindo|, assim como seria impossível representar visualmente o fato de Walter Scott ser o autor de *Waverley*. É possível dizer que estou

---

9. Como esta análise foi inspirada no MSR proposto em 2.11, e como as páginas acima representam uma tentativa de resolver um tradicional problema da semântica filosófica do ponto de vista de uma semiótica geral, seria mais interessante, além de mais espirituoso, verificar o poder das nossas hipóteses sobre a expressão |o atual rei da França é solteiro|. Por isso havíamos intitulado com esta frase o presente parágrafo, a modo de auspício, na esperança de uma colaboração mais frutuosa entre abordagem lógica e abordagem linguístico-semiótica.

152 TRATADO GERAL DE SEMIÓTICA

com fome tanto por palavras quanto por gestos, mas os gestos seriam inadequados para estabelecer que a *Crítica da razão pura* prova que a categoria da causalidade é uma forma *a priori* (ainda que Harpo Marx pudesse aproximar-se sensivelmente desse resultado).

O problema poderia ser resolvido dizendo-se que teoria da significação e teoria da comunicação têm um objeto primário que é a língua verbal, enquanto todas as outras chamadas linguagens não passam de imperfeitas aproximações, artifícios semióticos periféricos, parasitários e impuros, misturados com fenômenos perceptivos, processos de estímulo-resposta e assim por diante.

Portanto, a linguagem verbal poderia ser definida como o SISTEMA MODELIZANTE PRIMÁRIO de que os demais são derivações (Lotman, 1967). Ou ainda poderia ser definida como a maneira mais própria pela qual o homem traduz especularmente os seus pensamentos, de modo que falar e pensar seriam áreas privilegiadas da investigação semiótica e a linguística não seria apenas um ramo (o mais importante) da semiótica, mas o modelo de qualquer outra atividade semiótica: a semiótica apareceria então como uma derivação, uma adaptação e um alargamento da linguística (cf. Barthes, 1964). Outra assunção, metafisicamente mais moderada, mas com as mesmas consequências práticas, quereria que somente a linguagem verbal possa satisfazer à necessidade de uma 'efabilidade' total. Desse modo, não apenas toda experiência humana, mas todo conteúdo exprimível por meio de outros artifícios semióticos, deveria poder ser traduzido em termos verbais, sem que o inverso seja possível. Ora, a efabilidade reconhecida da linguagem verbal se deve à sua grande flexibilidade articulatória e combinatória, obtida jogando-se com unidades discretas altamente estandardizadas, facilmente apreensíveis e suscetíveis de uma reduzida quantidade de variações livres.

Mas eis uma objeção a essa posição: é verdade que todo conteúdo expresso por uma unidade verbal pode ser traduzido por outras unidades verbais; é verdade que *grande parte* dos conteúdos expressos por unidades não verbais podem igualmente ser traduzidos por unidades verbais; mas é também verdade que existem muitos conteúdos expressos por complexas unidades não verbais que não podem ser traduzidos por uma ou mais unidades verbais senão por meio de vagas aproximações. Wittgenstein foi fulminado por esta revelação quando (como relatam as *Acta philosophorum*) durante uma viagem de trem foi desafiado pelo Professor Straffa a traduzir o 'significado' de um gesto napolitano[10].

Garroni (1973) sugere que, dado um conjunto de conteúdos veiculáveis por um conjunto de artifícios linguísticos L, e um conjunto de conteúdos usualmente veiculáveis por artifícios não linguísticos NL,

---

10. O famoso gesto não é aquele que o leitor malicioso poderia imaginar. Trata-se de uma rápida passagem da costa da mão embaixo do queixo, que exprime vários significados, da perplexidade ao desprezo. Mas não admira que o equívoco se tenha perpetuado e ainda se perpetua: com efeito, é impossível não só traduzir verbalmente o significado, como também descrever verbalmente, de forma satisfatória, o significante (a não ser usando alguma estenografia cinésica à Efron ou à Birdwhistell).

ambos os conjuntos produzem por intersecção um subconjunto de conteúdos traduzíveis por L em NL ou vice-versa, enquanto permanecem irredutíveis duas vastas porções de conteúdos, uma das quais diz respeito a conteúdos não faláveis, que não obstante não são conteúdos não exprimíveis.

Figura 33

Existem muitas provas a sustentar essa teoria. Com toda certeza, o poder da linguagem verbal é demonstrado pelo fato de que Proust conseguiu criar a impressão de traduzir em palavras quase toda a série de percepções, sentimentos e valores 'apresentados' pela pintura de Elstir: mas, prudentemente, decidiu analisar a obra de um pintor imaginário, porque mesmo um controle superficial sobre a obra-estímulo teria demonstrado a existência de porções de conteúdo que a descrição linguística não conseguiria resolver. Por outro lado, é igualmente indubitável que nenhum quadro (mesmo organizado numa espécie de "história em quadrinhos' ininterrupta – com suprema maestria) conseguiria comunicar-nos o conteúdo dá *Recherche*[11]. Se existem sistemas semióticos NL, se o que veiculam pode ser chamado de 'conteúdo' no sentido usado no capítulo 2, se em consequência as marcas semânticas e seus interpretantes devem ser apenas artifícios verbais ou podem ser organizados em percepções estruturadas e descrevíveis sistematicamente como tais, ou como comportamentos, hábitos, sentimentos – todas essas questões constituem uma das fronteiras mais estimulantes do atual estado da semiótica e requerem pesquisas mais amplas.

Mas, para poder proceder nessa direção, haverá necessidade sobretudo de demonstrar que (i) existem diversos tipos de signos ou diversos modos de produção sígnica, (ii) muitos desses signos apresentam um tipo de relação com seu conteúdo que parece diverso daquele mantido por signos verbais, (iii) uma teoria da produção sígnica está em condição de definir todos esses diversos tipos de signos recorrendo a um aparato categoria unificado.

Tal será a tarefa das secções que seguem. Não se procurará cobrir todo o campo dos problemas existentes, antes se tentará analisar diversos tipos de signos trazendo à luz suas diferenças constitutivas, inserindo as descrições no quadro da teoria das funções sígnicas elaborada no capítulo 2.

---

11. Seja como for, embora fosse possível narrar Elstir com a pena de Proust, seria claramente impossível traduzir *A Ética* de Espinoza com o pincel de Mondrian, sem embargo da afinidade de seu *'mos geométricas'*.

A conclusão, que pode ser antecipada, será que sem dúvida a linguagem verbal é o artifício semiótico mais poderoso que o homem conhece; mas que existem, não obstante, outros artifícios capazes de cobrir porções do espaço semântico geral que a língua falada nem sempre consegue tocar.

Destarte, embora a linguagem verbal seja o artifício semiótico mais poderoso, ver-se-á que ele não satisfaz completamente ao princípio da efabilidade geral – e, para tornar-se mais poderoso do que é, como de fato ocorre, deve valer-se da ajuda de outros sistemas semióticos. É difícil conceber um universo em que seres humanos se comuniquem sem linguagem verbal, limitando-se a gesticular, mostrar objetos, emitir sons informes, dançar; mas é igualmente difícil conceber um universo em que os seres humanos emitam *só* palavras. Quando em 3.3 consideramos o 'trabalho de mencionar estados do mundo' (isto é, de referir os signos às coisas, trabalho em que as palavras estão intimamente ligadas a índices gestuais e à ostensão de objetos em função sígnica), compreendeu-se que num mundo servido somente pelas palavras seria dificílimo mencionar as coisas. Por isso, uma análise semiótica que toque outros tipos de signos tão legitimáveis quanto as palavras esclarecerá a própria teoria da referência, tão frequentemente considerada um capítulo da análise da linguagem verbal, enquanto esta última era considerada o veículo privilegiado do pensamento.

3.4.2. Canais e parâmetros expressivos

A filosofia da linguagem, a linguística, a gramática especulativa, a semiótica etc. têm individuado, no curso do seu desenvolvimento histórico, vários tipos de signos.

Cada uma dessas classificações era boa para os fins aos quais se propusera. Neste local, limitar-nos-emos a lembrar as classificações mais relevantes para as finalidades da presente discussão.

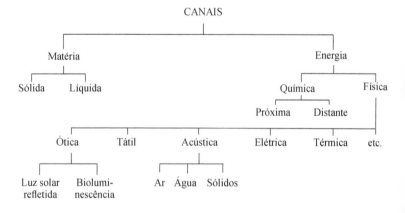

Figura 34

TEORIA DA PRODUÇÃO SÍGNICA 155

Antes de mais nada, distinguiremos os signos pelo CANAL que os veicula, ou pelo seu CONTINUUM DA EXPRESSÃO. Esta classificação (cf. Sebeok, 1972) é útil, por exemplo, para distinguir muitos artifícios zoossemióticos e examina os signos produzidos pelo homem com referência às diversas técnicas comunicativas (Fig. 34).

Esta classificação poderia parecer de pouco interesse para nosso escopo porque obrigaria a incluir tanto a *Quinta* de Beethoven quanto a *Divina Comédia* entre os signos transmitidos por canais acústicos, enquanto um sinal de estacionamento proibido e a *Olímpia* de Manet seriam classificados como signos óticos refletidos pela luz solar.

Todavia, considerando-se melhor a tabela, surgem alguns problemas interessantes. Há uma maneira pela qual a obra de Beethoven e a de Dante podem ser consideradas sob um mesmo prisma. Tanto as notas como os sons da língua são definidos por PARÂMETROS ACÚSTICOS: as diferenças entre um $\|Dó\|$ emitido por uma trompa e um $\|Ré\|$ emitido por uma flauta são releváveis recorrendo-se aos parâmetros da altura e do timbre; é exatamente o que acontece quando se quer distinguir uma consoante oclusiva velar como [g] e uma nasal alveolar como [n]. Em ambos os casos, por exemplo, o timbre é o parâmetro decisivo. Quando, ao contrário, se distingue uma pergunta de uma afirmação ou de uma ordem, o parâmetro essencial são a altura, a dinâmica e o ritmo, coisa que ocorre quando se pretende distinguir duas melodias diversas.

Por outro lado, tanto um sinal de trânsito como um quadro de Manet se referem aos dois parâmetros da forma e da cor. No primeiro caso, os elementos pertinentes são as dimensões espaciais normais (sobre|sob, direita|esquerda, alto|baixo), no segundo os elementos pertinentes são comprimentos de onda, frequências – noutras palavras, diferenças de cor. O fato de um sinal de estacionamento proibido ser semioticamente (e perceptivamente) muito mais simples do que um quadro de Manet não faz diferença, em linha de princípio. Assim, ao perceber dois sinais táteis, recorre-se a parâmetros térmicos e a gradientes de pressão, ao passo que para diferenciar dois signos veiculados por matéria sólida (como acontece com os gestos), rememo-nos a parâmetros cinésicos (posições, direções, dinâmica dos gestos e assim por diante).

3.4.3. Entidades discretas e "continua" graduados

O modelo linguístico perturbou não pouco os mais recentes estudos semióticos porque animou a aplicar a outros tipos de signos as leis que regulam os parâmetros acústicos (além de ao modelo da dupla articulação). Com efeito, muito pouco sabemos a respeito de outros tipos de parâmetro – por exemplo, os que regulam a diferença química entre dois signos olfativos. A semiótica muito precisa de trabalhar para esclarecer esses problemas; mas é possível pelo menos traçar linhas de investigação gerais.

Por exemplo, a noção de binarismo tornou-se um dogma embaraçoso apenas porque o único modelo disponível era o fonológico. Em consequência, a noção de binarismo foi associada à de estados discretos desde

156 TRATADO GERAL DE SEMIÓTICA

o momento em que, em fonologia, a seleção binaria era aplicada a entidades discretas. Ambas as noções foram associadas à de organização estrutural, de modo que pareceu impossível falar de estrutura para fenômenos que, embora discretos, pareciam contínuos.

Mas, quando se fala de oposição estrutural, não se deve necessariamente entender a polaridade entre um par de elementos discretos. Pode-se também pensar na oposição recíproca no interior de um *n*-tupla de entidades graduadas, onde a graduação constitui a subdivisão (em termos de unidades pertinentes) de um dado contínuo, como sucede, por exemplo, com o sistema das cores. Uma consoante ou é sonora ou não o é (ou pelo menos é instintiva e formalmente reduzida a esta alternativa), mas um matiz de vermelho não se opõe à sua ausência: ao contrário, é inserível numa série graduada de unidades pertinentes que resultam da segmentação de um *continuum* de comprimentos de onda. Isto significa que os fenômenos de frequência luminosa não permitem o mesmo tipo de pertinentização em termos de 'tudo ou nada', que ao contrário parecem permitir fenômenos acústicos como o timbre. Como já ficou dito a propósito da teoria dos códigos (cf. 2.8.3), há estrutura quando um *continuum* é graduado em unidades pertinentes e estas unidades assumem limites precisos.

Acresce que quase todos os signos não verbais costumam referir-se a mais de um parâmetro: um dedo apontado deve ser descrito em termos de dimensões espaciais, de movimento orientado e assim por diante. Portanto, a tentativa de estabelecer todos os parâmetros possíveis do comportamento semiótico significaria cumprir um reconhecimento de todos os condicionamentos da atividade humana, enquanto ela é, por sua vez, condicionada pela estrutura física do corpo, inserido num ambiente natural e artificial.

Conforme se verá em 3.6, só reconhecendo a existência de tais parâmetros será possível falar de muitos fenômenos como de signos codificados; do contrário, seria preciso distinguir entre signos que são 'signos' (porque seus parâmetros correspondem aos dos signos verbais, ou podem ser metaforicamente reduzidos a eles) e signos que não são 'signos' para nada. O que parece um tanto paradoxal, embora muitas teorias semióticas acreditadas se tenham aventurado nesta direção.

3.4.4. Origens e fins dos signos

Os signos podem ainda distinguir-se na medida em que são originados tanto de uma fonte natural quanto de um emitente humano. Como existem muitos signos não emitidos por agente humano, que se verificam como eventos naturais interpretados como fatos semióticos, a classificação proposta por Sebeok (1972) e reproduzida na Fig. 35 pode ser útil para muitos efeitos.

Os signos podem ainda distinguir-se por sua cota de *especificidade semiótica*. De fato, alguns são objetos produzidos expressamente para significar, outros são objetos primariamente produzidos para preencher determinadas funções práticas. Estes últimos são entendidos como signos

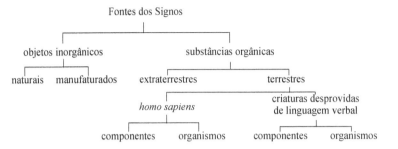

Figura 35

apenas de duas maneiras: (a) ou são escolhidos como representantes de uma classe de objetos (cf. 3.6.3) ou (b) são reconhecidos como formas que estimulam ou permitem uma dada função exatamente porque sua forma sugere (e portanto 'significa') essa função possível. Neste segundo caso, eles são usados como objetos funcionais somente quando, e somente na medida em que, são decodificados como signos.

Há uma diferença (quanto à especificidade semiótica) entre a injunção |sente-se!| (expressa verbalmente) e a forma de uma cadeira que não só permite como 'induz' certas funções (entre as quais a de sentar-se): mas é igualmente claro que ambos os casos podem ser considerados sob o mesmo perfil semiótico[12].

3.4.5. Símbolos, índices, ícones: uma tricotomia insustentável

Neste ponto, afigura-se útil examinar aquela que é talvez a mais popular tricotomia peirciana e a mais conhecida dentre as classificações dos tipos de signos: a que distingue SÍMBOLOS (arbitrariamente relacionados com seu objeto), ÍCONES (semelhantes ao seu objeto) e ÍNDICES (fisicamente relacionados com seu objeto).

Esta distinção é já de emprego tão universal que também neste livro foi usada para indicar alguns processos sígnicos já conhecidos. Todavia, nas páginas que seguem se mostrará como as categorias de 'ícone' e de 'índice' são categorias *'passepartout'* ou 'noções guarda-chuva', que funcionam exatamente por sua vaguidade, como ocorre com a categoria de 'signo' ou mesmo com a de 'coisa'. É chegado, pois, o momento de criticar o uso comum e tentar uma reformulação mais rigorosa.

Uma das razões pelas quais não podemos aceitar estas categorias é que elas postulam a presença do referente como parâmetro discriminante, o que não é permitido pela teoria dos códigos delineada no capítulo 2.

---

12. Sobre o modo como os objetos exprimem sua função, cf. a secção ("A função e o signo") da *Estrutura Ausente* (Eco, 1968) e o ensaio "Para uma análise semântica dos signos arquitetônicos" nas *Formas do Conteúdo* (Eco, 1971). Ambos publicados pela Editora Perspectiva.

158 TRATADO GERAL DE SEMIÓTICA

Certo, a tricotomia poderia ser usada para discriminar entre diversos tipos de referência (como se acabou de fazer), mas torna-se ambígua quando se deseja manter para estudar a maneira pela qual os signos são produzidos através da manipulação do *continuum* expressivo e as modalidades da correlação do *continuum* manipulado com um dado conteúdo (e, portanto, em ambos os casos, independentemente de possíveis operações de referência).

Criticaremos, então, essa tricotomia ao mesmo tempo em que proporemos, em 3.6, uma classificação diversa.

3.4.6. Replicabilidade

Uma última distinção refere-se ainda à REPLICABILIDADE das expressões. A mesma palavra pode ser replicada um número infinito de vezes, mas toda réplica parece desprovida de valor 'econômico', enquanto uma moeda, embora replicável, possui um valor material em si mesma. Um papel-moeda possui um valor material mínimo, mas este é aumentado em virtude de uma série de convenções legais; além disso, seu processo de réplica é tecnicamente tão difícil que requer técnicas especiais (as razões dessa dificuldade são as mesmas que tornam dificilmente replicável *La Pietà* de Michelangelo; assim, de maneira bastante curiosa, também a estátua recebeu uma espécie de investidura convencional e legal, pela qual sua réplica, ainda que absolutamente perfeita, 'não vale' e é recusada como falsa). Enfim, um quadro de Rafael é comumente considerado como além de toda possibilidade de réplica, exceto em casos de incrível maestria – mas também nestes casos se afirma que um olho adestrado é capaz de perceber várias imprecisões e infidelidades (embora no caso das falsificações 'históricas' dos quadros de Vermeer se tenha precisado esperar a confissão do falsário para convencer os próprios especialistas atribulados)[13].

Parece, pois, que existem três tipos de relação entre a ocorrência concreta de uma expressão e o seu modelo: (a) signos cujas ocorrências podem ser replicadas indefinidamente seguindo-se o modelo do seu tipo; (b) signos cujas ocorrências, embora produzidas segundo um tipo, possuem algumas propriedades de 'unicidade material'; (c) signos cuja ocorrência e tipo coincidem ou são absolutamente idênticos.

Essa tricotomia pode ser reconduzida à tricotomia peirciana entre LEGISSIGNO, SINSIGNO e QUALISSIGNO (2.243 e ss.): portanto, os signos (a) são sinsignos, os (b) são sinsignos que são também qualissignos e os (c) são sinsignos que são ao mesmo tempo legissignos.

Se estas distinções forem tomadas em consideração do ponto de vista do valor comercial da réplica, então elas interessarão – mais que aos se-

---

13. Cf. em Goodman (1968, p. 99 e ss.) uma interessante discussão sobre os objetos artísticos falsos e sobre as artes "autográficas" e "alográficas": as primeiras não são suscetíveis de notação e não admitem execução, as segundas podem ser traduzidas em notações convencionais, e a 'partitura' que delas resulta pode ser executada até mesmo com variações livres (veja-se a música). A diferença entre autográfico e alográfico estaria ligada à oposição 'denso vs discreto', de que se falará em 3.4.7.

TEORIA DA PRODUÇÃO SÍGNICA 159

miólogos – ao Ministério do Tesouro, ao Departamento de Tributação, aos mercadores de arte e aos ladrões. Do ponto de vista semiótico, tais objetos deveriam interessar apenas sob o seu perfil de funtivos. Do ponto de vista semiótico, o fato de ser falsa uma nota de cinquenta mil liras não deveria preocupar, pelo menos até ser entendida como boa: qualquer objeto que apareça como uma nota de cinquenta mil liras está para a quantidade equivalente de ouro ou de outros bens econômicos e representa um caso de mentira cabal. Se for posteriormente reconhecida como falsa, então não é um objeto que aparece como uma nota de cinquenta mil liras, e semioticamente deve ser classificado como um caso de 'rumor' que induziu a equívocos por um presumido ato de comunicação.

Uma réplica perfeita de *La Pietà* de Michelangelo que fosse capaz de reproduzir as mínimas veias do mármore teria as mesmas propriedades semióticas do original. Se depois a sociedade atribui um valor fetichista ao original, isto é objeto da teoria das mercadorias que, se começa a invalidar a consideração estética, é matéria para os críticos do costume e os fustigadores das aberrações sociais. O gosto da autenticidade a todo preço é o produto ideológico de uma sociedade mercantil, e, quando uma reprodução de uma escultura é absolutamente perfeita, privilegiar o original equivale a privilegiar a primeira edição numerada de um livro em vez da segunda edição: matéria para antiquários e não para críticos literários.

Todavia, quando se considera o mesmo problema do ponto de vista da produção sígnica, cabe examinar outros fatores. Diversos modos de produção da expressão (com a relação tipo-ocorrência que implicam) determinam uma diferença fundamental na natureza física dos vários tipos de signos.

Para melhor esclarecer este ponto, cumpre afrontar uma distinção subsequente, ou seja, aquela entre réplicas absolutamente duplicativas (que produzem DUPLOS) e réplicas parciais, que chamaremos simplesmente de RÉPLICAS.

3.4.7. Duplos

Entende-se por réplica absolutamente duplicativa uma ocorrência que possui *todas* as propriedades físicas de uma outra ocorrência. Dado um cubo de madeira de formato, cor, peso etc. determinados, se se produz um outro cubo com as mesmas propriedades (formando, pois, o mesmo *continuum* de modo idêntico), não se produz um signo do primeiro cubo, mas simplesmente UM OUTRO cubo, que pode no máximo representar o primeiro, assim como muitos objetos estão para a classe da qual são membro, sendo escolhidos como exemplo ou espécime (cf. 3.6.3). Maltese (1970, p. 115) sugere que uma réplica 'absoluta' seja uma noção utópica porque é difícil reproduzir todas as propriedades de um objeto até às suas características mais incontroláveis; mas existe, obviamente, um limiar fixado pelo senso comum e pelas nossas capacidades de controle; já que foram conservados certos traços, uma réplica é considerada como um DUPLO EXATO. Dois Fiat 124 da mesma cor devem ser considerados dois duplos e não a recíproca representação 'icônica'.

160 TRATADO GERAL DE SEMIÓTICA

Para obter um duplo é necessário, naturalmente, reproduzir todas as propriedades do modelo, mantendo-o na mesma ordem, e para tanto deve-se conhecer a regra que presidiu à produção do objeto modelo. Duplicar não é representar nem imitar (no sentido de 'fazer uma imagem de'), mas reproduzir, através de procedimentos iguais, iguais condições.

Suponhamos que se tenha de duplicar um objeto desprovido de funções mecânicas, como o cubo de madeira de que se falava: importa conhecer (a) as modalidades da sua formação (isto é, as regras que estabelecem suas propriedades geométricas). Se, ao contrário, devemos duplicar um objeto funcional, como, por exemplo, uma faca, é preciso conhecer também as suas propriedades funcionais. Uma faca é sobretudo o duplo de outra faca se, *coeteris paribus*, tem o fio da lâmina que corta da mesma maneira. Se isto acontecer, podem-se negligenciar as pequenas diferenças encontráveis na estrutura microscópica do cabo que não aparecem ao tato, mas só mediante verificação com instrumentos de precisão. E cada qual dirá que a faca é um duplo da primeira.

Se o objeto é mais complexo, o processo de duplicação não muda: muda, quando muito, a quantidade das regras a conhecer e a dificuldade técnica requerida pela duplicação; reconstruir o duplo de um Fiat 124 não está ao alcance de um *bricoleur* dominical.

Um objeto funcional e mecanicamente complexo como o corpo humano não é duplicável exatamente porque permanecem ignoradas muitas das suas leis funcionais e orgânicas, a primeira das quais são as que regulam a formação da matéria viva. Daí as dificuldades e desilusões defrontadas seja pelo rabino Loew, autor do Golem, seja pelo doutor Frankenstein: qualquer duplicação que realize apenas um módico percentual das propriedades funcionais e orgânicas do objeto-modelo constitui na melhor das hipóteses uma réplica parcial (cf. 3.4.8).

Neste sentido, uma palavra 'dita' não é o duplo de outra palavra do mesmo tipo lexicográfico: é, no máximo, uma sua RÉPLICA PARCIAL. Se, ao contrário, a mesma palavra é estampada mais vezes (por exemplo: |cão cão cão cão cão|), posso dizer que cada ocorrência é o duplo da outra (sendo lícito negligenciar variações microscópicas na impressão ou na pressão dos caracteres móveis – qualquer objeção neste sentido não faria senão provocar interrogações metafísicas acerca da noção de 'identidade absoluta').

À luz desta noção de 'duplo', eis por que uma pintura parece tão difícil de duplicar. Com efeito, podem-se duplicar também quadros muito complexos, como acontece quando um analisador eletrônico pode analisar e portanto reproduzir, por meio de um *plotter*, a *Gioconda*. Mas a perfeição do duplo pode ser posta em crise a uma inspeção mais acurada que revele como a textura das cores foi realizada com meios diversos (por exemplo, pontos pequeníssimos em vez de golpes de pincel 'contínuos', ou pinceladas mais regulares do que as de Leonardo, e assim por diante). De fato, o que torna dificilmente duplicável a pintura é que postulamos para um duplo o conhecimento perfeito das regras e dos processos operativos que presidiram ao objeto: e da obra de um pintor não conhecemos esses procedimentos em toda a sua complexidade, e no mínimo não estamos em condições de reconstruir o processo produtivo etapa por etapa e na ordem em que se realizou. Estas regras, ao contrário, são visíveis para o que chamamos de obras de artesanato (sabe-se perfeitamente como um vaseiro faz um vaso) e, portanto, para obras artesanais fazem-se duplos quase absolutos, e ninguém considerará uma cadeira produzida por um marceneiro como a representação icônica da cadeira anterior: fala-se de duas cadeiras 'iguais' ou, do ponto de vista mercadológico, da mesma cadeira, considerando-se as mesmas inteiramente intercambiáveis. Os objetos comuns, em

TEORIA DA PRODUÇÃO SÍGNICA   161

negócio, se substituem quando são 'defeituosos', ou seja, quando, por acidente, não passam de duplos mal acabados.

O mesmo acontece com a pintura nas civilizações em que as regras representativas são altamente estandardizadas: um pintor egípcio podia provavelmente realizar um duplo da sua pintura anterior. Se, ao contrário, um quadro de Rafael parece estar além de qualquer possibilidade de duplicação, é porque ele INVENTOU a regra produtiva enquanto produzia, propondo uma sorte de função sígnica imprecisa ainda não codificada e, pois, executando um ato de INSTITUIÇÃO DE CÓDIGO (cf. 3.6.7).

A dificuldade de individuar regras produtivas reside no fato de que, enquanto na linguagem verbal se procede por unidades de sinal reconhecíveis, de modo que mesmo o texto mais complexo pode ser reproduzido respeitando-se a ordem articulatória de tais unidades, na pintura o sinal aparece como 'contínuo' ou 'denso'. Goodman (1968) observa como a diferença entre signos representativos e signos convencionais consiste precisamente na oposição de 'denso *vs* articulado', e a dificuldade de duplicação das pinturas reconduz a essa diferença. Como veremos em 3.5, essa oposição não basta para distinguir os signos chamados 'icônicos' ou 'representativos', mas por enquanto limitamo-nos a tê-los em mente.

Uma pintura possui então aquilo que Peirce chamava de elementos 'qualissígnicos': a mesma textura do *continuum* de que se faz a expressão *conta*, e muito. Um sinal denso não é reconduzível à diferença entre traços pertinentes e variações irrelevantes: qualquer traço é pertinente, e mesmo as variações mínimas são levadas em consideração. Neste sentido, uma pintura tem as qualidades características de qualquer texto estético, como se verá em 3.6.7.

Assim, trouxemos à luz uma das razões pelas quais uma pintura não permite uma duplicação absoluta. Mas existe outra razão, e esta reside no tipo particular de relação tipo-ocorrência realizado por uma pintura. Antes, porém, de chegar a esse problema, devemos considerar as réplicas parciais, ou RÉPLICAS *tout court*.

3.4.8. Réplicas

Nas réplicas, o tipo difere da ocorrência. O tipo prescreve somente as propriedades essenciais que a ocorrência deve realizar para ser julgada uma réplica satisfatória, independente de outras características suas. Portanto, as ocorrências de um tipo possuem características individuais que são irrelevantes para fins do juízo de réplica, desde que tenham sido respeitadas as propriedades pertinentes fixadas pelo tipo.

Este gênero de relação regula, por exemplo, a emissão de fonemas, palavras, sintagmas prefixados etc. Em fonologia, um fonema-tipo (*'emic'*) prescreve as propriedades fonéticas que um fonema-ocorrência (*'etic'*) deve ter para poder ser identificado como 'aquele' fonema: o resto constitui livre variante. As diferenças regionais ou idiossincráticas na pronúncia não contam, desde que não comprometam o reconhecibilidade das propriedades pertinentes. A relação tipo-ocorrência implica regras e parâmetros diversos segundo os sistemas semióticos. Maltese (1970) cataloga dez tipos de relação, do duplicado absoluto (por exemplo, seis propriedades sobre seis) à reprodução de uma única propriedade (como acontece em certos diagramas simbólicos realizados em superfície plana). Essa

162 TRATADO GERAL DE SEMIÓTICA

lista coincide sob alguns aspectos com as 'escalas de iconicidade' propostas por Moles (1972), e os problemas conexos às escalas de iconicidade serão retomados em 3.6.7. No momento, porém, consideramos apenas os primeiros três graus da escala de Maltese: entre o primeiro (6/6), o segundo (5/6) e o terceiro (4/6) poder--se-iam facilmente classificar vários gêneros de relação tipo-ocorrência. Por exemplo, um sinal de trânsito de 'pare' realiza uma reprodução a 6/6 do seu tipo: é ele o duplo absoluto de outros signos da mesma classe. Enquanto esse duplo é admitido como expressão de um conteúdo viário, é um signo em que a fidelidade da ocorrência ao tipo é absoluta: o tipo prescreve a forma, a grandeza, as cores e as imagens, o gênero de material, o peso etc., tanto que, se todas estas prescrições não são observadas, um observador atento (um policial) pode suspeitar de uma falsificação.

Um fonema, ao contrário, não deve ser tão fiel ao seu tipo: já vimos que se permitem muitas variações.

Uma carta de baralho (digamos, o Rei de Copas) oferece ainda maiores possibilidades de livres variações, tanto que esse tipo de estilização será mais adiante considerado como a meio caminho entre as réplicas e as invenções, cf. 3.6.5[14].

3.4.9. "Ratio facilis" e "ratio difficilis"

Toda réplica é uma ocorrência que concorda com o seu tipo. É ela, pois, governada por uma relação entre tipo e ocorrência ou, segundo a fórmula anglo-saxônica, uma *type|token-ratio*. Essa relação (*ratio*, a expressão anglo-saxônica, coincide com a latina) pode ser de dois gêneros: chamemo-la de RATIO FACILIS e RATIO DIFFICILIS. Estas duas novas categorias semióticas deveriam ajudar-nos a resolver alguns problemas como os dos signos motivados, contínuos, 'icônicos'.

Tem-se *ratio facilis* quando uma ocorrência expressiva concorda com o seu tipo expressivo, conforme foi institucionalizado por um sistema da expressão e – como tal – previsto pelo código.

Tem-se *ratio difficilis* quando uma ocorrência expressiva concorda diretamente com o seu conteúdo, seja porque não existe tipo expressivo preformado, seja porque o tipo expressivo já é idêntico ao tipo de conteúdo. Em outras palavras, tem-se *ratio difficilis* quando o tipo expressivo coincide com o semema veiculado pela ocorrência expressiva. Para usar uma expressão que será parcialmente criticada nas páginas seguintes, mas que ajuda a compreender o conceito, digamos que se tem *ratio difficilis* quando a natureza da expressão é MOTIVADA pela natureza do conteúdo. Fique claro, porém, que não se está seguindo o uso comum de afirmar que há motivação quando a expressão é motivada pelo objeto do signo!

Ora, não é difícil individuar e compreender casos de *ratio facilis*: são os descritos em 3.4.8, em que o signo é composto de uma unidade expressiva simples que corresponde a uma unidade de conteúdo clara e

14. Dada uma escala de replicabilidade, como se descesse do alto (n/n de fidelidade) para baixo, tem-se a impressão de haver ultrapassado um limiar: passa-se do universo das réplicas ao das semelhanças (3.5.3). Na realidade, não se trata de escalas dos níveis homólogos, porque a própria noção de 'propriedade' muda para lá do limiar: em casos de réplicas trata-se das *mesmas* propriedades, em caso de semelhanças temos, ao contrário, propriedades transformadas e projetadas (cf. 3.6.7).

TEORIA DA PRODUÇÃO SÍGNICA

segmentada. É o caso das palavras e de muitas entidades visíveis como os sinais de trânsito, dos iconogramas fortemente estilizados e assim por diante. Para produzir um significante que signifique «x», deve-se produzir um objeto construído no modo |y| – modo prescrito pelo tipo provido pelo sistema da expressão.

A *ratio facilis* regula, por exemplo, as réplicas em que o tipo, como se viu, estabelece quais os traços pertinentes a reproduzir[15].

Todavia, não se está dizendo que só as unidades minimais respondem à *ratio facilis*: muitos TEXTOS são reproduzíveis por essa maneira, como sucede numa civilização primitiva, onde existem cerimônias litúrgicas complexas que veiculam vastas e imprecisas porções de conteúdo, mas em que os movimentos do rito são rigorosamente prescritos (se bem que às vezes tenham sido hipocodificados movimentos básicos que permitem em seguida a mais ampla liberdade de execução). Uma *ratio facilis* pode ser tal mesmo quando o tipo é bastante tosco e impreciso, desde que os requisitos por ele impostos tenham sido socialmente registrados.

Ao contrário, é diferente individuar casos de *ratio difficilis*, uma vez que eles dependem de duas diferentes situações de produção sígnica.

Primeira situação: a expressão é ainda uma unidade precisa correlacionada a um conteúdo preciso, como acontece com os índices gestuais: mas a produção física da expressão depende da organização do semema correspondente. Esses signos são ainda facilmente replicáveis e com o tempo adquirem a característica de serem ao mesmo tempo governados tanto pela *ratio facilis* quanto pela *ratio difficilis* (cf. 3.4.10).

Segunda situação: a expressão é uma espécie de GALÁXIA TEXTUAL que deveria veicular porções imprecisas de conteúdo, ou uma *NEBULOSA DE CONTEÚDO* (cf. Avalie, 1972, 6.2). Tal é o caso de muitas culturas "textualizadas".

Nessas situações culturais ainda não foi elaborado um sistema do conteúdo altamente diferenciado, pelo qual às suas unidades segmentadas possam corresponder unidades de um sistema da expressão igualmente segmentado. Mas este é também o caso de muitas funções sígnicas hipocodificadas numa cultura não obstante gramaticalizada. Em tais situações, a expressão deve ser produzida segundo *ratio difficilis*, e frequentemente não pode ser replicada porque o conteúdo, embora expresso de algum modo, não pode ser analisado e registrado pelos seus intérpretes. Então, a *ratio difficilis* regula operações de instituição de código (cf. 3.1.2). Nos dois parágrafos seguintes examinaremos dois casos típicos em que se deve recorrer à *ratio difficilis* para produzir expressões.

---

15. Admitamos que em caso de *ratio facilis* não existem somente possibilidades de réplicas normais mas também de duplos: é possível, de fato, compor o duplo de uma palavra ou estampa, de uma carta de baralho, de um sinal de trânsito. Os signos regidos por *ratio facilis* podem igualmente ser traduzidos em outras notações (são, pois, autográficos – ver nota 13). Podem-se traduzir os fonemas em Morse, os sons musicais em notas no pentagrama etc.

164　　　　　TRATADO GERAL DE SEMIÓTICA

3.4.10. Topossensitividade

A propósito dos índices gestuais (2.11.5), viu-se que não é necessário que um dedo apontado esteja próximo de alguma coisa para que exprima seu significado de «proximidade». A «proximidade» é uma marca semântica que se percebe mesmo que o dedo aponte para o vazio. A presença do objeto não é necessária para que o signo signifique, embora seja requerida para verificar o uso do signo num ato de referência.

Mas, mesmo quando aponta para o vazio, o dedo apontado representa um fenômeno físico cuja natureza de sinal é diversa da de um índice verbal como |este|. É essa natureza física de sinal que devemos analisar para compreender como o sinal é produzido.

No dedo apontado, o *continuum* da expressão é dado, de um-lado, pelo corpo humano. Neste *continuum* foram selecionados alguns traços pertinentes de acordo com um sistema da forma da expressão. Neste sentido, o dedo apontado está sujeito a uma *ratio facilis* e pode ser produzido e indefinidamente replicado (em outros termos se diz: se você quer indicar apontando o dedo, deve articular a mão e o braço assim ou assado, da mesma forma como se prescreve, para pronunciar um dado fonema, articular segundo certas regras os órgãos fonadores).

Dissemos, no entanto, que o dedo apontado possui quatro marcas sintáticas (longitude, apicalidade, movimento direcional e força dinâmica), e que essas quatro marcas sintáticas veiculam determinadas marcas semânticas (proximidade, direção, distância); notou-se, além disso, que a marca semântica «direção» não é independente da marca sintática |movimento em direção a|, assim como a força do movimento está diretamente relacionada com a significação de proximidade ou distância. Fenômeno que não se verifica inteiramente com um índice verbal como |este| (que pode ser substituído por |ceci| ou por |this| sem que a mutação sintática altere a composição semântica do conteúdo).

Vemos, pois, que, se o sema de «proximidade» é independente da presença da coisa indicada, o movimento do dedo deve voltar-se para o ponto em que a coisa suposta como próxima deveria encontrar-se. É verdade que a noção de «uma coisa naquele lugar» não é uma coisa naquele lugar, mas exatamente um dado de conteúdo: todavia, um dos traços desse conteúdo é um traço espacial. Assim, o dedo apontado significa uma situação espacial, e essa situação espacial é intencionalmente analisável (em termos de coordenadas geográficas ou topográficas) apesar de extensionalmente nula: em termos intencionais, ela tem determinadas propriedades semânticas, uma das quais é precisamente a de ter coordenadas espaciais.

Acontece que essas coordenadas espaciais (que são conteúdo veiculado) determinam de algum modo as propriedades espaciais da expressão, vale dizer, as propriedades físicas do sinal ou da ocorrência expressiva, a qual, portanto, se encontra submetida a *ratio difficilis*, ainda que sua produção pareça depender de uma *ratio facilis*...

Devemos, pois, dizer que um índice gestual tem a mesma estrutura de função sígnica de um índice verbal, a mesma capacidade de ser ana-

TEORIA DA PRODUÇÃO SÍGNICA 165

lisado em marcas semânticas e sintáticas, mas algumas das suas marcas sintáticas parecem MOTIVADAS por suas marcas semânticas.

Destarte, a tentativa, feita no capítulo 2, de admitir todo tipo de signo sob as mesmas categorias semióticas funciona para uma teoria das funções sígnicas mas não para uma teoria da produção sígnica onde surge uma categoria que não é aplicável a todo tipo de signo, mas somente a alguns.

Daí se poderia concluir, um pouco apressadamente, que, embora independente da proximidade do referente, um índice gestual é, não obstante, 'semelhante' ao seu possível referente, possuindo portanto algumas propriedades 'icônicas'.

O escopo dos parágrafos seguintes será, ao contrário, demonstrar que não se podem assimilar 'motivações' e 'similaridades'. Isto vai depender de algumas razoes, a serem investigadas mais a fundo.

Entretanto, existem outros motivos pelos quais um índice gestual difere de um índice verbal. Buyssens (1943) afirmou que uma seta direcional, em si mesma, nada significa: pode, ao contrário, assumir o significado «vire à esquerda» quando colocada num contexto urbano particular (circunstância externa). Mas isto não é inteiramente verdadeiro. Suponhamos encontrar um sinal de conversão e um de parada numa autoescola e que tenhamos de 'ler' sem referência ao seu possível contexto urbano. Não há dúvida de que somos capazes de distinguir o sinal de parada do de conversão. Isto significa que existem convenções precisas com base nas quais certas expressões gráficas têm um significado e portanto veiculam uma porção de conteúdo. Todavia, enquanto o sinal de parada teria o mesmo significado em qualquer circunstância imaginável, o de conversão adquire seu significado completo só depois que sua colocação no contexto urbano tenha estabelecido se significa «vire à direita» ou «vire à esquerda».

Poder-se-ia dizer que a posição do sinal constitui uma seleção circunstancial (a posição urbana é um elemento de outro sistema semiótico); ou que o ser posto em situação urbana significa para o sinal ser usado numa operação de referência («*este é* o ponto em que se deve virar»). Mas essa situação requer uma outra, referente aos signos verbais, os quais recorrem antes ou depois de outros signos no contexto da frase. Na expressão |João bate José|, apenas em virtude da recíproca posição é que José parece uma pobre vítima e João um violento; bastaria mudar as posições recíprocas dos dois nomes próprios e as coisas, para José, andariam melhor. Portanto, a posição contextual (ou a ordem das palavras no indicador sintagmático) muda a tal ponto o sentido da expressão que Morris (1946) propôs chamar de "signos formadores" as posições sintáticas. A posição sintática seria então um tipo particular de signo sincategoremático (ao menos para muitas línguas; por outro lado, como no latim, as declinações substituem a posição). Se isto for verdade, eis que ficam individuados certos 'formadores' que parecem de algum modo TOPOSSENSITIVOS – porquanto devem seu significado a coordenadas espaciais ou temporais, exatamente como acontece com a direção do movimento do dedo ou com a sucessão dos elementos, seja na frase dita, seja na frase escrita. Ademais, em signos como os índices gestuais, a natureza das coordenadas expressivas é motivada pela natureza das coordenadas do conteúdo. Ainda na frase verbal citada, José seria posto depois de João porque primeiro João bate e depois José recebe os golpes (naturalmente, a transformação passiva imporia uma regra de cancrização sem eliminar a topossensitividade).

Todos os exemplos examinados têm em comum, portanto, um traço de VETORIALIZAÇÃO, seja ele um movimento físico efetivo que 'realiza' uma direção (o dedo) ou um movimento virtual sugerido por um traço de sucessão espacial ou temporal (a frase). E o mesmo sucede com

166 TRATADO GERAL DE SEMIÓTICA

a seta direcional situada num dado ponto da cidade: o signo inteiro de «vire à esquerda» é topossensitivo porque um dos traços da expressão consiste no fato de que o sinal aponta fisicamente para a esquerda do destinatário[16]. Poder-se-ia então dizer que os traços de vetorialização fazem com que um signo seja 'semelhante' aos seus referentes. Desse modo, não seria necessário elaborar uma categoria complexa como a de *ratio difficilis*, e bastaria dizer que certos signos não têm um tipo expressivo, imitando diretamente as propriedades dos objetos para os quais estão.

Mas a categoria de *ratio difficilis* foi colocada exatamente para evitar uma solução tão ingênua (cuja crítica se encontra em 3.5). Quanto a uma teorização mais aprofundada da vetorialização, veja-se 3.6.5.

3.4.11. Galáxias expressivas e nebulosas de conteúdo

Passemos agora a examinar algumas situações em que a MOTIVAÇÃO exercida pelo conteúdo sobre a expressão parece ser tão forte que desafia, juntamente com as possibilidades de réplica, a própria noção de função sígnica como CORRELAÇÃO CODIFICADA.

Examinemos primeiro os casos em que se exprimem muitas unidades de conteúdo, cuja agregação não foi previamente codificada e que constituem um DISCURSO. Se o TEXTO está para o DISCURSO como a expressão para o conteúdo, existem então dois tipos de discurso para os quais *não se preestabeleceu um texto*.

O primeiro é o dos assertos fatuais que se referem a eventos inéditos, constituindo estes últimos uma nova combinação das unidades culturais que o sistema do conteúdo houvera anteriormente reconhecido e classificado. Descrever verbalmente ou visualmente uma montanha de ouro, considerando que esta entidade é o resultado da COMBINAÇÃO de unidades semânticas anteriormente codificadas, e considerando que o código já previu as unidades expressivas correspondentes, não constitui um problema difícil: a organização da expressão será estabelecida segundo as exigências do conteúdo, mas não segundo a forma do conteúdo! Isto não é, pois, um problema de *ratio difficilis*: é um exemplo de como a expressão veicula o conteúdo. De fato, na combinação de |montanha| e |ouro| nada há de semelhante ao fenômeno orológico imaginado. Em outras palavras, se um astrônomo descobre que pequenos elefantes verdes dançam o *tip-tap* sobre a Lua toda vez que o Capricórnio entra na órbita de Saturno, certamente o seu sistema de conteúdo resulta alterado (e a sua visão do mundo deverá ser reorganizada), mas o seu sistema da expressão não ficará perturbado porque as leis do código lhe permitem veicular este novo estado do mundo e produzir novas palavras, até onde

---

16. Dever-se-ia, pois, reformular as posições morrisianas dizendo que tais formadores são traços e não signos, assim como os fonemas não são signos, mas unidades combinatórias. Mas esta assunção não muda muito o problema. Existem traços expressivos que parecem motivados pelas marcas topossensitivas do seu conteúdo (colocando-se, pois, numa relação direta de significância com ele, o que não deveria acontecer com simples traços). O tema será retomado em 3.6.

TEORIA DA PRODUÇÃO SÍGNICA

for necessário, para as novas unidades culturais a definir, desde o momento em que a redundância do sistema expressivo (cf. capítulo 1) lhes permita articular novos lexemas. No entanto, um problema menos fácil aparece quando se consideram novas unidades de conteúdo INDEFINÍVEIS, ou NEBULOSAS DE CONTEÚDO que não podem ser analisadas numa unidade definível. Trata-se de discursos que não têm interpretantes satisfatórios. Suponhamos que se deva exprimir a situação seguinte:

> Salomão encontra a rainha de Sabá, cada um dos dois encabeçando uma comitiva de senhoras e gentis-homens vestidos no estilo Renascimento, imersos na luz imóvel de uma manhã encantada onde os corpos assumem o aspecto de estátuas fora do tempo... etc.

Qualquer um terá reconhecido nestas expressões verbais algo vagamente semelhante ao texto pictórico de Piero della Francesca na igreja de Arezzo: mas seria arriscado dizer que o texto verbal 'interpreta' o pictórico. Quando muito, 'evoca-o' ou sugere-o, e isso apenas porque o texto pictórico foi tantas vezes verbalizado pela cultura em que vivemos. E, ainda neste caso, só algumas das expressões verbais se referem a unidades de conteúdo reconhecíveis (Salomão, a Rainha de Sabá, encontrar etc., enquanto outras veiculam conteúdos inteiramente diversos dos que se poderia realizar olhando diretamente o afresco, além de que expressões verbais como |Salomão| representam um interpretante muito genérico da imagem pintada por Piero.

Quando o pintor começou a trabalhar, o conteúdo que queria exprimir (na sua natureza de nebulosa) não estava ainda suficientemente segmentado. Por isso ele teve de INVENTAR.

Mas até a expressão precisou ser inventada: como se disse em 2.14.6, só se dispõe da expressão adequada quando um sistema do conteúdo se diferenciou num grau justo. Assim, temos uma situação paradoxal em que uma expressão deve ser estabelecida com base num modelo de conteúdo que ainda não existe até ser de algum modo expresso. O produtor dos signos tem uma ideia bastante clara *daquilo que* quer dizer mas não sabe *como* dizê-lo; e não pode saber *como* até haver descoberto exatamente *o quê*. A ausência de um tipo de conteúdo definido torna difícil elaborar um tipo expressivo; a ausência de tipo expressivo torna o conteúdo vago e inarticulado.

Por isso, entre veicular um conteúdo novo e veicular uma nebulosa de conteúdo há a mesma diferença que ocorre entre *criatividade regida pelas regras* e *criatividade que muda as regras*.

Assim o pintor, no caso em discussão, deve inventar uma nova função sígnica e, como toda função sígnica está baseada num código, deve propor *um novo modo de codificar*.

Propor um código significa propor uma correlação. Habitualmente, as correlações são fixadas por convenção. Mas neste caso a convenção não existe, e a correlação deverá fundar-se em alguma outra coisa

Para torná-la aceitável, o produtor deverá baseá-la em qualquer motivação evidente, por exemplo, um ESTÍMULO. Se a expressão como estímulo consegue dirigir a atenção para certos elementos do conteúdo a sugerir, a correlação é colocada (e, *après-coup*, poderá até ser reconhecida como nova convenção).

168 TRATADO GERAL DE SEMIÓTICA

Portanto, dado um tipo de conteúdo de algum modo reconhecível, seus traços pertinentes deverão ser 'projetados' num certo *continuum* expressivo por meio de algumas TRANSFORMAÇÕES. Isto não significa que uma expressão imita a forma do objeto: uma crítica dessa abordagem ingênua é desenvolvida em 3.5.

Se o tipo de conteúdo é complexo, também as regras de transformação deverão ser igualmente complexas, e por vezes o serão ao ponto de fugir à identificação, radicadas como estão na sua textura microscópica do sinal. Em tais casos, fala-se de sinal DENSO.

Quanto mais o tipo de conteúdo é novo e estranho a qualquer codificação prévia, resultado de um ato inédito de referência, tanto mais o produtor deve solicitar no destinatário reações perceptivas que sejam de alguma forma equivalentes às que teria no caso de estar em presença do objeto ou evento concreto. Foi esta modalidade de estimulação que tomou possível formar uma noção como a de signo 'icônico' como signo NATURAL, MOTIVADO e ANALÓGICO, resultado de uma sorte de 'impressão' atuada pelo próprio objeto sobre o *continuum* material da expressão.

3.4.12. Três oposições

Ao examinar os índices gestuais, descobrimos signos que podem ser ao mesmo tempo replicáveis e motivados.

Com efeito, fenômenos como a replicabilidade ou a motivação não são traços pelos quais se possa distinguir um signo de outro: constituem modos de produção que desempenham papéis diversos na constituição de vários tipos de função sígnica. O mesmo ocorre com outra oposição, como 'arbitrário *vs* motivado'. Todavia, e por vários séculos, esta oposição pareceu tão evidentemente legitimada pela experiência, que toda a história da filosofia da linguagem nela se baseou, a começar pelo *Crátilo* platônico, onde se opunha "*Nomos*" (ou convenção e arbitrariedade) a "*Physis*" (ou natureza, motivação, relação icônica entre signos e coisas).

Certo, não se trata de posições a superestimar, mas o fato é que todo o problema é repensado sob um outro angulo visual, como quando a oposição 'arbitrário *vs* motivado' – à qual se associou a de 'convencional *vs* natural' – foi assimilada a 'digital *vs* analógico'.

Como o termo 'analogia' pode ser entendido em duplo sentido (cf. 3.5.4) – isto é, como conexo a regras de proporcionalidade ou como conexo a realidades 'inefáveis' – e como, ao menos no seu primeiro sentido, 'analógico' se opõe a 'digital', os signos arbitrários são assimilados àqueles analisáveis digitalmente. A mesma assimilação ocorre nos confrontos da terceira oposição, fazendo circular a seguinte série de equivalências (aparentemente bastante esperáveis):

digital	*vs*	analógico
arbitrário	*vs*	motivado
convencional	*vs*	natural

onde as colunas verticais se apresentam como elencos de SINÔNIMOS.

TEORIA DA PRODUÇÃO SÍGNICA 169

Mesmo uma consideração superficial dos fenômenos sígnicos pode dizer-nos que estas equivalências não se sustentam: uma fotografia é motivada (os traços no papel são produzidos pelos raios luminosos tal como provêm do objeto retratado), mas é digitalmente analisável, como provam as suas reproduções em estampa através da 'retícula'; o fumo que revela a presença do fogo é por ele motivado, mas não lhe é análogo; um quadro representando a Madona é talvez análogo a uma mulher, mas a Madona é aí reconhecida em virtude de uma convenção; um certo tipo de febre é certamente motivada pela tísica. O movimento do dedo na direção de um objeto é motivado pelas coordenadas espaciais do objeto, mas a escolha do dedo como indicador é arbitrária, e os índios Cunas de San Blas usam, em vez disso, um movimento dos lábios. A marca da pata de um gato é motivada pela forma da pata do gato, mas é através de regra aprendida que um caçador atribui a essa marca o conteúdo «gato».

Neste ponto, então, cumpre afrontar o problema dos signos ditos 'icônicos' para compreender como muitos dos fenômenos semióticos acima examinados foram apressadamente cobertos por essa categoria. E veremos que, conquanto exista uma indubitável diferença entre a palavra |cão| e a imagem de um cão, essa diferença não é tão clara como o quer a divisão dos signos em arbitrários (e convencionais) e icônicos. Trata-se sobretudo de uma progressão contínua e complexa de MODOS DE PRODUÇÃO, de forma que toda função sígnica resulta do entrelaçamento de mais de um desses modos.

3.5. CRÍTICA DO ICONISMO[17]

3.5.1. Seis noções ingênuas

Se existem signos de alguma forma 'motivados por', 'semelhantes a', 'análogos a', 'naturalmente ligados' ao seu objeto, então não mais se deveria aceitar a definição, dada em 2.1, da função sígnica como correlação convencionalmente posta entre dois funtivos. O único modo de manter válida a primeira definição é mostrar que, mesmo no caso dos signos motivados, a correlação é colocada por convenção.

O âmago do problema é dado aqui, obviamente, pela noção de 'convenção', que não é coextensiva à de 'liame arbitrário', mas é de qualquer maneira coextensiva à de liame CULTURAL.

Se examinarmos os vários modos de produção sígnica, precisaremos não só considerar as modalidades de produção do sinal físico como tam-

17. Uma crítica do iconismo fora já tentada em Eco, 1968, e em Eco, 1973. Esta secção retoma as linhas daquelas duas críticas, porém de maneira mais cautelosa. Assim, apesar de alguns pontos em comum com os dois textos anteriores, este capítulo deles se afasta radicalmente pelo fato de a crítica orientar-se numa diferente solução final do problema. Alguns exemplos eficazes, propostos nos textos precedentes, serão aqui reutilizados em nota, seja a título de chamada, seja porque não conseguimos encontrar outros mais convincentes.

170 TRATADO GERAL DE SEMIÓTICA

bém as modalidades de correlação entre os dois funtivos, dado que também esta constitui um momento da produção.

Produzir um sinal, que enquanto tal deverá posteriormente ser correlacionado a um conteúdo, é produzir uma função sígnica: as maneiras pelas quais uma palavra ou uma imagem são correlatas ao seu conteúdo não são as mesmas. O problema é se a primeira representa uma correlação cultural e a segunda não: ou se ambas implicam uma espécie de correlação cultural mesmo que as correlações sejam operacionalmente diversas (*ratio facilis* vs *ratio difficilis*).

Para mostrar que mesmo a imagem de um objeto significa esse objeto com base numa correlação cultural, importa sobretudo eliminar algumas noções ingênuas, ou seja, que os chamados signos icônicos:

(i) têm as MESMAS PROPRIEDADES do OBJETO;
(ii) são SEMELHANTES ao OBJETO;
(iii) são ANÁLOGOS ao OBJETO;
(iv) são MOTIVADOS pelo OBJETO.

Mas, assim como a crítica a estas quatro primeiras noções está arriscada a cair no dogmatismo oposto, deve-se também criticar a assunção de que:

(v) os chamados signos icônicos são ARBITRARIAMENTE CODIFICADOS.

Veremos que é possível dizer que certos tipos de signos são culturalmente codificados sem por isso assumir que eles sejam de todo arbitrários, restituindo assim à categoria de convencionalidade uma maior flexibilidade. Só que, uma vez resolvidos estes problemas, poderíamos ver-nos diante de uma última, igualmente dogmática e criticável, assunção:

(vi) os chamados signos icônicos, tanto arbitrários quanto motivados, são ANALISÁVEIS EM UNIDADES PERTINENTES codificadas e sujeitos a uma ARTICULAÇÃO múltipla, como sucede com os signos verbais.

Veremos que se se aceita (v) sem reservas é-se levado a aceitar (vi), o que conduziria a clamorosas contradições. Mas se se considera (v) de forma prudente, então (vi) não está estreitamente implicado na primeira. Em outros termos, pode-se admitir que os signos ditos icônicos são CULTURALMENTE CODIFICADOS sem necessariamente implicar que são ARBITRARIAMENTE CORRELATOS ao seu conteúdo e que a sua expressão seja analisável de modo DISCRETO.

3.5.2. "Ter as propriedades do objeto"

Sabe-se que para Morris (1946) um signo é icônico na proporção em que ele próprio tem as propriedades dos seus *denotata*. Sem embargo da aceitabilidade desse asserto, uma breve indagação sobre a nossa experiência do iconismo nos diz que a definição é mais ou menos tautológica e em todo caso ingênua. Nem o retrato de uma pessoa feito por um hiper-realista parece guardar as propriedades daquela pessoa, coisa que Morris sabia perfeitamente quando (1946, 1.7) dizia que o retrato de uma pessoa é icônico numa certa medida, mas não completamente, desde o

TEORIA DA PRODUÇÃO SÍGNICA   171

momento em que a tela não possui a textura da pele humana ou a motilidade do indivíduo retratado. E o cinema seria 'mais icônico' que a pintura, mas nunca completamente icônico. De modo que, concluía Morris, um signo completamente icônico deveria ser, também ele, um *denotatum* (vale dizer, em nossos termos, um duplo do objeto em questão). Morris, nas páginas citadas (1946, 7.2), admitia que a iconicidade é matéria de graduação (as escalas de iconicidade) e mencionava como casos de iconismo brando as onomatopeias verbais, que por vezes nos parecem extremamente ligadas a convenções regionais ou nacionais.

Mas Morris dizia exatamente que os signos são icônicos "*in some respects*", com o que absolvia a obrigação de prudência e verossimilhança, mas não dava uma explicação científica do fato. Dizer que o átomo é indivisível "de um certo ponto de vista", ou que as partículas elementares são entidades físicas "num certo sentido", não é ainda fazer física nuclear.

Por outro lado, que quer dizer a afirmação de que um signo é 'semelhante' ao seu objeto? Os riachos e as cascatas que se veem no fundo dos quadros da escola de Ferrara não constituem fatos de água, como acontece em certos presépios, mas certos estímulos visuais, cores, relações espaciais, incidências de luz sobre a matéria pictórica, produzindo uma percepção muito 'semelhante' àquela que se experimentaria na presença do fenômeno físico imitado, só que os estímulos são de natureza diversa.

Com o que se poderia então afirmar que os signos icônicos não têm as 'mesmas' propriedades físicas do objeto, mas estimulam uma estrutura perceptiva 'semelhante' àquela que seria estimulada pelo objeto imitado. Trata-se, pois, de estabelecer o que, dada a mudança dos estímulos materiais, permanece imutável no sistema de relações que constitui a *Gestalt* percebida. Não se pode supor que, com base num aprendizado anterior, se seja levado a ver como resultado perceptivo 'semelhante' aquilo que de fato é um resultado diverso?

Consideremos agora o desenho esquemático de uma mão: a única propriedade que o desenho possui, uma linha negra contínua sobre uma superfície bidimensional, é a única que a mão não possui. A linha do desenho separa o espaço 'no interior' da mão, do espaço 'no exterior' da mão, enquanto na realidade a mão constitui um volume preciso que se perfila no fundo do espaço circunstante. É verdade que, quando a mão se perfila, digamos, contra uma superfície clara, o contraste entre os limites do corpo que absorve mais luz e o que a reflete ou irradia pode aparecer em certas circunstâncias como uma linha contínua. Mas o processo é mais complexo, os limites não são tão precisamente definidos e portanto a linha negra do desenho constitui a simplificação seletiva de um processo muito mais complicado. Por conseguinte, uma CONVENÇÃO GRÁFICA autoriza a TRANSFORMAR no papel os elementos esquemáticos de uma convenção perceptiva ou conceitual que motivou o signo.

Maltese (1970, VIII) adianta a hipótese, bastante verossímil, de que a linha contínua impressa por um corpo sobre uma substância maleável sugere uma experiência tátil. O estímulo visual, em si muito pobre, remeteria por SINESTESIA a um estímulo tátil.

172 TRATADO GERAL DE SEMIÓTICA

Esse tipo de estímulo não constituiria inteiramente um signo. Seria tão-somente um dos traços de um artifício expressivo que contribui para estabelecer uma correspondência entre aquela expressão e um dado conteúdo («mão humana» ou «mão humana calcada sobre esta superfície»). Destarte, o perfil da marca inteira da mão não é um signo icônico que possui algumas propriedades da mão, mas um ESTÍMULO SUB-ROGADO que, no quadro de uma representação convencional, contribui para a significação: trata-se, enfim, de configurações materiais que *simulam* condições perceptivas ou componentes dos signos icônicos (Kalkofen, 1973, em resposta a Eco, 1968).

Pode-se ingenuamente identificar a produção de estímulos sub-rogados com o iconismo, mas trata-se ainda de pura licença metafórica.

Recorramos a um exemplo. A experiência comum nos diz que a sacarina 'é semelhante' ao açúcar. A análise química mostra, ao contrário, que as duas substâncias não têm propriedades comuns, porque o açúcar é um dissacarídeo cuja fórmula é $C_{12}H_{22}O_{11}$, enquanto a sacarina é um derivado do ácido o-sulfamidobenzoico. Tampouco podemos falar de semelhança visual, porque nesse caso o açúcar seria mais semelhante ao sal. Digamos então que o que chamamos de propriedades comuns não se refere à composição química, mas ao EFEITO dos dois compostos sobre as papilas gustativas. Eles produzem o mesmo tipo de experiência, ambos são 'doces'. A doçura não é uma propriedade dos dois compostos, mas um resultado da sua interação com as nossas papilas. Mas esse resultado é considerado 'emicamente' pertinente numa civilização culinária que opôs tudo o que é doce a tudo o que é salgado, azedo ou amargo. Naturalmente, para um entendedor, a 'doçura' da sacarina não é a mesma da do açúcar, mas mesmo para um bom pintor existem diversas gradações de cor ali onde nós tenderemos a ver sempre o «vermelho».

Seja como for, onde se falava de simples 'semelhança' entre os dois compostos individuamos agora: (a) uma estrutura química dos compostos, (b) uma estrutura do processo perceptivo (interação entre compostos e papilas gustativas), onde o que é chamado 'semelhante' requer um certo eixo de oposições (por exemplo, 'doce *vs* amargo') e pode parecer diverso se referido a um outro eixo (por exemplo, 'granular vs em pó'); (c) a estrutura do campo semântico culinário, que determina a identificação de pertinências e portanto a predicação de igualdade e desigualdade. No jogo destas três ordens de fenômenos, a pretensa 'semelhança' se dissolve numa rede de estipulações culturais que determina a experiência ingênua

Assim, o juízo de 'semelhança' é pronunciado com base em critérios de pertinência fixados por convenções culturais.

3.5.3. Iconismo e similaridade: as transformações

Há, porém, uma outra definição de iconismo, aquela proposta por Peirce. Um signo é icônico quando "pode representar o seu objeto sobretudo por via de similaridade" (2.276).

Dizer que um signo é semelhante ao seu objeto não é o mesmo que dizer que tem as mesmas propriedades. Em todo caso, existe a noção de SIMILARIDADE, que possui um *status* científico mais preciso do que a de 'ter as mesmas propriedades' ou de 'assemelhar-se a…'. Em geometria, define-se a similaridade como a propriedade de duas figuras que são iguais em tudo salvo no formato. Visto que a diferença de formato não é inteiramente negligenciável (a diferença entre um crocodilo e uma lagartixa é de não pouca importância para a vida cotidiana), decidir negligenciar o formato não parece uma coisa totalmente natural, assumindo o ar de repousar sobre uma convenção cultural – com base na qual certos elementos de uma figura são julgados pertinentes e outros são de todo obliterados. Este tipo de decisão requer um certo ADESTRAMENTO: se peço a uma criança de três anos para comparar um modelo escolástico de pirâmide com a pirâmide de Quéops, perguntando se são similares, a resposta mais provável é "não". Só depois de haver recebido uma série de instruções é que meu ingênuo interlocutor estará em condições de compreender que eu estava procurando determinar uma similaridade geométrica. O único fenômeno indiscutível de similaridade é dado pelos fenômenos de CONGRUÊNCIA, onde duas figuras de igual formato coincidem em cada um dos seus pontos. Mas deve tratar-se de duas figuras planas: uma máscara mortuária é congruente quanto à forma, mas faz abstração da matéria, da cor e de uma série de outros pormenores. E é duvidoso que um sujeito ingênuo estaria em condições de dizer que a máscara é similar ao rosto do morto.

Indo mais além na definição geométrica de similaridade, vê-se que ela é a propriedade compartilhada por duas figuras que têm *ângulos iguais e lados proporcionalmente equivalentes*.

Ainda uma vez, o critério de similaridade se baseia em REGRAS precisas que tornam pertinentes certos aspectos, relegando outros à irrelevância. Porém, uma vez que a regra foi aceita, julga-se certa uma motivação que ligue entre si dois lados equivalentes, já que sua semelhança não está baseada numa relação puramente arbitrária; mas, para tornar a motivação aceitável, era necessária uma regra. Os experimentos sobre as ilusões de ótica nos dizem que às vezes existem ótimas razões perceptivas para julgar equivalentes ou diversas duas figuras, mas que só quando a regra geométrica é conhecida, os parâmetros são aplicados e as proporções controladas é que um juízo de semelhança ou de dessemelhança correto pode ser pronunciado.

A similaridade geométrica está baseada em parâmetros espaciais escolhidos como elementos pertinentes: mas na teoria dos gráficos encontram-se outras formas de similaridade que não se baseiam em parâmetros espaciais; certas relações topológicas, ou relações de ordem, são escolhidas e transformadas em relações espaciais por meio de uma decisão cultural. Segundo a teoria dos gráficos, as três representações da Fig. 36 exprimem as mesmas relações mesmo que não sejam, do ponto de vista geométrico, inteiramente "similares":

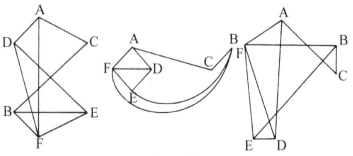

Figura 36

Os três gráficos veiculam a mesma informação, por exemplo, quanto às possíveis correlações interdisciplinares entre seis departamentos universitários, mas não realizam as mesmas propriedades geométricas. E isto porque uma dada convenção decidiu dispor as siglas correspondentes aos seis departamentos não segundo a sua disposição topográfica, mas segundo o tipo de colaboração científica que se pode realizar entre eles. Portanto, como F é um departamento de Física, A um departamento de Filosofia, D um departamento de Matemática e C um departamento de História do Direito Romano, pode-se ver como Matemática e Física têm matérias em comum entre si e com Filosofia, enquanto História do Direito Romano poderá ter matérias em comum com Filosofia mas nenhuma com Física e Matemática. Como se escolheu como parâmetro o da comunidade dos serviços científicos, os três gráficos resultam *isomorfos*.

Este tipo de ISOMORFISMO pode ser chamado de 'similaridade ', mas seria difícil defini-lo como similaridade icônica ou visual, e certamente não satisfaz aos requisitos da noção geométrica de semelhança. Falar, pois, de iconismo a propósito dos gráficos é pura metáfora.

Infelizmente, esse é o tipo de metáfora usado por Peirce em seu pequeno tratado, a outros títulos magistral, sobre os *Gráficos Existenciais* (4.347-573), em que estudava exatamente as propriedades dos diagramas lógicos. Um gráfico existencial é para Peirce um artifício pelo qual a relação expressa por um silogismo como «todos os homens são sujeitos a paixões – todos os santos são homens – todos os santos são sujeitos a paixões» pode ser expressa pela forma geométrica

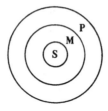

Figura 37

enquanto o silogismo «nenhum homem é perfeito – todo santo é um homem – portanto nenhum santo é perfeito» é expresso pela forma geométrica

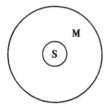 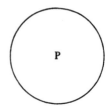

Figura 38

A propósito desse gênero de diagramas, Peirce diz que "sua beleza surge do fato de serem veridicamente icônicos, naturalmente análogos à coisa representada, e não criação de uma convenção" (4.367). O que soa um tanto estranho, quando se está acostumado a associar a noção de iconismo à relação visual entre propriedades espaciais. É verdade que os diagramas acima exibem relações espaciais, mas essas relações espaciais não estão em lugar de outras relações espaciais! Ser ou não ser sujeito a paixões não é matéria de colocação espacial. Em termos de lógica clássica, dir-se-ia que se trata de possuir ou não possuir uma dada propriedade. Ora, a inerência de uma propriedade a um sujeito (a relação *praedicatum-subjectum*) é um conceito ingenuamente realista, porque ter paixões não é um acidente que pertença ou seja inerente ao sujeito senão na metafísica aristotélica, e ainda que assim fosse o primeiro gráfico deveria ser invertido. E se assim não é, isto ocorre porque o gráfico não transcreve a clássica noção de inerência do predicado ao sujeito, mas a noção moderna de pertencer a uma classe. No entanto, fazer parte de uma classe não é uma propriedade espacial (a menos que não se pertença à classe de todos aqueles que hoje se encontram num dado lugar) e é uma relação puramente abstrata. Como se dá, então, que na representação gráfica o pertencer a uma classe se torne pertencer a um espaço? Isto ocorre por força de uma CONVENÇÃO (embora baseada em mecanismos mentais que tornam familiar o imaginar relações abstratas em termos de proximidade espacial ou sucessão temporal) que ESTABELECE que certas relações abstratas são EXPRESSAS por certas relações espaciais. Naturalmente, a convenção segue um critério proporcional do tipo 'o espaço a está para o espaço b assim como a entidade a_1 está para a entidade b_1' – tal como na similaridade geométrica se estabelece um critério de proporcionalidade entre os lados. Mas, seja como for, estamos diante de uma convenção que estabelece o modo como uma proporção (que representa um tipo de motivação arbitrária) deve ser colocada e interpretada. Chamar 'iconismo' a esse complexo intricado de regras de isomorfismo representa uma licença metafórica um tanto desenvolta.

Peirce se serve de muitas dessas licenças, e de certa forma não deixa de ter razão: no fundo, o que ele procura é definir o tipo de relação entre uma expressão e um conteúdo a que chamamos *ratio difficilis*. Mas Peirce não consegue abandonar a referência ao objeto, e por isso o seu 'iconismo' permanece como termo "guarda-chuva" que cobre fenômenos desiguais, como as imagens mentais, os gráficos, as pinturas etc. Um gráfico, certamente, manifesta uma proporcionalidade entre expressão e conteúdo, e este conteúdo não é um objeto, mas uma relação lógica. Representa isto um bom exemplo de correlação entre elementos da expressão e esquemas de conteúdo admitidos como tipo expressivo, sem passar por um processo de verificação do objeto. Este fato reforça a opinião, já expressa em 3.4.9, de que nos casos de *ratio difficilis* o que conta não é a correspondência entre imagem e objeto, mas entre imagens e conteúdo. O conteúdo, nesse caso, é o resultado de uma convenção, como o é a correlação proporciona. Os elementos de motivação existem, mas só

176   TRATADO GERAL DE SEMIÓTICA

enquanto foram anteriormente *aceitos convencionalmente* e como tais *codificados*.

Similaridade geométrica e isomorfismo topológico são TRANSFOR-MAÇÕES pelas quais a um ponto no ESPAÇO EFETIVO da expressão se faz corresponder um ponto no ESPAÇO VIRTUAL do tipo de conteúdo. O que assinala a diferença entre diversos gêneros de transformação é o modo de correspondência e a classe de elementos tornados pertinentes pelo procedimento de convencionalização, de modo que somente estes devem ser considerados como invariantes, enquanto os demais mudam. Portanto, alguns procedimentos visam a conservar as propriedades topológicas, outros as métricas, e assim por diante. Mas em cada um desses casos tem-se transformação no sentido técnico do termo. É transformação toda correspondência biunívoca de pontos no espaço (e consideramos como espaço mesmo o espaço virtual do modelo de conteúdo, como se faz no caso de translações por relações pertencentes a classes de disposições espaciais). Uma transformação não sugere a ideia de correspondência natural: é, antes, a consequência de uma regra e de um artifício. Assim, mesmo a linha contínua que traça o perfil de uma mão numa folha de papel (cf. 3.5.2) representa a instituição de uma relação de similaridade através da correspondência, TRANSFORMADA PONTO POR PONTO, entre um modelo visual abstrato de mão humana e a imagem desenhada. A imagem é motivada pela representação abstrata da mão, mas é ao mesmo tempo efeito de uma decisão cultural e como tal requer uma percepção adestrada para ser percebida como imagem daquele objeto.

A similaridade é PRODUZIDA e deve ser APRENDIDA (Gibson, 1966).

3.5.4. Iconismo e analogia

Neste ponto, ainda é possível falar dos signos icônicos como 'análogos'? Se a analogia é uma espécie de parentesco misterioso entre coisas e imagens (ou entre coisas e coisas), então se trata de uma categoria que não pode achar lugar neste quadro teórico. Mas se a analogia é entendida num sentido que permite sua verificação, então deve ser examinada – se não por outro motivo, ao menos para descobrir-se que em tal caso ela é sinônimo de 'similaridade'.

Procuremos compreender o que é uma analogia observando o comportamento de um computador dito 'analógico'. Ele estabelece, por exemplo, que uma intensidade de corrente $\|x\|$ denota uma grandeza física «y», e que a relação denotativa se baseia numa relação proporcional. A proporção pode ser corretamente definida como um tipo de analogia, mas nem todos os tipos de analogia se reduzem a uma proporção. Como quer que seja, para que exista proporção devem existir pelo menos três termos. Não se pode dizer 'a intensidade x está para a grandeza y' se não se acrescentar pelo menos 'assim como a grandeza y está para…'. Compreendemos agora que um computador é dito analógico não porque estabeleça uma relação constante entre duas entidades, mas porque estabelece uma constante proporcionalidade entre duas séries de entida-

TEORIA DA PRODUÇÃO SÍGNICA

des, uma das quais é admitida como o significante da outra. Uma proporção depende do fato de que, se à grandeza 10 corresponde a intensidade 1, à grandeza 20 deverá corresponder a intensidade 2, e assim por diante. A relação é definida como "analógica", mas a correlação entre uma dada intensidade de corrente e uma dada grandeza foi arbitrariamente fixada desde o início, e o computador poderia fazer cálculos igualmente exatos se fosse estabelecido que à intensidade 3 corresponde a grandeza 9, à 6 a 18, e assim por diante. Por conseguinte, não é a analogia que institui a relação de proporcionalidade, mas a relação de proporcionalidade é que institui a analogia.

Mas por que se estabeleceu que à intensidade $\|x\|$ deve corresponder a grandeza «y»? Se se responde "arbitrariamente" ou "por razões econômicas", então o problema não existe. Mas suponhamos que se responda "porque havia uma analogia entre x e y". Essa analogia não seria uma proporção, porquanto falta o terceiro termo, e o melhor seria defini-la como 'semelhança'. Mas dizer que duas entidades se 'assemelham' significa dizer que estão ligadas por relação icônica. Destarte, quando se pretende definir uma analogia que não seja reconduzível a proporção, retoma-se à noção de iconismo. Assim, com resultado semioticamente absurdo, recorre-se à analogia para explicar o iconismo quando se deve recorrer ao iconismo para explicar a analogia. O resultado é uma petição de princípio. Podemos, pois, descurar tranquilamente toda chamada analogia que não seja relação proporcional, reportando-a à explicação em termos de similaridade discutida no parágrafo anterior. Também a analogia (no seu sentido ingênuo) é reconduzível a operações submetidas a regra. Portanto, se 'análogo' é usado como sinônimo de 'inefável', então, como ficou dito, tanto dá falar como não falar disso. Não se escrevem tratados sobre alguma coisa para dizer que essa coisa é um 'não-sei-quê'. E se certos filósofos o fazem, fazem-no muito mal[18]. Assim sendo, se se reconduz |analogia| às suas únicas traduções possíveis (relação de similaridade, de isomorfismo ou de proporcionalidade), ela se apresenta como PROCEDIMENTO INSTITUTIVO DAS CONDIÇÕES NECESSÁRIAS PARA UMA TRANSFORMAÇÃO.

3.5.5. Reflexões, réplicas e estímulos empáticos

Uma vez que a transformação se apresentou como a melhor explicação operativa da expressão de iconismo, tentemos agora eliminar alguns fenômenos que poderiam ser reconduzidos sob a rubrica da 'similaridade', com o risco de criar embaraços à teoria. Referimo-nos às (i) reflexões especulares, (ii) aos duplos e às réplicas fundadas em *ratio facilis* e (iii) aos signos chamados 'expressivos' (onde, naturalmente, |expressivo| não tem o sentido usado neste livro, mas o usado no discurso comum).

As REFLEXÕES ESPECULARES podem ser definidas como um tipo de congruência, enquanto as congruências são tipos de equivalências

---

18. A tentativa mais importante para definir a analogia em todas as suas acepções é ainda *La linea e il circolo* de Enzo Melandri (1968).

178 TRATADO GERAL DE SEMIÓTICA

e estabelecem uma relação biunívoca fundada nas propriedades da reflexividade, simetricidade e transitividade. Em tal sentido, a reflexão especular seria uma forma de igualdade e não de similaridade.

Deve-se, contudo, esclarecer que uma reflexão especular *não* pode ser admitida como signo (se nos ativermos à nossa definição de função sígnica). Não só a imagem do espelho não pode ser chamada de 'imagem' (pois não passa de imagem virtual, além de não ser uma expressão material)[19], mas mesmo que se admitisse a existência material da imagem seria necessário reconhecer que ela *não está para* alguma outra coisa, mas está DIANTE de alguma outra coisa. Ela não existe *em vez de*, mas *por causa* da presença de alguma coisa: quando essa coisa desaparece, desaparece também a pseudoimagem do espelho[20].

Mesmo admitindo que o que acontece na câmara escura é semelhante ao fenômeno da reflexão especular, o que muda é o fato de que em fotografia a imagem permanece TRAÇADA em algum lugar, e qualquer discussão subsequente sobre suas propriedades icônicas se vê diante de IMAGEM MATERIAL IMPRESSA, e não do PROCESSO DE IMPRESSÃO. A singularidade da reflexão especular é demonstrada, ao contrário, pelo fato de que, quando se procura entendê-la como signo e aplicar-lhe o sistema comunicativo normal, surgem curiosas consequências: a fonte coincide com o destinatário (pelo menos no caso de seres humanos que se olham ao espelho); receptor e transmissor coincidem; coincidem expressão e conteúdo, pois o conteúdo da imagem refletida é exatamente a imagem refletida, e não o próprio corpo (o referente da imagem especular é matéria puramente visual, tanto que se diferencia por simetria inversa do corpo real espelhado).

A imagem especular não constitui um signo porque não pode ser usada para mentir (a não ser produzindo um falso objeto a oferecer à reflexão, mas neste caso a mentira se refere à fabricação do objeto, e não à sua reflexão).

O segundo fenômeno que não deve ser considerado como caso de iconismo é a fabricação ou existência de DUPLOS (cf. 3.4.7): um duplo pode ser um ícone do objeto-modelo apenas no caso específico em que o objeto é usado como signo OSTENSIVO; mas disso se falará em 3.6.3[21].

19. Ver Gibson (1966, p. 227): "A óptica faz uma distinção entre imagens 'reais' e 'virtuais'. Em óptica, o que chamei de imagem cinematográfica (obtida projetando-se sombras sobre uma superfície, a estrutura de um aparelho através de variações artificiais de iluminação) é denominada imagem 'real', e justamente. O que chamo de aparelho óptico... quando provém de um espelho ou de uma lente, produz uma imagem 'virtual'. O rosto aparente no espelho ou a coisa aparentemente próxima no campo do telescópio são objetos quanto ao efeito, mas não de fato..."

20. Pode-se objetar que as imagens do espelho são usadas como signo ao menos num caso, isto é, quando vejo no espelho uma pessoa que está atrás de mim, ou quando uso um espelho para ver o corte de cabelo atrás da cabeça. Mas trata-se de simples casos de *extensão artificial* do campo de visão, não diversos do uso do microscópio ou do telescópio: são casos de 'próteses', não de significação.

21. Resta o problema dos duplos malfeitos, a meio caminho entre a tentativa de uma réplica, o duplo e a representação icônica. Que é a imitação grosseira de um dado? A xerocópia de um desenho a traço? A mesma reprodução fotomecânica de uma pintura, perfeita em todos os pormenores cromáticos, salvo na imitação da textura da tela, substituída por papel envernizado? São fenômenos que em 3.6.2 classificaremos como IMPRESSÕES; em outros casos, eles podem tornar-se signos contanto que sejam apresentados como tais por um contexto, uma estipulação explícita, uma legenda.

TEORIA DA PRODUÇÃO SÍGNICA 179

A terceira exclusão diz respeito às RÉPLICAS regidas por *ratio facilis*. À primeira vista, dir-se-ia que, como elas reproduzem certos traços prescritos por seu tipo expressivo, a correspondência entre traços típicos e traços realizados deveria reger-se por uma relação de 'similaridade'. Por que, então, não dizer que o reconhecimento de uma ocorrência representa um fenômeno de iconismo?

Antes de mais nada, porque o tipo expressivo prescreve também o *continuum* material de que será feita a ocorrência, o que não ocorre no caso dos signos ditos icônicos (tanto que, exatamente por isto, são necessárias regras de transformação), de forma que dois triângulos podem ser semelhantes mesmo que um seja traçado numa folha de papel e o outro gravado no cobre. Em segundo lugar, porque o suposto iconismo que deveria governar a relação tipo-ocorrência não é um TEOREMA que a semiótica deve demonstrar: é, ao contrário, um dos seus POSTULADOS. A mesma noção de signo como entidade replicável depende da postulação da reconhecibilidade das réplicas. As regras dessa reconhecibilidade são de ordem perceptiva e devem ser admitidas como dadas no quadro de uma investigação semiótica. Portanto, uma ocorrência não é o signo do seu tipo (embora se possa, ainda uma vez, admiti-la como tal no caso de signos ostensivos, cf. 3.6.3).

A réplica, tanto parcial como absoluta, não se refere à expressão como funtivo: refere-se à expressão como sinal, e as condições para uma boa réplica dizem respeito sobretudo à engenharia da informação (ou à fonética, ou a outra ciência qualquer).

Quando, ao contrário, as condições de replicabilidade dizem respeito ao sinal como funtivo, ou seja, quando os processos de produção do sinal não determinam apenas sua natureza de sinal, mas a reconhecibilidade do conteúdo expresso, então o problema muda de figura. Com efeito, estamos diante dos casos de *ratio difficilis*, onde o modelo da réplica é um tipo de conteúdo.

Propomos, enfim, não considerar icônicos os chamados signos 'EXPRESSIVOS', vale dizer, aqueles artifícios em que o próprio sinal parece capaz de 'induzir' um determinado sentimento de semelhança entre sinal e uma determinada emoção. Muitos artistas (como, por exemplo, Kandinsky) teorizaram amplamente o fato de uma certa linha poder 'exprimir' um sentimento de força ou de fraqueza, de estabilidade ou de desequilíbrio, e assim por diante. A psicologia da EMPATIA (ou *Einfühlung*) estudou esses fenômenos, que indubitavelmente têm seu lugar na nossa vida perceptiva e correlacionam muitos fenômenos sígnicos a outros fenômenos de percepção das formas naturais.

Apesar de negá-los, consideraremos esses fenômenos de empáfia como casos de ESTIMULAÇÃO que devem ser estudados pela fisiologia do sistema nervoso: mas num quadro semiológico não parece muito frutuoso querer estabelecer se eles se baseiam ou não em estruturas universais da mente humana ou se não são antes sujeitos a variáveis biológicas e culturais.

Todavia, a semiótica pode considerar esses fenômenos pelo menos em dois casos:

180 TRATADO GERAL DE SEMIÓTICA

(i) quando o efeito preciso usualmente estimulado por uma dada forma é CULTURALMENTE REGISTRADO, de modo que a forma estimulante, através de seu eventual produtor, funciona como o SIGNO CONVENCIONAL DO SEU POSSÍVEL EFEITO, quando não funciona como signo também para um destinatário já habituado a reconhecer um liame entre àquela e um dado resultado emotivo (cf. 3.6.6);

(ii) quando um dado efeito se deve claramente a uma ASSOCIA-ÇÃO CULTURALIZADA e quando um dado sinal não sugere, digamos, um sentimento de 'graça' por causa de estruturas universais da mente, mas por causa de uma relação amplamente codificada entre o sinal e o sentimento (pense-se em como séculos de crítica associaram sentimentos de «gracioso» a certos estilos, de «força» a outros, e assim por diante). Neste último caso, tem-se função sígnica com todos os efeitos, mas não, por certo, signo icônico. Em ambos os casos, deve-se falar de ESTIMU-LAÇÃO PROGRAMADA; em 3.6.7 veremos como, embora nem sem-pre, a reação do destinatário pode ser prevista, e portanto a estimulação é codificada até certo ponto, devendo-se falar da estimulação programada como de um caso de INVENÇÃO[22].

3.5.6. Iconismo e convenção

Em oposição às teorias que sustentam a naturalidade dos signos icônicos, existem demonstrações satisfatórias da sua convencionalidade. Vários são os exemplos de artistas que realizaram 'imitações' que nos parecem hoje perfeitas e que, ao aparecerem pela primeira vez, foram refutadas como 'pouco realistas'[23]. Significa isto que o artista inventara um tipo de transformação segundo regras ainda não adquiridas pela co-munidade. Por outro lado, existem pinturas primitivas das quais nós, seus contemporâneos, não reconhecemos a eficácia representativa porque não levamos em conta outras regras de transformações.

---

22. Para uma literatura sobre casos de estimulação programada, embora não apre-sentada como tal, mas como caso de parentesco 'natural', 'simbólico', 'empático', 'pro-fundo' entre signo e sentimento, veja-se, por exemplo: Rudolf Amheim, *Arte e percezione visiva*, Milão, Feltrinelli, 1962; John Dewey, *farte como esperienza*, Florença, La Nuova Italia, 1951; Kurt Lewin, *Principi di psicologia topologica*, Florença, 1961; Suzanne Langer (1953); Ernst Cassirer (1923).

23. "Essa convencionalidade dos códigos imitativos foi sublinhada muito bem por Ernest Gombrich em seu livro *Arte e illusione*, onde se explica, por exemplo, o fe-nômeno ocorrido com Constable, quando elaborou uma nova técnica para exprimir a presença da luz na paisagem. O quadro de Constable *Vivenho e Park* foi inspirado por uma poética da expressão científica da realidade, e a nós se afigura francamente 'foto-gráfico', com sua representação minuciosa das árvores, dos animais, da água e da lumi-nosidade de uma zona de prado batida de sol. Mas sabemos, não obstante, que sua técnica dos contrastes tonais, quando suas obras apareceram pela primeira vez, não era realmente sentida como uma forma de imitação das relações 'reais' de luz, mas como um arbítrio esdrúxulo. Constable havia, portanto, inventado um novo modo de *por em código a nossa percepção da luz* e de transcrevê-la na tela." (Eco, 1968, p. 117.)

TEORIA DA PRODUÇÃO SÍGNICA

Na história das artes visuais, encontram-se representações 'icônicas' que não conseguiam ser aceitas como tais e que depois, à medida que os destinatários se lhes habituavam, eram convencionalizadas ao ponto de parecerem mais 'naturais' que os próprios objetos, de modo que posteriormente a percepção da natureza era 'filtrada' pelo modelo icônico dominante[24]. O caso, citado por Gombrich, de uma série de desenhistas do século XVI ao XVIII, que continuaram a representar rinocerontes *'sur nature'* reportando-se inconscientemente ao modelo de rinoceronte proposto por Dürer (o qual correspondia antes a uma descrição cultural do rinoceronte popularizada por bestiários medievais); o caso, sempre citado por Gombrich, do pintor oitocentista que retrata do real a fachada da catedral de Chartres, mas que, embora Vendo-a' com os portais em arco total, representa-os em ogiva para manter-se fiel à noção cultural de «catedral gótica» dominante em seu tempo; estes e outros episódios claro que nos casos de signos governados por *ratio difficilis* o que motiva a organização da expressão não é o objeto, mas o conteúdo cultural correspondente a um dado objeto.

3.5.7. Similaridade entre expressão e conteúdo

Representar iconicamente o objeto significa então transcrever por meio de artifícios gráficos (ou de outro gênero) as propriedades culturais que lhe são atribuídas. Uma cultura, ao definir seus objetos, remete-se a alguns CÓDIGOS DE RECONHECIMENTO que individuam traços pertinentes e caracterizantes do conteúdo[25]. Um CÓDIGO DE

24. "No livro de Gombrich há exemplos memoráveis dessa atitude. De Villard de Honnecourt, o arquiteto e desenhista do século XII, que afirma copiar um leão do real e o reproduz segundo as mais óbvias convenções heráldicas da época (sua percepção do leão é condicionada pelos códigos icônicos em uso; seus códigos de transcrição icônica não lhe permitem transcrever de outra forma a percepção; e provavelmente ele está tão habituado aos seus códigos, que acredita transcrever suas próprias percepções da maneira mais consciente possível); a Dürer, que figura um rinoceronte recoberto de escamas e lâminas imbricadas, e essa imagem do rinoceronte permanece constante pelo menos durante dois séculos, reaparecendo nos livros dos exploradores e dos zoólogos (que viram rinocerontes verdadeiros e sabem que eles não têm escamas imbricadas, mas não se aventuram a representar as rugosidades de sua pele senão sob forma de escamas imbricadas, pois sabem que só esses signos gráficos convencionalizados podem denotar 'rinoceronte' ao destinatário do signo icônico). No entanto, é igualmente verdade que Dürer e seus imitadores haviam tentado reproduzir de certa maneira determinadas condições da percepção que a figuração gráfica do rinoceronte faz supor; no livro de Gombrich, o livro de Dürer constitui indubitavelmente motivo de riso, face à comparação com o rinoceronte verdadeiro, cuja pele é quase lisa e uniforme; sabemos, porém, que, se examinássemos de perto a pele de um rinoceronte, individuaríamos um tal jogo de rugosidades que, sob um certo perfil (no caso, por exemplo, de um paralelo entre a pele humana e a pele de rinoceronte), seria bastante realista a ênfase gráfica de Dürer, que leva as rugosidades a uma evidência excessiva e estilizada, o que não acontece com a imagem da foto, que por convenção só retrata as grandes massas de cor, uniformizando as superfícies opacas e distinguindo-as ao máximo por diferenças de tom." (Eco, 1968, pp. 119-120.)

25. "Selecionamos os aspectos fundamentais do *perceptum* com base em *códigos de reconhecimento*: quando, no jardim zoológico, vemos de longe uma zebra, os elementos que reconhecemos imediatamente (e que retemos na memória) são as listras, e não o perfil que se assemelha vagamente ao do asno ou do mulo. Assim, quando desenhamos uma zebra, preocupamo-nos em tornar reconhecíveis as listras, mesmo que a forma do animal seja aproximativa e que sem as listras, poderia ser confundida com a de um ca-

182 TRATADO GERAL DE SEMIÓTICA

REPRESENTAÇÃO ICÔNICA estabelece, pois, quais os artifícios gráficos que correspondem aos traços do conteúdo, ou aos elementos pertinentes fixados pelos códigos de reconhecimento[26]. A maior parte das representações icônicas esquemáticas verificam literalmente essa hipótese (o sol como círculo dotado de raios, a casa como quadrado encimado por um triângulo etc.. Mas, mesmo nos casos de representação mais 'realista', podem-se individuar blocos de unidades expressivas que remetem não àquilo que SE VÊ do objeto, mas àquilo que SE SABE, ou àquilo que se aprendeu a ver[27].

valo. Suponhamos, porém, que exista uma comunidade africana onde os únicos quadrúpedes conhecidos sejam a zebra e a hiena, ignorando-se pois os cavalos, asnos e mulos. Neste caso, para se reconhecer a zebra, já não será necessário perceber as listras (poder--se-á reconhecê-la mesmo à noite, como sombra, sem individuar-lhe a veste), e para desenhar uma zebra será mais importante insistir na forma do focinho e no comprimento das pernas, para distinguir o quadrúpede figurado da hiena (que também possui listras, razão pela qual estas não constituem fator de diferenciação)." (Eco, 1968, p. 114.)

26. "Observemos uma criança de quatro anos: ela se põe de bruços, estendida sobre uma mesa, e apoiando-se na bacia começa a girar com os braços e as pernas esticados, como a agulha de uma bússola. Diz: 'Sou um helicóptero'. De toda a complexa forma do helicóptero ela, com base em códigos de reconhecimento, reteve: 1) o aspecto fundamental, pelo qual o helicóptero se distingue de outras máquinas: as pás giratórias; 2) das três pás giratórias só reteve a imagem de duas pás contrapostas, como a estrutura elementar por cuja transformação se têm as várias pás; 3) das duas pás reteve a relação geométrica fundamental: uma linha reta fixada ao centro e giratória em 360 graus. Percebida essa relação de base, reproduziu-a *no e com* o próprio corpo. Neste ponto, peço-lhe para desenhar um helicóptero, pensando que, como lhe percebeu a estrutura elementar, reproduzi-la-á no desenho. Pelo contrário: ela desenha um desajeitado corpo central em volta do qual *finca* formas paralelepípedas, como aguilhões, em número indeterminado (sempre acrescentando mais) e em ordem esparsa, como se o objeto fosse um porco-espinho, e dizendo: 'Aqui há tantas, ali tantas'. Entretanto, ao usar o próprio corpo, reduzia a experiência a uma estrutura extremamente simples; usando o carvão, confere ao objeto uma estrutura demasiado complexa. Ora, de um lado, não há dúvida, com o corpo ele imitava também o movimento, o que não conseguia fazer no desenho, devendo então fazê-lo através do adensamento das pás aparentes; mas o movimento poderia representá-lo também como faria um adulto, desenhando, por exemplo, numerosas linhas retas intersectando-se no centro, dispostas em estrela. Claro está que ela ainda não é capaz de por em código (gráfico) o tipo de estrutura que com o corpo conseguiu representar tão bem (pois já a individuou, 'modelizou'). Ela percebe o helicóptero, elabora-lhe modelos de reconhecimento, *mas não sabe estabelecer a equivalência entre um signo gráfico convencionado e o traço pertinente do código de reconhecimento.*" (Eco, 1968, p. 115.)

27. "A definição do signo icônico como aquele que possui *algumas propriedades do objeto representado* torna-se neste ponto ainda mais problemática. As propriedades que tem em comum são as que, do objeto, se *veem* ou se *sabem*. Uma criança desenha um automóvel de perfil com todas as quatro rodas visíveis: identifica e reproduz as propriedades que *sabe*; aprende depois a por em código os seus signos e representa o automóvel com duas rodas (as outras duas, explica, não se veem); reproduz, pois, apenas as propriedades que *vê*. O artista renascentista reproduz as propriedades que vê, o pintor cubista as que sabe (mas o público normal está habituado a reconhecer apenas as que *vê* e não reconhece no quadro as que *sabe*). O signo icônico pode portanto possuir, entre as propriedades do objeto, as ópticas (visíveis), as ontológicas (supostas) e as convencionais (modelizadas, conhecidas como inexistentes mas como eficazmente denotantes: caso dos raios de sol em varetas). *Um esquema gráfico reproduz as propriedades relacionais de um esquema mental.*" (Eco, 1968, pp. 116-117.)

TEORIA DA PRODUÇÃO SÍGNICA 183

Portanto, podemos considerar que entre os traços do conteúdo de inúmeras entidades culturais existem as de ordem ÓTICA, as de ordem ONTOLÓGICA e as de ordem francamente CONVENCIONAL. As óticas dependem por vezes de uma codificação da experiência perceptiva anterior; as ontológicas referem-se às propriedades realmente perceptíveis, mas que a cultura atribui igualmente ao objeto, de modo que os artifícios gráficos, denotando-as, sugerem uma reprodução fiel do próprio objeto; as estritamente convencionais, enfim, dependem de convenções iconográficas que 'catacresizaram' tentativas precedentes de reproduzir propriedades óticas[28].

Pode-se assim falar de CÓDIGO ICÔNICO como do sistema que faz corresponder a um sistema de veículos gráficos unidades perceptivas e culturais codificadas, ou unidades pertinentes de um sistema semântico que depende de uma codificação anterior da experiência perceptiva.

3.5.8. Fenômenos pseudoicônicos

O termo guarda-chuva de iconismo cobre diversos fenômenos: alguns não têm a menor relação com a significação (reflexão especular, réplicas, estimulações), outros dispõem-se ao longo de um contínuo de graduações de um mínimo de convencionalidade (as congruências) até um máximo de estilização. Em 3.6.7 voltaremos a este *continuum* graduado de possibilidades. Consideremos agora alguns fenômenos habitualmente chamados 'icônicos' e variamente classificáveis, que envolvem diversos tipos de produção sígnica e dão uma aparência de similaridade.

É comum dizer que os signos icônicos imitam alguns aspectos dos objetos, admitindo-se que, contanto que certas propriedades sejam devidamente reproduzidas, a impressão de semelhança é realizada. Às vezes a semelhança é reconhecida desde que, apesar de a forma do *imitans* ser diversa da do *imitatum*, o chamado 'ícone' desenvolva a mesma função do objeto.

Trata-se então de demonstrar que tanto a presença de certos traços elementares quanto a de uma função 'idêntica' não constituem o resul-

---

28. "Cumpre não confundir relações convencionalmente representadas como tais relações ontológicas. Que a representação esquemática do sol consista num círculo do qual partem algumas retas segundo uma simetria irradiada poderia levar-nos a pensar que o desenho reproduz *verdadeiramente* a estrutura, o sistema de relações que intercorre entre o sol e os raios de luz que dele partem. Mas logo nos damos conta de que nenhuma doutrina física nos permite representar o conjunto dos raios de luz emitidos pelo sol como uma irradiação descontínua Domina ao nosso desenho a imagem *convencional* (a abstração científica) do raio de luz que se propaga em Unha reta. A convenção gráfica exprime-se num sistema de relações que *não reproduz de forma alguma* o sistema de relações típico de uma hipótese quantística nem de uma hipótese ondulatória da luz. Portanto, quando muito, *a representação icônica esquemática reproduz algumas das propriedades de uma outra representação esquemática* de uma imagem convencional, aquela pela qual o sol é uma esfera de fogo da qual irradiam linhas de luz." (Eco, 1968, p. 116.)

184 TRATADO GERAL DE SEMIÓTICA

tado, mas a OPERAÇÃO CONSTITUTIVA da impressão de iconismo. Gombrich (1951), em seu ensaio sobre o cavalinho de madeira formado por um cabo de vassoura (*hobby horsé*), mostra que a relação de suposto iconismo não é dada pela semelhança de forma, a não ser no sentido de o cabo de vassoura possuir uma dimensão linear que pode ser igualmente individuada no cavalo. Na verdade, o único aspecto que o bastão tem em comum com o cavalo é que pode ser cavalgado, de modo que a criança torna pertinente no bastão uma das funções permitidas pelos cavalos de verdade.

A criança elege o bastão como *Ersatz* do cavalo não porque se lhe 'assemelhe', mas porque *pode ser usado do mesmo modo*.

O exemplo de Gombrich é esclarecedor. O bastão pode, realmente, tornar-se à vontade o ícone de um cavalo, de um cetro, de uma espada. O elemento recorrente em todos esses objetos é um traço de LINEARI-DADE (vertical ou horizontal). No entanto, é difícil dizer que o bastão 'imite' a verticalidade da espada; na medida em que ambos os objetos são lineares e lungiformes, trata-se da MESMA verticalidade. Vemo-nos, pois, diante daquela categoria de signos à qual se chamou "*intrinsically coded acts*" ou "signos contíguos", nos quais uma parte do referente, que o signo *pode* mencionar, é usada como significante.

Os mais recentes estudos cinésicos põem em relevo a existência de signos que não são de todo arbitrários mas se baseiam numa certa semelhança com o objeto representado, constituindo-se assim em 'signos icônicos cinésicos'. Um exemplo é o da criança que aponta o indicador como se fosse o cano de um revólver enquanto o polegar faz as vezes de percussor. Mas existem outros signos que não são diretamente icônicos: os signos intrínsecos. De fato, a criança pode imitar o revólver também movendo o indicador como se estivesse apertando um gatilho imaginário, e cerrando o punho contra uma coronha imaginária. Neste caso, não se tem imitação do revólver, mas o significante (a mão) é uma parte do suposto referente (uma mão que aperta um revólver). Portanto, uma parte do referente é usada como significante, ou uma parte do objeto é, à maneira de SINÉDOQUE GESTUAL, usada pelo todo (Ekman e Friesen, 1969; cf. também Verón, 1970; Farassino, 1973; Eco, 1973; uma colocação teórica diversa desses gestos é proposta em 3.6.3).

Desse modo, muitos signos ditos icônicos podem ser reclassificados como SIGNOS CONTÍGUOS. O vermelho que aparece no desenho de uma bandeira vermelha não é semelhante ao vermelho da bandeira real: é *o próprio* vermelho. Neste sentido, é-se tentado a dar razão a Morris e a Peirce, porque o signo icônico tem realmente algumas propriedades de seus *denotata* e "se refere ao objeto... em virtude de seus próprios caracteres". Todavia, para desenhar uma bandeira vermelha não basta uma mancha de cor vermelha: é necessária também uma forma quadrada ou retangular, às vezes com os lados ondulados; e este traço geométrico não é algo pertencente à bandeira real no mesmo sentido em que lhe pertence a cor, já que o paralelogramo do desenho só é 'similar' ao pedaço de pano com o qual se fez a bandeira (note-se que o vermelho não

TEORIA DA PRODUÇÃO SÍGNICA 185

é semelhante, é um DUPLO, enquanto os dois quadrados mantêm no máximo uma típica relação de similaridade geométrica baseada em transformações).

Logo, a dificuldade de definir um signo icônico não se baseia apenas na multiplicidade de relações que individuam, mas também no fato de que essas relações *não pertencem todas à mesma categoria*. Por exemplo: foi dito que a propriedade de ser longilíneo é *a mesma* no bastão da criança e no cavalo; pois bem: por que a natureza retangular (a propriedade de ser retangular) não é *a mesma* na bandeira e no seu desenho? Com efeito, estamos diante de dois níveis de abstração diversos: a linearidade é uma DIMENSÃO ESPACIAL e representa um modo de perceber o espaço, enquanto o quadrado ou o retângulo são já FIGURAS CONSTRUÍDAS NO ESPAÇO. Serve-nos de ajuda, aqui, a referência a uma discussão canônica, a desenvolvida por Kant na primeira *Crítica*. O espaço (como o tempo) é uma intuição pura, a forma elementar em que enquadramos os dados da experiência para poder percebê-los e reuni-los em categorias: noções como 'verticalidade' e 'horizontalidade' não são, pois, abstrações intelectuais, mas quadros intuitivos da percepção. Verticalidade e horizontalidade são estudadas pela Estética Transcendental. Ao contrário, as figuras geométricas são estudadas pela Lógica Transcendental e, mais precisamente, pela Analítica dos Princípios Puros do Intelecto (que se baseiam nos Axiomas da Intuição), constituindo portanto construções *a priori* que tornam possível a aplicação das categorias aos dados sensoriais. Cassirer (1906) observa que espaço e tempo estão mais próximos do material empírico do que as categorias, e isto explicaria por que determinações espaciais como a verticalidade dão origem a signos contíguos (vale dizer, a uma sorte de experiência concreta capaz de ser usada como signo), enquanto a noção de quadrado, uma construção intelectual, não pode constituir um referente usado como significante e dá origem a um processo de transformação. Fica, pois, claro que só por razões linguísticas é que somos levados a pensar que «propriedade de ser vertical» e «propriedade de ser quadrado» sejam abstrações do mesmo nível. As dimensões do espaço não são construções intelectuais, mas CONDIÇÕES CONSTRUTIVAS de um objeto possível, e como condições podem ser reproduzidas, iguais a si mesmas, em qualquer circunstância. A ideia de quadrado é, ao contrário, a de um OBJETO CONSTRUÍDO no quadro de tais condições e não pode ser reproduzido igual a si mesmo, mas apenas como abstração 'semelhante' a construções anteriores do mesmo gênero.

Isto não impede que o bastão esteja para o cavalo e que o quadrado ou o retângulo estejam para a bandeira, porque num primeiro nível semiótico ambos são signos. Só que o primeiro exemplo não coloca problemas de iconismo, e o segundo sim. Portanto, uma vez mais, visto que se fala de iconismo em ambos os casos, a noção de 'ícone' é uma curiosa noção que cobre os fenômenos mais diversos e menos analisados.

186 TRATADO GERAL DE SEMIÓTICA

Que a dimensão do bastão não seja uma construção, mas uma condição construtiva, é demonstrado ainda por outro fato. O que permite a substituibilidade cavalo-bastão não é apenas a presença de um objeto longilíneo, mas também *a presença de um corpo a cavalo*; e o que permite a substituibilidade espada-bastão é *a presença de uma mão que empunha*; tanto que bastaria o corpo que caracola e a mão que, estendida como para empunhar um cabo de espada, mova no espaço, para permitir à criança o fingimento desejado. A longilineidade (sugerida) e a presença do gesto (que não é imitação do gesto, mas o próprio gesto que se faria em presença do objeto real) não constituem a imitação de um objeto singular, *mas de um comportamento inteiro*. Em todo este processo, composto de signos contíguos, o iconismo no sentido clássico do termo *nunca* aparece e, se parece que existam processos de semelhança icônica, trata-se de mera 'ilusão de óptica'. Se no gesto da criança que caracola sobre o cavalinho em bastão existe alguma coisa que parece icônica, tal ocorre porque: (a) uma dimensão linear foi usada como traço expressivo para veicular uma dimensão linear que, conquanto de maneira muito tosca, caracteriza o cavalo, (b) uma parte do processo comportamental inteiro, funcionando como signo contíguo, foi usada como artifício expressivo para veicular a ideia de ser o bastão um cavalo. Mas, neste ponto, cumpre distinguir os traços da expressão dos do conteúdo: se o mesmo traço aparece como veiculante e veiculado, como analisar o signo? A partir do momento, porém, em que seria difícil negar seja o cavalinho em bastão um signo, a melhor solução será distinguir com mais precisão o *imitans* do *imitatum*, o que está para alguma coisa de alguma coisa para a qual uma outra coisa está.

Ora, uma última ambiguidade ligada à ideia de semelhança reside no fato de que – ao nível de fenômenos muito elementares como alto|baixo, esquerda|direita ou longo|largo – *toda coisa assemelha-se a alguma outra coisa*. O que significa que existem certas características formais tão genéricas que pertencem a todos os fenômenos e que podem ser consideradas icônicas de qualquer outro fenômeno.

Jakobson, por exemplo, lembra que existem diversas convenções culturais para os gestos do «sim» e do «não», e que às vezes o «sim» é expresso por um movimento da cabeça para baixo e o «não» por um movimento da cabeça para a esquerda, e vice-versa; ou às vezes o «sim» é expresso por um movimento para baixo e o «não» por um movimento para cima; ou então o «sim» é expresso por um movimento lateral e o «não» por um movimento para cima. Seríamos levados a concluir que tais signos são arbitrários, mas Jakobson encontra algumas motivações icônicas para alguns deles: por exemplo, que o «sim» expresso abaixando a cabeça exprime submissão; que o «não» expresso movendo lateralmente a cabeça evidencia o fato de que se desvia o ouvido do interlocutor; que o «não» expresso elevando-se a cabeça manifesta uma separação do interlocutor... Mas isto não explica por que quem diz «não» elevando a cabeça diga depois «sim» movendo-a lateralmente. Na ausência de uma explicação icônica, Jakobson recorre a uma explicação sistemática e observa que, dado o iconismo de uma das duas formas, a outra nasce por pura oposição formal. Todavia, seria possível explicar iconicamente também o «sim» expresso por um movimento lateral: manifestaria ele um desejo de apresentar repetidamente o ouvido ao interlocutor... A verdade é que mover de cima para baixo ou da direita para a esquerda são traços tão universais que podem tornar-se icônicos de tudo e de nada. Assim, é possível encontrar o arbitrário onde se acreditava existir o icônico, e vice-versa.

TEORIA DA PRODUÇÃO SÍGNICA

3.5.9. As articulações icônicas

No parágrafo anterior, viram-se casos de condições constitutivas de iconismo mudar para resultados de constituição icônica. No parágrafo 3.5.6 viram-se fenômenos aparentemente icônicos que ocultavam elementos de convenção. Poder-se-ia então chegar a uma conclusão tão dogmática quanto a dos fautores do iconismo, dizendo que os signos icônicos são *inteiramente* convencionais e que, portanto, como os signos verbais, são suscetíveis de ARTICULAÇÃO MÚLTIPLA e de DIGITALIZAÇÃO COMPLETA.

Assim em oposição à comum equação 'icônico = analógico = motivado = natural', poder-se-ia propor a equação inversa, identificando o icônico com o arbitrário, o cultural, o digital. Mas dois erros não formam uma razão. As investigações mais recentes, porém, parecem haver conduzido à descoberta de alguns elementos de articulação nos signos visuais, pelo que não será inútil retomar o problema desde o início.

A maneira mais ingênua de formulá-lo seria (e por vezes o foi): existem 'fonemas' icônicos e 'frases icônicas'? Essa formulação ressente-se naturalmente de um verbocentrismo ingênuo, mas em sua forma exageradamente grosseira cobre algumas questões de não pouca atualidade. Todos aceitam que as imagens veiculam um certo conteúdo. Se se procura verbalizar esse conteúdo, encontram-se unidades semânticas identificáveis (por exemplo, um bosque com dois rapazes vestidos e uma jovem nua que fazem merenda...). Há na imagem unidades de expressão que correspondem a estas unidades de conteúdo?

Se a resposta é sim, a pergunta seguinte será: essas unidades são codificadas, e, se não o são, como são reconhecíveis? E, supondo que essas unidades sejam identificáveis, estão abertas a uma subdivisão analítica em unidades menores desprovidas de significado, combinando um número limitado das quais se podem gerar outras unidades significantes infinitas?

Ora, vimos que para realizar equivalentes icônicos da percepção são selecionados apenas alguns traços pertinentes dos objetos retratados. As crianças com menos de quatro anos não pertinentizam o tronco humano e fazem figuras dotadas de cabeça, braços e pernas. Portanto, ao nível das unidades macroscópicas, é também possível individuar unidades pertinentes: mas ao nível dos seus componentes microscópicos o problema é muito mais confuso. A presença de unidades discretas, na linguagem verbal, revela-se a qualquer nível, e dos traços distintivos aos fonemas, dos fonemas aos morfemas e destes às cadeias textuais, todo nível parece aberto à análise. Ao contrário, ao nível dos supostos códigos icônicos estamos diante de um panorama muito mais ambíguo. A experiência da comunicação visual parece feita adrede para recordar-nos que, se nos comunicamos por meio de códigos FORTES (a língua verba) e, às vezes, de códigos muito fortes (o Morse), com muito mais frequência lidamos com códigos muito FRACOS e imprecisos, mutáveis e parcamente definidos, em que as variantes admitidas prevalecem grandemente sobre seus traços pertinentes.

Na linguagem verbal, existem muitos modos de pronunciar um fonema ou uma palavra, com grande variedade de entonação e acento, e

188 TRATADO GERAL DE SEMIÓTICA

não obstante a emissão 'etic' é sempre 'emicamente' reconhecível. Os limites entre [dz] e [tz] são fortemente codificados.

Mas no universo da representação visual existem modos infinitos pelos quais posso desenhar uma figura humana. Posso evocá-la através de contrastes de luz e sombra, evocá-la com poucas pinceladas ou pintá-la com um realismo minucioso e extremo, e posso fazê-la sentada, de pé, deitada, agachada, de perfil, enquanto bebe, enquanto dança... Certo, posso dizer |homem| verbalmente em centenas de dialetos e línguas, mas, ainda que fossem dezenas e dezenas de milhares, todos estariam devidamente codificados, ao passo que os milhares e milhares de maneiras de desenhar um homem não são previsíveis. Além disso, os vários modos de exprimir «homem» verbalmente só são compreensíveis para quem conhece uma dada língua, enquanto as milhares de maneiras de desenhar um homem são, no máximo, compreensíveis para muitos sujeitos não particularmente adestrados (conquanto se tenha afirmado justamente que certas modalidades de representação não são compreensíveis para quem não esteja habituado a elas).

Assim sendo, com as imagens nós lidamos com blocos macroscópicos, TEXTOS, cujos elementos articuladores são indiscerníveis.

Posso, certamente, conduzir provas de comutação no sentido de mostrar até que ponto uma dada figura é reconhecível e quais os traços que devem ser alterados para mudar-lhes o significado, mas essa operação permitiria codificar apenas uma parte infinitesimal do processo representativo.

Em outras palavras, estamos diante do fenômeno de textos que todos, de alguma maneira, *compreendem* sem conseguir explicar o *porquê*. Nas representações icônicas, as relações contextuais são tão complexas que parece impossível separar as unidades pertinentes das variantes livres. Podem-se também distinguir unidades pertinentes discretas, mas, apenas individuadas, elas parecem dissolver-se sem poder funcionar num novo contexto. Existem às vezes vastas configurações, outras vezes pequenos segmentos de linha, pontos, áreas escuras, como no desenho esquemático de um rosto onde dois pontos num círculo podem representar os olhos, enquanto um pequeno semicírculo corresponde à boca; basta, porém, mudar o contexto ou mesmo as simples relações de ordem entre esses elementos, para que o círculo represente à perfeição um prato, o pequeno semicírculo uma banana e os dois pontos duas pequenas avelãs. Assim, mesmo quando parecem existir, as figuras icônicas não correspondem aos fonemas porque *não têm nenhum valor oposicional fixo* no interior do sistema. Seu valor oposicional não depende do sistema, *mas, no máximo, do contexto*. Portanto, vemo-nos em face de uma massa de 'idioletos', alguns dos quais reconhecíveis por todos, outros por muito poucos; as variantes livres sobrelevam os traços pertinentes, ou melhor, as variantes tornam-se traços pertinentes, e vice-versa, segundo os contextos e as circunstâncias. Desse modo os signos icônicos, quando existem, duram o espaço de uma manhã[29].

29. Isto explica também por que uma pessoa que sabe falar não suscita muita curiosidade nem parece ter uma habilidade particular, ao passo que uma pessoa que sabe desenhar é vista como 'diferente': ela sabe articular segundo leis desconhecidas os elementos de um código que o grupo ignora (cf. também Metz, 1964, p. 84). Isto levaria a afirmar que existem tantos 'códigos icônicos' quantos estilos pessoais dos vários autores ou mesmo obras. O que será em parte confirmado por quanto se dirá sobre o IDIOLETO estético. Por outro lado, contudo, em muitos processos comunicativos predominantemente estandardizados (comunicações de massa, emblemas etc., os códigos se reduzem e governam grupos inteiros de obras visuais, por vezes até a produção total de um período.

TEORIA DA PRODUÇÃO SÍGNICA   189

Neste ponto, definitivamente, somos obrigados a considerar os chamados 'signos icônicos' como (a) TEXTOS VISUAIS que (b) não são ULTERIORMENTE ANALISÁVEIS nem em signos nem em figuras. Que um chamado signo icônico seja um texto está provado pelo fato de o seu equivalente verbal não ser uma palavra, mas, na melhor das hipóteses, uma descrição, um enunciado, às vezes um discurso inteiro, um ato de referência, um ato locutivo. Nunca haverá um desenho de cavalo que possa responder ao termo |cavalo|: ele será sucessivamente interpretável verbalmente como |um cavalo preto que galopa|, |este cavalo está correndo|, |olhe que lindo cavalo| ou mesmo por um enunciado científico do tipo |todos os cavalos têm as seguintes propriedades...|. Fora do contexto, as unidades icônicas não têm estatuto e por isso não pertencem a um código; fora do contexto, os 'signos icônicos' não são realmente signos; não sendo nem codificados nem (como vimos) semelhantes ao que quer que seja, é difícil entender por que significam. E, não obstante, eles significam. Cabe, pois, pensar que um TEXTO ICÔNICO, mais que qualquer outra coisa que dependa de um código, é algo que INSTITUI UM CÓDIGO. É o que veremos na seção seguinte.

3.5.10. A eliminação do 'signo icônico'

Os signos icônicos são motivados e regidos por convenções; às vezes se reportam a regras preestabelecidas, mais frequentemente parecem instaurar, eles próprios, regras. Com muitos textos, chega-se no máximo a uma prudente HIPOCODIFICAÇÃO. Outras vezes, a constituição de similaridade, conquanto regida por operações convencionadas, parece remeter antes a mecanismos perceptivos do que a hábitos culturais. Certos fenômenos ditos icônicos revelam-se como não icônicos. Encontram-se, no limite máximo, textos que parecem PROMETER UMA REGRA mais do que seguir uma.

Neste ponto, diante de resultados mais falazes, parece possível uma só decisão: *a categoria de iconismo não serve para nada*, confunde as ideias porque não define um único fenômeno nem define apenas fenômenos semióticos. O iconismo representa uma coleção de fenômenos reunidos, se não ao acaso, ao menos com grande amplidão de ideias – tal como, provavelmente, na Idade Média a palavra |pestilência| abrangia uma série das mais diversas doenças.

Contudo, se penetrarmos mais fundo, descobriremos que não é apenas a noção de signo icônico que entra em crise. *É a própria noção de 'signo' que resulta inoperante*, e a crise do iconismo constitui simplesmente uma das consequências de um colapso muito mais radical.

A noção de 'signo' não serve quando identificada com a de unidade' sígnica e de correlação 'fixa': e se de signos queremos ainda falar, encontraremos signos que resultam da correlação entre uma TEXTURA EXPRESSIVA bastante imprecisa e uma vasta e não analisável PORÇÃO DE CONTEÚDO; e encontraremos artifícios expressivos que veiculam diversos conteúdos segundo os contextos, verificando, enfim, quanto se

190 TRATADO GERAL DE SEMIÓTICA

afirmou em 2.1, ou seja, que as funções sígnicas são por vezes o resultado transitório de estipulações processuais e circunstanciadas.

Não são só os signos icônicos que se mostram sensíveis à circunstância. Eles não podem ser classificados como categoria única porque alguns dos procedimentos que regulam os chamados signos icônicos podem também circunscrever outros tipos de signos, enquanto vários procedimentos que regulam outros tipos de signos entram a constituir muitos dos chamados signos icônicos.

Portanto, o que se individuou no curso desta longa crítica do iconismo não são mais tipos de signos, mas MODOS DE PRODUZIR FUNÇÕES SÍGNICAS. O projeto de uma tipologia dos signos sempre foi equivocado e por isto tem levado a tantas incongruências. Como veremos na seção seguinte, se o substituirmos pelo projeto de uma tipologia dos modos de produzir as funções sígnicas, poder-se-ão englobar no quadro dessa nova taxonomia tanto as funções sígnicas isoladas quanto as unidades textuais globais que assumem o papel de funções sígnicas macroscópicas e hipocodificadas, macrounidades textuais que sem dúvida têm função de significação, mas em que é impossível identificar unidades 'gramaticais'[30].

Surge aqui, naturalmente, o problema da possibilidade de se falar de códigos também com relação a estas macrounidades, ou da existência de macrounidades significantes NÃO CODIFICADAS (o que nos remeteria à oposição entre signos análogos e signos arbitrários).

Todos esses problemas serão discutidos no curso da seção seguinte, que não elabora uma tipologia de *modi significandi*, mas uma tipologia de *modi faciendi signa*.

3.6. TIPOLOGIA DOS MODOS DE PRODUÇÃO

3.6.1. Uma classificação quadridimensional

A classificação dos modos de produção e interpretação sígnica apresentada na Fig. 39 leva em conta quatro parâmetros:

---

30. Peirce estabeleceu, como se sabe, o programa de uma tipologia dos signos (do qual só realizou uma parte, 10 tipos em relação aos 66 programados) em que cada signo aparece como um 'feixe' de diversas categorias sígnicas. Portanto, nunca houve, nem mesmo em Peirce, um signo icônico como tal, mas pode haver um Sinsigno Icônico que seja ao mesmo tempo uma *Rema* e um Qualissigno, ou um Legissigno Remático (2.254). Todavia, a classificação ainda era possível para Peirce porque suas diversas tricotomias classificavam os signos de diversos pontos de vista e porque, sobretudo, se aceitava a ideia de que os signos não eram apenas unidades gramaticais, mas podiam ser uma frase, um texto inteiro e mesmo um livro. Assim, o sucesso parcial da empresa peirciana (juntamente com o seu fracasso quase completo) nos adverte que, se se quer fazer uma tipologia dos signos, deve-se, antes de tudo, renunciar à identificação entre signo e unidade gramaticalizada, estendendo, pelo contrário, a definição de signo a todo tipo de correlação que institui relação entre dois funtivos, independente de sua grandeza e analiticidade.

TEORIA DA PRODUÇÃO SÍGNICA

(i) o TRABALHO FÍSICO necessário à produção da expressão (que vai do simples reconhecimento de objetos ou eventos preexistentes à invenção de expressões inéditas e não codificadas);

(ii) a relação tipo-ocorrência (*ratio facilis* ou *difficilis*);

(iii) o *CONTINUUM A* FORMAR, que pode ser HOMOMATÉ-RICO ou HETEROMATÉRICO; um *continuum* é homomatérico quando a expressão é formada na mesma matéria do possível referente, e hete-romatérico em todos os outros casos (nos quais, se não for motivado por um liame causal com o referente possível, o *continuum* pode ser escolhido arbitrariamente);

(iv) o MODO e a COMPLEXIDADE DA ARTICULAÇÃO, que vai de sistemas que prescrevem unidades combinatórias precisas (codificadas e hipercodificadas) a sistemas que apresentam textos não analisados.

A tabela registra a maneira pela qual as expressões são *fisicamente produzidas*, e não a maneira pela qual são correlatas ao conteúdo: no entanto, esta maneira é implicada por duas decisões que são tomadas antes ou depois da produção da expressão. Por exemplo, no caso de reconhecimento de SINTOMAS, há indubitavelmente uma motivação preestabelecida, devida à experiência anterior que demonstrou a existência de uma relação física entre um agente e um resultado; todavia, foi *decidido por convenção* que o resultado devia ser correlato à noção *daquele* agente *em qualquer circunstância*, ainda que não se tenha a certeza da presença do agente. Em caso de palavras (classificáveis entre as UNIDADES COMBINATÓRIAS), a correlação é posta depois da produção da unidade física, e em todo caso é independente da sua organização (sendo esta assunção válida mesmo que porventura se verificasse a hipótese de uma origem 'icônica' da linguagem verbal).

Por estas razões, dois objetos não homogêneos, como um sintoma e uma palavra, são postos na mesma série horizontal em correspondência com as correlações por *ratio facilis*, independente das razões pelas quais estes objetos foram escolhidos como expressão de um dado conteúdo. Ambos os tipos de objetos poderiam ser construídos por uma máquina que 'conheça' só expressões, enquanto uma segunda máquina poderia atribuir a estas expressões um conteúdo; em outras palavras, as duas expressões são diversamente motivadas, mas funcionam do mesmo modo quando inseridas como funtivos de uma correlação convencionalizada.

Por outro lado, existem objetos regidos por *ratio difficilis*, motivados pela organização semântica do seu conteúdo (cf. 3.4.9), de modo que é irrelevante que se tenham correlacionado com base em experiências anteriores (como no caso de uma marca, onde a análise semântica do conteúdo preexiste à expressão) ou que o conteúdo resulte da invenção da expressão (como no caso de muitas pinturas).

Portanto, o modo motivado pelo qual foram escolhidos altera o fato de que sejam produzidos segundo *ratio difficilis*: eles são correlatas a certos aspectos do semema correspondente, tornando-se expressões cujos traços são ao mesmo tempo traços semânticos e por consequência marcas

TRATADO GERAL DE SEMIÓTICA

semânticas transformadas e projetadas sobre o plano sintático[31]. *Uma máquina instruída para produzir determinados objetos deveria ter recebido também instruções semânticas*[32].

Os objetos registrados nas séries correspondentes ao parâmetro 'relação tipo-ocorrência' parecem (segundo os hábitos prevalecentes nas classificações tradicionais) 'signos'. Mas *não o são*: representam antes abreviações cômodas que poderiam ser retraduzidas, por exemplo, colocando em lugar de |marcas| expressões como |produzir marcas|, ou em lugar de |vetores| expressões como |impor um movimento vetorial|.

Pode-se, quando muito, falar de marcas ou de exemplos como de *objetos físicos* que, em decorrência de certas características formais, se prestam a entrar numa correlação sígnica, convertendo-se assim em funtivos. Ou, melhor ainda, diremos que, do ponto de vista semiótico, são CONJUNTOS DE TRAÇOS, que podem ou não veicular um conteúdo segundo o sistema em que se acham inseridos. Com isso, podem às vezes funcionar *por si sós* como signos (ou como significantes), e às vezes não.

Fique claro, pois, que toda a tabela da Fig. 39 relaciona entidades físicas e procedimentos ORDENÁVEIS pela função sígnica, mas que poderiam subsistir mesmo que a função sígnica não fosse instituída.

Por outro lado, é evidente que eles são produzidos *para significar*, e o modo pelo qual são produzidos torna-os adequados para significar conteúdos específicos. Por exemplo, uma expressão verbal como |*mass media*| é o resultado de dois dos procedimentos relacionados na Fig. 39, cada um dos quais depende de uma dupla relação tipo-ocorrência: esta se compõe de duas UNIDADES COMBINATÓRIAS organizadas em sucessão VETORIAL; ao contrário, um dedo apontado é ao mesmo tempo um VETOR e uma UNIDADE COMBINATÓRIA. Assim, entidades como VETOR e PROJEÇÃO *não são tipos de signos* tal como eram considerados os 'índices' e os 'ícones'. De fato, tanto as PROJEÇÕES quanto as IMPRESSÕES podem aparecer como ícones, mas as primeiras implicam um *continuum* escolhido arbitrariamente, e as segundas um *continuum* motivado, enquanto ambas (governadas por *ratio difficilis*) são motivadas pelo tipo do conteúdo; todavia, as impressões são 'reconhecidas', ao passo que as projeções são 'inventadas'. IMPRESSÕES e VETORES parecem ambos semelhantes a 'índices', mas dependem de duas relações tipo-ocorrência diferentes.

---

31. Tudo isto requer, ainda uma vez, que se evite a falácia verbocêntrica: a representação semântica de uma dada expressão deve e pode conter também marcas não verbais, como direções, disposições espaciais, relações de ordem, e assim sucessivamente. O conteúdo de |cão| deve ter, entre suas marcas, também imagens de cães, assim como o conteúdo da imagem de um cão tem entre suas marcas também o conceito «cão» e a mesma palavra correspondente. Tal enciclopédia semântica, já postulada em 2.11.3, é naturalmente mais uma *hipótese reguladora* do que matéria de conhecimento individual global: é a representação social virtual, postulando a qual se podem explicar as possibilidades de decoficação e os atos de comunicação.

32. Entretanto, isto não constitui a diferença entre máquina digital e máquina analógica, porque mesmo uma máquina analógica pode produzir ocorrências dependentes de *ratio facilis* (veja-se a análise e a transmissão do sinal de televisão).

TRABALHO FÍSICO REQUERIDO PARA PRODUZIR A EXPRESSÃO	Reconhecimento			Ostenção			Réplica					Invenção
RELAÇÃO TIPO-OCORRÊNCIA: *RATIO DIFFICILIS*	Impressões						Vetores					Congruência Projeções Gráficos Transformações
				Exemplos	Amostras	Amostras fictícias		Estilizações			Estímulos progra-mados	
RATIO FACILIS		Sintomas	Indícios						Unidades combina-tórias	Pseudo-unidades combina-tórias		
CONTINUUM A FORMAR	Heteromatérico Motivado			Homomatérico			Heteromatérico Arbitrário					
MODO DE ARTICULAÇÃO	Unidades Gramaticalizadas Preestabelecidas, codificadas e hipercodificadas com diversas modalidades de pertinentização										Textos Propostos e hipocodificados	

Figura 39. Tipologia dos modos de produção sígnica

194 TRATADO GERAL DE SEMIÓTICA

Além disso, certas categorias (como as AMOSTRAS FICTÍCIAS) recebem duas rubricas no que se refere ao trabalho implicado, constituindo o resultado tanto de uma OSTENSÃO quanto de uma RÉPLICA.

Todos estes problemas e distinções, aparentemente bizantinos, serão esclarecidos nos parágrafos subsequentes. Neste ponto, importa apenas advertir que na Fig. 39 não estão classificados *tipos de signos*, mas seus TIPOS DE ATIVIDADE PRODUTIVA que, por interação recíproca, podem dar acesso a diversas funções sígnicas, quer elas apareçam como unidades codificadas, quer como textos codificantes.

3.6.2. Reconhecimento

O RECONHECIMENTO se dá quando um determinado objeto ou evento, produzido pela natureza ou pela ação humana (intencional ou não intencionalmente), e existente como um fato num mundo de fatos, é entendido pelo destinatário como expressão de um dado conteúdo, seja por causa de uma correlação anteriormente codificada, seja por causa de uma possível correlação diretamente por parte do destinatário.

Para poder ser considerado como o funtivo de uma função sígnica, o objeto deve ser visto *como se* houvesse sido produzido por ostensão, réplica ou invenção, e correlacionado a um dado tipo de *ratio*. Portanto, o ato de reconhecimento reconstitui o objeto como IMPRESSÃO, SINTOMA ou INDÍCIO. Interpretar o objeto reconhecido significa correlacioná-lo a uma possível causa física que funcione como seu conteúdo – tendo sido convencionalmente aceito que a causa física age como produtor não intencional do signo.

Fique claro que *a causa, enquanto inferida por meio de abdução, é puro conteúdo*. O objeto pode ser também falsificado ou erroneamente reconhecido como impressão, sintoma, indício, enquanto é causado por agentes casuais: mas, mesmo neste caso, ele exprime o seu conteúdo ainda que a causa, como referente, não subsista.

No RECONHECIMENTO DAS IMPRESSÕES a expressão é pre-formada. O conteúdo é a classe dos possíveis impressores. A *ratio* é *difficilis*. A forma da expressão é motivada pela forma do suposto conteúdo e tem as mesmas marcas visuais e táteis do semema correspondente, embora nem sempre a impressão represente do mesmo modo as marcas do semema.

Por exemplo, a grandeza do impressor determina ou motiva a grandeza da impressão, mas uma lei de semelhança estabelece que a grandeza da impressão é maior do que a do impressor (conquanto apenas infinitesimalmente); o peso do impressor motiva a profundidade da impressão, mas o procedimento é regido por uma regra proporcional (vale dizer, uma analogia do tipo delineado em 3.5.4).

Por exemplo, nas impressões digitais, a grandeza não é parâmetro pertinente, porquanto elas significam o seu conteúdo mesmo quando excessivamente aumentadas (como pode ocorrer durante o depoimento de um perito num processo). Uma impressão evidencia ao mesmo tempo uma metonímia e uma metáfora: como esta última, ela parece 'semelhante' ao impressor e o representa, assim como é antes admitida como uma *passada contiguidade* com o impressor. Anotação esta que vale para distinguir as impressões dos indícios e dos sintomas, contanto que se

TEORIA DA PRODUÇÃO SÍGNICA

tenha presente que a suposta 'contiguidade' com a expressão não é matéria de verificação empírica, constituindo antes o efeito de um trabalho pressuposicional realizado para fins de referência.

Tudo isto significa, em todo caso, que se deve APRENDER a reconhecer as impressões (ou a falsificá-las). As impressões são codificadas: um caçador deve aprender a distinguir a impressão de uma lebre da de um coelho.

Se quiser reconhecer também as impressões de animais que nunca viu, deve ser instruído por um outro caçador. Enquanto codificadas, as impressões se baseiam num sistema de oposições em que desempenham traços pertinentes. Não se pode dizer que a semiótica haja conduzido a pesquisas rigorosas sobre esses sistemas, e provavelmente um selvagem saberia mais sobre isso do que os semiólogos. Seja como for, fique claro que as impressões *não são signos*, mas *objetos inseríveis numa junção sígnica*. O que nós chamamos de pegada de um animal (e que tem função significante) é algo mais que a impressão classificada na Fig. 39: uma pegada de animal não somente implica parâmetros táteis ou espaciais como também indicações vetoriais (cf. 3.6.5). De fato, uma pegada é interpretada também no sentido da sua direção, e a direção é um outro traço falsificável: podem-se ferrar os cavalos em sentido inverso para enganar os perseguidores acerca da sua direção.

Quando interpretada como impressão e vetor, uma pegada não dá lugar à simples significação de uma unidade de conteúdo (um gato, um soldado inimigo, um cavalo), mas a um verdadeiro discurso («um cavalo passou por aqui, há três dias, caminhando naquela direção»); é, portanto, habitualmente, um texto[33].

A correlação dinâmica das impressões será esclarecida melhor quando se falar das transformações ditas PROJEÇÕES (cf. 3.6.9); de fato, elas são reconhecidas *como* se tivessem sido intencionalmente projetadas. A exemplo das projeções, as impressões podem aparecer como textos complexos na medida em que são o resultado de diversos impressores a um só tempo; ainda neste caso, será difícil reconhecê-las como unidades codificadas.

Contudo, na presente seção limitamo-nos a falar de impressões codificadas, que correspondem a um conteúdo igualmente codificado, e portanto de MACROUNIDADES analisáveis em traços mais analíticos.

Seja como for, as impressões são DUPLAMENTE MOTIVADAS, seja pela organização do seu conteúdo, seja pela relação (pressuposta) com a causa; portanto, uma impressão é um objeto HETEROMATERIAL (a impressão da pata de uma gato na lama é formada numa matéria que nada tem a ver com o gato), mas é estreitamente MOTIVADA pela sua causa.

As impressões são convencionalmente codificadas, *mas a convenção nasce de uma experiência anterior*, ou seja, a decisão de correlacionar *aquela* expressão *àquele* conteúdo foi sugerida por uma série de referências e de diferencias baseadas em circunstâncias ainda não codificadas, suscitando gradualmente ASSERTOS METASSEMIÓTICOS[34]. À medida que a experiência de um certo evento foi associada a uma dada configuração impressa a correlação, antes INDUZIDA como resultado de uma inferência, foi em seguida POSTA como regra.

No RECONHECIMENTO DOS SINTOMAS, a expressão é pre-formada. O conteúdo é a classe de todas as possíveis causas (alterações orgânicas ou funcionais). A *ratio* é *facilis* (as manchas vermelhas no rosto

---

33. Quando Robinson Crusoé descobre a pegada de Sexta-Feira na praia, a pegada denota convencionalmente «homem», mas conota também «descalço». Impressa na areia com um traço de direção, o contexto ||*impressão + + posição + direção*|| constitui um texto que significa «um homem passou por aqui».

34. Robinson acreditava ser o único ser vivo na ilha; portanto, o texto originário desencadeia um trabalho de diferenças e pressuposições que o levam à conclusão «eu não sou o único homem aqui», ou «há um outro homem na ilha». O que comporta uma série de assertos metassemióticos sobre a natureza da ilha.

196 TRATADO GERAL DE SEMIÓTICA

não transformam as marcas semânticas do «sarampo»). Todavia, na representação do semema correspondente devem ser registrados entre as marcas semânticas também os sintomas (o sarampo tem as características semânticas de provocar manchas no rosto).

Eis como um sintoma é correlacionado à noção de sua causa: a noção do sintoma é marca do semema da causa e portanto é possível pôr os funtivos em correlação metonímica (por um procedimento de *pars pro toto*). O procedimento metonímico *marca a marca* (e, pois, a presença do referente) não é, porém, *condição necessária* para o funcionamento semiótico do sintoma. Com efeito, os sintomas, como se sabe, podem ser falsificados.

Como a *ratio é facilis*, seria incorreto falar de uma 'iconicidade' dos sintomas: estes não são inteiramente semelhantes ao seu conteúdo.

Quando os sintomas não são precodificados, sua interpretação é matéria de inferência e conduz a INSTITUIÇÕES DE CÓDIGO.

Os sintomas podem ser usados em atos de referência (a fumaça pode significar («*naquele lugar* existe fogo»), e em tal caso a referência procede de uma causalidade provada e codificada (contiguidade do tipo 'efeito *pro* causa') pela DEDUÇÃO do agente causador.

No RECONHECIMENTO DOS ÍNDICES, individuam-se certos objetos (ou outros tipos de pegada que não são impressões) deixados pelo agente causador no local do efeito, de modo que de sua presença *atual* se possa inferir a presença *passada* do agente. É óbvio que, usados em atos de referência, *os índices funcionam de maneira exatamente oposta aos sintomas*: de uma contiguidade provada e codificada (do tipo 'possuído *vs* possuidor'), é ABDUZIDA uma possível presença do agente causador.

Para realizar a abdução, o objeto deve ser *convencionalmente* reconhecido como pertencente a uma classe precisa de agentes. Assim, se no local de um delito encontro uma dentadura, posso inferir que por ali passou uma pessoa sem dentes. Se na sede de um partido político que tenha sido arrombada encontro um distintivo do partido adversário, posso inferir que os autores do arrombamento são os adversários das vítimas (obviamente, os índices são *perfeitamente falsificáveis*, e em casos desse tipo sempre são falsificados).

Na realidade, salvo em casos evidentes como um distintivo, os indícios *raramente* são *codificados*, e sua interpretação é no mais das vezes matéria de inferência, e não de decodificação de funções sígnicas: o que torna os romances policiais mais apaixonantes do que as diagnoses médicas comuns, e Poe teria progredido escassamente em sua famosa narrativa se os habitantes da rua Morgue, em vez de serem assassinados por um símio, tivessem morrido de sarampo.

Poderíamos dizer que as impressões e os índices, embora codificados, são 'nomes próprios' porque se referem a um agente individual. O fato não impediria de considerá-los veículos de conteúdo porque nada impede a uma unidade de conteúdo de ser *uma classe com um só membro* (cf. 2.9.2). Mas, na verdade, raramente as impressões e os indícios são interpretados como referíveis a um agente individual preciso. Quando Robinson descobre as impressões de Sexta-Feira, realmente não sabe quem a deixou: a pegada *significa para ele* apenas «ser humano». Após o encontro com Sexta-Feira, Robinson será provavelmente capaz de exprimir a proposição «este homem é provavelmente aquele que deixou a impressão na praia», mas, ainda que ele soubesse que na ilha havia um

TEORIA DA PRODUÇÃO SÍGNICA

só homem, ele não seria capaz de referir-se a um indivíduo preciso. A denotação primária da expressão era «humano + pé», e o resto permaneceu como matéria de pura inferência. *É muito difícil imaginar uma impressão que remeta a um referente sem a mediação de um conteúdo*[35]. O único caso seria aquele em que se vê um impressor no ato de deixar a impressão: mas neste caso a impressão não constituiria elemento de um signo, porque não estaria *na ausência* do impressor, mas *na sua presença* (veja-se o caso dos espelhos em 3.5.5).

O mesmo acontece com os indícios. Ainda que eu saiba que um certo indivíduo, enquanto procura sua vítima, usa a dentadura, a dentadura encontrada me denota antes de mais nada «indivíduo sem dentes»; o resto é, ainda uma vez, matéria de inferência.

Existem, por outro lado, indícios inteiramente hipercodificados. Se no mesmo local de delito encontro um cachimbo, estou materialmente seguro de que por ali passou um homem, porque uma regra social estabelece que os homens fumam cachimbo e as mulheres (habitualmente) não. O oposto aconteceria se eu encontrasse um batom vermelho. Se, pois, os dois indícios foram deixados por culpados sexualmente anormais, tanto pior para o detetive: também a anormalidade nos hábitos sexuais representa um caso de violação do código socialmente reconhecido, e que alguém 'fale' violando o código constitui uma eventualidade que a teoria da produção sígnica deve prever[36].

35. Quando uma pegada não é previamente codificada, pensa-se que cada ponto sobre a pegada corresponda a um ponto sobre a superfície do impressor. Neste caso, a impressão pareceria um *índice*, no sentido de Peirce. Com efeito, em tais casos a impressão, mais que um signo, é um ATO DE REFERÊNCIA. Como tal é verificada. Mas verificar uma menção (cf. 3.5.5) significa comparar as propriedades do significante com aquelas reconhecidas como do objeto mencionado. O que leva a afirmar que para entender a pegada de objeto desconhecido como índice se deveria conhecer o objeto. Suponhamos agora que um explorador descubra as pegadas de um animal nunca visto: pensar-se-ia que ele pode reconstituir a natureza do animal impressor *projetando para trás*. Mas, para abduzir o animal como causa da impressão, é preciso possuir antecipadamente um esquema geral do conteúdo. Assim, o explorador deve começar a interpretar a pegada como se fosse deixada por mais gêneros de animais *conhecidos* para depois extrapolar a forma da pata do animal *desconhecido*. Portanto, ele não está inteiramente traçando uma espécie de linha ideal da pegada material por pontos materiais sobre a superfície do impressor: está usando toda uma série de conteúdos como *traços mediadores*. Em outras palavras, ele abduz um código desconhecido usando os detritos de códigos conhecidos. Por outro lado, só em histórias fantásticas é que aparecem impressões de algum Não-Sei-Quê-Absoluto. E, em tais casos, é tão difícil remontar à natureza do impressor que se prefere resolver o problema chamando-o de |A Coisa|.

36. Suponhamos que se encontre na calçada a impressão de um enorme pé. A primeira inferência ingênua seria «um gigante passou por aqui». Mas uma das marcas de «gigante» é «legendário». Descobre-se, assim, um signo que menciona algo que não existe: portanto, a expressão constitui uma mentira. Se essa mentira fosse dita com palavras, não encerraria nada de cômico; mas, representada com uma imagem, faz rir: tratava-se de uma brincadeira (impressões do gênero, em branco, encontram-se nas calçadas de Milão, não sabemos se por obra de gaiatos, ou por motivos publicitários: o fato é que primeiro se fica surpreso, depois se acha a coisa divertida). Por que a imagem falsa faz rir, enquanto a frase mentirosa habitualmente não? Porque é fácil produzir palavras, mas menos fácil produzir impressões, que normalmente são o resultado de impressão não intencional; e a perfeição da imagem requer mais talento do que a correção de uma frase. Assim, o falso diverte por duas razões: (a) é um caso elementar de talento artístico; (b) falsifica algo que de ordinário não se considera falsificável, isto é, o produto

198 TRATADO GERAL DE SEMIÓTICA

3.6.3. Ostensão

A OSTENSÃO tem lugar quando um dado objeto ou evento, produzido pela natureza ou resultado da ação humana (intencionalmente ou não intencionalmente), e existente como fato num mundo de fatos, é 'selecionado' por alguém e 'mostrado' como a expressão da classe de objetos da qual é membro.

A ostensão representa o primeiro nível de SIGNIFICAÇÃO ATIVA, e é o artifício usado inicialmente por duas pessoas que não conhecem a mesma língua.

Às vezes o objeto está relacionado com um índice gestual, às vezes é efetivamente 'tomado' e mostrado; em todo caso, não é considerado como ocorrência ou como referente, mas usado como *expressão de um conteúdo geral*.

Muito se falou da 'significação por ostensão' (veja-se, por exemplo, Wittgenstein, 1945, 29-30), e uma linguagem puramente ostensiva foi descrita por Swift a propósito dos sábios da ilha de Laputa que levavam num saco todos os objetos dos quais deviam falar.

Observamos que, para alguém exprimir-se ostensivamente, requer-se uma espécie de estipulação de pertinência, tácita ou explícita. Se, por exemplo, mostro um maço de cigarros X a um amigo que vai fazer compras, a ostensão pode significar tanto «compre cigarros» quanto «compre a marca X». Provavelmente, no último caso acrescentarei artifícios indicativos, como bater o dedo na parte do maço onde está escrita a marca. Outras vezes ocorrem diversas especificações – por exemplo, para estabelecer se, mostrando um maço de cigarros, quero exprimir «cigarros» ou «maço de cigarros». Às vezes a ostensão veicula um discurso completo: se mostro imperativamente a alguém os meus sapatos, posso querer dizer «meus sapatos estão precisando de graxa» ou «engraxe os meus sapatos». No último caso, o objeto é ao mesmo tempo o significante e o referente de um ato de referência. Em outras palavras, é como se veiculasse «sapatos (ostensão) + estes (índice de função de ato de referência) + sapatos (referente)».

A teoria das ostensões resolve definitivamente o problema dos *'intrinsically coded acts'* ou dos SIGNOS CONTÍGUOS de que se falou em 3.5.8, e sem que se deva admitir que uma parte do referente constitui parte do significante: o objeto, visto como pura expressão, é feito *da mesma matéria* do seu possível referente. Eis por que todos os signos ostensivos são HOMOMATÉRICOS.

Em princípio, a produção de ostensões parece depender de uma *ratio difficilis* porque a organização das expressões é determinada pela organização do conteúdo; todavia, elas constituem expressões já preformadas, devendo então ser consideradas como regidas por *ratio facilis*. Por esta razão, na Figura 39 estão classificadas como a meio caminho entre as duas *rationes*. Como objetos, já estão produzidas, e não se coloca o problema da sua *ratio*; como funções sígnicas, participam de ambas as *rationes*.

Outra característica das ostensões é que elas podem funcionar de duas maneiras: como 'nomes' (expressões convencionais de uma *unidade* cultural: um cigarro significa «cigarro») ou como *descrições* das propriedades do semema vei-

de um agente não intencional. Supõe-se que os homens mintam, mas as coisas não; portanto, *fazer com que uma coisa minta afigura-se estranho*. Por isso se ri.

TEORIA DA PRODUÇÃO SÍGNICA 199

culado. Com efeito, posso mostrar um cigarro para exprimir «um cigarro é um corpo cilíndrico de tal tamanho que contém tabaco embrulhado num pedaço de papel transparente etc..

A ostensão é o único caso em que um duplo pode ser usado como signo: aqui a relação tipo-ocorrência torna-se uma relação ocorrência-ocorrência, e isto explica por que nas ostensões coincidem *ratio facilis* e *ratio difficilis*.

Com isto seríamos levados a dizer que nas ostensões é inteiramente inútil tentar distinguir expressão e referente; mas isto não é totalmente verdadeiro. Suponhamos uma multidão de pessoas em que cada qual mostra um pedaço de pão (diferentes entre si pela forma e pelo peso) gritando |mais!|. A identidade entre referente e expressão desaparece, porque o pão como expressão funciona apenas na medida em que nele se evidenciam, por estipulação de pertinência, só alguns traços caracterizantes; a multidão está pedindo pão e não um pedaço de pão de um formato preciso. Os pães isolados, privados de muitas das suas características individuais, funcionam como signos.

Existem, porém, diversas modalidades de ostensão. A mais típica tem lugar quando um objeto é selecionado para exprimir a classe de que é membro, e essa escolha institui um EXEMPLO. O mecanismo que governa a escolha é o da sinédoque (do tipo 'membro pela classe'). Às vezes, entretanto, só uma parte de um objeto é selecionada para exprimir o objeto inteiro (e, portanto, sua classe): é o caso das AMOSTRAS. Também este mecanismo é regido por uma sinédoque (do tipo *'pars pro toto'*. Exemplos de amostras são precisamente as 'amostras' de pano (uma porção de pano pelo corte inteiro) ou as citações musicais, onde um início assobiado pode significar a Quinta de Beethoven. Um exemplo de amostra 'metonímica' pode ser o bisturi, que corresponde a «cirurgião».

Goodman (1968) observa que uma amostra pode ser mostrada como *amostra de amostras*. Da mesma forma, uma palavra polissílaba pode ser admitida como exemplo de todas as palavras polissílabas. Como em ambos os casos se tem um duplo, escolhido ou produzido para exemplificar não as propriedades físicas de outros indivíduos, mas as propriedades metalinguísticas do semema correspondente (ver nota 25), requer-se um discurso precedente, a fim de estipular um nível de pertinência. Sem essa convenção preliminar, a ostensão da palavra |polissílabo| seria entendida como a descrição das propriedades de todas as palavras do mesmo tipo lexical, e não de qualquer lexema polissílabo, entre os quais a palavra |monossílabo|.

Observando-se a Figura 39, nota-se que existe também uma categoria de amostras, as AMOSTRAS FICTÍCIAS, que são registradas tanto sob as ostensões como sob as réplicas. Tais são os procedimentos que Ekman e Friesen (1969) classificavam como *'intrinsically coded acts'* (cf. 3.5.8).

Se eu finjo dar um murro em alguém, detendo o punho antes que o ato se complete, exprimo o significado «dou-lhe um murro» (com a conotação de «brincadeira» ou «jogo»), e poder-se-ia dizer que estou realizando uma ostensão normal. Na verdade, porém, eu não cumpri um gesto preformado, antes o refiz e, refazendo-o, despojei-o materialmente de algumas de suas marcas sintáticas (por exemplo, a trajetória é incompleta e apenas 'encenada'). Portanto, o que fiz foi REPLICAR (e não ostentar) uma parte do gesto como amostra do gesto completo. Eis por que estes SIGNOS CONTÍGUOS são a um tempo ostensões e réplicas. A mímica pertence a esta categoria, bem como as onomatopeias totais (vale dizer, a imitação realista de um dado som, enquanto diversa de uma onomatopeia 'estilizada' como

200 TRATADO GERAL DE SEMIÓTICA

a palavra |tom|)[37]. As amostras fictícias são, também, homomatéricas, visto que a réplica é executada usando-se a mesma matéria do modelo parcialmente reproduzido. Portanto, chamar 'icônicas' – como as imagens – também as onomatopeias totais significa categorizá-las indevidamente porque as imagens (classificáveis como projeções, cf. 3.6.7) são heteromatéricas, enquanto as onomatopeias totais são homomatéricas.

Assim, que os signos contíguos sejam matéria de convenção e portanto de codificação é mostrado pelo fato de que, para serem usados como funtivos, requerem uma estipulação prévia[38].

3.6.4. Réplicas de unidades combinatórias

Este modo de produção rege os artifícios expressivos mais conhecidos, aqueles que para alguns constituem o único exemplo de 'signos' verdadeiros. As réplicas mais executadas são os sons da língua verbal: unidades expressivas produzidas por *ratio facilis*, formando um *continuum* de todo estranho ao dos possíveis referentes e arbitrariamente correlacionadas a uma ou mais unidades de conteúdo. Mas esta correlação unidade a unidade não é típica apenas das réplicas. Também o reconhecimento e a ostensão individuam unidades, e muitos sintomas, indícios, impressões, exemplos e amostras são casos de correlação de unidade a unidade. Destarte, todas as funções sígnicas que dependem de uma réplica, de uma ostensão ou de um reconhecimento permitem a articulação de unidades para compor textos. Todavia, parece que entre as réplicas são classificáveis os casos mais evidentes de unidades combináveis, e não apenas os sons da língua, mas também os ideogramas, os emblemas (como as bandeiras), as notas musicais, muitos sinais de trânsito, os símbolos da lógica formal ou da matemática, os traços prossêmicos etc.

É verdade que as palavras podem ser analisadas em unidades pertinentes menores, enquanto nem sempre tal é possível com um ideograma ou um emblema. Isto, porém, apenas significa que *a replicabilidade das expressões se realiza em diversos níveis de pertinência e pode estar sujeita a uma ou mais articulações*. Durante os anos sessenta, a semiótica foi dominada por uma perigosa tendência verbocêntrica pela qual só se reconhecia dignidade de linguagem em sistemas que apresentassem (ou parecessem apresentar) a característica da *dupla articulação* (cf. as discussões de Lévi-Strauss sobre a pintura e a música, contemporâneas e clássicas, Lévi-Strauss, 1961, 1962, e a crítica em Eco, 1968).

37. Quando, num *western*, os índios emitem o grito do coiote, esta 'onomatopeia total' desempenha um duplo papel: para os índios, é artifício arbitrário, que serve para transmitir informações codificadas; para os brancos, é uma amostra fictícia visando significar «coiote» e um ato de referência que procura comunicar «aqui tem um coiote», quando ao contrário deveria mencionar a presença dos índios. *Constitui, pois, um caso de mentira.*

38. Os signos brincalhões de ameaça, se não são codificados previamente, são levados a sério, ou seja, são considerados não como AMOSTRAS FICTÍCIAS, mas como SINTOMAS. E se um observador ingênuo visse Marcel Marceau sem conhecer as convenções da mímica, acreditaria estar diante de um louco.

TEORIA DA PRODUÇÃO SÍGNICA 201

Mas vários estudos mostraram que existem sistemas com duas articulações, com uma só articulação, com nenhuma articulação, e até sistemas com três articulações[39]. Por conseguinte, a noção de unidade combinatória deve ser mais flexível do que o quer a falácia verbocêntrica[40].

É, portanto, difícil fixar abstratamente os diversos níveis de articulação dos vários sistemas. Em certos casos, o que de um ponto de vista aparece como elemento de primeira articulação converte-se em elemento de segunda, de um outro ponto de vista; e também acontece que, sob o impulso de necessidades técnicas, nos defrontemos com os elementos não analisáveis posteriormente de um dado sistema para individuar-lhes articulações microestruturais que resultam operativamente pertinentes para fins de intervenções analíticas (que porém não atingem as características semióticas do próprio sistema).

39. Prieto (1966), no texto citado, mostra que existem diversos tipos de sistemas diversamente articulados. Distingue ele entre: (a) *códigos sem articulação*, entre os quais os *códigos com sema único* (como o bastão branco do cego que significa graças à oposição 'presença *vs* ausência'), e os *códigos com significante zero* (como a insígnia de almirante a bordo, cuja presença denota a presença do almirante no navio, e a ausência o contrário); (b) códigos só com *a segunda articulação*, onde se encontram unidades desprovidas de significado que formam unidades providas de significado não combináveis de outra forma (como, por exemplo, os números de ônibus com duas cifras, onde o número significa a linha mas as cifras isoladamente carecem de significado); (c) *códigos só com a primeira articulação*, onde unidades providas de significado mas não analisáveis de outra forma se combinam em sintagmas mais amplos (como, por exemplo, a numeração dos quartos de hotel, onde o primeiro algarismo indica o andar e o segundo a posição do quarto); (d) *códigos com duas articulações*, onde figuras privadas de significado se compõem em unidades dotadas de significados que por sua vez se combinam em sintagmas (como na linguagem verbal). Veja-se em Eco, 1968, sec. B., a proposta de um *código com três articulações* (o cinematográfico).

40. De fato, é possível conceber outros códigos com articulações móveis. Um exemplo típico (que integra os de Prieto) são as cartas de baralho, que mudam o valor das articulações segundo o jogo (que portanto faz as vezes de código) ou no interior mesmo do jogo. A matriz das cartas de baralho compreende: a) *elementos diferenciais de valor numérico*: de um a dez (as imagens do rei, da dama e do valete são puros artifícios de reconhecimento: trata-se, na verdade, de valores numéricos altos); b) *elementos diferenciais de valor heráldico*: copas, ouros, paus e espadas; c) *combinações de (a) e (b)*: o sete de espadas; d) *possíveis combinações com mais cartas*: por exemplo, três ases. No Pôquer, os elementos (a-b) são elementos de segunda articulação desprovidos de significado (figuras) que se compõem para formar elementos (c) de primeira articulação (com valor significativo possível: se tenho um ás na mão, sei que ele permite combinações altamente interessantes), os quais se combinam em sintagmas de tipo (d) dotados da plenitude de significado: *trinca* de ases, *canastra real* etc. No entanto, conforme a situação do jogo, os elementos (a) e (b) podem tornar-se mais ou menos dotados de valor diferencial: numa série, os elementos (b) têm valor nulo (se devo ter um cinco, é indiferente que seja de copas ou de espadas), enquanto em *cor* são os elementos (a) que têm valor nulo e os (b) têm valor diferencial, e em *canastra real* ambos readquirem valor. Se jogo Escopa, ao contrário, são sobretudo os elementos (a) que têm valor significativo, porque posso somar três e cinco para fazer oito. No *bridge*, um só elemento (c) adquire valor opositivo em relação aos outros, com os quais não pode acoplar-se, provocando a suspeita de que foi conservado na mão no fim do jogo (normalmente é o valete de espadas).

202 TRATADO GERAL DE SEMIÓTICA

O exemplo mais macroscópico é dado pela análise linguística de um sistema de elementos pertinentes para fins de uma semiótica da narratividade: se numa história intervém a função «vitória do herói», essa função pode ser expressa com diversos artifícios linguísticos, cuja articulação em monemas e fonemas é contudo irrelevante do ponto de vista do sistema da narratividade (tanto que a função permanece invariável mesmo quando expressa em outra substância, como, por exemplo, através de imagens cinematográficas, em vez de palavras).

Exemplo mais sutil é dado pelos artifícios fotomecânicos ou eletrônicos, mediante os quais uma imagem é decomposta em "unidades de retícula", seja para ser estampada num jornal, seja para ser analisada e reproduzida por um computador. Em tais casos, mesmo a *Gioconda* pode ser analisada numa série de unidades desprovidas de significado pictórico (*figuras* propriamente ditas), cuja subsequente articulação dá origem à imagem reconhecível. Por exemplo, Huff (1967) analisou e produziu imagens decompondo-as em: (i) unidades elementares dadas cada qual por dois pontos de formato diverso e capazes de fornecer cinco possibilidades combinatórias; (ii) uma série infinita de pontos de diferentes formatos que permitem graduações contínuas; (iii) unidades elementares formadas por reagrupamentos de três pontos de formato variável, capazes de combinar-se em quatro séries diversas (três pequenos e nenhum grande; dois pequenos e um grande; um pequeno e dois grandes; nenhum pequeno e três grandes); (iv) série de pontos de dois formatos etc. Estas unidades minimais implicariam espécies de verdadeiros *traços distintivos*, isto é, cor, densidade, forma, posição, e assim por diante. Um código do gênero possui natureza binária, articula figuras discretas (ainda que obtidas por graduação de n-tuplas) e é amplamente acessível a traduções por algoritmos. Outras experiências do gênero são sugeridas por Moles (1968), Soulis e Ellis (1967), Cralle e Michael (1967), onde se têm também alternativas oferecidas por computadores analógicos. Tudo isto levaria a dizer, pelo menos à primeira vista, que muitos signos chamados icônicos (e que serão classificados entre as 'invenções' e, portanto, entre as 'transformações') são de fato concebíveis como unidades combinatórias. O que infelizmente não é verdade, porque o processo analítico de que se falou não atinge a natureza semiótica dos fenômenos pictóricos: não altera a relação tipo-ocorrência nem define o fenômeno visual enquanto função sígnica.

Tais experimentos dizem respeito antes à *natureza física do sinal* e aos códigos técnicos que regulam a transmissão da informação. Devem ser classificados entre os fenômenos de engenharia da comunicação, de que se falou em 1.4.4. Trata-se de *transformações de expressão a expressão por mudança de continuum*, em que para realizar a mesma forma expressiva em substância diferente se procede a uma microanálise da substância original e, como a matéria muda, procura-se obter com outros meios o mesmo efeito perceptivo.

Contudo, tais experimentos dizem-nos que também em casos de sinal 'denso' e dos signos chamados 'analógicos' existem possibilidades técnicas de análise e de reprodução; e estas demonstrações podem reduzir a diferença entre fenômenos analisáveis e fenômenos prontamente indicados como não analisáveis e portanto (quer do ponto de vista estético, quer do semiótico) "inefáveis".

Finalmente, quanto ao problema da articulação dos signos linguísticos – que constituem um dos exemplos mais satisfatórios de unidades combinatórias –, basta remeter à vasta bibliografia específica sobre o assunto[41].

---

41. Para uma bibliografia sobre as articulações nas várias linguagens, cf., além de Prieto (1966) e Martinet (1960), a discussão em Eco (1968).

TEORIA DA PRODUÇÃO SÍGNICA

3.6.5. Réplicas de estilizações e de vetores

Pode-se replicar: (a) elementos que podem ser combinados com outros elementos *do mesmo sistema* para compor funtivos claramente reconhecíveis; é o caso dos signos verbais e dos outros artifícios considerados em 3.6.4; (b) elementos de repertórios baixamente estruturados, reconhecíveis com base em mecanismos perceptivos e correlatos ao seu conteúdo por operações de hipercodificação em larga escala, e não necessariamente combináveis com outros elementos do mesmo sistema: é o caso das ESTILIZAÇÕES; (c) elementos de um ou mais sistemas *diversos* para compor um funtivo claramente reconhecível: é o caso dos VETORES.

Entendemos por ESTILIZAÇÃO certas expressões aparentemente 'icônicas' que na verdade resultam de uma convenção que estipula sua reconhecibilidade em virtude do seu acordo com um tipo expressivo não estritamente prescritivo que permite muitas variantes livres.

Exemplo típico de estilização é constituído pelas figuras das cartas de baralho. Diante de um rei de ouros não reconhecemos necessariamente «homem + + rei», mas percebemos imediatamente a denotação «rei de ouros» desde que tenham sido respeitados certos elementos pertinentes. O mesmo ocorre com as figuras do xadrez, onde os traços pertinentes são ainda mais reduzidos, tanto que é possível jogar com figuras diferenciadas apenas quanto ao formato. São estilizações todos os iconogramas codificados, como certas imagens de tipo mais ou menos 'heráldico', a Madona, o Sagrado Coração, a Vitória, o Diabo. Em tais casos, a denotação imediata (o fato de veicularem «mulher», «homem» ou outra coisa) é matéria de INVENÇÃO regida por *ratio difficilis*, mas sua reconhecibilidade em termos iconográficos é regida por *ratio facilis*, e devida à presença de traços replicáveis e convencionalmente reconhecíveis. Portanto, a imagem pictórica do Demônio é um enunciado visual que constitui ao mesmo tempo uma PROJEÇÃO (uma invenção) e a RÉPLICA de uma unidade hipercodificada.

Com efeito, quando vemos o rei de ouros ou uma imagem do Sagrado Coração, não nos perguntamos se a imagem representa uma figura humana, não nos envolvemos numa interpretação aventurosa e tentativa que vise a perceber, numa espécie de 'projeção para trás', a organização de um tipo de conteúdo que ainda nos escapa (como ocorreria diante de um quadro que representasse uma mulher ou um homem em atitude não convencional): reconhecemos uma configuração em larga escala como se fosse um traço elementar e não analisável. Se certas propriedades gerais foram respeitadas, a relação entre a expressão e o seu conteúdo convencional é imediata. O conteúdo preexiste a tal ponto que poderia perfeitamente ser veiculado sem recorrer a determinadas marcas visuais. De fato, é possível jogar cartas com dez cartões onde esteja escrito |rei de copas|, |sete de ouros| etc. O iconograma é uma 'etiqueta'.

Um elenco de estilizações compreenderia vários repertórios de expressões convencionalizadas, cada uma das quais dependente de um subcódigo:

(i) emblemas heráldicos, como os brasões nobiliários ou episcopais;

(ii) onomatopeias esquemáticas como |suspirar| ou |cacarejar|, que não passam de onomatopeias totais degeneradas, originariamente produzidas como amostras fictícias (cf. 3.6.3), já aceitas como expressões arbitrariamente correlatas ao conteúdo;

(iii) traços macroambientais codificados, como (em tipologia arquitetônica) a casa, o hospital, a igreja, a rua, a praça;

(iv) imagens estandardizadas de objetos complexos, como as imagens de automóveis usadas em publicidade;

(v) gêneros musicais (a marcha, a música *thrilling* etc.);

204 TRATADO GERAL DE SEMIÓTICA

(vi) gêneros literários e artísticos (a fábula, o *western*, a comédia, a cena pastoral etc.;

(vii) todos os elementos dos códigos de reconhecimento examinados em 3.5, onde um leopardo é caracterizado pelas manchas, um tigre pelas listras, uma vez que uma marca genérica de «felinidade» foi expressa graças a procedimentos transformativos;

(viii) os iconogramas estudados pela iconografia (a Natividade, o Juízo Final, Os Quatro Cavaleiros do Apocalipse etc.;

(ix) as conotações valorativas preestabelecidas veiculadas por artifícios iconográficos, como a sugestão Kitsch de «classicidade» ligada a qualquer imagem de templo grego;

(x) outras caracterizações, como aquela pela qual um dado perfume conota imediatamente «sedução» ou «luxuria», enquanto um outro conota «limpeza» ou «inocência», o incenso conota «religiosidade» etc.

Além de certos limites, é muito difícil distinguir uma estilização de uma invenção, e muitas pinturas são textos entretecidos de estilizações e invenções, de modo inextricável: pense-se numa Anunciação quatrocentista ou quinhentista, onde o aspecto e as posições canônicas dos atores são matéria de estilização, mas o conteúdo do quadro não se exaure inteiramente na comunicação do fato de se representar a visita do Arcanjo a Maria. Usualmente, é o destinatário que escolhe entre interpretar o quadro como estilização ou como invenção: uma arquivista de reproduções a cores para enciclopédia arquivará várias obras, de Fra Angelico a Lorenzo Lotto, como «Anunciações», sem considerar os conteúdos que as diferenciam, enquanto um historiador da arte, interessado no tratamento dos volumes ou das cores, negligenciará o conteúdo veiculado pelas estilizações para indagar os conteúdos transmitidos pelos elementos inventivos dos vários quadros.

O mesmo sucede com muitas composições musicais que, em momentos diversos da vida de cada um, primeiro foram defrontadas como textos complexos que requeriam uma interpretação aventurosa e apaixonada de suas propriedades menos convencionais, e a certa altura, quando o ouvido já estava 'habituado', foram simplesmente recebidas como unidades hipercodificadas em larga escala e classificadas como «a Quinta», «a segunda de Brahms», ou então como «música romântica» e mesmo, em casos extremos, «música». Estas estilizações são *cataereses de invenções precedentes*, textos que veicularam ou poderiam veicular um discurso complexo e que agora são admitidos em função de 'nomes próprios'.

Por mais imprecisa que seja, sua réplica é sempre aceita como ocorrência satisfatória, comprovando que a *ratio difficilis*, por força de uma contínua exposição ao processo e à adaptação comunicativa, gera *ratio facilis*.

As estilizações (como, de outro lado, os vetores) combinam-se com outros artifícios para compor signos e discursos: unidades combinatórias visuais mais estilizações resultam em sinais de trânsito como «rua proibida a veículos pesados» ou «passagem proibida» e «pede-se para não fazer barulho porque há um hospital próximo».

Examinemos agora um outro tipo de artifícios combináveis com elementos de outros sistemas: os VETORES.

O exemplo clássico (já fornecido em 2.11.4, 2.11.5 e 3.5.7) é o do dedo apontado: ele concretiza traços dimensionais como ||*longitude*|| e ||*apicalidade*||, que são unidades combinatórias replicáveis, mas *move-se* também na direção de alguma coisa, e este traço de ||*direcionalidade*|| orienta a atenção do destinatário segundo parâmetros de 'direita *vs* esquerda' ou 'à frente *vs* atrás', ou melhor, parâmetros como 'da direita para a esquerda' e 'da esquerda para a direita'. O destinatário não deve seguir fisicamente a direção indicada (nem deve necessariamente haver alguma coisa naquela direção – cf. 2.11.5) porque de fato existem duas direções, uma fisicamente perceptível como MARCA SINTÁTICA do

TEORIA DA PRODUÇÃO SÍGNICA

dedo, outra significada como MARCA SEMÂNTICA. O traço direcional é produzido segundo *ratio difficilis* porque a direção produzida é a mesma de que se fala.

Existem, por outro lado, outros tipos de vetor em que a noção de direção deve ser despojada de suas marcas espaciais para ser entendida como 'progressão'. São artifícios vetoriais a elevação ou a diminuição da altura, do som nos traços para-linguísticos: um ponto de interrogação, enquanto 'dito' ou 'entonado', é um fato de vetorialização. Também a natureza de uma melodia não é percebida apenas em virtude das unidades combinatórias que nela estão envolvidas, mas também em virtude da sua sucessão ($\|dó\text{-}sol\text{-}mi\text{-}dó\|$ e $\|dó\text{-}mi\text{-}sol\text{-}dó\|$ apesar do emprego das mesmas unidades combinatórias, constituem duas melodias diferentes em virtude do elemento vetorial). Portanto, mesmo os 'indicadores de frase' (ou 'indicadores sintagmáticos') ou a sucessão das palavras no sintagma são fenômenos vetoriais[42]. Em |João bate José| a direção da frase (espacial na frase escrita e temporal na frase

42. Toda a semântica gerativa lida (embora disso não nos demos conta) com veto-res que se apresentam na representação semântica 'profunda'. As noções de "*govern-ment*", "*command*" e "*embedding*" são noções vetoriais e referem-se a disposições hierárquicas, relações de 'sobre e sob' e 'antes e depois'. Neste sentido, a vetorialização deveria ser considerada um traço contextual, negando assim o afirmado em 2.9.3, isto é, que a representação do semema deve compreender também as regras de combinação contextual. Em princípio, dado que um vetor é uma posição na cadeia espacial ou tem-poral (ou lógica), uma vez que se admita a representação de um semema como um pre-dicado com mais argumentos, poder-se-ia admitir que toda representação semântica proporciona também uma seleção contextual que estabelece o papel do argumento num dado contexto:

$$x \begin{cases} (cont_{\text{V}}(x, y)) \longrightarrow {}^{d}\text{Agente} \\ \\ (cont_{\text{V}}(x, y)) \longrightarrow {}^{d}\text{Objeto} \end{cases}$$

Tal solução, contudo, coloca um problema ulterior: a posição vetorial a representar é aquela que se realiza em estrutura superficial ou a que se realiza em estrutura profunda? Lakoff (1971a) sugere que uma expressão como |*Sam claimed that John had dated few girls*| pode ser lida seja como |*Sam claimed that the girls who John had dated were few*|, seja como |*The girls who Sam claimed that John had dated were few*|. Naturalmente, a vetorialização na estrutura superficial presta-se a ambiguidades, e só a correta vetoriali-zação do quantificador na representação profunda ajuda a esclarecer o ponto. Por outro lado, o trabalho de produção sígnica (e em particular a adequação ao código) consiste exatamente em projetar a representação semântica profunda na superficial por meio de uma série de "constrições". As Constrições são regras que estabelecem precisamente como os vetores devem ser realizados em superfície. Mas nesta altura a representação semântica profunda (como a entende a teoria gerativista) aparece como uma hierarquia de vetores em função de interpretante que atua como explicação metalinguística do trabalho subja-cente de produção sígnica. Portanto, agem vetorializações tanto na representação meta-linguística de uma teoria semântica quanto na representação semântica das possibilidades combinatórias de um dado semema ou ainda no próprio trabalho de inferência e pressu-posição que preside à interpretação textual. Como todos estes problemas não foram ainda definitivamente resolvidos pelas gramáticas transformacionais, pelas semânticas inter-pretativas e pelas semânticas gerativas, a natureza dos vetores verbais permanece muito complexa e requer outras verificações. Contudo, é pelo menos curioso que exatamente onde se presume que existam unidades combinatórias, digitalizações, convenções, aparece tão violentamente, no fundo, a presença de algo 'icônico', isto é, além de metáfora, o pro-blema dos vetores. Mais uma demonstração, se dela ainda houvesse necessidade, de que

206 TRATADO GERAL DE SEMIÓTICA

pronunciada) torna o conteúdo compreensível: portanto, a vetorialização não é um 'signo' (assim como Morris pensava nos signos 'formadores'), mas um TRAÇO, um elemento sintático que veicula uma porção de conteúdo (os vetores são informados à *ratio difficilis*)[43]. Só em casos muito limitados um único vetor pode dar origem a uma função sígnica, como no caso dos grunhidos interrogativos ou afirmativos (os quais, porém, aparecem antes como estilizações: são vetores originariamente regidos por *ratio difficilis*, que sofreram processos de catacresização e são reproduzíveis e compreensíveis por *ratio facilis*).

3.6.6. Estímulos programados e unidades pseudocombinatórias

A meio caminho entre as réplicas e as invenções, existem dois tipos de artifícios que até agora a semiótica não definiu suficientemente.

Consiste o primeiro artifício na disposição de *elementos não semióticos entendidos para solicitar uma resposta refletida no destinatário*. Um relâmpago de luz numa representação teatral, um som insuportável durante uma execução musical, uma excitação subliminar, todos estes artifícios, quase sempre classificados como estímulos, podem ser vistos pelo emitente como *estimuladores de um determinado efeito*: portanto, o emitente possui dele um conhecimento semiótico porque para ele um dado estímulo não poderá conseguir senão um dado efeito. Em outras palavras, tem-se função sígnica quando o estímulo representa o plano da expressão e o *efeito previsto*, o plano do conteúdo.

Entretanto, o efeito não pode ser totalmente previsível, sobretudo quando inserido num contexto demasiado complexo. Suponhamos que o falante esteja elaborando um discurso entoado segundo as leis da retórica judiciaria e procure solicitar um efeito de piedade e compreensão. Ele pode pronunciar suas frases com voz soluçante e com vibrações infinitesimais que *poderiam* sugerir seu desejo de chorar... Estes artifícios suprassegmentais poderiam funcionar quer como artifícios paralinguísticos, quer como meros sintomas que traem seu estado de ânimo; mas podem igualmente ser estímulos que ele *conscientemente* introduz no discurso para provocar um movimento de identificação nos ouvintes e coagi-los a um dado estado emotivo. Neste caso ele está usando tais artifícios como ESTIMULAÇÕES PROGRAMADAS, embora não tenha certeza do efeito que suscitarão. Assim, o falante encontra-se a meio caminho entre a execução de uma dada regra de estimulação e a proposta de novos elementos não convencionalizados que poderiam (ou não) ser reconhecidos como artifícios semióticos. Às vezes o falante não está certo da re-

também os problemas linguísticos são iluminados por uma investigação semiótica sobre modos de produção sígnica que agem indiferentemente dentro e fora do universo verbal.

43. Em muitas línguas, a posição do lexema na estrutura superficial não representa o traço vetorial que permite a correta desambiguação. Por exemplo, pode-se dizer |João ama Maria| mas (com laivos poéticos) pode-se também dizer |ama Maria João|. Neste segundo caso, a posição não permite identificar o agente (enquanto existe uma posição em representação profunda que deve consenti-lo). Cumpre observar, porém, que em casos desse gênero o vetor espacial ou temporal é substituído por um vetor paralinguístico, ou seja, por um conjunto de pausas e entonações. Diz-se |ama Maria, *João*!| (e, como se vê na transcrição grafemática, tais entonações são substituídas pela vírgula e pelo ponto de exclamação). Sanders (1974) lembra também que em espanhol é possível dizer tanto |*Manuel me presentó a ti*| (onde as posições indicam uma sucessão) como |*Manuel te me presentó*|. Só que neste segundo caso me parece tratar-se de hipercodificação típica, no sentido de estar-se lidando com uma frase feita.

TEORIA DA PRODUÇÃO SÍGNICA

lação de necessidade entre um dado estímulo e um dado efeito, e, mais que executar um código, está de fato experimentando e tentando INSTITUIR UM.
Por isso tais artifícios estão entre a réplica e a invenção, e podem ser ou não artifícios semióticos, constituindo pois uma espécie de *limiar ambíguo*. Assim, mesmo que as cadeias expressivas de estimulações programadas possam ser analisadas em unidades discretas, o conteúdo correspondente permanece uma NEBULOSA DISCURSIVA. Eis como uma expressão, feita de unidades replicáveis e analisáveis e regida por *ratio facilis*, pode gerar no plano do conteúdo um discurso muito vago.
Entre as estimulações programadas classificaremos (i) todas as SINESTESIAS verificáveis em poesia, música, pintura etc. (ii) todos os signos ditos 'EXPRESSIVOS' e teorizados por artistas (como Kandinsky), isto e, as configurações visuais que convencionalmente se *supõe* veicularem determinadas emoções, inclusive as estudadas por teóricos da empatia; mas, enquanto tais artifícios parecem manter uma relação de motivação com forças psíquicas e reproduzir uma dinâmica interior, devem eles igualmente ser levados em consideração ao se falar das projeções; enfim, (iii) todas as produções de ESTÍMULOS SUBSTITUTIVOS descritas em 3.5.8 e (iv) muitas das PROJEÇÕES de que se falará em 3.6.7. Todavia, cabe distinguir entre estimulações programadas e artifícios mais explicitamente codificados e aptos a exprimir emoções, como os movimentos do corpo, as expressões faciais registradas pela cinésica e pela paralinguística.

Outro tipo de operações semióticas espúrias são as PSEUDOUNIDADES COMBINATÓRIAS, cujo exemplo mais típico é dado por um quadro abstrato ou por uma composição de música atonal. Aparentemente, um quadro de Mondrian ou uma composição de Schoenberg são perfeitamente replicáveis e compostas de unidades combinatórias, as quais não são dotadas de significado, antes seguem regras de combinação exatas. Não se pode negar que em tais casos existe um plano da expressão perfeitamente articulado, *mas o que permanece impreciso é o plano do conteúdo*, aberto a qualquer interpretação. É-se tentado, então, a falar, mais que de funções sígnicas, de SINAIS ABERTOS que convidam o destinatário a atribuir um conteúdo, desafiando-o à interpretação (Eco, 1962). Podem ser chamadas de FUNÇÕES PROPOSICIONAIS (VISUAIS ou MUSICAIS), que não esperam outra coisa senão ser correlacionadas a um conteúdo e são disponíveis por correlações diversas.

Assim é que, ao se escutar 'grupos' musicais de estilo pós-weberniano, se individuam unidades musicais replicáveis e combináveis, e às vezes se individuam também suas regras de combinação. Mais complexa se torna a interpretação diante de um quadro informal e de experimentos de música 'aleatória' e 'neodadá', onde se individuam GALÁXIAS TEXTUAIS desprovidas de qualquer regra previsível, de modo que parece impossível falar ainda de pseudocombinação: trata-se, no fundo, do tipo de fenômenos artísticos ao qual Lévi-Strauss (1964) negava natureza linguística e capacidade articulatória.
Pode-se responder que nestes casos a totalidade da estrutura matérica, com sua ausência de regras, se opõe aos sistemas de regras que governam a arte anterior, criando uma sorte de macrossistema em que manifestações de rumor se opõem a manifestações de ordem. Solução que teria a vantagem da elegância formal e explicaria vários fenômenos de arte informal, levando a reconhecer como semióticos fenômenos onde a ausência de qualquer característica semiótica é evidenciada *exatamente para fazer ressaltar a ausência de fenômenos semióticos*, com o resultado de se obter uma significação qualquer de «negação». Fenômeno que se aparentaria ao de um silêncio ostentado *para comunicar a recusa a comunicar* (cf. Watzlawick, 1967).

208 TRATADO GERAL DE SEMIÓTICA

Mas existe outra razão pela qual estes tipos de arte podem aspirar à classe de pseudocombinações: a chave é dada pelos próprios artistas quando afirmam querer explorar as leis da matéria que usam, as veias da madeira, os grumos de cor, as ferrugens do ferro, as vibrações dos *clusters* sonoros, neles procurando formas, relações, novas configurações visuais ou auditivas. A artista descobre, ao nível do *continuum* expressivo, novas possibilidades de segmentação, que as organizações expressivas precedentes nunca haviam pertinentizado. Esses novos traços formais são tão claramente reconhecíveis que um olho medianamente adestrado não encontra a menor dificuldade para distinguir um quadro de Pollok de um de Dubuffet, uma composição de Berio de uma de Boulez. *De modo que se tem organização* (*individuável*) *de novas unidades combinatórias*; só que tal organização não segue um código, mas o INSTITUI, e a obra assume também valor metalinguístico.

Nestes casos, defrontamo-nos com três ordens de problemas: (i) uma posterior segmentação do *continuum* expressivo, que se torna muito importante na caracterização dos textos com função estética, como se verá em 3.7; (ii) a complexidade da segmentação aos vários níveis, pela qual para certos níveis de analiticidade permanece ainda impossível identificar as unidades em jogo, tornando a expressão dificilmente replicável (o que explica por que na *Neue Musik* as execuções raramente são replicáveis e, mesmo havendo uma partitura que prescreva determinados comportamentos executivos, muito espaço é deixado à participação inventiva do instrumento ou do cantor); (iii) a INVENÇÃO de um novo nível de expressão.

Na Fig. 39, as pseudocombinações, não obstante, são registradas entre os modos de produção regidos por *ratio facilis* porque, enquanto replicáveis, eles não têm senão que reproduzir o tipo expressivo, embora estejam a meio caminho entre a função sígnica e o sinal aberto. Quando suas unidades não são individuáveis, tampouco serão replicáveis, e por isso permanecem numa zona imprecisa entre as funções sígnicas e a proposta de novas possibilidades de manipulação física do *continuum*. Ao contrário, as estimulações programadas foram classificadas, como os exemplos e as amostras, a meio caminho entre *ratio facilis* e *ratio difficilis* porque, como sabem os teóricos da empatia, sempre existe um liame motivado entre uma forma física e um certo sentimento, de modo que as estimulações programadas se colocam entre os casos de estilização e os de projeção inventiva.

3.6.7. Invenção

Definimos como INVENÇÃO um modo de produção em que o produtor da função sígnica escolhe um novo *continuum* material ainda não segmentado para os fins que se propõe, e sugere uma nova maneira de dar-lhes forma para TRANSFORMAR nele os elementos pertinentes de um tipo de conteúdo.

A invenção representa o caso mais exemplificativo de *ratio difficilis* realizada numa expressão heteromatérica. Como não existem precedentes acerca do modo de correlacionar expressão e conteúdo, deve-se INSTITUIR de alguma forma a correlação e torná-la aceitável.

É claro que uma expressão produzida para reconhecimento é compreensível por causa de uma experiência anterior que ligou uma unidade de conteúdo a uma unidade de expressão.

É claro que se reconhece uma expressão produzida para ostensão porque ela nos remete aos mecanismos fundamentais da abstração, fazendo de uma dada entidade o representante da classe a que pertence.

É claro que se reconhece uma expressão produzida para réplica porque se trata de individuar os traços do tipo expressivo já convencionalmente correlatos a um dado conteúdo.

Em todos estes casos, quer se trate de *ratio facilis* ou de *ratio difficilis*, reconhece-se a correspondência entre tipo e ocorrência por causa da preexistência do tipo como produto cultural, mesmo que seja um tipo do conteúdo.

O tipo, tanto de expressão como de conteúdo, é analisado nas suas marcas e *transformado* em ocorrência.

Esse procedimento pode ser representado pela Fig. 40, onde os x são propriedades pertinentes do tipo e os y elementos variáveis[44]:

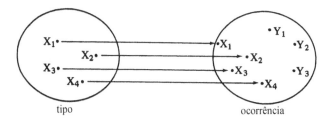

Figura 40

Em casos de *ratio facilis*, a passagem de tipo a ocorrência não apresenta graves problemas: trata-se tão-somente de reproduzir propriedades do tipo no material que ele prescreve. No caso de um fonema, o tipo prescreve, por exemplo, 'labial + sonora' (implicando: por meio de fonação humana) e estabelece, portanto, como se produz um [*b*].

As coisas tornam-se mais árduas com a *ratio difficilis*: neste caso, diz-se, o tipo é uma unidade de conteúdo, um semema, e as suas propriedades são marcas semânticas e não estão ligadas, em princípio, a nenhum *continuum* material.

Pode-se, agora, indagar o que significa transformar as propriedades pertinentes de um copo de vinho de modo a produzir (ou reconhecer) a impressão úmida do vinho sobre uma mesa. Mas a questão é formulada de maneira errada, uma vez que parte de um preconceito referencial. Na realidade, a marca de um copo de vinho não deve possuir inteiramente as propriedades do objeto 'copo de vinho', mas aquelas da unidade cultural «impressão de um copo de vinho». E, bem vistas as coisas, neste caso a representação semântica de tal entidade não comporta mais que quatro marcas, a saber: «círculo», «diâmetro x», «vermelho», «úmido». Transformar estas marcas num outro material significa apenas realizar INTERPRETANTES QUÍMICOS E GEOMÉTRICOS dos semas citados. Feito isto, a ocorrência é realizada, reconhecível, adequada ao tipo. Assim, não se pode dizer que a pegada de uma lebre seja tão 'icônica' quanto a imagem de uma lebre: no primeiro caso,

---

44. As páginas que seguem nasceram de uma série de discussões que posteriormente deram origem a alguns números da revista *VS*; lembremos as contribuições de Volli (1972), Krampen (1973) e as intervenções de Bettetini, Farassino, Casetti, Metz, Verón, Osmond-Smith etc. Estas páginas permitem frutificar livremente os resultados de muitas das observações esparsas naqueles artigos. Sugestões diretas ou indiretas vieram-me também de discussões com Tomas Maldonado, T. A. Sebeok e Roman Jakobson.

o tipo preexiste e é altamente culturalizado, no segundo não o é, a não ser em casos de alta estilização.

O problema que poderia surgir seria, quando muito, este: em que sentido um círculo de determinado diâmetro, concretizado no plano de uma mesa em matéria úmida, reproduz as marcas semânticas «círculo» e «diâmetro x»? Esta questão, porém, não difere daquela referente à reconhecibilidade de um fonema: em que sentido uma sonora labial é reconhecida como sonora labial? A resposta já foi dada em 3.4.7 e 3.4.8: existem parâmetros acústicos que permitem o reconhecimento, e essa reconhecibilidade, baseada em mecanismos perceptivos normais, constitui um POSTULADO e não um teorema da semiótica. Ora, como (cf. 3.4.2) as diversas expressões se realizam de acordo com parâmetros diversos, o que distingue o reconhecimento do círculo do da labial é só uma diferença entre parâmetro espacial e parâmetro acústico.

Todavia (já que uma diferença existe), os traços acústicos que governam a reproduzibilidade do fonema não são marcas de conteúdo, ao passo que os traços espaciais que governam a reproduzibilidade da pegada o são. Tal é a diferença entre *ratio facilis* e *difficilis*, a qual, contudo, não põe em questão o princípio de reconhecibilidade do traço concretizado.

Ora, se considerarmos a Fig. 39, perceberemos que em todos os casos de *ratio difficilis* estamos tratando com tipos de conteúdo onde parte das marcas, as mais importantes, são TOPOSSENSITIVAS, isto é, são configurações espaciais ou VETORIAIS, o que nos reconduz ao problema tratado em 2.7.2: nem todas as marcas semânticas são verbalizáveis. Quando o são, é porque realizaram um máximo de abstração; e, em princípio (como mostra a reproduzibilidade de configurações visuais complexas por meio de computadores), mesmo as marcas topossensitivas mais complexas podem ser resolvidas em série de algoritmos; entretanto, mesmo em expressões matemáticas que traduzem a marca através de coordenadas, subsistem indicações vetoriais; e, em todo caso, na experiência comum deparamo-nos diretamente com a dificuldade de verbalização sem sermos ajudados pelas possibilidades de descrição em termos trigonométricos. Assim, a disposição espacial dos elementos da pegada de uma lebre não pode ser metadescrita verbalmente. E, no entanto, seria arriscado concluir daí que a pegada não tem 'existência cultural' nem pode ser 'pensada '. Ora, dizer que pode ser 'pensada' e que existe um 'pensamento visual' seria uma asserção extrassemiótica. Mas é asserção semiótica dizer que ela pode ser INTERPRETADA, e sua transformação em algoritmo é exatamente o modo possível, embora raramente realizado, de interpretação. O fato de o desenho extraído pelo algoritmo ser mais esquemático do que a impressão real não faz senão confirmar a tese destas páginas, isto é, que a noção cultural da impressão (o semema correspondente) não coincide com o modelo perceptivo nem com o objeto correspondente.

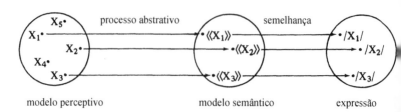

Figura 41

TEORIA DA PRODUÇÃO SÍGNICA 211

O processo que vai do modelo perceptivo ao modelo semântico, e deste ao modelo expressivo governado por *ratio difficilis*, pode ser esquematizado como na Fig. 41.

Em outras palavras, dado um modelo PERCEPTIVO como representação 'densa' de uma dada experiência, atribuindo-se ao objeto percebido x as propriedades $x_1, x_2, x_3 \dots x_n$, não apenas a experiência cultural se realiza, mas o modelo perceptivo dá origem a um modelo SEMÂNTICO que conserva só algumas das propriedades da representação densa. Não se diz que todas as propriedades conservadas sejam verbalizáveis, e algumas delas podem ser topossensitivas.

Neste ponto, é possível exprimir o modelo semântico por meio de artifícios EXPRESSIVOS. Se as marcas não fossem topossensitivas, bastaria uma correlação colocada arbitrariamente; como, em caso de topossentividade, a correlação é MOTIVADA, deverá seguir regras de TRANSFORMAÇÃO.

Voltando à Fig. 41, o primeiro tipo de transformação não pode ser explicado em termos semióticos, porque segue as regras que governam todo processo abstrativo (embora já se tenha sugerido a possibilidade de um estudo semiótico dos próprios mecanismos da percepção e da inteligência); encontramo-nos, portanto, no limiar de um dos limites 'políticos' de que falamos na introdução.

O segundo tipo de transformação é, ao contrário, afim àquele que governa a similaridade entre dois triângulos, constituindo o mecanismo que definimos como transformação em sentido semiótico: "Toda correspondência biunívoca de pontos no espaço é uma transformação. O que nos interessa é a existência de certas transformações, que deixam imutáveis algumas propriedades emergentes das entidades geométricas às quais são aplicadas"[45].

Este conceito de transformação se aplica tanto aos casos de relação de ocorrência a ocorrência quanto aos de ocorrência-tipo (em que se baseia o postulado da semiótica). Mas ele explica também os casos de produção (mesmo virtual) de impressões, e é por isso que em 3.6.2 as impressões foram definidas como um caso particular de transformação, isto é, uma PROJEÇÃO. Só que este último tipo de transformação, à diferença dos demais, não ocorre entre tipo expressivo e ocorrência expressiva, mas entre tipo de conteúdo e ocorrência expressiva. Estamos de novo em face da *ratio difficilis*; portanto, existem tanto transformações impressas por *ratio facilis* quanto transformações impressas por *ratio difficilis*. Estas últimas, que constituem o objeto do presente discurso, põem os seguintes problemas:

(i) como se transforma uma realidade não física num *continuum* físico?;

(ii) como podem classificar-se estes tipos de transformação tendo em conta o grau de convencionalidade atingido pelo tipo de conteúdo e a sua complexidade topossensitiva?

---

45. Volli (1972, p. 25), referindo-se à concepção geométrica expressa por Klein em seu Programa de Erlangen, 1872, diz: "A geometria é o estudo das propriedades que permanecem imutáveis em relação a um determinado grupo de transformações".

Se, na Fig. 39, as impressões (ainda que replicadas, em vez de reconhecidas) não foram classificadas como transformações puras (postas, pois, sob a rubrica das invenções), é porque havia uma boa razão para isso, porque no caso da Impressão *o modelo cultural preexiste*. A impressão transforma por algo que *já é conhecido*. E existem regras de semelhança que estabelecem como concretar num *continuum* material as propriedades topossensitivas do semema. Tal é o motivo por que o processo transformativo representado na Fig. 41 não parece tão diferente do (concernente à *ratio facilis*) representado na Fig. 40. Na Fig. 41 tratamos com transformações *motivadas* pela representação semêmica do objeto suposto, mas existem convenções ou REGRAS DE TRANSFORMAÇÃO.

Ao contrário, o problema a resolver nasce quando se deve determinar como transformar num *continuum* expressivo as propriedades de algo que, dada a sua idiossincraticidade cultural ou a sua complexidade estrutural, *ainda não é culturalmente conhecido*.

Lembremos ainda uma vez que não é este o caso da expressão de conceitos como «montanha áurea» ou «homem de sete pernas e dez olhos», porque em tais casos outra coisa não se faz senão inferir a natureza de elementos ignorados pela adição de elementos conhecidos. Aqui, o problema é bem outro; trata-se de compreender como é possível representar visualmente (e reconhecer) uma montanha de pedra e um homem de dois olhos e duas pernas!

Como é possível representar uma mulher jovem e loira, sentada contra o fundo de uma paisagem montanhosa e lacustre na qual se recortam árvores filiformes, que – tendo na mão um livro aberto – toma conta de dois meninos nus, um dos quais vestido com pele de animal, que brincam com um passarinho? E no entanto Rafael o consegue maravilhosamente em *La madonna del cardellino*.

Dado que esse conjunto de traços pictóricos constitui um texto a veicular um discurso complexo, e dado que o conteúdo não é previamente conhecido do destinatário, que percebe através de traços expressivos algo de que não preexistia um tipo cultural, *como se pode definir semioticamente tal fenômeno*.

A única solução seria a de afirmar que uma pintura *não é um fenômeno semiótico* porque não se refere nem a uma expressão nem a um conteúdo preestabelecidos, não havendo, pois, nela, correlação entre funtivos que permita um processo de significação; assim, a pintura é um fenômeno misterioso que *coloca* seus funtivos em vez de *ser colocada* por eles.

Todavia, ainda que este fenômeno pareça escapar às malhas da definição correlacional de função sígnica, *ele não escapa à definição de signo como algo que está para alguma outra coisa*: porque o quadro de Rafael é exatamente isso, algo fisicamente presente (pigmentos sobre a tela) que veicula alguma coisa de ausente e que no caso *finge* referir-se a um evento ou estado do mundo que nunca se verificou (pois mesmo quem acredita firmemente que Jesus e João Batista passaram a infância brincando juntos sabe perfeitamente que Maria nunca teria podido dispor de um livro impresso em formato *pocket*).

3.6.8. A invenção como instituição de código

Com este exemplo chegamos ao ponto crítico da presente classificação dos modos de produção sígnica. Trata-se de definir um modo de produção em que *uma coisa é transformada em alguma outra coisa que ainda não foi definida*. Estamos diante de uma convenção significante COLOCADA no mesmo momento em que ambos os funtivos são INVENTADOS.

Mas essa definição soa estranhamente familiar ao semiólogo... Na verdade, ela requer a discussão (tão vigorosamente refutada pelas últimas três gerações de linguistas) acerca das *origens da linguagem* e do nascimento das convenções semióticas.

Ora, se este problema pode ser razoavelmente elidido quando se trata de libertar uma teoria dos códigos de intromissões arqueológicas e contaminações diacrônicas, não se pode ignorá-lo quando se fala das modalidades de produção sígnica, do qual se tenta uma fenomenologia.

Admitamos então que o problema destas transformações classificadas como invenções e regidas por *ratio difficilis* (dependentes de modelos de conteúdo topossensitivos) coloque de modo exemplar a questão acerca da atividade de INSTITUIÇÃO DE CÓDIGO (cf. Fig. 31 e 3.1.2).

Podemos agora rever o processo transformativo examinado na Fig. 41 e reformulá-lo como aparece na Fig. 42:

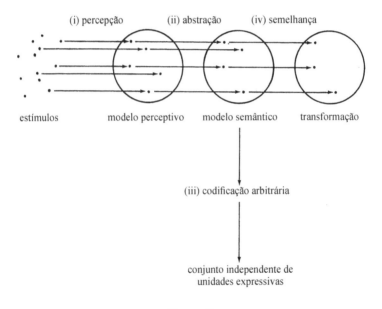

Figura 42

Aqui, (i) elementos emergentes são selecionados de um campo perceptivo ainda não organizado e estruturados em *perceptum*; (ii) procedimentos abstrativos, não diferentes daqueles que regulam os casos de estilização (cf. 3.6.5), transformam o *perceptum* em representação semântica, constituindo a segunda uma simplificação do primeiro; (iii) a representação semântica é arbitrariamente associada a cadeias de artifícios expressivos, como ocorre no caso de réplicas ou de articulação de unidades combinatórias, ou (iv) transformada segundo leis de semelhança. Mas esses procedimentos explicam *qualquer* tipo de produção sígnica catalogado na Fig. 39, *exceto as invenções*.

Para haver invenção, ao contrário, tornam-se necessários dois tipos de procedimento, dos quais um será definido como *moderado* e o outro como *radical*: tem-se INVENÇÃO MODERADA quando se projeta diretamente de uma representação perceptiva num *continuum* expressivo, realizando uma forma da expressão que dita as regras de produção da unidade de conteúdo equivalente (Fig. 43):

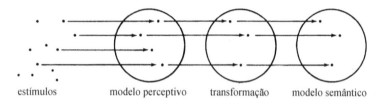

estímulos   modelo perceptivo   transformação   modelo semântico

Figura 43

É o caso, por exemplo, do quadro de Rafael e, de maneira geral, das imagens de tipo 'clássico'; é o caso da *primeira* reprodução ou reconhecimento de uma impressão.

Do ponto de vista do *emitente*, uma estrutura perceptiva é considerada como modelo semântico codificado (conquanto ninguém ainda esteja em condição de entendê-la deste modo) e as suas marcas perceptivas são transformadas num *continuum* ainda informe com base nas regras de semelhança mais aceitas. O emitente pressupõe, portanto, regras de correlação mesmo ali onde o funtivo do conteúdo ainda não existe. Mas, do ponto de vista do *destinatário*, o resultado aparece ainda como simples artifício expressivo. Deve ele, pois, usando por exemplo o quadro de Rafael como impressão, PROCEDER ÀS AVESSAS para inferir e extrapolar as regras de semelhança implícitas e reconstruir o *perceptum* originário. Mas às vezes o destinatário *recusa colaborar*, e a convenção não se estabelece. Então o destinatário deve ser ajudado pelo emitente, e o quadro não pode ser de todo o resultado de pura e simples invenção, mas deve oferecer outras chaves: estilizações, unidades combinatórias codificadas, amostras fictícias e estimulações programadas[46].

---

46. No quadro de Rafael, por exemplo, as árvores são altamente estilizadas, e com maior razão o é a auréola, assim como estilizações são, em boa parte, as roupas de Maria (ver-se-á em 3.6.10 que as roupas são de per si exemplos de estilização); o céu e o terreno se valem de estimulações programadas... Trata-se de simples alusão, porque uma análise das obras de pintura, do ponto de vista da tipologia dos modos de produção sígnica, ainda está por ser feita.

Só em virtude da ação combinada desses elementos, e num jogo recíproco de ajustamentos, é que a convenção se estabelece.

Quando o processo é coroado de sucesso, eis que um novo plano do conteúdo (entre um *perceptum* que é já apenas a lembrança do emitente, e uma expressão fisicamente verificável) se configura.

Não se trata tanto de uma nova unidade quanto de um DISCURSO. Aquilo que era um simples *continuum* organizado perceptivamente pelo pintor faz-se aos poucos organização cultural do mundo. Uma função sígnica emerge do trabalho exploratório e tentativo de instituição de código e, ao estabelecer-se, gera hábitos, sistemas de expectativas, maneirismos. Algumas unidades expressivas visuais se fixam de modo a tornar-se disponíveis para sucessivas combinações. Surgem estilizações.

O quadro chega assim a oferecer unidades manipuláveis que podem ser usadas num subsequente trabalho de produção sígnica. A espiral semiósica, enriquecida por novas funções sígnicas e novos interpretantes, está pronta para proceder ao infinito.

O caso das INVENÇÕES RADICAIS é, ao contrário, um tanto diferente, já que aqui o emitente praticamente 'descavalga' o modelo perceptivo e 'escava' diretamente no *continuum* informe, configurando o *perceptum* no momento mesmo em que o transforma em expressão (Fig. 44):

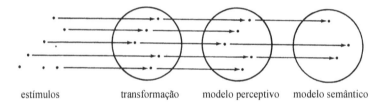

Figura 44

Neste caso, a transformação, a expressão realizada, aparece como um artifício 'estenográfico' através do qual o emitente fixa os resultados de seu trabalho perceptivo. *E só depois de haver realizado a expressão física é que também a percepção assume uma forma, e do modelo perceptivo se pode passar à representação semêmica.*

Tal é, por exemplo, o princípio segundo o qual se fizeram todas as grandes inovações da história da pintura. Veja-se o caso dos impressionistas, cujos destinatários absolutamente se recusavam a 'reconhecer' os temas representados e afirmavam 'não entender' o quadro, ou que o quadro 'não significava nada'. Recusa esta devida não só à ausência de um modelo semântico preexistente, como no caso da Fig. 43, mas também à ausência de modelos perceptivos adequados, porque ninguém havia ainda percebido *daquele modo* e, portanto, ninguém havia ainda percebido *aquelas coisas*.

Neste caso, tem-se uma violenta INSTITUIÇÃO DE CÓDIGO, proposta radical de uma nova convenção. A função sígnica não existe ainda, nem se pode impô-la. De fato, o emitente joga com as possibilidades da semiose, e de ordinário

216 TRATADO GERAL DE SEMIÓTICA

perde. As vezes são necessários séculos para que a aposta vingue, e a convenção se instaure.

Esses fenômenos serão melhor teorizados na seção dedicada aos textos estéticos, caso típico de invenção.

Não se pode evitar, nesta altura, uma observação de ordem histórica: quanto ficou dito nos traz à mente a teoria viquiana da linguagem e da invenção poética dos 'primeiros tropos' como origem das línguas convencionais. Ora, poder-se-ia indubitavelmente dizer que uma fenomenologia dos processos de invenção admite supor que, se indagações sobre as origens das convenções linguísticas devem ser feitas, provavelmente elas teriam de verificar grande parte das hipóteses de Viço[47].

Contudo, a aceitação em bloco de tais hipóteses levaria às consequências teóricas que se devem lamentar na linguística crociana, onde a suposição de uma criatividade originária se transforma na asserção de uma criatividade total implícita em todo ato linguístico, de modo que a semiótica como ciência social dos signos perde toda razão de ser, sem ser substituída por nenhuma outra explicação satisfatória. De fato, *na passagem de Viço a Croce se transforma definitivamente uma hipótese diacrônica numa metafísica do sincrônico*.

Quanto dissemos até agora induz-nos, ao contrário, a crer que *nunca ocorrem casos de invenção radical pura*, e provavelmente sequer de invenção moderada pura, dado que (como já se aludiu), para que a convenção possa nascer, é necessário que a invenção do *ainda não dito* seja envolvida pelo *já dito*. E os textos 'inventivos' são estruturas labirínticas em que as invenções se enastram com réplicas, estilizações, ostensões e assim por diante. A semiose nunca surge *ex novo* e *ex nihilo*.

O que equivale a dizer que qualquer nova proposta cultural sempre se delineia contra o fundo de cultura já organizada.

Dissemo-lo em 2.1 e 2.4: não existem signos como tais, e muitos dos assim chamados signos são na verdade textos; e signo e texto resultam de correlações em que colaboram vários modos de produção. Se a invenção fosse uma categoria da tipologia dos signos, então talvez fosse possível individuar signos que são invenções absolutas e radicais, os quais constituiriam o exemplo tangível daqueles momentos "aurorais" de nascimento da linguagem que representam a grande descoberta e a via sem saída da linguística idealista. Mas se, ao invés, a invenção é, como se propôs, um dentre os numerosos modos de produção sígnica, colaborando com outros para a formulação de funtivos e para a sua correlação, então a falácia idealista se vê exorcizada.

Os homens instituem e reorganizam continuamente os códigos unicamente porque existem códigos precedentes. No universo semiótico não existem nem heróis nem profetas. Mesmo os profetas, para se tornarem

---

47. Sobre um renascimento das hipóteses glotogônicas, citamos dois textos, diferentes pelo quadro cultural, mas ambos do máximo interesse: Giorgio Fano, *Saggio sulle origini del linguaggio*, Torino, Einaudi, 1962, e Gordon Hewes, *Implications of the gestrual model of language origin for human semiotic behavior*, Comunicação ao I Congresso da International Association for Semiotic Studies, junho, 1974.

TEORIA DA PRODUÇÃO SÍGNICA

verdadeiros, devem ser socialmente aceitos: do contrário, serão falsos profetas.

3.6.9. Um continuum de transformações

O produto da invenção semiótica, mesmo visto como função sígnica complexa, é sempre um signo 'impreciso'. As invenções não se dispõem em sistema de oposições nítidas, mas ao longo de um *continuum* graduado sujeito antes a hipocodificação do que a codificação propriamente dita.

Seria arriscado dizer que um quadro constitui um complexo de signos reconhecíveis como uma poesia[48]. Mas igualmente arriscado seria dizer que um quadro não é um fenômeno semiótico: ele representa sobretudo o momento em que um fenômeno semiótico *nasce*, o momento em que um código é proposto servindo-se dos detritos de códigos anteriores.

Isto posto, cabe observar que existem *diversos níveis de transformação*, alguns mais próximos da operação de produção de duplos, para finalidades perceptivas ou utilitárias, outros mais próximos de procedimentos tipicamente semióticos.

Primeiro que tudo, temos as CONGRUÊNCIAS ou CALÇOS[49]: pontos no espaço físico da expressão que correspondem a cada ponto no espaço físico de um objeto real. Exemplo típico: as máscaras mortuárias. Mas as máscaras mortuárias podem ser 'entendidas' mesmo que não se conheça o objeto real que as motivou (e de fato são frequentemente produzidas exatamente para tornar conhecidas as feições de um defunto a

---

48. Isto esclarece também em que sentido a presente teoria da INVENÇÃO se distingue da teoria do 'momento auroral'. E não apenas porque, como se viu, não existe momento auroral que não se disponha com base numa cultura precedente, mas ainda porque a noção de invenção não traça uma linha discriminatória entre linguagem 'poética' (ou 'lírica') e linguagem comum. Traça, tão-somente, linhas discriminatórias entre diversos modos de produção sígnica. Invenção não é sinônimo de 'criatividade estética', ainda que, como veremos na seção seguinte, o texto estético abunde de iniciativas inventivas. Invenção é apenas a categoria que define um procedimento de instituição sígnica, independente de seu êxito estético. De fato, do ponto de vista semiótico, pode haver mais invenção no desenho de uma criança do que nos *Promesi sposi*. Basta esta observação para desprover o termo |invenção| de seu significado em estética. Naturalmente, o termo tampouco tem a ver com a *"inventio"* retórica. Querendo, pode-se encontrar, ao invés, uma vasta afinidade de significado com a 'invenção científica'.

49. "Consideremos primeiro as congruências, vale dizer, as transformações que fazem corresponder cada segmento a um segmento de igual comprimento. Elas deixam intatas as propriedades métricas das entidades geométricas, e o mesmo acontece com as propriedades afins, projetivas e topológicas. Estamos diante daquilo a que intuitivamente chamaremos de 'igualdade' das figuras geométricas. Dois objetos 'com a mesma forma', embora feitos de diversa substância, nos limites da aproximação acima mencionada, são evidentemente o mais simples signo icônico um do outro; sua relação icônica pode ser rigorosamente definida em termos de congruência entre as respectivas formas da expressão. É de notar que também as reflexões especulares são congruências" (Volli, 1972, p. 25).

218 TRATADO GERAL DE SEMIÓTICA

quem nunca se tivesse conhecido em vida). Por outro lado, são congruências absolutas, no sentido geométrico do termo, porque evidenciam como
não pertinentes muitos traços, da textura à cor da carnação, e de fato
poderiam até ser reproduzidas em grandeza maior ou menor do modelo
sem perder suas propriedades representativas. Em tal sentido, são regidas
por leis de semelhança: quando se olha uma máscara mortuária, TRANS-
FORMA-SE ÀS AVESSAS.

Que sejam signos é demonstrado pelo fato de que, ao fim do processo,
para o destinatário não há um objeto real, mas puro conteúdo. Além do
mais, as máscaras mortuárias podem ser *falsificadas*, e então, seja como
for que as olhemos, apesar de sua relação de decalque com o objeto, são
signos. Mesmo porque são congruências heteromateriais. E só as congruências homomateriais não são signos: com efeito, uma congruência
homomaterial total é um *duplo*.

Seguem, pois, as PROJEÇÕES[50]: pontos no espaço da ocorrência
expressiva que correspondem a pontos *selecionados* no espaço de um
modelo semântico TOPOSSENSITIVO. Nelas operam fortes regras de
semelhança, e de fato é mister 'comparar' para reconhecê-las. Existem
diversos estilos de projeção, e toda projeção é falsificável. O intérprete
ingênuo lê cada projeção como impressão, isto é, como a transformação
direta das propriedades de uma coisa real; enquanto a projeção é sempre
o resultado de convenções transformativas pelas quais determinados traços numa superfície são estímulos que induzem a TRANSFORMAR ÀS
AVESSAS e a postular um tipo de conteúdo ali onde de fato só existe
uma ocorrência de expressão. Assim, é possível projetar *do nada* ou de
conteúdos a que não correspondem referentes (como num quadro que
represente uma personagem fictícia).

A existência de convenções sociais nas projeções (de modo que é
possível projetar de um modelo perceptivo ou semântico) torna fácil o
processo inverso, ou seja, *a projeção da expressão à entidade projetada
de que se apenas supõe a existência.* O que vem reforçar a nossa crítica
anterior do iconismo ingênuo: uma vez que é facílimo produzir signos

50. Classificamos como projeções todos os fenômenos classificados como HO-
MOTESIAS ou transformações projetivas: "Outro tipo de transformação interessante é
dado pelas *homotesias*, que em geometria elementar são denominadas *similaridades* e
não conservam todas as propriedades métricas das figuras, ao passo que conservam
aquelas afins, projetivas e topológicas. Um modelo de um edifício é o exemplo mais
típico de signo icônico baseado numa homotesia. Temos então transformações projetivas, que são as que dão origem, entre outras, às correspondências de perspectiva e, juntamente com as propriedades topológicas, mantêm inalteradas todas aquelas projetivas,
como a de 'ser uma linha reta', a dupla relação entre quatro pontos de uma linha reta
etc. As fotografias e muitas reproduções gráficas constituem exemplos de signos icônicos baseados em transformações projetivas da forma da expressão do objeto. Mas, neste
tipo de signos, tanto os princípios perceptivos da aproximação quanto o fato de a expressão do signo icônico ser a transformação de uma única parte daquela do objeto revestem uma importante função" (Volli, 1972, p. 25).

icônicos 'falsos', o iconismo não pode ser senão o produto de uma convenção semiótica altamente sofisticada[51].

Quando usadas como referências, as projeções não raro são falsas: afirmam a existência de algo que deveria assemelhar-se à ocorrência expressiva, mesmo que esse algo *não exista*; podem propor-nos tanto a imagem de Júlio César como a de Calandrino, como se não existisse diferença de *status* ontológico entre as duas entidades.

É no caso das projeções que as chamadas "escalas de iconismo" podem ser aceitas e usadas heuristicamente com sucesso.

Há, por fim, os GRÁFICOS ou TRANSFORMAÇÕES TOPOLÓGICAS[52], em que pontos no espaço da expressão correspondem a pontos num modelo de relações NÃO TOPOSSENSITIVO: é o caso dos "gráficos existenciais" de Peirce (cf. 3.5.3), onde a expressão espacial fornece informação sobre uma correlação que *não é espacial*, e que se refere quiçá a relações econômicas, como quando se usa o gráfico da Fig. 45 para exprimir a seguinte proposição: «Todo *Trabalhador* subalterno pertence à classe oprimida e alienada do *Proletariado*»:

Figura 45

51. Mesmo as projeções que parecem funcionar como índices, ou impressões, são o resultado de transformações altamente simplificadas de poucos traços pertinentes do modelo perceptivo. Gibson (1966, p. 190 ss.) fornece exemplos visuais da representação de um quarto de um dado ponto de vista: o modo de projeção mais comum consiste em considerar apenas os *lados* e os *ângulos* dos objetos, ao passo que a representação científica (mesmo quando abstrata) da reflexão dos raios de luz de parte das superfícies deveria fornecer um denso retículo de raios refletidos por cada parte no espaço e provenientes de qualquer lugar; qualquer imagem *normalmente* reconhecível dos objetos projeta só os raios das *faces*, e não dos *faceteamentos* das superfícies ou dos objetos. Toda face, enquanto definida de lado e ângulo, corresponde a uma projeção em perspectiva; ademais, é projetada de um ponto de vista monocular. Cabe, pois, ao destinatário preencher os vazios e projetar *às avessas* da projeção dita icônica ao objeto suposto. Por esta razão, a representação de objetos ignorados é difícil por meio apenas de projeções, requerendo o auxílio de estímulos programados e de estilizações.

52. "Temos enfim as transformações topológicas que conservam apenas algumas propriedades muito elementares, como a continuidade das linhas e a estrutura de retículo de sistemas potenciais. O exemplo mais típico de signos icônicos derivados de transformações topológicas é o dos diagramas. O diagrama de um metrô ou de uma rede ferroviária, ou ainda o da estrutura de um aparelho elétrico ou eletrônico, possuem apenas certas propriedades fundamentais de estrutura em comum com o objeto a que se referem, mas conservam, não obstante, uma grande qualidade de explicatividade, clareza, riqueza de informações. As transformações topológicas podem também levar em consideração as orientações, como na carta topográfica de uma cidade, que reproduz as ruas em sentido único." (Volli, 1972, pp. 26-27.)

220 TRATADO GERAL DE SEMIÓTICA

Toda esta série de representações inventivas, que vai da congruência aos gráficos, produz em cada caso *textos* e não signos singulares; e, quando esses textos se configuram, torna-se difícil distinguir os traços pertinentes dos irrelevantes e livres. Só no curso da decodificação emergem os traços pertinentes, abrindo-se então a possibilidade de institucionalização dos signos (com todos os maneirismos daí decorrentes).

Face à dificuldade de individuar um tipo de conteúdo a que se referem por *ratio difficilis*, esses textos são dificilmente replicáveis. É difícil copiar com êxito um quadro, e conseguir falsificar a contento um Rembrandt já permite falar de talento artístico, porque é difícil identificar as propriedades pertinentes em que se baseia o poder significante da ocorrência expressiva.

Quando só uma pessoa no mundo é capaz de falsificar um modo de invenção (vale dizer, não de copiar um quadro existente, mas de produzir um inteiramente novo atribuível a um pintor existente), o código proposto por aquele quadro ainda não foi aceito pela cultura; quando, ao contrário, *todos* se tornam capazes de pintar 'à maneira de', então a invenção teve sucesso semiótico e gerou uma nova convenção.

Claro está, porém, que a discussão em curso está continuamente extrapolando do problema da instituição de código e daquele do uso estético da linguagem. Todo discurso sobre a invenção sempre acaba abrindo, mesmo que sem pleno direito, o problema de um uso idioletal, ambíguo e autorreflexivo do código, obrigando-nos a voltar-nos para uma teoria semiótica do texto estético.

3.6.10. Traços produtivos, signos, textos

A tipologia dos modos de produção do sinal esclareceu definitivamente o fato de que os habitualmente chamados 'signos' são o resultado de vários modos de produção.

Um *perfume de incenso* percebido numa igreja é tão-só um caso de RECONHECIMENTO, isto é, um SINTOMA pelo qual se compreende que está em andamento uma cerimônia litúrgica. Mas, quando é produzido, constitui ao mesmo tempo uma RÉPLICA, uma ESTILIZAÇÃO e uma ESTIMULAÇÃO PROGRAMADA. Quando usado durante uma representação teatral para sugerir uma situação litúrgica, é tanto uma ESTIMULAÇÃO PROGRAMADA como uma AMOSTRA FICTÍCIA (o incenso pela cerimônia inteira).

Um *sorriso* pode ser tanto um SINTOMA como uma RÉPLICA ou uma ESTILIZAÇÃO, e por vezes é um VETOR.

Uma *melodia musical* citada para lembrar a composição inteira de que se tratou é uma AMOSTRA; mas pode ser a RÉPLICA de um texto composto de UNIDADES COMBINATÓRIAS e, as vezes, uma ESTIMULAÇÃO PROGRAMADA mesclada de UNIDADES PSEUDOCOMBINATÓRIAS. E usualmente é todas essas coisas juntas.

Uma *carta geográfica* é o resultado de uma TRANSFORMAÇÃO (um meio--termo entre PROJEÇÃO e GRAFICO) que se torna ESTILIZAÇÃO e como tal está sujeita a RÉPLICA.

Os *hábitos* em geral são ESTILIZAÇOES misturadas com UNIDADES PSEUDOCOMBINATÓRIAS e ESTIMULAÇÕES PROGRAMADAS.

Mais difícil é definir um *quadro a óleo*: não é um 'signo', é um texto, mas poderíamos dizer que o retrato de uma determinada pessoa representa um caso de 'nome próprio' que remete necessariamente a um referente físico (enquanto os

TEORIA DA PRODUÇÃO SÍGNICA 221

nomes próprios verbais, já o vimos em 2.9.2, remetem a uma unidade de conteúdo). Poderíamos ainda dizer que o retrato é um ato de referência (|este homem possui as seguintes propriedades...|) e ao mesmo tempo uma descrição. Goodman (1968, 1.5) observa que há diferença entre *a imagem de um homem* e *uma imagem de homem* (*picture of a man* vs *man-picture*), ou seja, entre o retrato de Napoleão e o de Mr. Pickwick.

Com efeito, um retrato incorpora vários tipos de atividade produtiva e praticamente exemplifica toda a gama dos trabalhos semióticos descrita nas Figs. 31 e 39.

É uma MENÇÃO porque através de ESTIMULAÇÕES PROGRAMADAS propõe o sub-rogado de um *perceptum* e por meio de artifícios gráficos lhe atribui algumas das marcas do semema correspondente; é uma INVENÇÃO porque o modelo preceptivo não lhe preexiste; é um JUÍZO FATUAL (|existe um homem assim e assim|) e uma descrição (|um homem assim e assim|). Não de todo codificado, apoia-se em muitos traços já codificados e a invenção é tornada aceitável pela presença de IMPRESSÕES, ESTILIZAÇÕES, EXEMPLOS, UNIDADES PSEUDO-COMBINATÓRIAS, VETORES, todos codificados. É um texto complexo cujo conteúdo vai de uma unidade codificada e identificável (o senhor Fulano) a discursos praticamente infinitos e NEBULOSAS DE CONTEÚDO. Mas, como é reconhecido e aceito por uma cultura, cria um 'tipo' próprio (no sentido do tipo literário como representação de propriedades universais; conceito lukacsiano que não difere muito, no fim das contas, do conceito semiótico) e temos o Herói, o Gentil-homem, a Mulher Fatal: daí ulteriores ESTILIZAÇÕES das quais a INVENÇÃO se faz modelo. E o que num dado período é visto como invenção, mais tarde será estilização.

O mesmo sucede com os *signos arquitetônicos*. Conquanto muitas investigações tenham hoje lançado luz sobre a existência de unidades sígnicas minimais em arquitetura, é mais razoável afirmar que um manufacto arquitetônico constitui um texto. Mesmo em se tratando de um manufacto por demais simples. Pense-se numa *escada*. É ela, indubitavelmente, um artifício semiótico que significa certas funções (Eco, 1968)[53]: mas, para compor esse artifício, é necessário um trabalho produtivo que põe em ação muitos traços: articulação de UNIDADES PSEUDOCOMBINATÓRIAS, VETORIALIZAÇÕES (a escada indica a direção e portanto se refere a um modelo de conteúdo TOPOSSENSITIVO), ESTIMULAÇÕES PROGRAMADAS (a escada me obriga a mover os pés em sentido ascensional), ESTILIZAÇÕES (a escada corresponde a uma tipologia precisa) etc.

Tudo isto nos adverte de que, quanto mais complexo for um texto, mais complexa parecerá a relação entre expressão e conteúdo. Pode tratar-se de simples UNIDADES expressivas que veiculam NEBULOSAS DE CONTEÚDO (como em muitos casos de estimulação programada), GALÁXIAS EXPRESSIVAS que veiculam UNIDADES DE CONTEÚDO precisas (um arco de triunfo é um texto arquitetônico elaboradíssimo, mas veicula uma abstração convencionalizada como, por exemplo, «vitória»), EXPRESSÕES GRAMATICAIS precisas, compostas de UNIDADES COMBINATÓRIAS, como a frase |eu te amo|, que em certas circunstâncias veiculam NEBULOSAS DE CONTEÚDO dramáticas etc.

53. O modo pelo qual um artifício arquitetônico denota uma função e conota outros valores sociais foi estudado em Eco, 1968 e 1971. Nestas obras, precisava-se que uma função é denotada mesmo que não seja de fato desenvolvida, e mesmo quando a expressão é o efeito de *trompe-d'oeil*, em que a função é denotada ainda que *não possa* ser desenvolvida. Todavia, nossos textos precedentes estavam ainda ligados à noção de signo criticada neste livro. Por outro lado, as conclusões a que chegávamos permanecem válidas, contanto que se substitua a noção de *signo* arquitetônico pela de *texto* arquitetônico e se reconsidere o repertório de signos elementares dado em Eco (1968, seção C, 4) como um repertório de modalidades produtivas.

222 TRATADO GERAL DE SEMIÓTICA

Não deve o exposto induzir-nos a renunciar à individuação de funções sígnicas elementares (os chamados 'signos') ali onde são encontrados, mas serve para lembrar que os processos semióticos quase sempre lidam com textos HIPO ou HIPERCODIFICADOS. Quando unidades analíticas não são identificáveis, não é o caso de negar a correlação semiótica: a presença da convenção cultural não é testemunhada apenas pela emergência dos chamados 'signos' elementares. É, antes de tudo, testemunhada pela existência identificável de modos de produção sígnica (reconhecimento, ostensão, réplica e invenção), e a presente seção descreveu e demonstrou como a função sígnica pode ser colocada mesmo quando não existe correlação de unidade a unidade.

3.7. O TEXTO ESTÉTICO COMO EXEMPLO DE INVENÇÃO

3.7.1. Relevo semiótico do texto estético

O uso estético da linguagem merece atenção por várias razões: (i) um texto estético implica um trabalho particular, qual seja, uma *manipulação da expressão* (cf. 3.7.2); (ii) essa manipulação provoca (e é provocada por) um *reajustamento do conteúdo* (cf. 3.7.3); (iii) esta dupla operação, produzindo um gênero de função sígnica altamente idiossincrática e *original* (cf. 3.7.4), vem refletir-se, de certa forma, nos códigos que servem de base à operação estética, provocando um processo de *mutação de código* (cf. 3.7.5); (iv) a operação completa, mesmo quando visa à natureza dos códigos, produz com frequência um novo tipo de *visão do mundo* (cf. 3.7.6); (v) enquanto visa a estimular um complexo trabalho interpretativo no destinatário, o emitente de um texto estético focaliza sua atenção nas suas possíveis relações, de modo que tal texto representa um retículo de *atos locutivos*, ou *comunicativos*, que objetivam solicitar respostas originais (cf. 3.7.7).

Em todos estes sentidos, o texto estético representa um modelo de laboratório' de todos os aspectos da função sígnica; nele se manifestam os vários modos de produção e, ainda mais, diversos tipos de juízo, colocando-se em definitivo como *asserto metassemiótico* sobre a natureza futura dos códigos em que se baseia.

Assim, a tabela da Fig. 31 poderia ser relida como uma representação esquematizada do que acontece quando um texto estético é produzido e interpretado.

É neste sentido que a experiência estética toca de perto o semiólogo; mas há ainda outra razão pela qual uma atenção semiótica à experiência estética pode corroborar ou corrigir muitas das posições da estética filosófica tradicional. Antes de tudo, aquela proposição de 'inefabilidade', que por tanto tempo guiou a definição da obra de arte e da emoção específica que se lhe segue, pressuposição que reduziu muitas definições de estética a uma simples soma de truísmos do tipo "a arte é a arte", "a arte é aquilo que provoca emoção estética", "a arte é aquilo que realiza

TEORIA DA PRODUÇÃO SÍGNICA

um valor estético", "a arte é poesia", "a poesia é intuição lírica", e assim por diante[54].

3.7.2. Ambiguidade e autorreflexividade

A definição *operativa* mais útil já formulada do texto estético é a fornecida por Jakobson quando, com base na bem conhecida subdivisão das funções linguísticas[55], definiu a mensagem com função poética como AMBÍGUA e AUTO-REFLEXIVA.

Do ponto de vista semiótico, a ambiguidade é definível como *violação das regras do código*. Existem, neste sentido, mensagens totalmente ambíguas (como |wxdsrtb mu|), que violam tanto as regras fonológicas quanto as lexicais; mensagens ambíguas do ponto de vista sintático (|João é quando|) e mensagens ambíguas do ponto de vista semântico (|o quebra--nozes se pôs a dançar|), mas é óbvio que nem todos os tipos de ambiguidade produzem efeito estético, e que existem numerosos estados intermediários (por exemplo, as palavras |baleneone| e |lontanlantema|, usadas na primeira tradução italiana da *Anna Lívia Plurabelle* de Joyce) que são, por certo, lexicalmente 'ambíguos', mas muito menos que |wxdsrtb mu|.

Existe outra forma de ambiguidade, desta vez de tipo estilístico. Coseriu (1952), distinguindo entre SISTEMA e NORMA, sugere que uma língua pode permitir diversas execuções, todas igualmente gramaticais, só que algumas têm aparência 'normal' e outras conotam excentricidade estilística (literariedade, vulgaridade, esnobismo etc.. O latim permite tanto |Petrus amat Paulum| como |Petrus Paulum amat| e |Paulum Petrus amat|, mas a terceira expressão parece menos 'normal' que as duas primeiras e favorece uma conotação de excessiva elegância. As normas dependem naturalmente de SUBCÓDIGOS ESTILÍSTICOS que atribuem conotações singulares a blocos sintáticos (frases feitas) e representam um caso típico de HIPERCODIFICAÇÃO (cf. 2.14.3). Assim, quando ouço |Paulum Petrus amat|, estou menos interessado na relação

---

54. A estética da intuição alcança seu ponto máximo na doutrina crociana da cosmicidade da arte: "Toda representação artística sincera é em si mesma o universo, o universo naquela forma individual, aquela forma individual como o universo. Em todo acento de poeta, em toda criatura da sua fantasia, está todo o humano destino, todas as esperanças, todas as ilusões, dores, alegrias, grandezas e misérias humanas; o drama inteiro do real, que se transforma e cresce perenemente sobre si mesmo, sofrendo e gozando" (*Breviario de estética*, Bari, Laterza, 1913, 9? ed., 1947, pp. 134-135). Semelhante definição parece o que de mais distante existe do presente enfoque semiótico; todavia, reflete uma sensação que não poucos experimentaram diante de obras de arte. O escopo da presente seção é definir em termos de categorias semióticas as razões dessa sensação.

55. As funções são: *referencial, emotiva, imperativa, fática* ou *de contato, metalinguística, poética*. No presente contexto, que abrange também obras estéticas não linguísticas, preferimos traduzir |poética| com |estética|. Vale a pena lembrar que Jakobson não diz que numa mensagem se manifesta uma só destas funções, mas que mais ou menos todas estão presentes a um tempo, só que apenas uma delas prevalece sobre as demais.

224 TRATADO GERAL DE SEMIÓTICA

afetiva entre estas duas pessoas do que nos matizes 'poéticos' (ou mesmo Kitsch) que a mensagem sugere.

Sabe-se que o enfoque estilístico da crítica literária (Spitzer, 1931) fala exatamente do fenômeno estético como DESVIO DA NORMA. O que não parece de todo satisfatório porque existem desvios não estéticos: |*Amat Paulum Petrus*| é semanticamente compreensível e estilisticamente desviante, mas não provoca qualquer satisfação particular. Além disso, ainda não se disse se o desvio estético deve exercer-se nos confrontos das normas do uso cotidiano ou do sistema de desvios já codificados que são as normas estilísticas. Com efeito, pode haver desvios de ambos os tipos.

Por outro lado, a ambiguidade é artifício muito importante, porque funciona como vestíbulo à experiência estética: quando, em vez de produzir mera desordem, ela atrai a atenção do destinatário e o põe em situação de 'orgasmo interpretativo', o destinatário é estimulado a interrogar as flexibilidades e as potencialidades do texto que interpreta como as do código a que faz referência.

Como primeiro enfoque, poder-se-ia dizer que se tem ambiguidade estética quando *a um desvio no plano da expressão corresponde uma alteração qualquer no plano do conteúdo*. As frases latinas 'desviantes' acima mencionadas não atingem inteiramente o conteúdo que veiculam. Uma frase desviante como |as ideias verdes sem cor dormem furiosamente| já está mais próxima do efeito estético, porque obriga o destinatário a reconsiderar toda a organização do conteúdo[56]. Uma violação da norma que jogue tanto com a expressão como com o conteúdo obriga a considerar a regra de sua correlação; desse modo o texto se torna autorreflexivo porque atrai a atenção sobretudo pela sua organização semiótica[57].

56. O que ficou dito remete-nos a uma característica da comunicação estética teorizada pelos formalistas russos: o *efeito de estranhamento*, que *desautomatiza* a linguagem. Um artista, para descrever-nos algo que porventura sempre vimos e conhecemos, emprega as palavras de maneira diferente, e nossa primeira reação se traduz num sentido de *desorientação*, quase numa incapacidade de reconhecer o objeto (efeito devido à organização ambígua da mensagem em relação ao código) que nos leva a olhar de forma diversa a coisa representada, mas ao mesmo tempo, como é natural, também os meios de representação, e o código a que se referem. A arte aumenta "a dificuldade e a duração da percepção", descreve o objeto "como se o visse pela primeira vez" e "o fim da imagem não é tornar mais próxima da nossa compreensão a significação que veicula, mas criar uma percepção particular do objeto"; isto explica o uso poético dos arcaísmos, a dificuldade e a obscuridade das criações artísticas que apresentam pela primeira vez, a um público ainda não adestrado, as próprias violações rítmicas que a arte põe em ação no momento mesmo em que parece eleger suas regras áureas: "Em arte há 'ordem'; no entanto, não há uma única coluna do templo grego que a siga exatamente, e o ritmo estético consiste num ritmo prosaico violado... trata-se, não de um ritmo complexo, mas de uma violação do ritmo, e de uma violação tal que não se pode prevê-la; se essa violação se torna cânone, perde a força que tinha como procedimento-obstáculo" (Sklovskij, 1917).

57. Tomou-se célebre o exame que Jakobson dedica a um *slogan* político como |*I like Ike*], onde nota que "em sua estrutura sucinta, é constituído de três monossílabos e contém três ditongos |ay|, cada um dos quais é seguido simetricamente por um fonema consonântico, |...1...k ... k|. A disposição das três palavras apresenta uma variação: nenhum fonema consonântico na primeira palavra, duas em torno do ditongo na segunda e uma consoante final na terceira... As duas *cola* da forma trissílaba *I like|Ike* rimam entre si, e a segunda das duas palavras rimadas está totalmente inclusa na primeira (rima

TEORIA DA PRODUÇÃO SÍGNICA

3.7.3. A manipulação do continuum

Ambiguidade e autorreflexividade não se concentram só nos dois planos da expressão e do conteúdo. O trabalho estético é exercido também sobre os NÍVEIS INFERIORES do plano expressivo. Numa poesia, o trabalho estético se desenvolve também sobre os valores meramente fonéticos que a comunicação comum aceita por pré-definidos; numa obra de arquitetura (em pedra ou em tijolos), não são só as formas geométricas que estão em jogo, mas também a consistência, a textura do material empregado; uma reprodução a cores de um quadro de Magnasco, por mais perfeita que seja, não dá conta do papel fundamental que nesta pintura desempenham grumos e filtrações de cor, o traço em relevo deixado por uma pincelada gordurosa e pastosa, onde a luz externa desempenha diversos papéis nas diversas situações e nas diversas horas do dia. A presença de um dado material interage com o *tempo real* que se emprega em inspecionar o objeto (pelo menos em obras de consistência tridimensional). Em outras palavras, em qualquer tipo de obra de arte, até mesmo um romance em que o ritmo narrativo impõe ou sugere pausas ou golpes de vista (uma página feita de breves diálogos é lida numa velocidade diversa de uma página feita de descrições), jogam diversos tipos de MICROESTRUTURAS[58], os quais o código, em seu trabalho de segmentação e pertinentização, não havia levado em conta, relegando-os às *variantes facultativas* e às propriedades físicas individuais das ocorrências concretas de tipos abstratos.

Ora, *a análise das microestruturas*, conduzida por vários tipos de estética experimental e matemática, deve sugerir um movimento teórico

em eco): |layk| – |ayk|; imagem paronomástica de um sentimento que envolve totalmente o seu objeto. As duas *cola* formam uma aliteração, e a primeira das duas palavras aliterantes está incluída na segunda: |ay| – |ayk|, imagem paronomástica do sujeito amante envolvido no objeto amado. A função poética secundária dessa fórmula eleitoral reforça sua expressividade e eficácia" (Jakobson, 1960).

58. Numa mensagem estética, podemos individuar os seguintes níveis de informação: (a) nível dos *suportes físicos*: na linguagem verbal, são os tons, as inflexões, as emissões fonéticas; nas linguagens visuais, são as cores, os fenômenos materiais; na musical, são os timbres, as frequências, as durações temporais; etc; (b) nível dos *elementos diferenciais no plano da expressão*: fonemas; igualdades e desigualdades; ritmos; comprimentos métricos; relações de posição; formas acessíveis em linguagem topológica; etc; (c) nível das *relações sintagmáticas*: gramáticas; relações de proporção; perspectivas; escalas e intervalos musicais; etc; (d) nível dos *significados denotados* (códigos e léxicos específicos); (e) nível dos *significados conotados*: sistemas retóricos, léxicos, estilísticos; repertórios iconográficos; grandes blocos sintagmáticos; etc; (f) *sintagmas hipercodificados*: sistemas; figuras de retórica; iconogramas; etc.

Bense (1965), porém, fala de uma "informação estética" global, que não atua em nenhum destes níveis em particular, mas ao nível daquilo a que ele chama "correalidade", que todos os níveis correlates denotam. Em Bense, esta "correalidade" aparece como a situação contextual geral de improbabilidade que a obra exibe, quanto aos códigos subjacentes e à situação de equiprobabilidade a que estes se sobrepuseram; mas por vezes o termo, em virtude da matriz hegeliana de seu autor, se impregna de conotações idealísticas. Então a "correalidade" parece denotar uma "essência" qualquer – e outra coisa não seria senão a Beleza – que se realiza na mensagem mas não é determinável com instrumentos conceituais. Essa possibilidade deve ser eliminada, numa perspectiva semiológica coerente, através da postulação daquilo a que chamaremos o *idioleto estético*.

226 TRATADO GERAL DE SEMIÓTICA

ulterior à indagação semiótica. Ou seja, no texto estético se prossegue o processo de PERTINENTIZAÇÃO DO *CONTINUUM* expressivo, chegando-se a uma forma da expressão mais 'profunda'.

A teoria dos códigos delineada no capítulo 2 apresentou o nível da expressão como a organização formal de um *continuum* material: essa organização dá vida a unidades-tipo que são correlacionadas a unidades de conteúdo. Essas unidades-tipo geram suas ocorrências concretas, mas destas não se considerou explicitamente a natureza de sinal físico, dando-se maior atenção a suas qualidades combinatórias, isto é, às chamadas marcas sintáticas. Ficou dito que as qualidades físicas do sinal e suas possibilidades de produção e transmissão eram matéria para uma engenharia da comunicação. Chamamos a este aspecto físico do sinal MATÉRIA DO SIGNIFICANTE.

Ora, no gozo estético, tal matéria se reveste de uma função nada despicienda, e isto não ocorre para lá das propriedades semióticas do texto estético, mas exatamente porque a matéria foi tornada SEMIOTICAMENTE RELEVANTE.

A matéria do sinal torna-se, no texto estético, um campo de ULTERIOR SEGMENTAÇÃO.

No trabalho estético não existem variantes facultativas: toda diferença assume valor 'formal' (onde o termo |formal é entendido no sentido técnico proposto pela teoria dos códigos). Significa isto que também os traços individuais das ocorrências concretas que o discurso semiótico normal não leva em consideração assumem importância semiótica: a *matéria da substância* significante torna-se um aspecto da *forma* da expressão.

Uma bandeira vermelha num comício político pode ser feita de diversos materiais, e seu significado 'político' não muda; tampouco são particularmente importantes as gradações de vermelho que pigmentam o pano. Mas uma bandeira vermelha inserida num quadro que representa um comício político assume um relevo textual diferente (ou seja, muda os significantes globais do quadro) também por força de suas qualidades cromáticas. Para produzir uma cruz, basta cruzar dois bastões, mas para produzir uma cruz de relicário bárbaro é necessário ouro e pedras preciosas, e qualquer gema contribui para o significado global do objeto em função do seu peso, do seu formato, da sua transparência e pureza, e assim por diante. O modo como o ouro e as gemas são manipulados *conta*. A matéria se carrega de conotações culturais mesmo *antes* de o artesão começar a trabalhar a cruz, e faz diferença que ele escolha o bronze em vez do ouro. Mas, uma vez escolhidos, mais tarde será importante a maneira como a 'granulação' material do metal é tratada, evidenciada ou escondida.

Há, logicamente, um limite empírico aquém do qual as reações que uma dada galáxia expressiva suscita no destinatário já não são corroboráveis: aquém de tal limite existe ainda estímulo, mas não mais significação. Tanto que essa presença 'opaca' dos materiais, fugindo a qualquer análise semiótica, permitiu falar de uma não signicidade da obra de arte, ou, mais precisamente, da sua 'presença' ou *"astanza"* (Brandi, 1968), enquanto outros foram obrigados a distinguir entre informação semântica e "informação estética" (Moles, 1958)[59].

59. Verificam-se aqui, porém, casos frequentes de *estimulações programadas*. O autor não *sabe* exatamente o que produzem certas galáxias microestruturais, mas pode *prevê-lo*, e por isso trabalha como se existisse uma correlação sígnica.

TEORIA DA PRODUÇÃO SÍGNICA 227

Torna-se claro, contudo, que se estas microestruturas escapam à análise, é-se autorizado a falar do 'não-sei-quê' estético que reporta a definição da arte às tautologias mencionadas em 3.7.1.

Felizmente, como dizíamos, muitas disciplinas mais ou menos explicitamente impostadas semioticamente previram métodos de medida para essas microestruturas, pela fórmula de Birkhoff para medir a relação entre ordem e complexidade às indagações micro-estrururais de Bense; os cérebros eletrônicos capazes de analisar uma imagem mostraram a que níveis de precisão se pode chegar quando se transforma em algoritmos as relações microestruturais; os osciladores eletrônicos analisaram, produziram e reproduziram cientificamente diversos sons (muitas vezes desconhecidos do ouvido humano), baseando-se em fórmulas que levavam em conta componentes espectrais. Matizes tonais, intensidade de cores, consistência e rarefação dos materiais, sensações táteis, associações sinestésicas, todos os traços ditos 'suprassegmentais' e 'musicais' que atuam também na expressão linguística, a série inteira dos níveis inferiores da comunicação, todos são hoje objeto de pesquisa e definição. Alhures, já Hjelmslev havia advertido que seria perigoso distinguir muito dogmaticamente elementos gramaticais e elementos extragramaticais, assim como hoje se dissolve a barreira entre uso intelectivo ou referencial e uso emotivo da linguagem. Traços fonológicos outrora descritos como 'enfáticos' ou 'expressivos' (cf. Trubeckoij, 1939, IV.4) foram posteriormente organizados em sistemas de oposições descritíveis.

3.7.4. A hipercodificação estética: a expressão

Não é por acaso que, partindo do problema da consistência material do sinal do texto estético, estamos aos poucos chegando a falar de disciplinas que não estudam diretamente fenômenos estéticos e que já encontramos como ramos da teoria dos códigos.

A razão disso é que existe uma conexão muito estreita entre a ulterior diferenciação da ocorrência concreta de um dado significante estético e a ulterior segmentação do plano inteiro da expressão de um sistema semiótico.

Em outras palavras, a experiência estética, revelando que na matéria que põe em jogo existe um espaço em que individuar subformas e subsistemas, *sugere que os códigos de que parte poderiam ser submetidos a segmentação sucessiva.*

A pertinentização da matéria da ocorrência significante exige a pertinentização de todos os aspectos do *continuum* expressivo que até agora foram considerados 'material *hipossemiótico'.*

Assim, a experiência estética se bate, por assim dizer, pelos direitos civis de um *continuum* segregado, e a obra de arte logra aquela promoção da matéria inerte que o deus de Plotino, com todo o seu poder emanativo, nunca conseguira redimir.

Após haver experimentado uma nova pertinentização da matéria obtida do significante estético, deve-se reconsiderar o sistema expressivo inteiro, para ver se ele pode ser submetido, na sua globalidade, a uma posterior *mise en forme*.

Por conseguinte, o diagrama à Hjelmslev delineado em 2.2.3 deverá ser reescrito como segue:

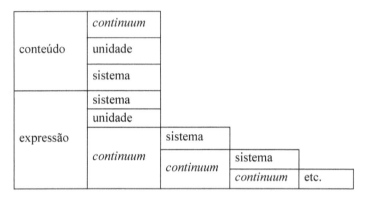

Figura 46

Afirmara Hjelmslev que *a matéria permanece, a cada vez, como substância para uma nova forma*, precisando apenas que esta posterior segmentação deveria ser a tarefa de uma disciplina não linguística (como, por exemplo, a física). Vemos agora que esta *segmentação posterior é ainda de pertinência semiótica*.

À proporção que a semiótica se desenvolve, o *continuum* torna-se cada vez mais segmentado e a experiência estética proporciona uma oportunidade particularmente preciosa para este processo de 'compreensão' da organização micromaterial.

O primeiro resultado dessa operação é uma subsequente culturalização da matéria e, portanto, uma subsequente convencionalização dos processos de produção sígnica; desse modo, chega-se a uma operação de hipercodificações sucessivas.

Uma das consequências imediatas para a estética e a crítica artística é que muitos fenômenos descem do grau dos fenômenos 'criativos' e de 'inspiração' para serem restituídos à convenção social.

Mas um estudo do gênero torna-se importante mesmo para o processo inverso, pois que só na medida em que os fenômenos de convenção são reconhecidos como tais é que será fácil individuar criatividade, inovação e invenção ali onde elas se verificam realmente[60].

---

60. Esse estudo dos procedimentos e das instituições, bem como dos descartes inventivos, constitui o que a escola de Praga denomina *poética*: "A tarefa fundamental da poética consiste em responder a esta pergunta: *que é que faz de uma mensagem verbal uma obra de arte?...* A poética trata de problemas de estrutura verbal, exatamente como a análise da pintura se ocupa da estrutura pictórica... Em suma, muitos traços da poética pertencem não apenas a ciência da linguagem, mas à teoria dos signos no seu conjunto, isto é, à semiótica geral" (Roman Jakobson, "Linguística e poética", em *Saggi di linguística generale*, cit., pp. 181-182).

TEORIA DA PRODUÇÃO SÍGNICA

3.7.5. A hipercodificação estética: o conteúdo

Um aprofundamento da organização microestrutural do plano da expressão envolve inevitavelmente um aprofundamento da organização do plano do conteúdo. De forma particular, *é submetido a revisão cognoscitiva o* continuum *semântico*. Ao olhar uma obra de arte, o destinatário é obrigado, na verdade, a questionar o texto sob o impulso de uma dupla impressão: enquanto percebe um SURPLUS DE EXPRESSÃO (que ainda não consegue analisar completamente), ele percebe vagamente também um SURPLUS DE CONTEÚDO. Este segundo sentimento parece nascer do impacto do *surplus* expressivo, mas surge também quando o *surplus* expressivo não atinge os níveis de consciência.

Em Eco (1968), propunha-se a análise de um conhecido verso de Gertrud Stein:

a rose is a rose is a rose is a rose

que à primeira vista nada mais oferece que um excesso de normalidade e redundância. Não só as regras do código linguístico são respeitadas, como na verdade são reiteradas, quase pelo temor de que a mensagem, em sua simplicidade tautológica, não esteja suficientemente clara.

Todavia, é exatamente esse excesso de redundância que *se desvia da norma* e induz à suspeita de que a mensagem seja muito mais ambígua do que parece. A sensação de que, a cada ocorrência, a palavra significa sempre uma outra coisa, transforma a mensagem num texto: porque aqui se está desviando de vários subcódigos, do botânico ao simbólico-alegórico, oferecendo uma fórmula que não corresponde a nenhuma das suas normas definidoras. O excesso de redundância, neste ponto, se instala mesmo ao nível de conteúdo, e os dois excessos conjugados produzem um *incremento de informatividade*: em cada caso a mensagem, apresentando-se como semanticamente AMBIGUA, impõe uma atenção interpretativa que a torna AUTO-REFLEXIVA.

Daqui por diante, o orgasmo abdutivo do intérprete pode desencadear-se: apelos alegóricos e iconológicos se acumulam para simplificar-se na aparente opacidade do asserto, e toda a tradição poética é posta em questão.

O verso converte-se em *obra aberta* (cf. Eco, 1962).

Ele comunica muito e muito pouco. Parece impermeável à abordagem semiótica, e todavia gera os seus múltiplos sentidos exatamente com base no livre desencadear-se de mecanismos semióticos.

3.7.6. O idioleto estético

Por outro lado, a impressão de impermeabilidade é apenas um dos *efeitos*, e não um dos *mecanismos internos do verso*. Primeiro que tudo, o texto é aberto a PROVAS DE COMUTAÇÕES: basta mudar uma palavra para que todas as outras percam sua função contextual, como se num tabuleiro de xadrez um peão fosse substituído por uma terceira torre. Mas, se há SOLIDARIEDADE CONTEXTUAL, deve haver REGRA SISTEMÁTICA.

Isto significa que o texto estético deve possuir, em modelo reduzido, as mesmas características de uma língua: deve haver no texto mesmo um sistema de mútuas relações, um desenho semiótico que paradoxalmente permite oferecer a impressão de a-semiose.

230   TRATADO GERAL DE SEMIÓTICA

O texto estético é como uma partida esportiva jogada por muitas equipes ao mesmo tempo, cada uma das quais segue as regras de um esporte diferente. Pode então acontecer que quem joga o futebol passe a bola a quem joga bola-ao-cesto, e que ambos os jogadores executem os movimentos desviando-se das regras do *seu* jogo. O problema está em saber se o modo pelo qual o futebolista se desvia das regras do futebol tem alguma relação com o modo pelo qual o jogador de basquetebol se desvia das regras do jogo de bola-ao-cesto; e se a falta cometida pelo primeiro não sugere, além de implicar, a falta cometida pelo segundo, colocando-o de alguma forma numa nova perspectiva estratégica, e ambos legitimando a ocorrência. Com efeito, o texto estético parece inter--relacionar mensagens diferentes de modo que: (i) *muitas* mensagens, em diferentes planos de conteúdo, são organizadas *ambiguamente*; (ii) essas ambiguidades não se verificam por acaso, mas segundo um *desígnio* identificável; (iii) os artífices, tanto normais quanto desviantes, de uma mensagem exercem uma *pressão contextual* sobre os artífices das outras mensagens; (iv) o modo pelo qual as normas de um sistema são oferecidas por uma mensagem *é o mesmo* que aquele em que as normas de outros sistemas são oferecidas por outras mensagens. Tudo isso considerando que, pelo que ficou dito em 3.7.3 e 3.7.4, a noção de sistema refere-se também às microestruturas materiais.

Em cada nível e para cada mensagem, as soluções são efetuadas segundo um sistema homólogo, e cada desvio nasce de uma MATRIZ DESVIACIONAL.

Uma vez, pois, que se estabelece no texto um HIPERSISTEMA de homologias estruturais, como se em cada nível atuasse um mesmo modelo estrutural, o texto estético adquire o *status* de uma SUPERFUNÇÃO SÍGNICA que relaciona correlações.

Naturalmente, isto lhes permite em grau máximo a característica da autorreflexividade, já que *essa reordenação estrutural constitui um e talvez o mais importante dos conteúdos que o texto veicula.*

Por outro lado, a nova matriz desviacional assim instalada impõe MUTAÇÕES DE CÓDIGO mesmo fora do texto, quando menos porque evidencia a possibilidade da própria mutação. Como este 'novo código' potencial gerou um único texto e foi 'falado' por um único emitente, representando no contexto cultural uma sorte de *enclave* inovador, falou-se a propósito (Eco, 1968) de IDIOLETO ESTÉTICO para designar a regra que governa todos os desvios do texto, o diagrama que as torna mutuamente funcionais.

Como um mesmo autor pode aplicar a mesma regra a muitas obras, vários idioletos estéticos produzem por abstração crítica ou por média estatística um IDIOLETO DE CORPUS (ou estilo pessoal). Já que um dado idioleto, se aceito por uma comunidade cultural, produz imitação, maneirismo, jogos de influências mais ou menos explícitas e conscientes, falar-se-á de IDIOLETO DE CORRENTE ou DE PERÍODO HISTÓRICO.

TEORIA DA PRODUÇÃO SÍGNICA

Enquanto age sobre a sociedade produzindo novas normas, o idioleto estético pode funcionar como JUÍZO METASSEMIÓTICO que provoca MUTAÇÃO DE CÓDIGO[61].

Os idioletos da obra, do corpus, da corrente ou do período formam uma *hierarquia de competência* sotopostas e de execuções identificáveis em diversos níveis 'molares' (no sentido de que se pode ver como execução de uma competência não só a obra isolada, mas também o panorama inteiro da arte de um período, como quando se fala de uma civilização como execução complexa da competência 'barroca'). Ou seja, o idioleto estético produz 'encastoamentos' de regras de hipercodificação (um certo tipo de *calembours* já não é hoje considerado como desvio do inglês, mas como puro 'Finneganian' …).

A individuação crítica de um idioleto estético não é tão fácil como a sua postulação teórica; de fato, ela parece plenamente realizável, no estado atual das pesquisas de semiótica aplicada, quando nos encontramos diante de obras de arte altamente estandardizadas, em que a regra recorre em cada nível em termos extremamente simples e evidentes[62].

Mas, mesmo quando o crítico consegue isolar o idioleto no curso de um texto altamente complexo, seria ingênuo pensar que ele já possua a 'regra gerativa' da obra, ou a fórmula para produzir outra do mesmo gênero (ou, o que é ainda mais difícil, da mesma eficácia estética).

No máximo, quando fosse identificado com precisão algorítmica, o idioleto (é só para certos tipos de produção sígnica) poderia permitir a formação de um texto absolutamente idêntico ao seu modelo. Quanto, pois, aos idioletos de *corpus* ou de período, não se trata senão de esquemas muito gerais que devem ser incorporados em novas substâncias. A diferença entre tal esquema e uma obra concreta é a mesma que existe entre um código e suas possíveis mensagens; o idioleto de *corpus* é assim uma espécie de receita do tipo "para fazer uma obra definível como barroca é preciso recorrer aos seguintes artifícios…". Em suma, mesmo quando um idioleto de obra seja identificado no máximo grau, permanecem infinitos matizes, ao nível da pertinentização dos níveis inferiores do *continuum* expressivo, que nunca serão completamente resolvidos, porque muitas vezes nem o autor está consciente deles. Isto não significa que não são analisáveis, mas sim que sua análise é destinada a aprofundar-se de leitura em leitura, assumindo o processo interpretativo o aspecto de uma *aproximação infinita*.

Raros são os casos em que o conhecimento do idioleto permite criações satisfatórias, e isto acontece quando o imitador percebe o idioleto enfatizando-o, e produz

---

61. O idioleto estético não é um código que governa uma só mensagem, mas um código que governa um só texto, e portanto muitas mensagens pertencentes a sistemas diversos. Por conseguinte, a obra de arte é, segundo a definição dos formalistas russos e das correntes derivadas, um SISTEMA DE SISTEMAS (cf. Jakobson & Tynianov, 1927; Wellek & Warren, 1942).

62. Em meu ensaio "La critica semiologica", *in* Maria Corti & Cesare Segre (organizadores), *I metodi attuali della critica in Italia*, Turim, E.R.I., 1970, propôs-se polemicamente que de crítica semiologica se pode falar só para as obras de alto índice de estandardização. Isto, naturalmente, em contraste com as muitas provas dadas por vários semiólogos, que afrontaram com inegável sucesso textos bastante complexos e de alto valor artístico. Contudo, naquela oportunidade não se pensava apenas na aplicação de métodos semióticos à crítica de arte, mas à indagação semiótica propriamente dita sobre a estrutura interna de um idioleto estético. Objetivo que nos parece antes um *terminus ad quem* de toda indagação e crítica semiologica, e não uma realidade inteiramente adquirível. Talvez porque individuar totalmente um idioleto estético (ainda que o idioleto *deva* ser postulado para compreender o fato de que a obra funciona) é como individuar e descrever o Campo Semântico Global: uma empresa que, se fosse bem sucedida, bloquearia a própria vida da semiose. Portanto, a semiótica pode postular ideias reguladoras sem pretender que a elas correspondam descrições definitivamente satisfatórias.

232   TRATADO GERAL DE SEMIÓTICA

um *pastiche* ou uma paródia. Não raro o bom *pastiche* (veja-se Proust) constitui uma página de ótima crítica estilística, porque evidencia os pontos nodais ou caricaturiza os pontos periféricos de um texto, ajudando a perceber-lhe os artifícios reguladores.

O mais das vezes a interpretação do texto estético é uma contínua 'procura do idioleto perdido', em que se acumulam abduções, confrontos, correlações arriscadas e rejeitadas, juízos de pertinência e estranheza... Este processo conduz a três dos resultados mencionados em 3.7.1: os códigos existentes são submetidos a revisão, a relação entre sistema do conteúdo e estados do mundo é posta em causa, um novo tipo de interação conversacional se estabelece entre emitente e destinatário.

3.7.7. Experiência estética e mudança de código

Peirce só logrou identificar um dos momentos da tensão abdutiva com a interpretação de um trecho musical (como se viu em 2.14.12). E esta constante tensão abdutiva requerida pelo texto estético é a que mais pode ser confundida com um sentimento impreciso, a que os estudiosos de estética deram as mais variadas denominações (prazer, gozo, *'fulfilment'*, sentimento da cosmicidade, intuição do inefável, plenitude etc., sempre, porém, definindo-o como forma de 'intuição'. Observa-se, contudo, uma preguiça filosófica no etiquetar como "intuição" tudo o que requer uma análise demasiado aprofundada para ser descrito com suficiente aproximação. Imagina-se, assim, estar em comércio com o Todo quando simplesmente se está diante de uma complexidade estrutural *que resiste, certo, à análise, mas não se lhe escapa*. Pudesse o idioleto ser explicitado metalinguisticamente, sem resíduos, e a interpretação do texto estético não seria mais que uma operação de correta decodificação. Mas, numa estrutura multinivelar pelas conexões labirínticas, as denotações se transformam em conotações e cada elemento não se detém para seu interpretante imediato, mas dá início a uma 'fuga semiósica' (a força organizadora do texto deve, pois, introduzir 'barras de grafite' para disciplinar a reação em cadeia, igualmente incontrolável, que se verifica nesse 'reator nuclear semiótico'). A tensão abdutiva move-se a partir do interior dessa fuga semiósica, mas exatamente para encontrar o idioleto que a disciplina.

Nesse processo o texto estético, mais que suscitar apenas 'intuições', proporciona um INCREMENTO DE CONHECIMENTO CONCEPTUAL.

Ao obrigar a reconsiderar os códigos e suas possibilidades, ele impõe uma reconsideração da linguagem inteira em que se baseia. Mantém a semiose 'em alheamento'. Assim fazendo, desafia a organização do conteúdo existente e, portanto, contribui para mudar o modo pelo qual uma cultura 'vê' o mundo.

Por conseguinte, é precisamente o tipo de texto de que tantas vezes se falou que exige a "suspensão da incredulidade", que estimula a suspeita de que a organização do mundo a que estamos habituados não é definitiva.

O que não equivale a dizer que a obra de arte 'diga a Verdade'. O que ela faz é simplesmente pôr em questão *as* verdades adquiridas, convidando a uma nova análise dos conteúdos.

Se, pois, os textos estéticos podem mudar nossa visão do mundo, não será de pouco interesse tê-los presentes naquele ramo da teoria da produção sígnica que estuda a adequação entre proposições e estados do mundo.

TEORIA DA PRODUÇÃO SÍGNICA

3.7.8. *O texto estético como ato comunicativo*

Enfim, o texto estético apresenta-se como modelo de relação 'pragmática'. Ler um texto estético significa a um tempo: (i) fazer INDUÇÕES, isto é, inferir regras gerais de casos isolados; (ii) fazer DEDUÇÕES, ou seja, verificar se o que foi hipotizado num certo nível determina os níveis subsequentes; (iii) fazer ABDUÇÕES, vale dizer, pôr à prova novos códigos através de hipóteses interpretativas. Nele trabalham, pois, todas as modalidades de inferência.

A compreensão do texto baseia-se numa dialética de *aceitação e repúdio dos códigos do emitente*, e de *proposta e controle dos códigos do destinatário*. Se a forma mais usual de abdução consiste em propor códigos hipotéticos para desambiguar situações não suficientemente codificadas, então a abdução estética representa a proposta de códigos que tomem o texto compreensível. O destinatário não sabe qual é a regra do emitente e tenta extrapolá-la por dados desconexos da experiência estética que está fazendo. Pode acreditar que interpreta corretamente o que o autor quis dizer, ou pode decidir-se a introduzir conscientemente novas possibilidades interpretativas. Mas, mesmo assim fazendo, nunca trai completamente as intenções do autor, e estabelece uma dialética entre *fidelidade* e *liberdade*. De um lado, é desafiado pela ambiguidade do objeto; de outro, é regulado pela sua organização contextual. Nesse movimento, o destinatário elabora e robustece dois tipos de conhecimento, um acerca das possibilidades combinatórias dos códigos a que se refere, outro sobre as circunstâncias e os códigos de períodos artísticos que ignorava. Assim, uma definição semiótica da obra de arte explica por que no curso da comunicação estética ocorre uma experiência que não pode ser nem prevista nem totalmente determinada, e por que essa experiência 'aberta' é tornada possível por algo que deve ser estruturado em cada um dos seus níveis.

A definição semiótica do texto estético prove, pois, o *modelo estrutural de um processo não estruturado de interação comunicativa*.

Ao destinatário é solicitada uma colaboração responsável. Deve ele intervir no sentido de preencher os vazios semânticos, de reduzir a multiplicidade dos sentidos, de escolher seus próprios percursos de leitura, de considerar vários ao mesmo tempo – ainda que mutuamente incompatíveis – e de reler o mesmo texto mais vezes, sempre controlando pressuposições contraditórias.

O texto estético torna-se assim fonte de um ato comunicativo imprevisível, cujo autor permanece indeterminado, ora sendo o emitente, ora o destinatário que colabora na sua expansão semiósica[63].

---

63. Seria útil, portanto, tentar retraduzir em termos de interação estética todos os aportes de uma teoria dos *'speech acts'*; por exemplo, Searle (1969) – de um lado – e as estéticas da interpretação, de outro (cf. Luigj Pareyson, *Estetica-Teoria della formatività*, 19 ed., Edizioni di Filosofia, 1954, particularmente o capítulo sobre a interpretação), pondo-os em contato com as atuais estéticas da 'textualidade', que no fundo se originam da entrevista de Barthes (1963a) a *Tel Quel*, para quem a obra de arte *é uma forma que a história passa o tempo a preencher*. Corrigiremos esta última afirmação assim: a obra de arte é um texto que é adaptado por seus destinatários de modo a satisfazer vários tipos de atos comunicativos em diversas circunstâncias históricas e psicológicas, sem nunca perder de vista a regra idioletal que a rege. O que vem a ser a tese exposta, em forma ainda pré-semiótica, em *Opera Aperta* (Eco, 1962).

3.8. O TRABALHO RETÓRICO

3.8.1. Herança da retórica

Uma teoria da produção sígnica deve considerar também o trabalho de hipecodificação e comutação de código. Como ficou dito em 3.1.1 e na Fig. 31, esse trabalho até agora foi levado em particular consideração pela retórica. Nesta seção mostraremos como: (i) as categorias retóricas podem ser inseridas no quadro de uma teoria semiótica; (ii) muitos dos problemas relacionados com a hipercodificação e a comutação de código vão além do costumeiro quadro de referência da retórica e requerem a formulação de uma nova retórica semioticamente orientada; (iii) a discussão sobre a natureza das 'ideologias' é controlada por uma retórica semioticamente orientada (cf. Genette, 1866; Todorov, 1967; Grupou, 1970; Barthes, 1970).

No intuito de demonstrar os pontos acima referidos, vamos resumir e esquematizar os objetos da retórica clássica acrescentando certas 'vozes' que ela não levava em conta, mas que a moderna retórica considera ou deveria considerar.

Figura 47

A retórica clássica se considerava uma arte (e uma ciência) da *persuasão*. A persuasão não era considerada um artifício culpável e era socialmente orientada: constituía uma forma de raciocínio que não partia de *primeiros princípios* incontroversos (como os princípios lógicos de identidade, não contradição e terceiro excluído) e não procedia por *silogismos apodíticos*. Tratava, como por sua vez a dialética, com PREMISSAS PROVÁVEIS abertas à discussão e à refutação; salvo que, enquanto a dialética devia derivar de tais premissas conclusões racionalmente aceitáveis, a retórica articulava seus próprios silogismos, ou ENTIMEMAS, para mover pragmática e emocionalmente o destinatário.

Nas últimas décadas, a chamada 'nova retórica' (Perelman, 1958) confinou definitivamente os discursos apodíticos aos sistemas axiomatizados e reconduziu sob a voz 'retórica' todos os outros tipos de discurso, desde o filosófico até o político. Assim, todos os raciocínios humanos a respeito de fatos, decisões, crenças, opiniões e valores já não são considerados como obedientes à lógica de uma Razão Absoluta, mas são vistos em seu comprometimento efetivo com elementos afetivos, avaliações históricas e motivações práticas. Nesta perspectiva, o discurso persuasivo se despoja definitivamente daquela aura de fraudulência que o adornava

TEORIA DA PRODUÇÃO SÍGNICA 235

até a idade de ouro da retórica clássica (pense-se na oposição canônica entre Sócrates 'bom e sofistas 'maus') para converter-se em *técnica da interação discursiva 'razoável'*, sujeita à dúvida, à revisão, controlada por toda uma série de condicionamentos extralógicos.

Vista nesta perspectiva, a retórica representa ainda uma forma assaz complexa de produção sígnica, envolvendo a escolha das premissas prováveis, a disposição dos silogismos retóricos (ou de outras formas inferenciais de lógicas com mais valores) e todos os "revestimentos" externos necessários à expressão classificados sob o nome de 'figuras de retórica'. Portanto, a retórica, nesta forma, constitui o objeto de *uma semiótica da interação conversacional*. O principal requisito desse tipo de interação é que as regras de conversação sejam respeitadas; e uma das mais importantes regras de interação é que *sejam reconhecidas a parcialidade das premissas e suas reatividades às circunstâncias*.

Existem, porém, execuções 'aberrantes' (embora raras) do mesmo tipo de interação regulada, que dão origem aos discursos ditos 'ideológicos', vale dizer, a todas as formas de propaganda oculta e de persuasão de massa, além de asserções mais ou menos 'filosóficas' em que, através de premissas prováveis que definem só uma seção parcial de um dado campo semântico, se pretende chegar a conclusões que devem ser aceitas como Verdadeiras, cobrindo assim a natureza contraditória do Campo Semântico Global e apresentando o próprio ponto de vista como o único adotável. Em tais casos, não é relevante que a atitude descrita seja *deliberada* e cinicamente aceita pelo emitente para enganar o destinatário, ou constitua, ao contrário, um caso de *autoilusão* e de parcialidade inconsciente.

O problema do *uso ideológico da retórica* será tratado em 3.9. Nos parágrafos seguintes examinaremos os três níveis retóricos da *inventio*, da *dispositio* e da *elocutio*.

3.8.2. A elocutio como hipercodificação

Para estimular a atenção do ouvinte e convencê-lo a tirar as conclusões implícitas nas premissas propostas ou pressupostas, deve-se apresentar o discurso de maneira inédita, nutrindo-o com embelezamentos e 'surpresas', de modo a oferecer, pelo menos no plano expressivo, uma certa cota de informação fresca. Artifícios ordenados para tal escopo eram, para a retórica clássica, as FIGURAS (tropos, figuras de discurso e figuras de pensamento).

Se nos últimos séculos a retórica viu sua reputação descer tão baixo, isto se deve ao fato de que as figuras podiam ser entendidas de dois modos: como 'esquemas de inesperado', ou ESQUEMAS GERATIVOS, que proporcionam as regras para substituir uma dada palavra (e o conceito correspondente) por outras palavras e outros conceitos; ou como elementos preestabelecidos ou EXPRESSÕES JÁ GERADAS, esquemas 'retóricos' no sentido pejorativo do termo, frases já repertorizadas e oferecidas como modelo de 'bem escrever' ou de 'bem dizer'; um repertório que compreende artifícios estilísticos já experimentados, gravados

236   TRATADO GERAL DE SEMIÓTICA

por uma hipercodificação de 'artisticidade'[64], fórmulas já aceitas e aprendidas, cargas de prestígio argumentativo, conotações preestabelecidas
com valor emocional fixo (figuras como |a terra dos nossos pais|, |a defesa
da honra|, a imagem visual da mãe que se inclina sobre o filho, sugerindo
emoções de intensa 'pureza' etc..

Neste último sentido, a retórica é o resultado de uma hipercodificação milenar que produziu amplamente suas próprias catacreses: trata-se
de expressões que atingiram tal nível de institucionalização, que perderam definitivamente o significante que substituíam, como no proverbial
caso |o gargalo da garrafa|.

Estes fenômenos de deterioração da retórica nenhum relevo têm para
a teoria da produção sígnica; nem o têm para uma teoria dos códigos na
medida em que ela registre também os casos de hipercodificação e considere as expressões esclerosadas como unidades significantes não analisáveis posteriormente, tal como faz com os paralexemas (|figo da Índia|)
com expressões convencionais como |bom dia| e |recomendações aos
seus|. Ao mesmo título, uma expressão como |peace with honor| quer
dizer, por convenção retórica, «não pretendo chegar a um acordo» e era
usada nos discursos do presidente Nixon como elemento de um repertório significante hipercodificado.

Diferente é o caso das figuras de retórica como esquemas gerativos,
dos quais nos ocuparemos no parágrafo seguinte.

3.8.3. Metáfora e metonímia

Quando as figuras de retórica são usadas de modo 'criativo', elas
não servem só para 'embelezar' um conteúdo já dado, mas *contribuem
para delinear um conteúdo diverso*.

Para elaborar uma teoria satisfatória das figuras de retórica, deve-se
voltar à representação semêmica do MSR (delineada em 2.11) e ao modelo Q (cf. 2.12).

Neste parágrafo, limitar-nos-emos a considerar o funcionamento de
duas figuras apenas (que a retórica clássica classifica antes como 'tropos'):
a metáfora e a metonímia. Por outro lado, segundo Jakobson (1956), elas
constituem a ossatura de qualquer outra operação retórica na medida em
que representam os dois tipos de substituição linguísticas possíveis, um
atuando sobre o eixo do PARADIGMA, outro sobre o eixo do SIN
TAGMA; uma constituindo substituição "por semelhança", outra substituição "por contiguidade".

Quanto às METÁFORAS, não retomaremos aqui a crítica ao conceito
ingênuo de 'semelhança' já desenvolvida em 3.5. Basta considerar a estrutura de dois sememas que possuam marcas em comum para compreender de que modo se deve entender em retórica a noção de 'semelhança'.

Posto que o semema «cão» e o semema «frade» encerrem tanto uma
marca de «fidelidade» (independente da natureza de seu Patrão e Senhor)

---

64. Tal é a mecânica do Kitsch, do qual uma primeira tentativa de explicação semiótica *é* vista na "Struttura del cattivo gusto" (Eco, 1964).

TEORIA DA PRODUÇÃO SÍGNICA 237

como uma marca de «defesa» (os cães defendem seus patrões, os frades os princípios da religião), foi fácil, no curso do século XII, elaborar para a ordem dos Frades Pregadores de São Domingos a metáfora de |domini canes|[65].

Neste caso, a noção de semelhança não se refere a uma relação entre significante e coisa significada, mas apresenta-se como IDENTIDADE SÊMICA.

Por sua vez, a METONÍMIA parece um caso bastante claro de hipercodificação: a substituição por contiguidade sintagmática está baseada no fato de que, dada uma expressão esclerosada, um dos seus elementos pode substituir um outro. Dado, pois, um juízo semiótico adquirido, como «o Presidente dos Estados Unidos mora na Casa Branca», é fácil usar |a Casa Branca| para indicar «o Presidente dos USA». Todavia, uma consideração mais acurada permite descobrir que o fato de viver na Casa Branca é convencionalmente aceito como propriedade semântica da unidade cultural «Presidente dos USA» (sempre que um sistema semântico seja em forma de enciclopédia e não de dicionário). Assim, para que uma expressão esclerosada possa autorizar a mútua substituição de dois dós seus componentes, *é preciso que essa expressão seja reconhecível como um asserto semiótico*. Assim como um asserto semiótico atribui a um semema algumas das suas marcas, também a metonímia se baseia (mais que na circulação de frases feitas) na natureza do espectro semêmico de uma dada unidade cultural. Salvo que, em vez de constituir, como a metáfora, um caso de identidade sêmica, constitui um caso de INTERDEPENDÊNCIA SÊMICA.

A interdependência sêmica pode ser de dois tipos:

(i) uma marca está para o semema a que pertence (|as velas de Colombo| por «as naves de Colombo»); (ii) um semema está para uma de suas marcas (|João é um peixe| por «João nada muito bem»).

Observe-se que a noção de interdependência sêmica elude a diferença entre sinédoque e metonímia posta pela tradição clássica: a primeira implica uma substituição 'nos limites do conteúdo conceitual' e a segunda uma substituição 'por outros aspectos da realidade com a qual uma coisa está relacionada' – distinção que remete as clássicas definições dos *loci*: "*Quis, quid, ubi, quibus auxiliis, cur, quomodo, quando*"[66]. Semelhante distinção está baseada numa mistura entre abor-

---

65. O exemplo é imperfeito porque além da substituição semântica há ainda um jogo homonímico: em outras palavras, a metáfora é reforçada pelo *calembour*, e a substituição no plano do conteúdo é compensada por uma copresença no plano da expressão. Veja-se, para uma análise do *pun* ou *calembour*, "Semantica della metafora", em Eco, 1971. Quando a linguagem realiza tais jogos de palavras (e a coisa deveria parecer particularmente válida na Idade Média), pensa-se nos *nomina* como *consequentia rerum*. Acresce que |domini canes|, por sua estrutura, aparece como resultado típico de uma 'criptografia mnemônica' (para o estudo das quais recomenda-se o repertório publicado por M. Cosmai, em *VS* 7, 1974).

66. Nem sempre, contudo, estas perguntas dizem respeito à estrutura do semema. Podem referir-se ao contexto ou mesmo à circunstância, e, portanto, a uma série de pressuposições não codificadas. Nestes casos, não falaremos de contiguidade semântica, mas de contiguidade empírica ou histórica. Por exemplo, nos sonhos se estabelecem metonímias de tipo idiossincrático por contiguidade empírica, isto é, entre

238 TRATADO GERAL DE SEMIÓTICA

dagem intensional e abordagem| extensional, e não leva em conta a natureza do semema como enciclopédia. Nesta última perspectiva, de fato, já não é possível ocorrer que a relação «uva/cacho» seja matéria de sinédoque e a relação «vinho/ Baco» matéria de metonímia (Lausberg, 1949); dado que também o fato de o vinho estar relacionado com Baco deve ser de alguma forma registrado na representação semêmica de «vinho» e mesmo de «uva».

Pode-se objetar, no entanto, que a subdivisão proposta é muito mais pobre do que a classificação clássica, a qual, para a sinédoque, leva em conta distinções como *a parte pelo todo, o todo pela parte, o gênero pela espécie, a espécie pelo gênero* etc. e, para a metonímia, distinções como a *causa pelo efeito, o efeito pela causa, o continente pelo conteúdo* etc. Seria lícito responder que o modo comum de compreender a figura retórica leva muito pouco em conta tais diferenças, percebendo antes relações de interdependência, como nos casos mencionados. Por outro lado, porém, não deixa de ser verdade que a distinção clássica pode sugerir reflexões úteis para uma teoria dos códigos que se preocupe com representações semânticas bem organizadas.

Com efeito, se a representação de um semema fosse vista como agregação *não hierárquica de* marcas, o semema «macho» poderia ter a marca denotativa «homem» e o semema «homem» poderia conter uma marca conotativa de «macho», de modo a tornar inúteis hierarquizações mais minuciosas como as de gênero e espécie, e vice-versa. Dissemos, porém (2.11.1), que a representação é fortemente hierarquizada pelo sistema das INCLUSÕES SEMIÓTICAS (ou pressuposições semânticas). Portanto, as marcas funcionam como registro implícito da classe em que estão incluídas ou como remissão às marcas que incluem. Em outros termos, o semema denota o gênero de que é espécie por HIPERONÍMIA («escarlate» denota «vermelho», «vermelho» conota «escarlate»). Isto explica grande parte das distinções retóricas clássicas, provavelmente de todas aquelas ligadas à definição de sinédoque. Para outras dessas distinções, sobretudo aquelas ligadas à definição de metonímia, uma solução satisfatória é obtida inserindo-se na representação semêmica predicados com mais argumentos, onde estes são traduzidos em PAPÉIS ou 'casos' (cf. 2.11.1). De fato, desse modo ficam registradas as relações entre causa e efeito, autor e obra, continente e conteúdo etc.

Vejamos um exemplo. Trata-se do verso 140 do canto 10 da *Eneida*:

vulnera dirigere et calamos armare veneno

onde |*vulnera dirigere*| é dado nos tratados clássicos como ótimo exemplo de metonímia em que o efeito está para a causa.

O verso (que se pode traduzir livremente como |distribuir feridas com flechas envenenadas| (tr. Vivaldi) ou |ungir de tóxico os dardos e lançá-los| (Cetrangolo) joga com o fato de que |*vulnera dirigere*| está para |*dirigere tela*|, |*dirigere ictus*|, |*dirigere plagas*| ou |*vulnerare*|.

Digamos que |*vulnera dirigere*| está para |*dirigere tela*|, mesmo porque no caso de |*dirigere ictus vel plagas*| o resultado não seria diferente, e proponhamos para representação sumária de |*telum*| – não considerando outras seleções contex-

traços que entraram em conexão no quadro da minha experiência pessoal, conexão essa, porém, não codificada socialmente (como acontece, ao contrário, com as metáforas – por exemplo, a substituição entre objetos verticais e dores, de que já falara em termos semióticos Morris, 1938). É, pois, arriscado chamar de metonímias todas as substituições por contiguidade que se verificam nos sonhos; a psicanálise procede em grande parte como interpretação de textos dos quais uma boa parte ainda não foi codificada, chegando pois a produzir casos de hipercodificação. O discurso entre paciente e analista tem antes de tudo as características de um texto estético cujo idioleto se deve verificar.

TEORIA DA PRODUÇÃO SÍGNICA

tuais e imaginando um latim *standard* (onde seria mais interessante conduzir a análise sobre o latim virgiliano, o horaciano, o plautino etc.):

$$\text{«}\textit{telum}\text{» } d_{\textit{instrumentum}}, d_{\textit{arma}}\cdots \left\langle \begin{array}{l} (\textit{cont}_{A:+homo} \left\langle \begin{array}{l} (\textit{cont}_{O:+homo}) \ d_{R:\textit{vulnus, ictus, plaga}\ldots} \\ (\textit{cont}_{O:-homo}) \ \ldots\ldots \end{array} \right. \\ (\textit{cont}_{A:-homo}) \ d_A = S,\ldots\ldots \end{array} \right.$$

onde R está para Resultado da ação. Assim, |*vulnera dirigere*| aparece como metonímia de tipo (i), isto é, marca por semema, e representa um caso de substituição de sua causa instrumental pelo efeito.

Se, ao contrário, aceitarmos que a expressão em pauta está para |*vulnerare*|, o mecanismo não muda, salvo pelo fato de complicar-se ligeiramente:

$$\text{«}\textit{vulnerare}\text{» } \begin{array}{l} d_{\textit{actio}} \\ \textit{factum} \\ \textit{motus} \end{array} \begin{array}{l} d_{\textit{ferire}} \\ \textit{percutere} \\ \textit{icere} \end{array} ; d_{A:+homo}, d_{O:+homo}, d_{P:\textit{vulnus}}, d_{S:\textit{telum}}\cdots \ ^c\textit{directio}$$

De fato, *«vulnus»*, em vez de *«vulnerare»*, é uma substituição da causa eficiente pelo efeito, mas há também uma substituição parcial da conotação «direção» em lugar do ato *direcional* de inferir uma ferida. Trata-se de uma sinédoque mal apoiada à metonímia bem mais forte.

À luz das observações anteriores, descobre-se que *nem sempre é fácil distinguir entre metáfora e metonímia*. Suponhamos, com efeito, que se considere boa a representação do semema *«bachelor»* tal como proposta pelo modelo KP. Suponhamos, ademais, que um *playboy* anglófono espirituoso, para indicar um amigo solteiro, diga |*that unlucky seal!*| (admitindo-se que no ambiente dos *playboy* anglófonos a competência semântica seja a mesma vigente no ambiente da semântica interpretativa). Uma vez que *«bachelor»* como solteiro e *«bachelor»* como foca não acasalada são dois sentidos do mesmo semema, dever-se-ia falar de metonímia de tipo (i), isto é, de substituição da marca em lugar do semema. Mas esta substituição é regida por uma *identidade sêmica* porque, no interior dos dois percursos de sentido, aparece a mesma marca de *«unmated»* – que, tudo somado, é muito mais geral do que *«never married»*. Neste ponto, são possíveis apenas duas soluções: ou os dois *«bachelor»* são dois sememas autônomos e simplesmente veiculados por expressões homônimas, *ou se deve falar de metáfora também para a substituição de semas idênticos entre dois percursos de sentido do mesmo semema.*

Mas, a esta altura, a questão torna-se pura arqueologia terminológica, porque metáfora e metonímia, mais que baseadas em 'semelhança' ou 'contiguidade', apresentam-se agora como dois casos de conexão *inter* ou *infra* semêmica. A conexão entre dois semas iguais subsistentes no interior de dois sememas diferentes (ou de dois sentidos do mesmo semema) permite a substituição de um semema por um outro (METÁFORA), enquanto o desvio do sema pelo semema e do semema pelo sema constitui METONÍMIA.

Nesta perspectiva, a própria identidade sêmica não se baseia em 'misteriosas semelhanças', mas na *estrutura do sistema semântico*, de modo que se pode afirmar que mesmo nos casos de 'semelhança' uma sorte de CONTIGUIDADE ESTRUTURAL sempre rege o complexo

240 TRATADO GERAL DE SEMIÓTICA

jogo de desvios retóricos. Metáfora e metonímia são tornadas possíveis pela natureza do universo semântico global pressuposto pelo modelo Q[67].

3.8.4. A mutação retórica de código

Neste ponto, torna-se necessário fixar um critério que nos capacite a discriminar as metáforas ou as metonímias 'boas' das 'más'. Diremos que uma 'boa' metáfora é aquela em que as marcas que se amalgamam por identidade são, ao mesmo tempo, relativamente 'periféricas' e ainda assim 'caracterizantes'.

Por exemplo, se para chamar um grupo de guerreiros digo |homens!|, uso uma metonímia, porque todos os guerreiros são homens, mas "homem" é uma marca compartilhada por muitos sememas para poder caracterizar um guerreiro.

Ao contrário, se digo |tenho duas mil espadas à minha disposição| para dizer que tenho dois mil guerreiros, a metonímia já é mais eficaz, porque a propriedade de portar a espada é bastante característica do guerreiro. Um exemplo melhor é o oferecido pelos romanos quando nomeavam os gladiadores como |morituri| (*Ave Caesar, morituri te salutam!*). Não diremos que se trata de uma metonímia fulgurante, mas em todo caso ela aumenta a nossa consciência do que seja um gladiador porque põe em evidência, como caracterizante, uma marca periférica.

Suponhamos agora que se substitua «guerreiro» por «gladiador» e «gladiador» por «morredor». De «guerreiro» a «gladiador» há uma passagem metafórica, de «gladiador» a «morredor» há uma passagem metonímica. Neste caso, não só os guerreiros são vistos de maneira pouco usual, como aparecem caracterizados por uma marca periférica (seu destino de morte) que imediatamente os aparenta como outros sememas que pareciam muito distantes de «guerreiro».

Por exemplo, neste ponto é possível associar metaforicamente (mediante a identidade da marca «morredor») «guerreiro» a «bode expiatório», e assim um exército de guerreiros pode ser definido como |os bodes expiatórios das ambições reais|. Mas, como «bode expiatório» tem uma marca de «inocência», outras e mais ousadas substituições são permitidas: os soldados aparecem-nos como |duas mil espadas inocentes| (ou, melhor ainda, oito milhões de inocentes baionetas) e, no ponto extremo dessa fuga de substituições, o modo como os guerreiros eram vistos tradicionalmente muda quase que completamente. As conotações de «altivez»,

---

67. O funcionamento das metáforas e das metonímias explica o de qualquer outro tropo, ou seja, das figuras que procedem por substituição ou *immutatio*. A PERÍFRASE é a substituição de um lessema pela totalidade (ou pela maior parte) das marcas do semema correspondente. A ANTONOMÁSIA é um caso de sinédoque (*species pro indivíduo*) ou de perífrases. Como na representação semêmica está implícita a negação do antônimo, os LITOTES são um caso normal de substituição do semema pela marca, enquanto as IRONIAS são o uso direto do antônimo (mesmo que, sendo em sua maioria figuras de discurso, impliquem substituições contextuais a um nível mais complexo). A sinédoque pode ser reconduzida à ÊNFASE, enquanto a HIPÉRBOLE é reconduzida à metáfora. Um discurso diferente deve ser feito pelas figuras de pensamento e pelas figuras de discurso, que procedem por *adiectio*, *detractio* e *transmutatio*: elas se baseiam ora em mecanismos fonológicos, ora em mecanismos sintáticos. Remetendo-se à distinção operada pelo Grupo *U* na sua *Rhétorique générale* (figuras de expressão – metaplasmos e metataxes – e figuras de conteúdo – metaxememas e metalogismos), nossas observações valem apenas para um estudo dos METASSEMEMAS.

TEORIA DA PRODUÇÃO SÍGNICA　　　　241

«coragem», «orgulho», «vitória», não desaparecem de todo, mas fundem-se como conotações antonímicas como «medo», «sofrimento», «vergonha», «derrota».

O jogo retórico, traçando conexões imprevisíveis (ou escassamente previstas e desfrutadas), revela férteis contradições. Como ele ocorreu entre os ramos do semema, e como cada nó desses ramos é por sua vez origem de um novo semema (como mostrou o modelo Q), a substituição retórica estabelece novas conexões e permite percorrer toda a área do Campo Semântico Global, pondo a nu sua estrutura 'topológica'. Nessa atividade, as seleções contextuais e circunstanciais são frequentemente sobrepostas, comutam-se uma com a outra, curtos-circuitos de todo tipo criam contatos imprevistos. Quando o processo se verifica com rapidez e conecta pontos distantes entre si, tem-se a impressão psicológica de um 'salto' e o destinatário, embora lhe advirta confusamente a legitimidade, não consegue individuar com clareza todos os passos que, no interior das cadeias sêmicas, unem os pontos aparentemente desconexos. Como resultado, o destinatário acredita que a invenção retórica seja o efeito de uma intuição 'fulgurante' e inexplicável, uma revelação, uma iluminação (a 'Linguagem *habitada* pela Verdade Poética'), ao passo que, na realidade, *o emitente simplesmente percebeu com extrema rapidez o circuito das concatenações que a organização semântica lhe permitia percorrer*. Aquilo que para o emitente se colocou como uma Visão de conjunto' das possibilidades do sistema, para o destinatário torna-se algo de vago e indistinto, de modo que o segundo atribui ao primeiro uma capacidade intuitiva superior, o que de resto é verdadeiro se se define como |intuição| uma visão rápida e articulada da estrutura subjacente do campo semântico (e provavelmente uma capacidade de fazer funcionar em *nível cortical* as próprias capacidades de conexão entre 'pontos' do sistema com uma velocidade superior à média). Mas, se o destinatário consegue dar-se conta do percurso feito, ambos realizaram uma nova maneira de interconectar unidades semânticas e o processo retórico (que em certos casos se assimila ao estético) *torna-se uma forma autorizada de conhecimento*, ou pelo menos um modo de *pôr em crise o conhecimento adquirido*[68].

Suponhamos, reformulando a Fig. 15 em 2.9.6, e para dar um exemplo *ad hoc*, que haja um eixo que contenha duas unidades semânticas u_1 e u_2 usualmente consideradas como mutuamente incompatíveis porque suas primeiras marcas denotativas provêm de um eixo oposicional $\alpha_2\,vs$ α_1; mas suponhamos que, através de α_1 elas tenham uma conotação γ_1 em comum:

---

68. Katz (1972, 8.4) propõe acrescentar à teoria transformacional dos componentes gramaticais a representação retórica, vista como interpretação dos indicadores de frase superficiais. Em tal sentido, a manipulação retórica atuaria na estrutura superficial sem tocar a estrutura profunda e portanto a natureza semântica do enunciado. Esclareça--se que de nossas páginas *deve resultar exatamente o oposto*. Embora possam ocorrer casos em que a manipulação retórica afete *pouco* a compreensão do conteúdo, trata-se sempre de *alteração semântica*; portanto, retórica e semântica, numa teoria gerativa, devem ser vistas como dois aspectos do mesmo problema.

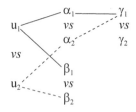

Figura 48

Suponhamos agora que, através de uma série de substituições retóricas, um semema possa ser nomeado (e portanto tomado retoricamente equivalente: =), seja através de uma das suas marcas (caso de substituição metonímica, representada por *mtn* seguido, onde necessário, pela marca em que ocorre a conexão), seja através de outro semema com o qual compartilha a mesma marca (caso de substituição metafórica, indicado como *mtf*, seguido pela marca em que se baseia a substituição):

$$((u_1 \ (mtn\alpha_1) \equiv \gamma_1) \bullet (\gamma_1 \ (mtn\alpha_2) \equiv u_2)) \rightarrow (u_1 \ (mtf\alpha_2) \equiv u_2)$$

Figura 49

Esclarecido que estamos examinando regras retóricas e não lógica formal, u_1 (dada sua equivalência com u_2) adquire ambas as marcas α_1 e α_2, anteriormente consideradas como *antonimicamente incompatíveis*:

Figura 50

Às vezes o desafio à incompatibilidade revela uma sorte de *argúcia*, como nos artifícios barrocos (ou num oxímoro |forte fraqueza|). Outras vezes o eixo opositivo é realmente perturbado e se percebe a exigência improcrastinável de reorganizá-lo. Outras vezes ainda, a incompatibilidade permanece refutada pelo código, mesmo que a figura retórica continue a circular, criando-se aquelas sensações de desequilíbrio que permitem aos lógicos formais afirmar que *a linguagem cotidiana não tem lógica*.

Com efeito, *a linguagem cotidiana talvez não tenha lógica, mas tem, exatamente, uma retórica*, que é, pois, a LÓGICA DOS CONCEITOS ESFUMADOS.

TEORIA DA PRODUÇÃO SÍGNICA

3.8.5. A comutação retórica de código

Quando o jogo retórico envolve palavras isoladas e figuras de discurso, as contradições de que se falava passam, no mais das vezes, despercebidas, porque a figura se catacresiza rapidamente. Mas ocorre diversamente quando estão em jogo *argumentações complexas*.

Ora, uma das regras discursivas da retórica (entendida em seu sentido mais nobre) é que, embora a argumentação proceda por premissas prováveis, a probabilidade dessas premissas *seja tornada explícita*. Só com este pacto o discurso persuasivo se distingue da fraude. A incapacidade prática de operar a distinção entre persuasão 'descoberta' e fraude levou, a prática da retórica na Antiguidade, às suas múltiplas degenerações, justificando em grande parte o ataque de Sócrates aos Sofistas (quando também Sócrates era um sofista, ou antes, o maior dentre os técnicos da persuasão 'racional' e 'descoberta').

O limiar entre a persuasão honesta e a fraude situa-se exatamente no ponto em que as premissas são reconhecidas – ou ignoradas – em sua parcialidade. Quando a parcialidade é oculta, tanto por fraude quanto por fraqueza, temos a posição *ideológica*.

Em Eco (1971) forneceu-se um exemplo de persuasão ideológica baseada, como veremos, no mecanismo de COMUTAÇÃO DE CÓDIGO. Tratava-se da derrocada, em 1969, de toda a publicidade dietética americana (baseada no fato de que os ciclamatos substituíam o açúcar – que engorda – preservando assim de infartos cardíacos), face à imprevista descoberta de que os ciclamatos eram cancerígenos. A publicidade, após semanas de hibernação, foi reformulada de maneira paradoxal, já que os alimentos dietéticos eram apresentados como inócuos graças à declaração |sem ciclamatos, acrescido de açúcar|. Com isso anunciava-se como dietético um alimento que continha o grande inimigo de toda dieta de emagrecimento, isto é, o açúcar. De fato, como todos sabem, não se vendiam mais alimentos que devessem atenuar o temor de engordar, mas alimentos que protegessem contra o câncer. Mas o apelo dietético continuava, no fundo, a ter seu papel, pois do contrário seria mais conveniente comprar alimentos normais, que além de tudo custavam menos. A hipótese por nós formulada era que em 1969 se verificava uma reestruturação no campo semântico compartilhado pela sociedade americana. Numa primeira fase, vigorava uma série de oposições que gerava uma série paralela de conotações:

$$
\begin{array}{ccccccccc}
\text{açúcar} & = & \text{gordo} & = & +\text{infarto} & = & \text{morte} & = & (-) \\
vs & & vs & & vs & & vs & & vs \\
\text{ciclamatos} & = & \text{magro} & = & -\text{infarto} & = & \text{vida} & = & (+)
\end{array}
$$

Figura 51

Sobre esta dupla série conotativa se regiam vários JUÍZOS SEMIÓTICOS que permitiam a campanha publicitária. Inesperadamente dispara um JUÍZO FATUAL («o ciclamato provoca o câncer») baseado em experiências científicas, que gera um JUÍZO METASSEMIÓTICO e dá origem à segunda fase, onde a série das conotações e das oposições se reestrutura como segue:

$$
\begin{array}{ccccccc}
\text{açúcar} & = & -\text{câncer} & = & \text{vida} & = & (-) \\
vs & & vs & & vs & & vs \\
\text{ciclamatos} & = & +\text{câncer} & = & \text{morte} & = & (+)
\end{array}
$$

Figura 52

244 TRATADO GERAL DE SEMIÓTICA

O fato de o açúcar engordar cai para segundo plano; e, com efeito, as entrevistas dadas aos jornais pelos consumidores refletem esse fenômeno de obsolescência: antes um risco de enfarte do que um câncer certo.

Ora, bem vistas as coisas, o espectro semêmico de açúcar *não muda inteiramente* entre a primeira e a segunda frase: o açúcar continua a ser conotado como criador de gordura e, regra de redundância, perigoso para a circulação arterial; o que acontece de novo é a mutação do espectro semêmico de ciclamato, que não perde a marca de «emagrecedor» mas adquire a de «cancerígeno». Na verdade, invertem-se as cadeias opositivas, como hipotizamos.

Isto acontece porque na base dessa inversão está a *substituição entre duas premissas retóricas*. A primeira, em circulação até 1968, queria que a magreza fosse um dos principais requisitos de saúde e longa vida. A segunda emerge em fins de 1969, e poderia ser identificada com o discurso de qualquer médico sensato que dissesse: "Meu caro, tudo somado, é melhor ter uns quilinhos a mais, com um risco muito remoto de infarto, do que ter a certeza científica de contrair um câncer". Argumento que o médico apresentaria como matéria de opinião, sujeito a controles circunstanciais e aberto à refutação.

Ao contrário, o argumento que tornara 'ideológica' a publicidade de que se falou é o fato de que a positividade do açúcar nos confrontos dos ciclamatos se referia à oposição regulada pelo eixo «modos de *morrer*», enquanto essa oposição na segunda fase de assentamento do campo semântico é sub-repticiamente manobrada como se dependesse do eixo «modos de *emagrecer*». Em outros termos, o semema «açúcar» possui entre outras duas marcas circunstanciais (ou contextuais), uma que prevê suas conotações no caso de ($circ_\text{dieta}$) e outra no caso de ($circ_\text{patogenia}$). No primeiro caso, a conotação é negativa, no segundo é um típico CONCEITO ESFUMADO, em que a positividade ou negatividade do açúcar é comparada à de outras substâncias (o açúcar é muito menos patogênico do que o arsênico e mais patogênico do que a sacarina).

A comutação de código ocorre, neste caso, quando se passa a tratar uma conotação gerada por uma seleção circunstancial a como se fosse aquela gerada pela seleção circunstancial β. Desse modo, o açúcar era apresentado como algo que tinha um efeito dietético positivo, enquanto só era conotado como positivo quanto ao ciclamato *sob circunstâncias estranhas ao seu poder dietético*. Nesse jogo, por uma sorte de ilusão de óptica, apresentado como elemento positivo no interior de um discurso 'aparentemente' dietético, ele adquiria uma marca de «emagrecimento» que efetivamente nunca possuiu[69].

Eis uma típica operação de COMUTAÇÃO RÁPIDA DE CÓDIGO que gera conotações fictícias não consideradas pelo campo semântico.

Este exemplo (agora tratado de maneira mais aprofundada do que em Eco, 1971, já que se pôde confrontá-lo com o MSR) mostra: (i) o modo pelo qual se pode, sub-repticiamente, COMUTAR o código; (ii) o fato de que os sistemas semânticos adquirem um certo *status* de acordo com SELEÇÕES CONTEXTUAIS OU CIRCUNSTANCIAIS e que esse *status* não permanece o mesmo com a mudança dessas seleções. A publicidade sobre ciclamatos era 'ideológica' porque pretendia que a estrutura de um determinado subsistema semântico permanecia a mesma *em qualquer circunstância*. Ocultava-se, portanto, *a parcialidade das premissas prováveis*.

No entanto, o problema da comutação de código, que depende de mecanismos retóricos, é com efeito muito mais complicado quando se fala de 'ideologia' no sentido teórico e político do termo. Para esclarecer este aspecto da comutação de código, impõe-se o estabelecimento de um novo modelo de laboratório.

---

69. Poder-se-ia ainda dizer que o açúcar possui uma conotação positiva na seleção contextual ($cont_\text{vs}$ ciclamato) e que na operação de comutação de código, essa conotação é apresentada como 'onicontextual'.

TEORIA DA PRODUÇÃO SÍGNICA 245

3.9. IDEOLOGIA E COMUTAÇÃO DE CÓDIGO

3.9.1. A ideologia como categoria semiótica

Em 2.14.1, ao discutir o exemplo de |ele segue Marx|, afirmávamos que a expressão envolvia também um nível de conotação 'ideológica' (seguir Marx é bom ou ruim?), capaz de determinar a desambiguação final da frase, conquanto esta não parecesse depender de alguma codificação registrável no âmbito da teoria dos códigos. Neste sentido, o fundo ideológico do destinatário, tão importante para todo o jogo de pressuposições referenciais e pragmáticas, parece consistir numa visão do mundo não completamente codificada e derivada do jogo processual da interpretação textual, das inferências, das menções, das pressuposições. Portanto, a ideologia apareceria (e em Eco, 1968, assim era apresentada) como um *resíduo extrassemiótico capaz* de determinar a semiose, agente como catalizador nos processos abdutivos, mas *estranho à codificação*.

No entanto, o que *deve* ser pressuposto – sem que o código o registre – é que o emitente adote uma ideologia: ao contrário, a própria ideologia, tema da pressuposição, é uma visão do mundo organizada que pode estar sujeita à análise semiótica. Em outras palavras (e remetemos a 2.11.1 e à nota 21 do capítulo 2), *não é codificada* a pressuposição *pragmática* acerca do fato de que o emitente pense ou não alguma coisa (e portanto tal fato é matéria de inferência), mas a *coisa pensada* e por isso *pensável* é conteúdo previsível e, então, matéria de *codificação* ou de *hipercodificação*. Permanece, pois, confiada ao processo de interpretação a pressuposição dita pragmática, mas permanece ancorada aos códigos uma pressuposição que se revela como fundamentalmente semântica (e, portanto, como típica inclusão semiótica).

Um sistema semântico constitui um modo de dar forma ao mundo. Como tal, constitui uma *interpretação parcial* do próprio mundo (como *continuum* do conteúdo) e pode ser sempre reestruturado apenas novos juízos fatuais intervenham para pô-lo em crise. Uma mensagem que afirme |os marcianos comem as crianças| não só carrega o semema «marciano» de uma denotação de «canibalismo» como induz uma série complexa de conotações apreendidas sob signo negativo. Se, ao contrário, alguém nos explica que os marcianos comem, sim, as "crianças", mas as "crianças" de outros animais (tal como fazemos com cabritinhos, passarinhos e peixinhos), então a coisa muda de figura. Mas produzir a série dos assertos metassemióticos visando a criticar e reestruturar essa cadeia conotativa constitui uma das tarefas da ciência.

Via de regra, porém, o destinatário comum evita submeter os enunciados a tal controle, aplicando-lhes seus próprios subcódigos, mais familiares, continuando ancorado a visões 'parciais' e absolutizando a relatividade de seu ponto de vista.

Para definir essa visão parcializada do mundo, pode-se recorrer ao conceito marxista de ideologia como 'falsa consciência'. Naturalmente, do ponto de vista marxista, essa falsa consciência nasce como *ocultação teórica (com pretensões de objetividade científica) de relações materiais*

246 TRATADO GERAL DE SEMIÓTICA

concretas de vida. Aqui, contudo, não nos interessa estudar o mecanismo de *motivação* da ideologia, tanto quanto seu *mecanismo de organização*, não a sua *gênese*, mas a sua *estrutura*.

3.9.2. Um modelo[70]

Imaginemos um recipiente dividido em duas partes (Alfa-Beta), por uma parede em que se tenha feito um pequeno furo. De ambos os lados se movimentam moléculas de gás a velocidades diversas. Na guarda do furo há o que na teoria dos gases se chama Demônio de Maxwell. O demônio é um ser inteligente (cuja existência é negada pelo segundo princípio da termodinâmica) que faz com que de Beta a Alfa só passem as moléculas mais lentas, enquanto de Alfa a Beta passam apenas as mais velozes. O demônio permite assim um incremento da temperatura em Beta. Imaginemos ainda que nosso demônio, mais inteligente do que o de Maxwell, atribua a cada molécula que vá de Alfa a Beta uma velocidade-padrão. Conhecendo a um tempo o número de moléculas e sua velocidade, podemos verificar tanto a pressão quanto o calor em virtude de uma única unidade de medida.

Imaginemos agora que o demônio emita um sinal a cada *n* moléculas que passam para Beta: cada unidade de sinal comunica só a quantidade de moléculas julgada *pertinente* aos nossos propósitos (por exemplo, certo cálculo sobre o calor e a pressão toleráveis numa dada situação). É o nosso projeto que determina o *ângulo de pertinência*.

Se o demônio, como emitente, tem um código muito simples do tipo 'sim-não', basta um sinal elétrico (a que chamaremos Z) para indicar a unidade de medida. A repetição intermitente do mesmo sinal indica a soma das unidades de medida. Suponhamos agora que |Z| denote «mínimo» (de calor e de pressão) e |ZZZZ| «máximo».

Se o destinatário é uma máquina, ele registra estes valores e reage segundo instruções recebidas. O sinal, neste caso, é um *bit* informacional no sentido cibernético do termo. A máquina se baseia num comportamento de estímulo-resposta e não elabora um comportamento sígnico. Mas se o destinatário é um ser humano, sua reação transforma o sinal em signo. Ao mesmo tempo, porém, o destinatário humano acrescentará ao significado denotativo um significado ou alguns *significados conotativos*.

Por exemplo, a expressão |ZZZZ|, quando referida ao 'cálculo de calor', conota valores positivos, enquanto o contrário acontece quando ela é referida ao 'cálculo de pressão'. E, se uma dada quantidade de calor é requerida para tornar confortável um ambiente, suas conotações serão diferentes daquelas do caso em que se considerasse em relação ao trabalho que pode produzir. O mesmo sucede em relação ao 'mínimo', e estas

---

70. O mesmo modelo já foi apresentado nas *Formas do conteúdo* (Eco, 1971) no ensaio "Semiótica delle ideologie". Aqui, porém, daremos uma análise mais coerente dele, com o MSR e com a noção de comutação de código; deve-se, pois, considerar estas páginas como um aprofundamento das anteriores.

observações serão tornadas mais explícitas pela representação semêmica das duas expressões correspondentes aos pontos mínimos e máximos:

$$|Z| = \text{«mínimo»} - d_{baixo} \begin{cases} [circ_{calor}] - \text{carência} \begin{cases} [circ_{aquecimento}] - C_{desconforto} - C_{mal} \\ [circ_{produtividade}] - C_{-energia} C_{mal} \end{cases} \\ [circ_{pressão}] - \text{carência} - C_{segurança} - C_{bem} \end{cases}$$

$$|ZZZZ| = \text{«máximo»} - d_{alto} \begin{cases} [circ_{calor}] - C_{abundância} \begin{cases} [circ_{aquecimento}] - C_{conforto} - C_{bem} \\ [circ_{produtividade}] - C_{+energia} C_{bem} \end{cases} \\ [circ_{pressão}] - C_{excesso} - C_{perigo} - C_{mal} \end{cases}$$

Figura 53

Naturalmente, ambas as representações semêmicas exigem que a cultura tenha subdividido o espaço semântico numa série de subsistemas oposicionais dos quais apenas alguns, com exclusão dos demais, são levados em consideração por vários sentidos do semema:

(1) PRESSÃO	(2) AQUECIMENTO	(3) PRODUÇÃO
min. *vs* máx.	min. *vs* máx.	min. *vs* máx.
baixo *vs* alto	baixo *vs* alto	baixo *vs* alto
carência *vs* excesso	carência *vs* abundância	carência *vs* excesso
segurança *vs* perigo	desconforto *vs* conforto	–energia *vs* +energia
bem *vs* mal	mal vs bem	mal vs bem

Figura 54

Se representarmos a composição de um dado semema como a 'pescagem' em diversas posições de diversos eixos semânticos (cf. 2.9.6), o semema «máximo» apresentará pelo menos dois sentidos de leitura *incompatíveis* (representados respectivamente pela linha contínua e pela linha tracejada):

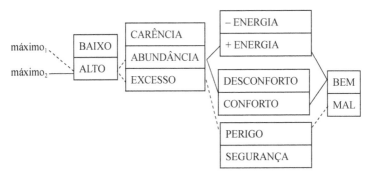

Figura 55

3.9.3. A manipulação ideológica

Definimos como INVENTIO ideológica uma série de assertos semióticos, baseados em pontos de vista anteriores, sejam ou não explicitados, ou na escolha de seleções circunstanciais que atribuem uma dada propriedade a um semema, ao mesmo tempo ignorando ou ocultando outras propriedades contraditórias, que são igualmente predicáveis daquele semema por causa da natureza não linear e contraditória do espaço semântico. Assim, todos os assertos semióticos baseados *apenas* na linha contínua ou *apenas* na linha tracejada da Fig. 55 devem ser vistos como ideológicos.

Um asserto não ideológico é, ao contrário, um asserto metassemiótico que mostra a natureza contraditória do espaço semântico a que se refere. Esse tipo de juízo metassemiótico é representado na Fig. 56:

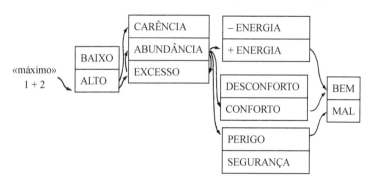

Figura 56

Definimos como DISPOSITIO ideológica uma argumentação que, enquanto escolhe explicitamente uma das possíveis seleções circunstanciais do semema como premissa, não torna explícito o fato de existirem outras premissas contraditórias ou premissas aparentemente complementares que levam a uma conclusão contraditória, ocultando assim a contraditoriedade do espaço semântico.

Definimos, ademais, a DISPOSITIO ideológica como uma argumentação que, quando compara duas premissas diferentes, escolhe aquela que não possui marcas contraditórias, ocultando assim, de maneira consciente ou inconsciente, as premissas que poderiam comprometer a linearidade da argumentação.

Suponhamos que alguém acredite (ou queira fazer acreditar) que o máximo de calor no sistema Alfa-Beta permita um aquecimento otimal e ao mesmo tempo uma condição produtiva otimal. Nosso sujeito poderia organizar sua argumentação de modo a mostrar que as duas exigências são mutuamente *compatíveis* e que produzem conjuntamente uma situação desejável (que poderemos chamar de "bem-estar"). A argumentação pode organizar os dois subsistemas de modo que as duas seleções circunstanciais produzam uma série simétrica de conotações e oposições:

Aquecimento = Produtividade (aquecimento = 'abcd', produção = 'abef').

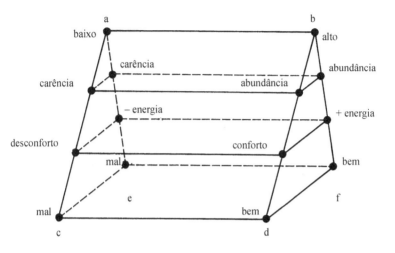

Figura 57

Este modelo entimemático mostra que não há contradição entre procura do aquecimento e procura da produtividade otimal. As oposições e as conotações do quadrado 'abed' (que representam a premissa «a calor alto corresponde aquecimento bom») são complementares às do quadrado 'abef' (que representa a premissa «a calor alto corresponde a produtividade boa»): de fato, se considerarmos os triângulos laterais 'ace' e 'bdf, veremos que «desconforto» pode ser considerado metonímia para «-energia» e «conforto» metonímia para «+energia».

Segundo as regras retóricas delineadas em 3.8.3, essas situações são realmente permitidas pela representação semêmica dada na Fig. 53.

É óbvio que uma perda de energia causará um aquecimento menos confortável (enquanto o conforto e o bem-estar são permitidos por um incremento energético): a substituição do efeito pela causa e vice-versa proporciona, com efeito, um excelente exemplo de metonímia.

3.9.4. Crítica semiótica do discurso ideológico

O exemplo de DISPOSITIO que acabamos de discutir representa um excelente caso de discurso ideológico, porque encobre *a contradição potencial* entre 'produção e pressão', de um lado, e 'aquecimento e pressão', de outro.

Examinemos na Fig. 58 a correspondência simétrica que surge entre os dois subsistemas, a fim de demonstrar a contradição deles decorrentes:

Pressão *vs* Aquecimento (pressão = 'abcd', aquecimento = = 'abef').

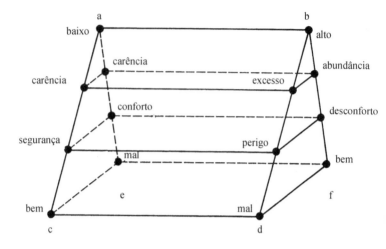

Figura 58

Percebe-se facilmente que os triângulos laterais apresentam pares de marcas antonímicas: «excesso *vs* abundância», «segurança *vs* desconforto», «perigo *vs* conforto» *não são interpretantes mútuos*, nem podem ser mutuamente substituídos (exceto em casos de oxímoro irônico).

O segundo nível da estrutura prismática mostra a incompatibilidade que surge quando os dois pontos de vista são comparados: a base do prisma mostra diagramaticamente a total conexão das incompatibilidades, já que cada liame produz uma oposição de «bem *vs* mal». O mesmo fenômeno, naturalmente, ocorre quando se comparam pressão e produtividade, e a Fig. 59 não requer comentários:

Pressão *vs* Produção (pressão = 'abcd'; produção = 'abef').

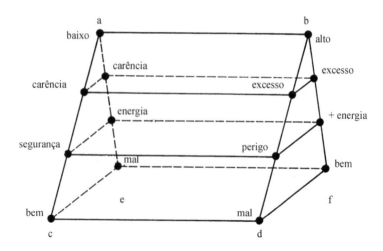

Figura 59

Quando as conexões mostradas nas Figs. 57, 58 e 59 são negligenciadas, verifica-se (ou pode verificar-se imediatamente) o DISCURSO IDEOLÓGICO: quem afirma que aquecer e produzir são valores primários a serem perseguidos a qualquer custo visando à felicidade geral, ocultando ao mesmo tempo o fato de que não são compatíveis com a segurança geral (pois produzem perigo), elabora um discurso ideológico. Quem afirma que a segurança para todos é o valor primário para todos os membros do grupo social, ocultando o fato de que tal segurança, se fosse completamente realizada, anularia todo incremento de produtividade e bem-estar, elabora um discurso ideológico.

Fique claro, porém, que aqui não se trata de afirmar que uma ou outra das assunções seja melhor. Trata-se, tão-somente, de demonstrar que um discurso persuasivo *não ideológico* quanto aos fins de um grupo social deve ter em conta todos estes fins; ao mesmo tempo, entretanto, deve decidir em que bases (isto é, com base em quais premissas) um valor deve ser *preferido* a outro, e até que ponto os valores são mutuamente exclusivos.

Com efeito, uma indagação crítica sobre tais valores mostraria que eles são mutuamente exclusivos *só quando assumidos como absolutos* (isto é, como entidades logicamente formalizadas).

Na realidade, eles são conceitos *"fuzzy"* ou ESFUMADOS. Uma indagação crítica sobre a composição semântica de tais conceitos mostraria que eles são suscetíveis de GRADUAÇÃO: há uma série de estados intermediários entre carência e excesso de energia, e entre segurança e perigo absolutos (tanto que o perigo não passa de um baixo nível de segurança). Seria, então, possível isolar uma espécie de *porção mediana do continuum da energia* que coincidisse com a porção mediana do *continuum* da segurança (ainda que se considerassem os *gradientes* da 'escala' assim obtida como inversamente proporcionais):

Figura 60

Mas, ao executar um cálculo desse gênero, o limiar da ideologia já ficou ultrapassado: voltamos a entrar no âmbito do discurso persuasivo crítico. Discurso que pode perfeitamente ser rejeitado por um interlocutor que tenha aceito uma escala de prioridades radical pela qual «é melhor enriquecer do que salvar-se» (ou «é melhor salvar-se do que

252 TRATADO GERAL DE SEMIÓTICA

enriquecer»)[71]. Uma análise crítica do discurso ideológico não elimina as motivações práticas, materiais, do interlocutor, e portanto não muda o mundo (não muda as bases materiais da vida).

O máximo que pode fazer é tomá-las explícitas[72]. O discurso ideológico, ao contrário, *oculta* estas diversas opções, e para consegui-lo empenha-se num jogo cerrado de COMUTAÇÕES de código e de hipercodificações indiscutíveis. Assim, quem aceitasse a correspondência harmoniosa e simétrica entre produtividade e aquecimento (Fig. 58) estaria pronto a esquecer ou a ignorar que a unidade semântica «máximo» em que se baseia seu ponto de vista representa não só um máximo de calor e de energia *como também um máximo de pressão*. As únicas conotações relacionadas com a unidade preescolhida parcialmente continuariam a ser a de «abundância», «conforto», «energia», que logo se tornariam *nomes* substitutivos[73]: de modo que, quando alguém sustentasse que «máximo de calor» significa também «perigo», o asserto seria repelido como semanticamente anômalo (mas no reino das ideologias se prefere dizei 'teoricamente desviante' ou 'herético') e tido como *extensionalmente Falso*. O asserto perturbante é interpretado ideologicamente como esforço maligno de minar 'as leis e a ordem' que governam o universo semântico (privado de contradições) de quem *vive na falsa consciência*.

Lembrar que |máximo de calor| não é apenas uma expressão que sugere «riqueza» e «bem-estar», mas também um signo originalmente

71. Por exemplo: "Nossa sociedade deve incrementar a produção; muitos sacrifícios serão necessários a cada membro da comunidade para atingirmos os nossos fins. Os indivíduos passarão ao segundo plano, em favor do bem-estar da coletividade". O mesmo tipo de codificação é implicitamente estabelecido por um enunciado do tipo: "A produtividade converte-se em dinheiro, o dinheiro produz bem-estar; nesta luta pela sobrevivência e nesta livre competição alguém será prejudicado, mas tal é o preço a pagar por uma economia em expansão". Todos estes são juízos metassemióticos implícitos que põem regras semânticas para a conexão dos valores. Por outro lado, poder-se-iam estabelecer premissas opostas: "Antes pobres que escravos do bem-estar", "Uma sociedade onde alguém morre para produzir a riqueza de outrem é uma sociedade doente", "Queime-se maconha e não petróleo", "A segurança no trabalho deve ser a primeira preocupação do governo". Todos estes enunciados, como os anteriores, são exemplos de esforços teórico-persuasivos e constituem ao mesmo tempo a tentativa de atribuir metassemioticamente novas conotações a velhas unidades semânticas.

72. Não existem regras objetivas de transformação de ideologia a ideologia. A desconexão do espaço semântico permite apenas ver como diversos ângulos visuais produzem diversas organizações semânticas. Não existe teoria semiótica das ideologias capaz de *verificar-lhes* a validez ou de permitir o seu melhoramento. Há tão-somente uma técnica de análise semiótica que permite pôr em crise uma ideologia, mostrando sua relatividade em relação a outra oposta. A escolha do ponto de vista não diz respeito à semiótica. A semiótica ajuda a analisar as diversas escolhas, mas não ajuda a escolher.

73. Já Barthes (1964b) lembrava a estreita ligação entre retórica e ideologia. Determinadas fórmulas estão estreitamente associadas a uma dada posição ideológica e nenhum guerrilheiro de uma frente de libertação nacional definiria a luta pela independência do seu povo como |a defesa do mundo livre|, uma vez que tal fórmula é abundantemente usada exatamente pelas potências colonialistas para defender seu direito de colonizar os outros.

TEORIA DA PRODUÇÃO SÍGNICA 253

produzido para referir-se a um estado do mundo, e entender que este estado do mundo comporta também incremento de pressão, tudo isto significaria *pôr sobre os pés uma filosofia que estava caminhando sobre a cabeça.*

Mas a ideologia é visão do mundo *parcial e desconexa*: ignorando as múltiplas interconexões do universo semântico, ela oculta também as *regiões práticas* para as quais certos signos foram produzidos, juntamente com seus interpretantes. Assim, o olvido produz falsa consciência[74].

Uma teoria dos códigos (que parecia tão independente dos estados do mundo, sempre disposta a nomeá-los apenas através de signos) demonstra neste ponto o seu poder propriamente heurístico: revela, mostrando as conexões secretas e ocultas de um dado sistema cultural, os modos como o trabalho de produção sígnica pode respeitar ou trair a complexidade desse retículo semântico, adequando-o ao (ou separando-o do) *trabalho humano de transformação dos estados do mundo*[75].

74. Toda a discussão até aqui conduzida verifica no fundo as definições de 'ideologia' mais clássicas. O sentido dado ao teimo pelos *'ideologues'* franceses do século XVIII é afim ao da nossa concepção de semiótica como crítica genética das ideologias. A ideologia como comutação *consciente* de código é aquela que Engels chamava de "um processo que o chamado pensador executa conscientemente mas com falsa consciência. As forças reais que o determinam permanecem desconhecidas (de contrário não se teria processo ideológico)" (Carta a Mehring). A ideologia como comutação *inconsciente* de código é descrita por Jaspers como "o complexo de pensamentos e representações que aparece como uma Verdade Absoluta para o sujeito pensante... produzindo um autoengano, um ocultamento, uma fuga" (*Die geistlische Situation der Zeit*). Por outro lado, o sentido 'positivo' dado pelo marxismo a 'ideologia' como arma intelectual que serve à prática social para a transformação do mundo não contradiz as definições negativas anteriores: neste sentido, a ideologia é assumida sem negar sua parcialidade e sem esconder o que ela refuta; salvo que um sistema de premissas anteriormente explicitadas esclareceu ordens de prioridade. O *Manifesto* de 1848 é um ótimo exemplo de ideologia que se apresenta como tal explicitando suas premissas, levando em consideração a ideologia adversária e demonstrando até que ponto se deve esclarecer a premissa basilar: o comunismo quer abolir a propriedade burguesa porque o sujeito da história são as massas proletárias excluídas. Uma vez esclarecido esta ordem de prioridades, o raciocínio pode proceder de modo dito 'científico', sem tentar esconder as opções alternativas que não obstante já não interessam.

75. O trabalho ideológico pode assumir formas mais complexas. Através de substituições metafóricas, é possível identificar «energia» e «conforto» opondo-os a «perigo». É possível traduzir «perigo» por «menos segurança» e demonstrar que, se uma energia mais alta implica menos segurança, esse é um preço aceitável. É possível introduzir sub-repticiamente conceitos esfumados sem estabelecer-lhes a graduação: suponhamos que um teórico da produtividade, uma vez afirmada a mais que aceitável premissa de que «Todos os confortos para Todos» é incompatível com «Toda a segurança para Todos», proponha um quadrado pseudológico do tipo

Todo conforto para Todos   *vs*   Toda segurança para Todos
Alguma segurança para Alguns   *vs*   Algum conforto para Alguns

onde aparentemente a primeira dupla de antônimos opõe dois *contrários*, enquanto a segunda opõe dois *conversos* (e um conforto para todos que *implique* alguma segurança parece uma solução satisfatória). Com efeito, basta reconhecer «Todos» e «Alguma» como quantificadores *fuzzy* para fazer com que a natureza mude segundo o ponto de vista e a pretensa exatidão do quadrado entre em crise: é, pois, verdade que «Todo con-

254 TRATADO GERAL DE SEMIÓTICA

3.9.5. *O último limiar da semiótica*

Essa transformação não pode ser prosseguida sem se organizar os estados do mundo em sistemas semânticos. Para poder ser transformados, os estados do mundo devem ser *nomeados* e *estruturalmente organizados*. Mas, apenas nomeados, o sistema de sistemas de signos dito 'cultura' (*que organiza também o modo pelo qual as forças materiais são pensadas e discutidas*) pode assumir um grau de independência extrarreferencial que uma teoria dos códigos deve respeitar e analisar em toda a sua autonomia.

Só com este pacto é possível elaborar uma teoria da produção sígnica que (mesmo quando afronta a relação entre signos e coisas em termos de Verdadeiro e Falso) não pode senão avantajar-se de um ponto de vista *preliminar puramente semiótico.*

Quando o sistema Alfa-Beta origina um desequilíbrio ideológico, e os subsistemas semânticos começam a ficar 'sobre a cabeça' em vez de 'sobre os pés', só existem duas maneiras de deter o processo de degeneração: (i) fazer *explodir o* recipiente Alfa-Beta, de modo que a presença da pressão se torne evidente e destrua de fato as ilusões da falsa consciência; esse ato, que em ciência política se chama "revolução", representa um dos umbrais semióticos examinados neste livro, porquanto constitui um ponto de limite entre investigação semiótica e alguma coisa diferente, após a qual, explodindo o recipiente, todo o sistema organizado das entidades semânticas explode com ele, só podendo ser reconstruído mais tarde, mesmo que àquela altura já não existam semiólogos capazes de registrar o novo evento; (ii) demonstrar (através de uma indagação sobre a natureza contraditória do universo semântico, navegando ao longo de seus ramos até onde for possível, mediante nós de comutação e agregações provisórias ou duradouras de diversas funções sígnicas) quanto o universo semântico é mais complexo do que as ideologias querem fazer crer.

Como é apenas arriscado, *mas não absurdo*, admitir que as soluções (i) e (ii) sejam mutuamente compatíveis, o semiólogo talvez não tenha muito *a dizer* sobre este argumento, mas seguramente terá *alguma coisa a fazer*.

O trabalho da produção sígnica desencadeia forças sociais e, acima de tudo, representa uma força social em si mesmo. Pode produzir ideologia e crítica das ideologias. Portanto, a semiótica (como teoria dos códigos e teoria da produção sígnica) constitui também uma forma de CRÍTICA SOCIAL e, portanto, uma das formas da praxis.

---

forto para Todos» significa «igualmente distribuído para cada um» (socialismo) e não «à disposição potencial de cada um» (livre competição)? *Quanto* o primeiro «Alguma» quantifica «segurança»? E *para quantos* quantifica o segundo «Alguma»? O jogo poderia continuar indefinidamente. Só quando cada termo é referido à sua posição no código e semanticamente analisado é que o trabalho ideológico é desocultado e transformado em trabalho persuasivo baseado numa lógica da preferência.

4. O Sujeito da Semiótica

A partir do momento em que se afirmou que o trabalho de produção sígnica constitui uma forma de crítica social (e, definitivamente, uma das formas da praxis), entrou em cena um fantasma que todo o discurso anterior eludira continuamente, mal permitindo entrevê-lo no fundo.

Trata-se do SUJEITO HUMANO enquanto *ator* da prática semiótica. Qual é o seu lugar no quadro da teoria até aqui delineada?

Se um dos argumentos de uma teoria da produção sígnica é a relação pragmática entre emitente e destinatário, que constitui a base de toda indagação sobre a natureza dos atos comunicativos, seria lícito objetar, neste ponto, que nos capítulos precedentes muito pouca atenção foi dada ao protagonista desses processos, entendido quer como entidade 'transcendental', quer como presença empírica.

Com efeito, uma teoria da relação emitente-destinatário deveria levar em consideração o papel do sujeito comunicante não só como fingimento metodológico mas ainda e principalmente como *sujeito concreto*, radicado num sistema de condicionamentos históricos, biológicos, psíquicos, tal como o estudam, por exemplo, a psicanálise e as demais disciplinas do homem.

Todavia, para justificar e compreender plenamente a linha metodológica seguida neste livro, impõe-se precisar duas assunções:

(i) O sujeito de um ato de expressão (que não deve ser identificado com o sujeito 'gramatical' do enunciado, uma vez que há diferença entre o SUJEITO DA ENUNCIAÇÃO e o SUJEITO DO ENUNCIADO)[1] deve

---

1. Sobre a oposição 'enunciação *vs* enunciado', veja-se a discussão ocorrida na França na última década (Benveniste, 1966; Lacan, 1966; Todorov, 1970; Kristeva, 1968;

256 TRATADO GERAL DE SEMIÓTICA

ser considerado, antes de tudo, como *um dentre os possíveis referentes da mensagem ou do texto*. Constitui ele um dos objetos de referência possível por parte da mensagem, e como tal deverá ser estudado pelas disciplinas que se ocupam dos vários objetos físicos e psíquicos *de que* falam as linguagens.

(ii) Como o sujeito da enunciação, com todas as suas propriedades e atitudes, é *pressuposto* pelo enunciado, ele deve ser 'lido' ou interpretado como *um dos elementos do conteúdo veiculado*. Qualquer outra tentativa de introduzir o sujeito da enunciação no discurso semiótico levaria a disciplina a ultrapassar um dos seus limites 'naturais'.

É verdade que muitas indagações semióticas ultrapassam esse umbral e entendem a semiótica como o estudo de uma atividade *criadora de semioses*, entendendo o sujeito não como um Ego transcendental de tipo fenomenológico, mas como um sujeito 'profundo', onde a profundidade não é a das gramáticas transformacionais e gerativas, mas a da tópica freudiana[2].

Deve-se admitir, sem dúvida, que a semiótica talvez esteja destinada a violar também os seus próprios limites naturais para tornar-se (para além da teoria dos códigos e da produção sígnica) *a teoria das origens profundas e individuais das pulsões a significar*. Nesta perspectiva, alguns argumentos da teoria da produção sígnica (como, por exemplo, os casos de instituição e mutação de código) poderiam tornar-se objeto de uma teoria da TEXTUALIDADE ou da criatividade textual.

Mas não podemos descurar o fato de que, do ponto de vista do presente livro, a única garantia de tomada desta atividade criativa é ainda aquela fornecida por uma teoria dos códigos: o sujeito de toda atividade

Ducrot, 1972; Chabrol, 1973; etc). É verdade que de um lado se trata da clássica oposição, também conhecida em semântica filosófica e análise da linguagem, entre *'utterance* vs *statement'*, abundantemente retomada pelos teóricos dos *"speech acts"* (cf. Austin, Searle etc.); mas, na discussão francesa, este filão se cruza com o psicanalítico. O sujeito da enunciação é, então, ao mesmo tempo visto como objeto de uma pressuposição e sujeito de uma atividade, e essa atividade pode ser vista já como 'deítica' (o sujeito agente remete à consequência da sua ação locutiva), já como 'anafórica' (o sujeito agente remete às pulsões profundas que constituíram e motivaram sua atividade).

2. Em um dos seus artigos no *Times Literary Supplement*, Julia Kristeva (1973) ressaltava que estamos assistindo ao fim de uma fase da semiótica, aquela que descreveu sistematicamente os quadros sociais da prática significante; essa semiótica dos sistemas, fundada fenomenologicamente, deveria agora ser substituída por uma *semiótica do sujeito falante*. Esse sujeito, contudo, não deve ser o *Ego transcendental*, cortado, desincorporado do seu próprio corpo e do seu inconsciente, da sua história; é, sim, o *sujeito dividido*, constituído pelas suas pulsões e constrições sociais. Ora, diante desse convite a estender os confins da investigação semiótica, e antes de virar-lhe o sentido de cabeça para baixo, não podemos senão reforçar quanto ficou dito neste livro: o sujeito dividido ou é um conteúdo da comunicação ou se manifesta nas modalidades mesmas da comunicação. Outras formas de 'tomada' (bem entendido, no interior de uma teoria semiótica) não existem. Não foi por acaso que, pensando numa teoria capaz de compreender também estes aspectos, Julia Kristeva julgou mais útil usar um termo diferente de semiótica, a saber, "sem-análise" (Kristeva, 1969). Mas cabe perguntar se esta não constitui uma forma mais desenvolvida (e tecnicamente controlada) de hermenêutica fundada em bases não espiritualistas, mas materialistas.

O SUJEITO DA SEMIÓTICA   257

semiósica não é senão *o resultado da segmentação histórica e social do universo*, o mesmo que a indagação sobre a natureza do Espaço Semântico Global tornou evidente. Esse *sujeito* se apresenta na teoria dos códigos como *um modo de ver o mundo*; para conhecê-lo, só se pode vê-lo como um modo de segmentar o universo e de associar unidades expressivas a unidades de conteúdo, num trabalho no curso do qual essas concreções historieo-sistemáticas se fazem e se desfazem incessantemente.

A semiótica tem um único dever: definir o sujeito da semiose através de categorias exclusivamente semióticas: e *pode* fazê-lo porque o sujeito da semiose se manifesta como o contínuo e continuamente incompleto *sistema de sistemas de significação que se refletem um no outro*.

Importa, naturalmente, eliminar qualquer sombra de idealismo desse asserto. Aqui, não se está negando a existência e a importância dos sujeitos empíricos individuais e materiais que, quando comunicam, obedecem aos sistemas de significação e ao mesmo tempo os enriquecem, criticam e mudam. O que se está afirmando é que a semiótica não pode senão definir esses sujeitos no interior de seu quadro categorial, da mesma maneira que, falando dos referentes como conteúdos, não nega a existência das coisas individuais e dos estados reais do mundo, mas atribui suas verificações (e suas análises em termos de propriedades concretas, mutações, verdades e falsidades) a outros tipos de indagações.

Neste livro, a semiótica *teve* seu sujeito (no duplo sentido de 'argumento' e 'protagonista'): a SEMIOSE. A semiose é o processo pelo qual os indivíduos empíricos comunicam, e os processos de comunicação são tornados possíveis pelos sistemas de significação. Os sujeitos empíricos, do ponto de vista semiótico, podem apenas ser identificados como manifestações desse duplo (sistemático e processual) aspecto da semiose. *Isto não é um asserto metafísico: é uma assunção metodológica.* A física conhece César e Bruto como eventos espaciotemporais definidos por uma inter-relação de partículas elementares e nada tem a ver com as motivações de suas ações, nem com a avaliação ética dos resultados dessas ações. Do mesmo modo, a semiótica trata com sujeitos dos atos semiósicos, e esses sujeitos ou podem ser definidos em termos de estruturas semióticas ou, deste ponto de vista, não podem ser definidos por nada.

Como disse Peirce: "Uma vez que o homem só pensa por meio de palavras ou outros símbolos externos, estes poderiam voltar-se para o homem e dizer-lhes: Você não significa nada que não lhe tenhamos ensinado, e isto apenas enquanto dirige algumas palavras como interpretantes do seu pensamento'. Com efeito, os homens e as palavras se educam mutuamente; cada incremento da informação humana comporta, e é comportado, por um correspondente incremento da informação das palavras… E que o signo ou a palavra que os homens usam *são* o próprio homem. Porque o fato de cada pensamento ser um signo, em conexão com o fato de a vida ser uma cadeia de pensamentos, prova que o homem é um signo; e que todo pensamento seja um signo *externo* prova que o homem é um signo externo. O que equivale a dizer que o homem e os signos externos são idênticos, no mesmo sentido em que são idênticas as palavras *homo* e *man*. Portanto, minha linguagem é a soma global de mim mesmo: porque o homem é o pensamento" (5.313-314).

258 TRATADO GERAL DE SEMIÓTICA

Evidentemente, quando os sujeitos empíricos são capazes de criticar o assentamento ideológico dos sistemas de significação, estão-se verificando casos de prática social concreta; mas esse ato é tornado possível pelo fato de que o código pode criticar a si mesmo por causa da natureza contraditória do Espaço Semântico Global (cf. 2.13). Quando se afirma que não existe uma metalinguagem, incorre-se em equívoco quanto à teoria dos códigos e da produção sígnica: os sujeitos empíricos podem *usar* metalinguisticamente os códigos exatamente porque *não há metalinguagem: porque tudo, num sistema autocontraditório, é metalinguagem*. Se o formato do Espaço Semântico Global é aquele delineado pelo modelo Q (cf. 2.12), então *o sujeito profundo de toda prática semiósica concreta é o seu próprio formato contraditório*.

Existe produção sígnica porque existem sujeitos empíricos que exercem trabalho a fim de produzir expressões fisicamente, correlacioná-las a um conteúdo, segmentar esse conteúdo, e assim por diante... Mas a semiótica tem o direito de reconhecer esses sujeitos *somente enquanto eles se manifestam mediante funções sígnicas*, produzindo-as, criticando-as, reestruturando-as.

Se se aceita criticamente este seu limite metodológico, a semiótica escapa ao risco idealista. Em vez disso, inverte-o: reconhece como sujeito verificável único do seu discurso a existência social do universo da significação, tal como ela é exibida pela verificabilidade física dos interpretantes, que são, e deve-se insistir nesse ponto pela última vez, *expressões materiais*.

O que esteja *atrás, antes* ou *depois, além* ou *aquém* desse 'sujeito', é por certo uma questão de *enorme* importância. Mas a solução desse problema (pelo menos por ora, e nos termos da teoria aqui delineada) está além do umbral da semiótica.

Referências Bibliográficas

VÁRIOS AUTORES

1929 *Thèses presentées au Premier Congrès des philologues slaves* (Travaux du Cercle Linguistique de Prague 1) (in Vachek, 1964) (tr. it., *Il circolo linguistico di Praga*, Milano: Silva, 1966).

1961 *Poetics* (Polska Akademia Nauk, Proceedings of the International Conference of Work-in-progress, Warsaw, August 1960) (The Hague: Mouton).

1966 "Problèmes du Langage", *Diogène* 51 (Paris: Gallimard) (tr. it, *I problemi attuali della linguística*, Milano: Bompiani, 1968).

1970 *I linguaggi nella società e nella técnica* (Convegno promosso dalla Ing. C. Olivetti & C, Milano, ottobre 1968) (Milano: Comunità).

1970 *Sign-Language-Culture* (The Hague: Mouton).

1973 *Recherches sur les systèmes signifiants* (Symposium de Varsovie, 1968) (The Hague: Mouton).

ALEXANDER, CHRISTOPHER

1964 *Notes on the Synthesis of Form* (Cambridge: Harvard College) (tr. it, *Note sulla sintesi della forma*, Milano: Il Saggiatore, 1967).

ALLARD, M. & ELZIÈRE, M. & GARDIN, J. C. & HOURS, F.

1963 *Analyse conceptuelle du Coran sur cartes perforées* (The Hague: Mouton).

AMBROGIO, IGNAZIO

1968 *Formalismo e avanguardia in Russia* (Roma: Editori Riuniti).

1971 *Ideologie e tecniche letterarie* (Roma: Editori Riuniti).

ANTAL, LÂSZLÓ

1964 *Content, Meaning and Understanding* (The Hague: Mouton).

1967 *Problemi di significato* (Milano: Silva).

APOSTEL, LEO

1960 "Materialisme dialectique et méthode scientifique" *Le Socialisme* 7-4 (Tr. it, *Materialismo dialettico e metodo scientifico*, Torino: Einaudi, 1968).

260 TRATADO GERAL DE SEMIÓTICA

APRESJAN, J.
1962 "Analyse distributionnelle des significations et champs sémantiques structures", *Langages* 1, 1966 (cf. *Leksikografischeskij sbornik* 5).

ARCAINI, ENRICO
1967 *Principi di linguistica applicata* (Bologna: Il Mulino).

ARGYLE, M. & DEAN, J.
1965 "Eye-contact, distance and affiliation", *Sociometry* 28.

ARGYLE, M. & INGHAM, R.
1972 "Gaze, Mutual Gaze and Proximity", *Semiótica* VI/2.

ARGYLE, MICHAEL
1972 "Non-Verbal Communication in Human Social Interaction", in Hinde, R.A.,
Non-Verbal Communication (Cambridge: University Press).

ASHBY, ROSS
1960 *Design for a Brain*, 29 ed. (London: Chapman & Hall) (tr. it., *Progetto per
un cervello*, Milano: Bompiani, 1970).

ATTNEAVE, FRED
1959 "Stochastic Compositive Processes", *Journal of Aesthetics and Art Criticism*
XVII, 4 (tr. it., in Eco, 1972a).

AUSTIN, J. L.
1961 "The Meaning of a Word", *Philosophical Papers* (Oxford: Clarendon Press).
1962 *How to do Things with Words* (Oxford: Oxford Un. Press).

AVALLE D'ARCO, SILVIO
1965a "*Gli orecchini*" *di Montale* (Milano: Il Saggiatore).
1965b Intervenção em *Strutturalismo e critica* (in Segre ed., 1965).
1970 *The saggi su Montale* (Torino: Einaudi).
1972 *Corso di semiologia dei testi letterari* (Torino: Giappichelli).

BACH, EMMON
1966 "Linguistique structural et Philosophie des sciences", *Problèmes du Langage*
(Paris: Gallimard).

BACH, EMMON & HARMS, ROBERT T. (eds.)
1968 *Universals in Linguistic Theory* (New York: Holt).

BALDINGER, KURT
1966 "Sémantique et structure conceptuelle", *Cahiers de Lexicologie* VIII, 1.

BALLY, CHARLES
1932 *Linguistique generale et linguistique française* (Bern: Franke) (tr. it., *Linguistica generale*, Milano: Il Saggiatore).

BARBUT, MARC
1966 "Le sens du mot 'structure' en mathématique", *Les Temps Modernes* 264.

BARISON, F.
1961a "Considerazioni sul 'Praecoxgefühl ", *Rivista Neurológica* 31-305.
1961b "Art et Schizophrénie", *Evolution Psychiatrique* I, 69.

BARTHES, ROLAND
1953 *Le degré zero de l'écriture* (Paris: Seuil) (tr. it., *Il grado zero della scrittura*,
Milano: Lerici, 1960).
1957 *Mythologies* (Paris: Seuil) (tr. it, *Miti d'oggi*, Milano: Lerici, 1961).
1963a SurRacine (Paris: Seuil).
1963b "L'activité structuraliste", *Lettres Nouvelles* (in Barthes, 1964c).
1963c "Litterature et signification", *Tel Quel* (in Barthes, 1964c).
1964a "Elements de sémiologie", *Communications* 4 (tr. it., *Elementi di semiologia*, Torino: Einaudi, 1966).
1964b "Rhétorique de l'image", *Communications* 4.
1964c *Essais critique* (Paris: Seuil) (tr. it, *Saggi critici*, Torino: Einaudi, 1966 –
contém também parte de *Sur Racine*).
1966a "Introduction à l'analyse structurale des récits", *Communications* 8 (tr. it.
in *L 'analisi del racconto*, Milano: Bompiani, 1969).

REFERÊNCIAS BIBLIOGRÁFICAS 261

1966b *Critique et Verité* (Paris: Seuil) (tr. it., *Crítica e verità*, Torino: Einaudi, 1969) (tr. bras., *Crítica e Verdade*, São Paulo: Perspectiva, 1971).
1967a *Systhème de la Mode* (Paris: Seuil) (tr. it., *Sistema della Moda*, Torino: Einaudi, 1970).
1967b "L'arbre du crime", *Tel Quel* 28.
1968 "L'effet de reel", *Communications* 11.
1970a *S/Z* (Paris: Seuil) (tr. it., *S/Z*, Torino: Einaudi, 1972).
1970b "L'ancienne rhétorique", *Communications* 16 (tr. it., *La retórica antica*, Milano: Bompiani, 1973).
1971 *Sade, Loyola, Fourier* (Paris: Seuil).
1973 *Le plaisir du texte* (Paris: Seuil) (tr. bras., *O Prazer do Texto*, São Paulo: Perspectiva, 1977).

BASTIDE, ROGER, ed.
1962 *Sens et usages du terme 'structure'* (The Hague: Mouton) (tr. it., *Usi e significati del termine struttura*, Milano: Bompiani, 1965).

BAUDRILLARD, JEAN
1968 *Systhème des objets* (Paris: Gallimard) (tr. it., *Il sistema degli oggetti*, Milano: Bompiani, 1972) (tr. bras., *O Sistema dos Objetos*, São Paulo: Perspectiva, 1973).

BEAUJOUR, MICHEL
1968 "The Game of Poetics", *Yale French Studies* 41.

BENSE, MAX
1965 *Aesthetica* (Baden-Baden: Agis) (tr. it., *Estética*, Milano: Bompiani, 1974).

BENSE, M. & WALTHER, E.
1973 *Wörterbuch der Semiotik* (Köln: Kiepenheuer & Witsch).

BENVENISTE, EMILE
1966 *Problèmes de linguistique generale* (Paris: Gallimard) (tr. it., *Problemi di linguistica generale*, Milano: Il Saggiatore, 1971).
1969 "Sémiologie de la langue (1)", *Semiótica* I, 1.
       "Sémiologie de la langue (2)", *Semiótica* I, 2.

BERTIN, JACQUES
1967 *Sémiologie graphique* (Paris: Mouton & Gauthier Villars).
1970 "La graphique", *Communications* 15.

BETTETINI, GIANFRANCO
1968 *Cinema: lingua e scrittura* (Milano: Bompiani).
1971 *L'indice del realismo* (Milano: Bompiani).

BIERWISCH, MANFRED
1970 "Semantics", in J. Lyons, ed., *New Horizons in Linguistics* (London: Penguin).
1971 "On Classifying Semantic Features", in Steinberg, D.D. & Jakobovits, L.A. eds.

BIRDWIilSTELL, RAY L.
1952 *Introduction to Kinesics* (Washington D.C.: Dpt. of State, Foreign Service Ins.).
1960 "Kinesics and Communication", *Explorations in Communications*, ed. por E. Carpenter & M. McLuhan (Boston: Beacon Press) (tr. it., *La comunicazione di massa*, Firenze: La Nuova Italia, 1966).
1963 "Some Relations Between American Kinesics and Spoken American English", American Association for the Advancement of Science (in Smith, A.G., 1966).
1965 "Communication as a Multichannel System", *International Encyclopedia of Social Sciences* (New York).
1970 *Kinesics and Context* (Philadelphia: Univ. of Pennsylvania).

BLOOMFIELD, LEONARD
1933 *Language* (New York: Holt).

BOLINGER, DWIGHT L.
1961 *Generality, Gradience and the All-None* (Trie Hague: Mouton).

262 TRATADO GERAL DE SEMIÓTICA

BONOMI, A. & USBERTI, G.
1971 *Sintassi e semantica nella grammatica trasformazionale* (Milano: Il Saggiatore).

BONSIEPE, GUY
1965 "Visuell/verbale Rhetorik – Visual/Verbal Rhetoric", *Ulm* 14-16 (tr. it. "Retórica visivo-verbale", *in Marcatre* 19-22).
1968 "Semantische Analyse – Semantic Analysis", *Ulm* 21.

BOSCO, NYNFA
1959 *La filosofia pragmatica di C. S. Peirce* (Torino: Ed. di "Filosofia").

BOUDON, RAYMOND
1968 *A quoi sert la notion de "structure"?* (Paris: Gallimard).

BOULEZ, PIERRE
1966 *Relevés d'apprenti* (Paris: Seuil).

BRANDI, CESARE
1966 *Le due vie* (Bari: Laterza).
1968 *Struttura e architettura* (Torino: Einaudi).

BREMOND, CLAUDE
1964 "Le message narratif", *Communications* 4.
1966a "L'analyse conceptuelle du Coran", *Communication 1.*
1966b "La logique des possibles narratifs", *Communications* 8.
1968a "Posterité americaine de Propp", *Communications* 11.
1968b "Pour un gestuaire des bandes dessinées", *Langages* 10.
1973 *Logique du récit* (Paris: Seuil).

BURKE, KENNETH
1931 *Counter-Statements* (Chicago: Un. of Chicago Press).

BURSILL-HALL, G. L.
1971 *Speculative Grammars of the Middle Ages* (The Hague: Mouton).

BUYSSENS, ERIC
1943 *Le langage et le discours* (Bruxelles: Off. de Publicité).
1967 *La communication et l'articulation linguistique* (Paris-Bruxelles: P.U.F.).

CARNAP, RUDOLF
1942 *Introduction to Semantics* (Cambridge: Harvard Un. Press).
1947 *Meaning and Necessity* (Chicago: The University of Chicago Press) (5ª edição ampliada, Phoenix Books, 1967).
1955 "Meaning and Synonimy in Natural Languages", *Phil. Studies* 7.
1971 *Analiticità, Significanza, Induzione* (Bologna: Il Mulino).

CARPENTER, E. & MCLUHAN, M., eds.
1960 *Explorations in Communications* (Boston: Beacon Press) (tr. it., *Le comunicazioni di massa*, Firenze: La Nuova Italia, 1966).

CASSIRER, ERNST
1906 *Das Erkenntnisproblem in der Philosophie und Wissenschaf der neuren Zeit* (Berlin: Bruno Cassirer) (tr. it., *Storia della filosofia moderna*, Torino, Einaudi, 1958).
1923 *Philosophie der simbolischen Formen – I. Die Sprache* (Leipzig), (tr. it., *Filosofia delle forme simboliche – I. Il linguaggio*, Firenze: Nuova Italia 1961).
1945 "Structuralism in Modem Linguistics", *Word* 1, 2 (tr. it., *Lo strutturalismo nella linguistica moderna*, Napoli: Guida, 1970).

CHABROL, CLAUDE
1973 "De quelques problèmes de grammaire narrative et textuelle", in Chabrol,C, ed. *Sémiotique narrative et textuelle* (Paris: Larousse).

CHARBONNIER, GEORGES
1961 *Entretiens avec C. Lévi-Strauss* (Paris: Plon-Juilliard) (tr. it., *Colloqui*, Milano: Silva, 1966).

CHATMAN, SEYMOUR
1966 "On the Theory of Literary Style", *Linguistics* 27.
1974 "Rhetoric and Semiotics", comunicação ao Primeiro Congresso da IASS (mimeo).

REFERÊNCIAS BIBLIOGRÁFICAS 263

CHERRY, COLIN
1961 *On Human Communication* (New York: Wiley).

CHOMSKY, NOAM
1957 *Syntatic Structures* (The Hague: Mouton) (tr. it., *Le strutture delta sintassi*, Bari: Laterza, 1970).
1962 *Current Issues in Linguistic Theory* (Ninth Int. Congress of Linguistics) (Cambridge) (in Katz J. J. & Fodor J. A., 1964).
1965a *Aspects of the Theory of Syntax* (Cambridge: M.I.T.) (tr. it. in *Saggi linguistici* 2, Torino: Boringhieri, 1970).
1965b "De quelques constantes de la theorie linguistique", *Diogène* 51 (in *I problemi attuali della linguistica*, Milano: Bompiani, 1968).
1966 *Cartesian Linguistics* (New York: Harper & Row) (tr. it. in *Saggi linguistici* 3 – *Filosofia del linguaggio*, Torino: Boringhieri, 1969).
1967 "The Formal Nature of Language", in *Biological Foundations of Language*, in Lenneberg, 1967).
1968 *Language and Mind* (New York: Harcourt Brace) (tr. it. in *Saggi linguistici* 2 – *Filosofia del linguaggio*, Torino: Boringhieri, 1969).
1969 "Deep Structure, Surface Structure and Semantic Interpretation", in *Semantics*, ed. por Steinberg D. D. & Jakobovits L. A. (London: Cambridge Un. Press, 1971).

CHURCH, ALONZO
1943 "Carnap's Introduction to Semantics", *Phil. Review* 52.
1951 "The Need for Abstract Entities in Semantic Analysis", in *Proceedings of the American Academy of Arts and Sciences* 80, 1.

CICOUREL, AARON V.
1973 *Cognitive Sociology* (London: Penguin).

CIV'JAN T.V. & NIKOLAEVA T.M. & SEGAL D.M. & VOLOCKAJA Z.M.
1962 "Zestovaja, kommunicacija i ee mesto sredi drugich sistem õeloveceskogo obsTenija", *Simpozium po struktumomu izuéeniju znakovich sistem* (Moskva) (in Faccani & Eco, 1969: "La comunicaz. gestuale e il suo posto fra gli altri sistemi della com. umana").

COHEN, JONATHAN
1963 *The Diversity of Meaning* (New York: Herder & Herder).
1973 "Spoken and Unspoken Meanings", *TLS*, October 5.

CONKLIN, H. C.
1955 "Hanunóo Color Categories", *Southwestern Journal of Anthropology 11* (in Hymes, 1964).

COONS E. & KRAEHENBUEHL D.
1958 "Information as Measure of Structure in Music", *Journal of Music Theory* II, 2 (tr. it. in Eco, 1972a).

CORTI, MARIA
1965 Intervenção em *Strutturalismo e critica* (in Segre ed. 1965).
1968 "Il codice bucolico e la 'Arcadia' di Sannazzaro", *Strumenti Critici* 6.
1969 *Metodi e Fantasmi* (Milano: Feltrinelli).

CORTI, M. & SEGRE, C. (organização de)
1970 *I metodi attuali della critica in Italia* (Torino: E.R.I.).

COSERIU, EUGÊNIO
1952 "Sistema, norma y habla", in *Revista de la Faculdad de Humanidades y Ciências* 9 (atualmente in *Teoria del languaje y linguistica general*, Madrid, 1962) (tr. it., *Teoria del linguaggio e linguistica generale*, Bari: Laterza, 1971).

CRALLE, R. K. & MICHAEL G. A.
1967 "A Survey of Graphic Data Processing Equipment for Computers" (in Krampen & Seitz, 1967).

CRESSWELL, R.
1968 "Le geste manuel associé au langage", *Langages* 10.

264 TRATADO GERAL DE SEMIÓTICA

CRESTI, EMANUELA
1972 "Oppositions iconiques dans une image de bände dessinée reproduite par Lichtenstein", *VS 2.*

DAMISCH, HUBERT
1972 *Theorie du nuage* (Paris: Seuil).

DE CAMPOS, HAROLDO
1967 *Metalinguagem* (Petrópolis: Vozes).
1969 *A arte no horizonte do provável* (São Paulo: Perspectiva).
1971 "Umbral para Max Bense", prefácio a: M. Bense, *Pequena Estética* (Sab Paulo: Perspectiva).
1973 *Morfologia do Macunaíma* (São Paulo: Perspectiva).

DE FUSCO, RENATO
1967 *L 'arte come mass-medium* (Bari: Dedalo).
1973 *Segni, storia e progetto del l'architettura* (Bari: Laterza).

DE JORIO, A.
1832 *La mimica degli antichi investigata nel gestire* (Napoli).

DELEUZE, GILLES
1968 *Différence et repetition* (Paris: P.U.F.).

DE LILLO, ANTONIO (organização de)
1971 *L 'analisi del contenuto* (Bologna: Il Mulino).

DELLA VOLPE, GALVANO
1960 *Critica del gusto* (Milano: Feltrinelli).

DE MAURO, TULLIO
1965 *Introduzione alla semântica* (Bari: Laterza).
1966 "Modelli semiologici. L'arbitrarieta semântica", *Lingua e Stile* 1.
1970 "Proposte per una teoria formalizzata del noema lessicale e della storicità e socialità dei fenomeni linguistici", *Linguaggi nella società e nella tecnica* (Milano: Comunità).
1970 *Senso e signiflcato* (Bari: Adriatica).

DERRIDA, JACQUES
1967a *L'ecriture et la difference* (Paris: Seuil) (tr. it, *La scrittura e la differenza*, Torino: Einaudi, 1971) (tr. bras., *A Escritura e a Diferença*, São Paulo: Perspectiva, 1971).
1967b De *la Grammatologie* (Paris: Minuit) (tr. it., *Della Grammatologia*, Milano: Jaca Books) (tr. bras., *Gramatologia*, São Paulo: Perspectiva, 1973).

DINNEEN, FRANCIS P.
1967 *An Introduction to General Linguistics* (New York: Holt) (tr. it., *Introduzione alla linguistica generale*, Bologna: Il Mulino, 1970).

DOBERTI, ROBERTO
1969 *Sistema de figuras* (pubblicazione ciclostilata inedita della Cátedra de Semiología Arquitectónica, Universidad de Buenos Aires).
1971 "Sistema de figuras", *Summa* 38.

DOLEZEL, LUBOMIR
1966 "Vers la stylistique structurale", *Travaux Linguistiques de Prague* I.

DORFLES, GILLO
1959 *Il divenire delle arti* (Torino: Einaudi).
1962 *Símbolo, Comunicazione, Consumo* (Torino:Einaudi).
1966 *Nuovi riti, Nuovi miti* (Torino: Einaudi).
1968 *Artificio e natura* (Torino:Einaudi).
1974 *Tra il significato e le scelte* (Torino: Einaudi).

DUCROT, OSWALD
1972 *Dire et ne pas dire* (Paris: Hermann).

DUNDES, ALAN
1958 *The Morphology of North-American Indian Folktales* (The Hague: Mouton).

REFERÊNCIAS BIBLIOGRÁFICAS 265

1962 "From Etic to Emic Units in the Structural Study of Folktales", *Journal of American Folklore* 75 (296).
1964 "On Game Morphology: A Study of the Structure of Non-Verbal Folklore", *New York Folklore Quarterly* 20 (4).

DUNDES, A. & LEACH, E.R. & MARANDA, P. & MAYBURY-LEWIS, D.
1966 "An Experiment in Structural Analysis", (in Maranda P. & Maranda Köngäs, E., eds., 1971).

ECO, UMBERTO
1956 *Il problema estetico in Tommaso d'Aquino*, 2a. ed. (Milano: Bompiani, 1970).
1962 *Opera aperta* (Milano: Bompiani) (tr. bras., *Obra Aberta*, São Paulo: Perspectiva, 1976).
1963 "The Analysis of Structure", *The Critical Moment*, edited by TLS (London: Faber) (tr. it., Eco, 1968a).
1966 "James Bond: une combinatoire narrative", *Communications* 8.
1966 "Rhétorique et idéologie dans 'Les Mystères de Paris' d'E. Sue", *Revue Int. de Sciences Sociales* XIX, 4. (ora in: AA.W., *Sociologia della letteratura*, Roma: Newton Compton, 1974).
1968a La *definizione dell'arte* (Milano: Mursia).
1968b "Lignes d'une recherche sémiologique sur le message télévisuel", in *Recherches sur les systèmes signifiants* (The Hague: Mouton, 1973).
1968c La *struttura assente* (Milano: Bompiani) (tr. bras., *A Estrutura Ausente*, São Paulo: Perspectiva, 1976).
1969a "Le strutture narrative in Fleming", *L'analisi del racconto* (Milano: Bompiani).
1969b "Lezioni e contraddizioni della semiotica sovietica", L *sistemi di segni e lo strutturalismo sovietico*, a cura di Faccani R. & Eco U. (Milano: Bompiani).
1970a "La critica semiologica", in Corti & Segre, 1970.
1970b (con U. Volli) Introd. a *Paralinguistica e cinesica* (cf. Sebeok, Hayes, Bateson, 1964).
1971 *Le forme del contenuto* (Milano: Bompiani) (tr. bras., *As Formas do Conteúdo*, São Paulo: Perspectiva, 1974).
1972a Introdução a (organização de U. E.) *Estetica e teoria dell'informazione* (Milano: Bompiani).
1972b "A Semiotic Approach to Semantics", *VS* 1.
1972c "Introduction to a Semiotics of Iconic Signs", *VS* 2.
1973a "Social Life as a Sign-System", in Robey, D. (ed.) *Structuralism* (Oxford: Clarendon Press).
1973b "Looking for a Logic of Culture", TLS, October 5.
1973c *Il Segno* (Milano:ISEDI).

EFRON, D.
1941 *Gesture and Environment* (New York: King's Crown Press) (tr. it., *Razza, gesto e cultura*, Milano: Bompiani, 1974).

EGOROV, B. F.
1965 "Prostejsie semioticeskie sistemy i tipologija siuzetov", *Trudy po znakovim sistemam*, II (Tartu) (in Faccani & Eco, 1969: "I sistemi semiotici più semplici e la tipologia degli intrecci").

EKMAN, PAUL & FRIESEN, WALTHER
1969 "The Repertoire of Non-Verbal Behavior Categories, Origins, Usage and Coding", *Semiótica* I, 1.

EKMAN, P. & FRIESEN, W. & TOMKINS, S.
1971 "Facial Affect Scoring Technique: A First Validity Study", *Semiótica* III, 1.

ERLICH, VICTOR
1954 *Russian Formalism* (The Hague: Mouton) (tr. it., *Il formalismo russo*, Milano: Bompiani, 1966).

FABRI, PAOLO
1968 "Considerations sur la proxemique", *Langages* 10.

266 TRATADO GERAL DE SEMIÓTICA

1973 "Le comunicazioni di massa in Italia: sguardo semiotico e malocchio della sociologia", *VS* 5.

FACCANI, REMO & ECO, UMBERTO (organização de)
1969 *I sistemi di segni e lo strutturalismo soviético* (Milano: Bompiani).

FAGÉS, J.-B.
1967 *Comprendre le structuralisme* (Toulouse: Privat).

FANO, GIORGIO
1962 *Saggio sulle origini del linguaggio* (Torino: Einaudi).

FARASSINO, ALBERTO
1969 "Ipotesi per una retórica della comunicazione fotografica", *Annali della Scuola Superiore di Comunicazioni di Massa* 4. 1972 "Richiamo al significante", *VS* 3.

FAYE, JEAN-PIERRE
1967 *Le récithunique* (Paris: Seuil).
1969 "Le cercle de Prague", *Change* 3. 1972 *Langages totalitaires* (Paris: Hermann).

FILLMORE, CHARLES
1968 "The Case for Case", in Bach, E. & Harms, R.T., 1968.
1971a "Types of Lexical Information", in Steinberg, D. D. & Jakobovits, L. A., eds., 1971.
1971b "Verbs of Judging: an Exercise in Semantic Description", in Fillmore, C. J. & Langendoen, T. D., *Studies in Linguistic Semantics* (New York: Holt).

FILLMORE, Ch. J. & LANGENDOEN T. D., eds.
1971 *Studies in Linguistic Semantics* (New York: Holt).

FONAGY, IVAN
1964 "L'information du style verbal", *Linguistics* 4.
1971 "Le signe conventionnel motive", *La linguistique* 7.
1972 "Motivation et remotivation", *Poétique* 11.

FONTANIER, PIERRE
1827 *Tratte general des figures du discours autres que les tropes* (in Fontanier, 1968).
1830 *Manuel classique pour l'etude des tropes* (in Fontanier, 1968).
1968 *Les figures du discours* (Paris: Flammarion).

FORMIGARI, LIA
1970 *Linguistica ed empirismo nel 600 inglese* (Bari: Laterza).

FOUCAULT, MICHEL
1966 *Les mots et les choses* (Paris: Gallimard) (tr. it., *Le parole e le cose*, Milano: Rizzoli, 1968).

FRANK, LAWRENCE K.
1957 "Tactile Communication", *Genetic Psychology Monographs* 56 (in Smith, A. G. ed., 1966).

FREGE, GOTTLOB
1892 "Über Sinn und Bedeutung", *Zeitschrift für Philosophie und philosophische Kritik* 100 (tr. it. in, *Logica e aritmetica*, Torino: Boringhieri, 1965).

FRESNAULT-DERUELLE, PIERRE
1970 "Le verbal dans les bandes dessinées", *Communications* 15.

FREUDENTHAL, HANS
1960 *Lincos: Design for a Language for a Cosmic Intercourse* (Amsterdam).

GALLIOT, M.
1955 *Essai sur la langue de la reclame contemporaine* (Toulouse: Privat).

GAMBE RINI, ITALO
1953 *Per una analisi degli elementi dell'architettura* (Firenze: Casa Ed. Univers.).
1959 *Gli elementi dell'architettura come parole del linguaggio architettonico* (Firenze: Coppini).

REFERÊNCIAS BIBLIOGRÁFICAS 267

1961 *Analisi degli dementi costitutivi dell'architettura* (Firenze: Coppini).

GARAVELLI MORTARA, BICE
1974 *Aspetti e problemi della linguistica testuale* (Torino: Giappichelli).

GARRONI, EMÍLIO
1964a "Estética antispeculativa ed estética semântica", *Nuova Corrente*, 34.
1964b *La crisi semantica delle arti* (Roma: Officina).
1968 *Semiótica ed estetica* (Bari: Laterza).
1973 *Progetto di semiotica* (Bari: Laterza).

GELB, I. J.
1962 *A Study of Writting* (Chicago: Un. of Chicago Press).

GENETTE, GERARD
1964a "Frontières du récit", *Communications* 8 (in Genette, 1969).
1964b *Figures* (Paris: Seuil) (tr. it., *Figure*, Torino: Einaudi) (tr. bras., *Figuras*, São Paulo: Perspectiva, 1972).
1968 "Vraisemblable et motivation", *Communications* 11.
1969 *Figures II* (Paris: Seuil).
1972 *Figures III* (Paris: Seuil).

GIBSON, JAMES J.
1966 *The Senses Considered as Perceptual Systems* (London: Allen & Unwin).

GODELIER, MAURICE
1966 "Systeme, structure et contradiction dans 'Le Capital'", *Les Temps Modernes* 55 (tr. it. in Godelier & Sève, 1970).

GODELIER, M. & SÈVE, L.
1970 *Marxismo e strutturalismo* (Torino: Einaudi).

GOFFMAN, ERVING
1959 *The Presentation of Self in Everyday Life* (New York: Doubleday).
1963 *Behavior in Public Places* (Glencoe: Free Press).
1967 *Interactional Ritual* (New York: Doubleday).
1969 *Strategic Interaction* (Philadelphia: University of Pennsylvania).
1971 *Relations in Public* (New York: Basic Books).

GOMBRICH, ERNEST
1951 "Meditations on a Hobby Horse", in Whyte, L. L., ed., *Aspects of Form* (London) (agora in *Meditations on a Hobby Horse and Other Essays on the Theory of Art*, London: Phaidon, 1963) (tr. *it.*, *A cavallo di un manico di scopa*, Torino: Einaudi, 1972).
1956 *Art and Illusion* (*The* A. W. Mellon Lectures in the Fine Arts) (New York: Bollingen series, 1961) (tr. it, *Arte e illusione*, Torino: Einaudi, 1965).

GOODENOUGH, W.
1956 "Componential Analysis and the Study of Language", *Language* 32.
1957 "Cultural Anthropology and Linguistics" (in Hymes, 1964).

GOODMAN, NELSON
1947 "The Problem of Contrafactual Conditionals", *Journal of Philosophy* XLIV (tr. it. cf. Linsky, 1952).
1949 "On Likeness of Meaning", *Analysis* 10 (tr. it. in Linsky, 1962).
1968 *Languages of Art* (New York: Bobbs-Merril).

GRASSI, LETIZIA
1972 "Il codice linguistico e altri codici: il codice genetico", *VS* 3.

GREENBERG, JOSEPH H., ed.
1963 *Universals of Language* (Cambridge: MIT Press).

GREIMAS, ALGIRDAS JULIEN
1966a *Sémantique structurale* (Paris: Larousse) (tr. it, *Semântica Strutturale*, Milano: Rizzoli, 1969).
1966b "Elements pour une théorie de l'interpretation du récit mythique", *Communications* 8 (in Greimas, 1970) (tr. it. in *L'analisi del racconto*, Milano: Bompiani, 1969).

268 TRATADO GERAL DE SEMIÓTICA

1967 *Modeli semiologici* (Urbino: Argalia).
1967 "Conditions d'une sémiotique du monde naturel", *Langages* 10 (in Greimas, 1970).
1970 *Du Sens* (Paris: Seuil) (tr. it., *Sul senso*, Milano: Bompiani, 1974).

GREIMAS, A.-l., ed.
1968 "Pratique et langages gestuels", *Langages* 10.

GREIMAS, A.-J. & RASTIER, F.
1968 "The Interaction of Semiotic Constraints", *Yale French Studies* 41 (in Greimas, 1970).

GRICE, H. P.
1957 "Meaning", *Philosophical Review* 66.
1968 "Utterer's Meaning, Sentence-Meaning and Word-Meaning", in *Foundations of Language* 4.

GRITTI, JULES
1966 "Un récit de presse", *Communications* 8.
1968 "Deux arts du vraisemblable: la casuistique, le counter du coeur", *Communications* 11.

GROSS, M. & LENTIN, A.
1967 *Notions sur les grammaires formelles* (Paris: Gauthier-Villars).

GRUPO μ
1970 *Rhétorique generale* (Paris: Larousse).

GUILBAUD, G.-T.
1954 *La cybernetique* (Paris: P.U.F.).

GUILHOT, JEAN
1962 *La dynamique de l'expression et de la communication* (The Hague: Mouton).

GUIRAUD, PIERRE
1955 *La sémantique* (Paris: P.U.P.) (tr. it., *La semantica*, Milano: Bompiani, 1968).

GUMPERZ, J. J. & HYMES, D., eds.
1972 *Directions in Sociolinguistics* (New York: Holt).

HALL, EDWARD T.
1959 *The Silent Language* (New York: Doubleday) (tr. it., *II linguaggio silenzioso*, Milano: Bompiani, 1969).
1963 "A System for the Notation of Proxemic Behavior", *American Anthopologist* 65 (tr. it., *Versus 2*).
1966 *The Hidden Dimension* (New York: Doubleday) (tr. it., *La dimensione nascosta*, Milano: Bompiani, 1969).
1968 "Proxemics" (com comentários de R. Birdwhistell, R. Diebold, Dell Hymes, Weston La Barre, G. L. Trager e outros), *Current Anthropology* 9:2/3 (tr. it, *Versus* 2).

HARTLEY, R. V. L.
1928 "Transmission of Information", *Bell System Techn. J.* 7.

HAYES, F.
1957 "Gesture: A Working Bibliography", *Southern Folklore Quarterley* 21.

HAYES, ALFRED S.
1964 "Paralinguistics and Kinesics: Pedagogical Perspectives" (in Sebeok, Hayes, Bateson, 1964).

HEGER, KLAUS
1965 "Les bases méthodologiques de l'onomasiologie et du classement par concepts", *Travaux de Linguistique et de Littérature* III, 1 (Strasbourg-Paris: Klincksieck).

HINDE, R. H. ed.
1972 *Non-verbal Communication*, (Cambridge: University Press) (tr. it., *La comunicazione non verbale*, Bari: Laterza).

REFERÊNCIAS BIBLIOGRÁFICAS 269

HIZ, HENRY
1969 "Referentials", *Semiótica* I 2.

HJELMSLEV, LOUIS
1928 *Principles de grammaire générale* (Copenhagen).
1943 *Prolegomena to a Theory of Language* (University of Wisconsin, 1961) (tr. it., *I fondamenti della teoria del linguaggio*, Torino: Einaudi, 1968) (tr. bras., *Prolegômenos a uma Teoria da Linguagem*, São Paulo: Perspectiva, 1975).
1959 *Essais linguistiques* (Travaux du Cercle Linguistique de Copenhague) (Copenhagen: Nordisk Sprogog Kulturforlag).
1963 *Sproget* (Charlottenlund: The Nature Method Center) (tr. it., *Il linguaggio*, Torino: Einaudi, 1970).

HOCKETT, C. F.
1967 *Language, Mathematics and Linguistics* (The Hague: Mouton).
1968 *The State of the Art* (The Hague: Mouton) (tr. it., *La linguistica americana contemporanea*, Bari: Laterza, 1970).

HUFF, WILLIAM S.
1967 "The Computer an Programmed Design: A Potential Tool for Teaching" (in Krampen & Seitz, 1967).

HUSSERL, EDMUND
1922 *Logische Untersuchungen* (Halle: Niemayer) (tr. it., *Richerche Logiche*, Milano: Il Saggiatore, 1968, 2 vols.).

HUTT, CLELIA
1968 "Dictionnaire du langage gestuel chez les trappistes", *Langages* 10.

HYMES, DELL, ed.
1964 *Language in Culture and Society* (New York: Harper).

ITTEN, JOHANNES
1961 *Kunst der Farbe* (Ravensburg: Otto Mair) (tr. it., *Arte del colore*, Milano: Il Saggiatore, 1965).

IVANOV, V. V.
1965 "Rol' semiotiki v kiberneticeskom issledovani celoveka i kollektiva", *Logiceskaja struktura naucnogo znanija* (Moskva) (in Faccani & Eco, 1969: "Ruolo della semiótica").

IVANOV, V. V. & TOPOROV, V. N. & ZALIZNIAK, A.
1963 "O vozmoznosti strukturno-tipologiceskogo izucenija nekotorych modelirujuscich semioticeskich sistem", *Struktumo tipologiceskie isledovanija* (Moskva) (in Faccani & Eco, 1967: "Possibilita di studio tipologjco-strutturale di alcuni sistemi semiotici modellizzanti").
1965 *Slavianskie jazykovye modelirujuscie semioticeskie sistemy* (Moskva) (in Todorov, 1966a).

JAKOBSON, ROMAN
1956 "Deux aspects du langage et deux types d'aphasie" (in Jakobson & Halle, 1956) (in Jakobson, 1963a).
1958 "Les études typologiques et leur contribution à la linguistique historique comparée" (Comunicação ao VIII Congresso Internacional dos Linguistas, Oslo, 1957) (in Jakobson, 1963a).
1959 "Boas' View of Grammatical Meaning", *The Anthropology of Franz Boas*, ed. por W. Goldschmidt, *American Anthropologist* 61, 5, 2 (in Jakobson, 1963a).
1960 "Closing Statements: Linguistics and Poetics", *Style in Language*, ed. by T. A. Sebeok (cf. Sebeok, ed., 1960) (in Jakobson, 1963a).
1961a "Linguistique et théorie de la communication", *Proceedings of Simposia in Applied Mathematics* XII (American Math. Society) (in Jakobson, 1963a).
1961b "The Phonemic Concept of Distinctive Features", *Proceedings of the Fourth International Congress of Phonetic Sciences*, Helsinki (The Hague: Mouton, 1962).

270 TRATADO GERAL DE SEMIÓTICA

1963a *Essais de linguistique générale* (Paris: Minuit) (tr. it., *Saggi di linguistica generale*, Milano: Feltrinelli, 1966).
1963b "Implications of Language Universais for Linguistics", *Universais of Language*, ed. por J. H. Greenberg (cf. Greenberg, 1963).
1964 "On visual and Auditory Signs", *Phonetica* II.
1966 "A la recherche de l'essence du langage", *Problèmes du langage* (Paris: Gallimard) (tr. it. in *I problemi attuali della linguistica*, Milano: Bom-piani, 1968).
1967 "About the Relation Between Visual and Auditory Signs", *Models for the Perception of Speech and Visual Form* (Cambridge: MIT Press).
1970 *Linguística Poética. Cinema* (São Paulo: Perspectiva).
1971 "Gesti motorî peril 'sì' e il 'no' ", *VS* 1. 1973 *Questions de Poétique* (Paris: Seuil).

JAKOBSON, R. & LÉVI-STRAUSS, C.
1962 "Les Chats de Charles Baudelaire", *L 'Homme* – Janvier.

JAKOBSON, R. & HALLE, M.
1956 *Fundamentals of Language* (The Hague: Mouton).

JAKOBSON, R. & TYNJANOV, J.
1927 "Voprosy izucenija literatury i jazyka" (tr. it. in Todorov, 1965).

KALKOFEN, HERMANN
1972 *'Pictorial' Stimuli Considered as 'Iconic' Signs* (Ulm: ciclostilato).

KARPINSKAJA, O. G. & REVZIN, I. I.
1966 "Semioticeskij analiz rannich p'es Ionesko", *Tezisy dokladov vo vtoroi letnej skole po vitoricnym modelirujuscim sistemam* (Tartu) (in Faccani & Eco, 1969: "Analisi semiótica delle prime (commedie di Ionesco") (tr. bras., in Guinsburg, J.; Coelho Netto, J. Teixeira; Cardoso, Reni Chaves (orgs.), *Semiologia do Teatro*, São Paulo: Perspectiva, 1978).

KATZ, JERROLD J. & FODOR, JERRY A.
1964 "The Structure of a Semantic Theory", *Language* 39 (in Katz & Fodor, 1964).

KATZ, J. J. & FODOR, J. A., eds.
1964 *The Structure of Language* (Englewood Cliffs: Prentice-Hall).

KATZ, J. J. & POSTAL, P. M.
1964 *An Integrated Theory of Linguistic Descriptions* (Research Monograph 26) (Cambridge: MIT Press).

KATZ, JÉRROLD J.
1972 *Semantic Theory* (New York: Harper & Row).

KLEINPAUL, RUDOLF
1898 *Sprache ohne Worte* (Leipzig: Friedrich) (hoje, The Hague: Mouton, 1972).

KLAUSS, GEORG
1973 *Semiotik und Erkenntnistheorie* (München-Salzburg: VEB).

KOECHLIN, B.
1968 "Techniques corporelles et leur notation symbolique", *Langages* 10.

KOCH, WALTHER A.
1969 *Vom Morphem zum Textem-From Morpheme to Texteme* (Hildesheim: Olms).

KOENIG, GIOVANNI KLAUS
1964 *Analisi del linguaggio architettonico* (Firenze: Fiorentina).
1970 *Architettura e comunicazione* (Firenze: Fiorentina).

KOLMOGOROV, A. N. & KONDRATOV, A. A.
1962 "Ritmika poèm Mayakovskogo", *Voprosy Jazykoznanija* 3 (in Faccani & Eco, 1969: "Rítmica dei poemetti di M.").

KRAMPEN, MARTIN
1973 "Iconic Signs, Supersigns and Models", *VS* 4.

KRAMPEN, MARTIN & SEITZ, PETER, eds.

REFERÊNCIAS BIBLIOGRÁFICAS

1967 *Design and Planning 2 – Computers in Design and Communication* (New York: Hasting House).

KREUZER, H. & GUZENHÄUSER, R.
1965 *Mathematik und Dichtung* (München: Nymphenburger).

KRISTEVA, JULIA
1967a "L'expansion de la sémiotique", *Informations sur les sciences sociales* VI, 5 (in Kristeva, 1969).
1967b "Bakhtine, le mot, le dialogue et le roman", *Critique* – abril. 1967c "Pour une sémiologie des paragrammes", *Tel Quel* 29 (in Kristeva, 1969).
1968a "Distance et anti-réprésentation", *Tel Quel* 32.
1968b "La productivité dite texte", *Communications* 11 (in Kristeva, 1969).
1968c "Le geste: pratique ou communication?", *Languages* 10 (in Kristeva, 1969).
1968d "La sémiologie aujourd'hui en URSS", *Tel Quel* 35.
1969 Σημειωτική– *Recherches pour une sémanalyse* (Paris: Seuil) (tr. bras., *Introdução à Semanálise*, São Paulo: Perspectiva, 1974).
1969 *Le texte du roman* (The Hague: Mouton).
1973 "The System and the Speaking Subject", *TLS*, October 12.
1974 *La revolution du langage poétique* (Paris: Seuil).

KRISTEVA, J. & REY-DEBOVE, J. & UMIKER, D. J., eds.
1971 *Essays in Semiotics – Essai de Sémiotique* (The Hague: Mouton).

KRZYZANOWSKI, JULIAN
1961 "La poétique de Ténigme", *Poetics* (The Hague: Mouton).

LA BARRE, WESTON
1964 "Paralinguistics, Kinesics and Cultural Anthropology", *Approaches to Semiotics*, ed. by Sebeok, Hayes, Bateson (The Hague: Mouton) (tr. it. cfr, Sebeok, 1964).

LACAN, JACQUES
1966 *Écrits* (Paris: Seuil) (tr. it., *Scritti*, Torino: Einaudi, 1974) (tr. bras., *Escritos*, São Paulo: Perspectiva, 1978).

LAKOFF, GEORGE
1969 "On Generative Semantics", in *Semantics*, ed. by D. D. Steinberg, L. A. Jakobovits (London: Cambridge Un. Press, 1971).
1971 "Presupposition and Relative Well-formedness", in Steinberg D. D. & Jakobovits, L. A., 1971.
1972 *Hedges: A Study in Meaning Criteria and the Logic of Fuzzy Concepts* (ciclostilato).

LAMB, SYDNEY M.
1964 "The Sememic Approach to General Semantics", *Transcultural Studies in Cognition*, ed. by Romney, A. K. & D'Andrade, R. G., (*American Anthropologist*, 66:3/2).

LANGENDOEN, TERENCE D.
1971 "The Projection Problem for Presuppositions", in Fillmore, C. J. & Langendoen, T. D., 1971.

LANGER, SUZANNE K.
1953 *Feeling and Form* (New York, London: Scribner's Sons) (tr. it., *Sentimento e forma*, Milano: Feltrinelli, 1965) (tr. bras., *Sentimento e Forma*, São Paulo: Perspectiva, 1980).

LANGLEBEN, M. M.
1965 "Kopisaniju sistemy notnoj zapisi", *Trudy po znakovym sistemam* II (Tartu) (in Faccani & Eco, 1969: "La musica e il ling, naturale").

LANHAM, RICHARD A.
1968 *A Handlist of Rethorical Terms* (Un. of California Press).

LAUSBERG, H.
1949 *Elemente der literarischen Rhetorik* (München: Hueber) (tr. it., *Elementi di retorica*, Bologna: Il Mulino, 1969).
1960 *Handbuch der literarischen Rhetorik* (München: Hueber).

272 TRATADO GERAL DE SEMIÓTICA

LEECH, GEOFFREY
1969 *Towards a Semantic Description of English* (Bloomington: Indiana University Press).

LEKOMCEVA, M. I. & USPENSKIJ, B. A.
1962 "Gadanie na ingral'nych kartach kak semioticeskaja sistema", *Simposium po struktumomu izucenqu znakovych system* (Moskva) (in Faccani & Eco, 1969: "La cartomanzia come sist. semiotico").

LENNEBERG, ERIC H.
1967 *Biological Foundation of Language* (New York: Wiley) (tr. it.: *Fonda-menti biologici del linguaggio*, Torino: Boringhieri, 1971).

LEPSCHY, GIULIO C.
1966 *La lingustica strutturale* (Torino: Einaudi) (tr. bras., *A Lingüística Estrutural*, São Paulo: Perspectiva, 1975).

LEVIN, SAMUEL
1962 *Linguistic Structures in Poetry* (The Hague: Mouton).

LÉVI-STRAUSS, CLAUDE
1947 *Les structures élementaires de la parente* (Paris: P.U.F.) (tr. it., *Le strutture elementari della parentela*, Milano: Feltrinelli, 1969).
1950 *Introduction* à M. Mauss, *Sociologie et Anthropologie* (Paris: P.U.F.).
1958a "Le geste d'Asdival", *Annuaire de l'EPHE V* (*Les Temps Modernes* 179, 1961).
1958b *Anthropologie structurale* (Paris: Plön) (tr. it, *Antropologia strutturale*, Milano: Saggiatore, 1966).
1960a "L'analyse morphologique des contes russes", *International Journal of Slavic Linguistics and Poetics* III.
1960b Discours au College de France 5.1.1960 (*Aut-Aut* 88) (tr. it. in Lévi-Strauss, 1967).
1961 *Entretiens* (in Charbonnier, 1961).
1962 *La pensée sauvage* (Paris: Plön) (tr. it., *Il pensiero selvaggio*, Milano: Il Saggiatore, 1964).
1964 *Le cru et le cuit* (Paris: Plön) (tr. it, *77 crudo e il cotto*, Milano: Il Saggiatore, 1966).
1965 Intervenção em *Strutturalismo e critica* (in Segre, ed., 1965).
1966 *Du miei aux cendres* (Paris: Plön) (tr. it, *Dal miele alle ceneri*, Milano: Il Saggiatore, 1970).
1966 *Razza e storia* (Torino: Einaudi).
1967 *L 'origine des manières de table* (Paris: Plön).

LEWIS, DAVID K.
1969 *Convention-A Philosophical Study* (Cambridge: Harvard University Press) (tr. it., *La convenzione*, Milano: Bompiani, 1974).

LINDEKENS, RENE
1968 "Essai de théorie pour une sémiolinguistique de l'image photographique" (Comunicação ao Symposium Internationale de Sémiotique, Varsóvia, 1968).
1971 *Elements pour une sémiotique de la Photographie* (Paris: Didier, Bru--xeUes:AIMAV).

LINSKY, LEONARD, ed.
1952 *Semantics and the Philosophy of Language* (University of Illinois) (tr. it, *Semântica e filosofia del linguaggio*, Milano: II Saggiatore, 1969).

LOTMAN, JU. M.
1964 "Sur la delimitation linguistique et littéraire de la notion de structure", *Linguistics* 6.
1967a "K probleme tipologii kul'tury", *Trudy po znakovym sistemam* III (Tartu) (in Faccani & Eco, 1969: "II problema di una tipologia della cultura").
1967b "Metodi esatti nella scienza letteraria sovietica", *Strumenti Critici* 2.
1969 "O metajazyke tipologiieskich opisanij kul'tury", *Trudy po znakovym sistemam* IV.

REFERÊNCIAS BIBLIOGRÁFICAS 273

1971 "Problema 'obucenija kul'ture' kak se tipologjceskaia Charakteristika", *Trudy* ecc. V.

LOTMAN JU. M. & USPENSKIJ B. A.
1971 "O semioticeskom mechanizm kul'tury", *Trudy* ecc. V.

LOUNSBURY, F. G.
1964 "The Structural Analysis of Kinship Semantics", *Proceedings of the 9th Int. Congress of Linguistics* (The Hague: Mouton).

LYONS, JOHN
1963 *Structural Semantics – An Analysis of Part of the Vocabulary of Plato* (Oxford: Blackwell).
1968 *Introduction to Theoretical Linguistics* (Cambridge: Un. Press) (tr. it., *Introduzione alla linguistica teórica*, Bari: Laterza, 1971).

MACCAGNANI, G. (organização de)
1966 *Psicopatologia dell'espressione* (Imola: Galeati).

MAHL, GEORGE & SCHULZE, GENE
1964 "Psychological Research in the Extralinguistic Area" (in Sebeok, Hayes, Bateson, 1964).

MALDONADO, TOMAS
1954 *Problemas actuales de la comunicacción* (Buenos Aires: Nueva Vision).
1959 "Kommunikation und Semiotik-Communication and Semiotics", *Ulm* 5.
1961 *Beitrag zur Terminologie der Semiotik* (Ulm: Korrelat).
1970 *La speranza progettuale* (Torino: Einaudi).

MÄLL, LINNART
1968 "Un approche possible du Sunyavada", *Tel Quel* 32.

MALLERY, GARRICK
1881 Sign Language Among North American Indians (Smithsonian Institution), (atualmente, The Hague, Mouton, 1972)

MALTESE, CORRADO
1970 *Semiologia del messaggio oggettuale* (Milano: Mursia).

MARANDA, ELLI-KAIJA KÖNGAS & PIERRE
1962 "Structural Models in Folklore", *Midwest Folklore* 12-13.
1971 *Structural Models in Folklore and Transformational Essays* (The Hague: Mouton).

MARANDA, PIERRE
1968 "Recherches structurales en mythologie aux Etats Unis", *Informations sur le sciences sociales* VI-5.

MARIN, LOUIS
1969 "Notes sur une médaille et une gravure", *Revue d'esthetique 2*.
1970 "La description de l'image", *Communications* 15.

MARTINET, ANDRÉ
1960 *Elements de linguistique generale* (Paris: Colin) (tr. it., *Elementi di linguistica generale*, Bari: Laterza, 1966).
1962 *A Functional View of Language* (Oxford: Clarendon Press) (tr. it., *La considerazione funzionale del linguaggio*, Bologna: Il Mulino, 1965).

MAUSS, MARCEL
1950 *Sociologie et anthropologic* (Paris: P.U.F.) (tr. it., *Teoria generale della magia*, Torino: Einaudi, 1965).

MAYENOWA, M. RENATA
1965 *Poetijka i matemática* (Warszawa).

MCCAWLEY, JAMES
1971 "Where do noun phrases come from?", in Steinberg & Jakobovits, eds., 1971.

MCLUHAN, MARSHALL

274 TRATADO GERAL DE SEMIÓTICA

1962 *The Gutenberg Galaxy* (Toronto: Un. Press).
1964 *Understanding Media* (New York: McGraw-Hill) (tr. it, *Gli strumenti del comunicare*, Milano: Il Saggiatore, 1967).

MELANDRI, ENZO
1968 *La linea e il circolo* (Bologna: Il Mulino).

MERLEAU-PONTY, MAURICE
1960 *Signes* (Paris: Gallimard).

METZ, CHRISTIAN
1964 "Le cinema: langue ou langage?", *Communications* 4 (in Metz, 1968a).
1966a "La grande syntagmatique du film narratif", *Communications* 8 (in Metz, 1968a).
1966b "Les sémiotiques ou sémies", *Communications* 7.
1968a *Essais sur la signification au cinema* (Paris: Klincksieck) (tr. bras., *A Significação no Cinema*, São Paulo: Perspectiva, 1977).
1968b "Le dire et le dit au cinema", *Communications* 11.
1969 "Specificité des codes et specificité des langages", *Semiótica* 1,4.
1970a "Au dela de Tanalogie, Timage", *Communications* 15.
1970b "Images et pédagogie", *Communications* 15.
1970c *Langage et cinema* (Paris: Larousse) (tr. bras., *Linguagem e Cinema*, São Paulo: Perspectiva, 1980).
1974 *Film Language* (New York: Oxford University Press).

MEYER, LEONARD
1967 *Music, the Arts and Ideas* (Chicago: Un. of Chicago Press).

MILLER, GEORGE
1951 *Language and Communication* (New York: MacGraw-Hill).
1967 *Psychology and Communication* (New York: Basic Books) (tr. it, *Psicologia della Comunicazione*, Milano: Bompiani, 1971).

MINSKY, MARVIN, ed.
1968 *Semantic Information Processing* (Cambridge: MIT Press).

MINSKY, MARVIN
1970 "The Limitation of Using Languages for Descriptions", *Linguaggi nella società e nella tecnica* (Milano: Comunità).

MOLES, ABRAHAM A.
1958 *Theorie de l'information et perception esthétique* (Paris: Flammarion).
1967 *Sociodinamyque de la culture* (The Hague: Mouton) (tr. it., *Sociodinamica della cultura*, Firenze: Guaraldi, 1971) (tr. bras., *Sociodinâmica da Cultura*, São Paulo: Perspectiva, 1975).
1971 *Art et ordinateur* (Tournai: Casterman).
1972 "Teoria informazionale dello schema", *VS 2*.

MONOD, JACQUES
1970 *Le hasard et la necessite* (Paris: Gallimard) (tr. it., *Il caso e la necessita*, Milano: Mondadori, 1970).

MORIN, VIOLETTE
1966 "L'histoire drôle", *Communications* 8.
1968 "Du larcin au hold-up", *Communications* 11.
1970 "Le dessin humoristique", *Communications* 15.

MORRIS, CHARLES
1938 *Foundations of the Theory of Signs* (*International Enc. of Unified Sc*, I, 2) (Chicago: Un. of Chicago Press, 1959).
1946 *Signs, Language and Behavior* (New York: Prentice Hall) (tr. it., *Segni, linguaggio e comportamento*, Milano: Longanesi, 1949).
1971 *Writings on the General Theory of Signs* (The Hague: Mouton).

MOUNIN, GEORGES
1964 *La Machine à traduire* (The Hague: Mouton).
1970 *Introduction à la sémiologie* (Paris: Minuit).

MUKAROVSKY, JAN

REFERÊNCIAS BIBLIOGRÁFICAS

1934 "L'art comme fait sémiologique", *Actes du 8me Congrès Int. de phil.*, (Praga, 1936) (in Mukarovsky, 1973)
1936 *Estética funkce, norma a hodnota jako socialni facty* (Praha) (in Mukarovsky, 1971).
1966 *Studiez estetiky* (Praha) (in Mukarovsky, 1971).
1971 *La funzione, la norma e il valore estetico come fatti sociali* (Torino: Einaudi).
    1973 *Il significato dell'estetica* (Torino: Einaudi).

NATTIEZ, JEAN JACQUES
1971 "Situation de la sémiologie musicale",*Musique enjeu* 5.
1972 "Is a Descriptive Semiotics of Music Possible?", *Language Sciences* 23.
1973 "Trois modeles linguistiques pour l'analyse musicale", *Musique enjeu* 10.

NAUTA, DOEDE JR.
1972 *The Meaning of Information* (The Hague: Mouton).

OGDEN, C. K. & RICHARDS, I. A.
1923 (cf. Richards & Ogden, 1923).

OSGOOD, CHARLES
1963 "Language Universais and Psycholinguistics" (in Greenberg, 1963).

OSGOOD, CH. & SUCI, G. J. & TANNENBAUM, P. H.
1957 *The Measurement of Meaning* (Urbana: Un. of Illinois Press).

OSGOOD CH. & SEBEOK, T. A. 1965 (cf. Sebeok, 1965).

OSMOND SMITH, DAVID
1972 "The Iconic Process in Musical Communication", in *VS* 3.
1973 "Formal Iconism in Music", in *VS* 5.

OSOLSOBE, IVO
1967 "Ostenze jako mezni pripad lidskeho sdelováni", *Estetika* 4.

OSTWALD, PETER C.
1964 "How the Patient Communicates About Diseases with the Doctor", in Sebeok, Bateson, Hayes, eds., 1964.

PAGNINI, MARCELLO
1967 *Struttura letteraria e metodo critico* (Messina: D'Anna).
1970 *Critica della funzionalità* (Torino: Einaudi).

PANOFSKY, ERWIN
1920 "Der Begriff des Kunstwollens", *Zeitschrift für Aesthetik und allgemeine Kunstwissenschaft* XIV.
1921 "Die Entwicklung der Proportionslehre als Abbild der Stilentwicklung", *Monashefte für Kunstwissenschft* XIV.
1924 "Die Perspektive als 'Simbolische Form'", *Vorträge der Bibliothek Warburg* (Leipzig-Berlin: Teubner, 1927).
1932 "Zum Problem der Beschreibung und Inhaltsdeutung von Werken der bildenden Kunst", *Logos* XXI.
1955 *Meaning in the Visual Arts* (New York: Doubleday) (tr. it.; *Il significato nette arti visive*, Torino: Einaudi, 1962) (tr. bras., *Significado nas Artes Visuais*, São Paulo: Perspectiva, 1979).
1961 *La prospettiva come forma simbolica* (Milano: Feltrinelli).

PASQUINELLI, ALBERTO
1961 *Linguaggio, scienza e filosofia* (Bologna: Mulino).

PAVEL, TOMA
1962 "Notes pour une description structurale de la metaphore poétique", *Cahiers de linguistique théorique et appliquée* I (Bucarest).

PEIRCE, CHARLES SANDERS
1931-1935 *Collected Papers* (Cambridge: Harvard Un. Press) (tr. bras., *Semiótica*, São Paulo: Perspectiva, 1977).

PELC JERZY
1969 "Meaning as an Instrument", *Semiótica* I, 1.

276 TRATADO GERAL DE SEMIÓTICA

1974 "Semiotics and Logic", Report to the First Congress of the IASS (ciclostilato).

PERELMAN, CHAIM & OLBRECHTS-TYTECA, LUCIE
1958 *Traité de l'argumentation – La nouvelle rhétorique* (Paris: P.U.F.) (tr. it., *Trattato dell'argomentazione*, Torino: Einaudi, 1966).

PETÖFI, JANOS S.
1969 "Notes on the Semantic Interpretation of Linguistic Works of Art", Simposium on Semiotics, Warsaw, 1968 (atualmente in *Recherches surles systèmes signifiants*, The Hague: Mouton, 1973).
1972 "The Syntactico-Semantic Organization of Text-Structures", *Poetics* 3.

PIAGET, JEAN
1955 Rapport, *La perception* (Paris: P.U.F.).
1968 *Le structuralisme* (Paris: P.U.F.) (tr. it., *Lo strutturalismo*, Milano: Il Saggiatore, 1969).

PIGNATARI, DECIO
1968 *Informação, Linguagem. Comunicação* (São Paulo: Perspectiva).

PIGNATARI, D. & DE CAMPOS, A. & H. 1965 *Teoria da poesia concreta* (São Paulo)

PIGNOTTI, LAMBERTO
1965 "Linguaggio poetico e linguaggi tecnologici", *La Battana* 5 (in Pignotti, 1968).
1968 *Istruzioni per l'uso degli Ultimi modelli dipoesia* (Roma: Lerici).

PIKE, KENNETH
1954 *Language in Relation to a Unified Theory of the Structure of Human Behavior* (The Hague: Mouton, 1966).

PIRO, SERGIO
1967 *Il linguaggio schizofrenico* (Milano: Feltrinelli).

PITTENGER, R. E. & SMITH, H. L. JR.
1957 "A Basis for Some Contribution of Linguistics to Psychiatry", *Psychiatry* (in Smith A. G., 1966).

POP, MILHAI
1970 "La poétique du conte populaire", *Semiótica* II, 2.

POTTIER, BERNARD
1965 "La definition sémantique dans les dictionnaires", *Travaux de Linguistique et de Littêrature* III, 1.
1967 "Au dela du structuralisme en linguistique", *Critique* – fevereiro.

POULET, GEORGES, ed.
1968 *Les chemins actuels de la critique* (Paris: Plön).

POUSSEUR, HENRI
1970 *Fragments théoriques I sur la musique experimentale* (Bruxelles: Institut de Sociologie).
1972 *Musique, sémantique, société* (Paris: Casterman) (tr. it., *Musica, semântica, società*, Milano: Bompiani, 1974).

PRIETO, LUIS
1964 *Principes de noologie* (The Hague: Mouton) (tr. it., *Principi di noologia*, Roma: Ubaldini, 1967).
1966 *Messages et signaux* (Paris: P.U.F.) (tr. it., *Elementi di semiólogia – Messaggi e segnali*, Bari: Laterza, 1971).
1969 "Lengua y connotación" (in Verón, 1969).

PROPP, VLADIMIR JA.
1928 *Morfologija skazki* (Leningrad).
1958 *Morphology of the Folktale* (The Hague: Mouton).
1966 *Morfologia della fiaba* (introdução de C. Lévi-Strauss e resposta de V. J. Propp) (Torino: Einaudi).

REFERÊNCIAS BIBLIOGRÁFICAS

QUILLIAN, ROSS M.
1968 "Semantic Memory" (in Minsky ed., 1968) (tr. it. in *Versus* 1, sett. 1971).

QUINE, WILLARD VAN ORMAN
1953 *From a Logical Point of View* (Cambridge: Harvard Un. Press) (tr. it., *Il problema del significato*, Roma: Ubaldini, 1966).
1960 *Word and Object* (Cambridge: MIT Press) (tr. it, *Parola e oggetto*, Milano: Il Saggiatore, 1970).

RAIMONDI, EZIO
1967 *Tecniche della critica letteraria* (Torino: Einaudi).
1970 *Metafora e storia* (Torino: Einaudi).

RAPHAEL, BERTRAM
1968 "SIR: A Computer Program for Semantic Information Retrieval" (in Minsky ed., 1968).

RAPOPORT, ANATOL
1953 "What is Information?", *Etc*. 10.

RASTIER, FRANCOIS
1968 "Comportement et signification", *Langages* 10.

REZNIKOV, L. O.
1967 *Semiotica e marxismo* (Milano: Bompiani).

RICHARDS, I. A.
1923 *The Meaning of Meaning* (con R. G. Ogden) (London: Routledge & Kegan Paul) (tr. it, 77 *significato del significato*, Milano: Il Saggiatore, 1966).
1924 *Principles of Literary Criticism* (London: Routledge & Kegan Paul) (tr. it., *I fondamenti della critica letteraria*, Torino: Einaudi, 1961).
1936 *The Philosophy of Rhetoric* (New York: Oxford Un. Press) (tr. it, *La filosofia della retorica*, Milano: Feltrinelli, 1967).

ROBINS, ROBERT H.
1971 *Storia della linguistica* (Bologna: Il Mulino).

ROSIELLO, LUIGI
1965a Intervenção em *Strutturalismo e critica* (in Segre ed., 1965). 1965b *Struttura, uso e funzioni della lingua* (Firenze: Vallecchi). 1967 *Linguistica illuminista* (Bologna: Il Mulino).

ROSSI, ALDO
1966 "Semiologja a Kazimierz sulla Vistola", *Paragone* 202.
1967 "Le nuove frontiere della semiologia", *Paragone* 212.

ROSSI, PAOLO
1960 *Claris Universalis – Arti mnemoniche e logica combinatoria da Lullo a Leibniz* (Milano: Ricciardi).

ROSSI-LANDI, FERRUCCIO
1953 *Charles Morris* (Milano: Bocca).
1961 *Significato, comunicazione e parlare comune* (Padova: Marsilio).
1968 *Il linguaggio come lavoro e come mercato* (Milano: Bompiani). 1973 *Semiótica e ideologia* (Milano: Bompiani).

RUSSELL, BERTRAND
1905 "On Denoting", *Mind* 14 (tr. it in *Linguaggio e realtä*, Bari: Laterza, 1970).

RÜWET, NICOLAS
1959 "Contraddizioni del linguaggio seriale", *IncontriMusicali* III.
1963a "L'analyse structurale de Ia poésie", *Linguistics 2*.
1963b "Linguistique et sciences de Thomme", *Esprit*, novembre.
1966 *Introduction* (número especial sobre *La grammaire generative*), *Langages* 4.
1967a *Introduction à la grammaire generative* (Paris: Plön) (tr. bras., *Introdução à Gramática Gerativa*, São Paulo: Perspectiva, 1975).
1967b "Musicology and Linguistics", *Int. Social Soe. J.* 19.
1972 *Langage, musique, poésie* (Paris: Seuil).

278 TRATADO GERAL DE SEMIÓTICA

SALANITRO, NICCOLLÒ
1969 *Peirce e i problemi dell'interpretazione* (Roma: Silva).

SANDERS, G. A.
1974 "Precedence Relations in Language", *Foundations of Language* 11, 3.

SANDRI, GIORGIO
1967 "Note sui concetti di 'struttura' e 'funzione' in linguistica", *Rendiconti* 15-1.

SAPIR, EDWARD
1921 *Language* (New York: Harcourt Brace) (tr. it., *Il linguaggio*, Torino: Einaudi, 1969) (tr. bras., *A Linguagem*, São Paulo: Perspectiva, 1980).

SAUMJAN, SEBASTIAN K.
1966 "La cybernetique et la langue", *Problèmes du langage* (Paris: Gallimard) (tr. it. in *I problemi della linguistica moderna*, Milano: Bompiani, 1968).

SAUSSURE, FERDINAND DE
1916 *Cours de linguistique generale* (Paris: Payot) (tr. it., *Corso di linguistica generale*, Bari: Laterza, 1967).

SCALVINI, MARIA LUISA
1972 *Para una teoria de la arquitectura* (Barcelona: Colegjo Oficial de Arquitectos).
1975 *Architettura come semiotica connotativa* (Milano: Bompiani).

SCEGLOV, JU.
1962a "K postroeniju strukturnoj modeli novel o Serloke Cholmse", *Simpozium po Struktumomu izuieniju znakovych sistem* (Moskva) (in Faccani & Eco, 1969: "Per la costruzione di un modello strutturale delle novelle di Sherlock Holmes").
1962b "Nekotorye certy struktury 'Metamorfoz' Ovidja", *Struktumo-tipologiceskie issledovanija* (Moskva) (in Faccani & Eco, 1969: "Alcuni tratti strutturali delle Metamorfosi").

SCHAEFFER, PIERRE
1966 *Traité des objets musicaux* (Paris: Seuil).

SCHAFF, ADAM
1962 *Introduction to Semantics* (London: Pergamon Press) (tr. it., *Introduzione alla semantica*, Roma: Editori Riuniti, 1967).

SCHANE, SANFORD A., ed.
1967 "La phonologie generative", *Langages* 8.

SCHAPIRO, MEYER
1969 "On Some Problems of the Semiotics of Visual Arts: Field and Vehicle Image-Signs", *Semiótica* I, 3.

SCHEFER, JEAN-LOUIS
1968 *Scénographie dun tableau* (Paris: Seuil).
1970 "L'image: le sens 'investi'", *Communications* 15.

SCHLICK, MORITZ
1936 "Meaning and Verification", *The Philosophical Review* 45.

SCHNEIDER, DAVID M.
1968 *American Kinship: A Cultural Account* (New York: Prentice Hall).

SEARLE, J. R.
1969 *Speech Acts* (London – New York: Cambridge University Press).

SEBEOK, THOMAS A., ed. 1960 *Style in Language* (Cambridge: MIT Press).
1968 *Animal Communication* (Bloomington: Indiana Un. Press) (tr. it., *Zoo-semiótica*, Milano: Bompiani, 1972).

SEBEOK, THOMAS A.
1962 "Coding in Evolution of Signalling Behavior", *Behavioral Sciences* 7, 4.
1967a "La communication chez les animaux", *Revue Int. des Sciences Sociales* 19.
1967b "On Chemical Signs", *To Honor Roman Jakobson* (The Hague: Mouton).
1967c "Linguistics Here and Now", *A.C.L.S. Newsletter* 18(1).

REFERÊNCIAS BIBLIOGRÁFICAS 279

1968 "Is a Comparative Semiotics Possible?" (Comunicação ao 29 Intern. Congress of Semantics, Varsóvia, agosto de 1968).
1969 "Semiotics and Ethology" (in Sebeok & Ramsay, 1969).
1972a *Perspectives in Zoosemiotics* (The Hague: Mouton).
1972b "Problems in the Classifications of Signs" *Studies for Einar Haugen*, ed. by E. Scherabon Firchow et al. (The Hague: Mouton).

SEBEOK, T. A. & HAYES, A. S. & BATESON, M. C, eds.
1964 *Approaches to Semiotics* (The Hague: Mouton) (tr. it., *Paralinguistica e cinesica*, Milano: Bompiani, 1971).

SEBEOK T. A. & OSGOOD, CH., eds.
1965 *Psycholinguistic* (Bloomington: Indiana Un. Press).

SEBEOK, T. A. & RAMSAY, A., eds.
1969 *Approaches to Animal Communication* (The Hague: Mouton).

SEGRE, CESARE (organização de)
1965 *Strutturalismo e critica* (Milano: Il Saggjatore).

SEGRE, CESARE
1963 Introduzione a *Linguistica Generale* di Ch. Bally (Milano: Saggiatore).
1967 "La synthèse stylistique", *Informations sur les Sc. Sociales* VI, 5.
1970a *I segni e la critica* (Torino: Einaudi) (tr. bras., *Os Signos e a Crítica*, São Paulo: Perspectiva, 1974). 1970b "La critica strutturalistica", in Corti & Segre (organização de), 1970.

SEILER, HANSJAKOB
1970 "Semantic Information in Grammar: The Problem of Syntactic Relations", *Semiótica* II, 4.

SÈVE, LUCIEN
1967 "Methode structurale et méthode dialectique", *La pensée* 1 (tr. it. in Godelier--Sève, 1970).

SHANDS, HARLEY C.
1970 *Semiotic Approaches to Psychiatry* (The Hague: Mouton).

SHANNON, C. E. & WEAVER, W.
1949 *The Mathematical Theory of Communication* (Urbana: Un. of Illinois Press).

SHERZER, JOEL
1973 "The Pointed Lip Gesture Among the San Bias Cuna", *Language in Society* 2 (tr. it. in *VS* 7).

SKLOVSKIJ, VICTOR
1917 "Iskusstvo kak priem", *Poètika* 1913 (in Todorov, 1965). 1925 *O teorii prozy* (Moskva) (tr. it., *Una teoria della prosa*, Bari: De Donato, 1966).

SLAMA-CAZACU, TATIANA
1966 "Essay on Psycholinguistic Methodology and Some of its Applications", *Linguistics* 24.

SMITH, ALFRED G., ed.
1966 *Communication and Culture* (New York: Holt).

S0RENSEN, H. C.
1967 "Fondements épistémologiques de la glossématique", *Langages* 6.

SOULIS, GEORGE N. & ELLIS, JACK
1967 "The Potential of Computers in Design practice" (in Krampen & Seitz, 1967).

SPITZER, LEO
1931 *Romanische Stil-und Literaturstudien* (Marburg: Elwert) (tr. it. in *Critica stilistica e semantica storica*, Bari: Laterza, 1966).

STANKIEWCZ, EDWARD
1960 "Linguistics and the Study of Poetic Language", *Style in Language* (Cambridge: MIT Press).

280 TRATADO GERAL DE SEMIÓTICA

1961 "Poetic and Non-Poetic Language in their Interrelations", *Poetics* (The Hague: Mouton).
1964 "Problems of Emotive Language", *Approaches to Semiotics* (The Hague: Mouton) (tr. it. in Sebeok, 1964).

STAROBINSKI, JEAN
1957 *J. J. Rousseau, la transparence et l'obstacle* (Paris: Plön).
1965 Intervenção em *Strutturalismo e critica* (Milano: Saggiatore) (in Segre ed., 1965).

STEFANI, GINO
1973 "Sémiotique en musicologie", *VS 5*.

STEINBERG, D. D. & JAKOBOVITS, L. A., eds.
1971 *Semantics* (Cambridge: University Press).

STEVENSON, CHARLES L.
1944 *Ethics and Language* (New Haven: Yale Un. Press) (tr. it., *Ética e linguaggio*, Milano: Longanesi).

STRAWSON, P. F.
1950 "On Referring", *Mind* LIX (atualmente in Bonomi, A. (organização de) *La struttura logica del linguaggio*, Milano: Bompiani, 1973).

SZASZ, THOMAS S.
1961 *The Myth of Mental Illness* (New York: Harper & Row) (tr. it., *Il mito della malattia mentale*, Milano: Saggiatore, 1965).

TODOROV, TZVETAN, ed.
1965 *Theorie de la littérature – Textes des formalistes russes* (Paris: Seuil).

TODOROV, TZVETAN
1966a Recens. di *Slavianskie jazykvye modelirujuscie semioticeskie sistemy* di Ivanov & Toporov & Zalizniak, *L'homme* – avril-juin.
1966b "Les categories du récit littéraire", *Communications* 8 (tr. it. in *L'analisi del racconto*, Milano: Bompiani, 1969).
1966c "Perspectives sémiologiques", *Communications* 7.
1966d "Les anomalies sémantiques", *Langages* 1.
1967 *Littérature et signification* (Paris: Larousse).
1968a "L'analyse du récit à Urbino", *Communications* 11.
1968b "Du vraisemblable qu'on ne saurait éviter", *Communications 11*.
1969 *Grammaire du Decameron* (The Hague: Mouton).
1971 *Poétique de la prose* (Paris: Seuil).

TOPOROV, V. N.
1965 "K opisaniju nekotorych struktur, charakterizujuscich preimuscestvenno nizsie urovini, v neskol'kich poèticeskich tekstach", *Trudy po znakovym sistemam* II (Tartu) (in Faccani & Eco, 1969: "Le strutture dei livelli inferiori in poesia").

TRAGER, GEORGE L.
1964 "Paralanguage: a First Approximation", in Hymes, D., ed., *Language in Culture and Society* (New York: Harper and Row).

TRIER, J.
1931 *Der deutsche Wortschatz im Sinnbezirk des Verstandes* (Heidelberg).

TRUBECKOJ, N. S.
1939 *Grundzüge der Phonologie* (TCLP VII) (*Principes de phonologie*, Paris: Klincksieck, 1949) (tr. it., *Principi di fonologia*, Torino: Einaudi, 1971).

TYNJANOV, JURY
1924 *Problema stichotvornogo jazyka* (Leningrad) (tr. it., *Il problema del linguaggio poético*, Milano: Saggiatore, 1968).
1929 *Archaisty i novatory* (Leningrad: Priboj) (tr. it., *Avanguardia e Tradizione*, Milano: Dedalo, 1968).

ULLMANN, STEPHEN

REFERÊNCIAS BIBLIOGRÁFICAS 281

1951 *The Principles of Semantics*, 29 ed. (Oxford: Blackwell) (tr. it., *Semântica*, Bologna: Mulino, 1966).
1962 *Semantics: An Introduction to the Science of Meaning* (Oxford: Blackwell).
1964 *Language and Style* (Oxford: Blackwell) (tr. it., *Stile e linguaggio*, Firenze: Vallecchi, 1968).

VACHEK, JOSEPH, ed.
1964 *A Prague School Reader in Linguistics* (Bloomington: Indiana Un. Press).

VAILATI, GIOVANNI
1908 "La grammatica dell'algebra", *Rivista di Psicologia Applicata*.
1911 *Scritti* (Firenze-Leipzig: Seeber-Barth).
1967 "La grammatica dell'algebra", *Nuova Corrente*, 38.

VALESIO, PAOLO
1967a "Icone e schemi nella struttura della lingua", *Lingua e stile* 3.
1967b *Strutture dell'allitterazione* (Bologna: Zanichelli).
1971 "Toward a Study of the Nature of Signs", *Semiótica* III 2.

VAN DIJK, TEUN A.
1972 *Some Aspects of Text Grammars* (The Hague: Mouton).

VAN LAERE, FRANCOIS
1970 "The Problem of Literary Structuralism", *20th Century Studies* 3.

VAN ONCK, ANDRIES
1965 "Metadesign", *Edilizia Moderna* 85.

VERÓN, ELISEO, ed.
1969 *Lenguaje y comunicación social* (Buenos Aires: Nueva Vision).

VERÓN, ELISEO
1968 *Conducta, estructura y comunicación* (Buenos Aires: Jorge Alvarez).
1969 "Ideologia y comunicación de masas: la semantización de la violência política" (in Verón, ed., 1969).
1970 "L'analogique et le contigu", *Communications* 15.
1971 "Ideology and Social Sciences", *Semiótica* III, 1.
1973a "Pour une sémiologje des operations translinguistiqu.es", *VS* 4.
1973b "Vers une 'logique naturelle des mondes sociaux'", *Communications* 20.

VOLLI, UGO
1972a "E possibile una semiótica dell'arte?", in *La scienza e l'arte*, organização de U. Volli (Milano: Mazzotta).
1972b "Some Possible Developments of the Concept of Iconism", *VS* 3.
1973 "Referential Semantics and Pragmatics of Natural Languages", *VS* 4.

VYGOTSKY, L. S.
1934 *Thought and Language* (Cambridge: MIT Press, 1962).

WALLIS, MIECZYSLAW
1966 "La notion de champ sémantique et son application à la théorie de Tart", *Sciences de Tart* 1.
1968 "On Iconic Signs" (Comunicação ao 29 Intern. Symposium of Semiotics, Varsóvia, agosto de 1968).

WALTHER, ELISABETH
1974 *All gemeine Zeichenlehre* (Stuttgart: DVA).

WATSON, O. MICHAEL
1974 *Proxemic Behavior* (The Hague: Mouton) (tr. it., *Il comportamento pros- -semico*, Milano: Bompiani, 1971).

WATZLAVICK, P. & BEAVIN, J. H. & JACKSON, D. D.
1967 *Pragmatic of Human Communication* (New York: Norton) (tr. it., *Pragmatica della comunicazione umana*, Roma:Ubaldini, 1971).

WEINREICH, URIEL
1965 "Explorations in Semantic Theory", *Current Trends in Linguistics*, ed. by T. A. Sebeok (The Hague: Mouton).

282 TRATADO GERAL DE SEMIÓTICA

WEAWER, WARREN
1949 "The Mathematics of Communication", *Scientific American* 181.

WELLEK, RENE & WARREN, AUSTIN
1949 *Theory of Literature* (New York: Harcourt Brace) (tr. it., *Teoria della lette-ratura*, Bologna: Il Mulino).

WIENER, NORBERT
1948 *Cybernetics or Control and Communication in the Animal and the Machine* (Cambridge: MIT Press; Paris: Hermann) (tr. it, *Cibernetica*, Milano: Bompiani, 1953).
1950 *The Human Use of Human Beings* (Boston: Houghton Mifflin) (tr. it., *Introduzione alla cibernetica*, Torino: Einaudi, 1958).

WILSON, N. L.
1967 "Linguistic Butter and Philosophical Parsnips", *The Journal of Philosphy* 64.

WIMSATT, W. R.
1954 *The Verbal Icon* (Un. of Kentuky Press).

WINTER, MIKE
1973 "Semiotics and the Philosophy of Language", *VS* 6.

WITTGENSTEIN, LUDWIG
1922 *Tractatus Logico-Philosophicus* (London: Kegan Paul, Trech, Trubnerand) (tr. it., Torino: Einaudi, 1964).
1953 *Philosophische Untersuchungen* (Oxford: Blackwell) (tr. it., *Ricerche filosoflche*, Torino: Einaudi, 1967).

WHITE, MORTON
1950 "The Analytic and the Synthetic: An Untenable Dualism", in *John Dewey*, ed. by S. Hook (New York: Dial Press) (in Linsky ed., 1952).

WHORF, BENJAMIN LEE
1956 *Language, Thought and Reality*, ed. por J. B. Carrol (Cambridge: MIT Press) (tr. it., *Linguaggio, pensiero e realtà*, Torino: Boringhieri, 1970).

WOLLEN, PETER
1969 *Signs and Meaning in the Cinema* (Bloomington: Indiana Un. Press).

WORTH, SOL
1969 "The Development of a Semiotic of Film", *Semiótica* I, 3.

WYKOFF, WILLIAM
1974 "Semiosis and Infinite Regressus", *Semiótica* II, 1.

ZARECKIJ, A.
1963 "Obraz kak informacija", *Voprosy Literatury* 2 (in Eco, 1971).

ZEVI, BRUNO
1967 "Alla ricerca di un codice per l'architettura", *L'Architettura* 145.

ZOLKIEWSKY, STEFAN
1968 "Sociologje de la culture et sémiotique", *Informations sur les Sciences Sociales* VII, 1.
1969 *Semiotika a kultiira* (Bratislava Nakaladelstvo Epocha).

ZOLKOWSKIJ, ALEKSANDR K.
1962 "Ob usilenii", *Struktumo-tipologiceskie issledovanija* (Moskva) (in Faccani & Eco, 1969: "Dell'amplificazione").
1967 "Deus ex machina", *Trudy po znakovym sistemam* III (Tartu) (in Faccani & Eco, 1969).
1970 Recensione a *La struttura assente* di U. Eco, *Voprosy Filosofii* 2.

ZUMTHOR, PAUL
1972 *Essai de poétique médiévale* (Paris: Seuil).

COLEÇÃO ESTUDOS
(últimos lançamentos)

200. *Maimônides, O Mestre*, Rabino Samy Pinto
201. *A Síntese Histórica e a Escola dos Anais*, Aaron Guriêvitch
202. *Cabala e Contra-História*, David Biale
203. *A Sombra de Ulisses*, Piero Boitani
204. *Samuel Beckett: Escritor Plural*, Célia Berrettini
205. *Nietzsche e a Justiça*, Eduardo Rezende Melo
206. *O Canto dos Afetos: Um Dizer Humanista*, Ibaney Chasin
207. *As Máscaras Mutáveis do Buda Dourado*, Mark Olsen
208. *O Legado de Violações dos Direitos Humanos no Cone Sul*, Luis Roniger e Mario Sznajder
209. *Tolerância Zero e Democracia no Brasil*, Benoni Belli
210. *Ética contra Estética*, Amelia Valcárcel
211. *Crítica da Razão Teatral*, Alessandra Vannucci (org.)
212. *Os Direitos Humanos na Pós-Modernidade*, José Augusto Lindgren Alves
213. *Caos / Dramaturgia*, Rubens Rewald
214. *Crítica Genética e Psicanálise*, Philippe Willemart
215. *Em que Mundo Viveremos?*, Michel Wieviorka
216. *Desejo Colonial*, Robert J. C. Young
217. *Para Ler o Teatro*, Anne Ubersfeld
218. *O Umbral da Sombra*, Nuccio Ordine
219. *Espiritualidade Budista I*, Takeuchi Yoshinori
220. *Entre o Mediterrâneo e o Atlântico*, Maria Lúcia de Souza Barros Pupo
221. *As Nazi-tatuagens: Inscrições ou Injúrias no Corpo Humano?*, Célia Maria Antonacci Ramos
222. *Memórias de Vida, Memórias de Guerra*, Fernando Frochtengarten
223. *Sinfonia Titã: Semântica e Retórica*, Henrique Lian
224. *Metrópole e Abstração*, Ricardo Marques de Azevedo
225. *Yukio Mishima: o Homem de Teatro e de Cinema*, Darci Yasuco Kusano
226. *O Teatro da Natureza*, Marta Metzler
227. *Margem e Centro*, Ana Lúcia Vieira de Andrade
228. *A Morte da Tragédia*, George Steiner
229. *Ibsen e o Novo Sujeito da Modernidade*, Tereza Menezes
230. *Ver a Terra: Seis Ensaios sobre a Paisagem e a Geografia*, Jean-Marc Besse
231. *Em Busca de um Lugar no Mundo*, Silvia Gombi dos Santos
232. *Teatro Sempre*, Sábato Magaldi
233. *O Ator como Xamã*, Gilberto Icle
234. *A Idéia de Cidade*, Joseph Rykwert
235. *A Terra de Cinzas e Diamantes*, Eugenio Barba

236. *A Literatura da República Democrática Alemã*, Ruth Röhl e Bernhard J. Schwarz
237. *A Ostra e a Pérola*, Adriana Dantas de Mariz
238. *Tolstói ou Dostoiévski*, George Steiner
239. *A Esquerda Difícil*, Ruy Fausto
240. *A Crítica de um Teatro Crítico*, Rosangela Patriota
241. *Educação e Liberdade em Wilhelm Reich*, Zeca Sampaio
242. *Dialéticas da Transgressão*, Wladimir Krysinski
243. *Viaje a la Luna*, Reto Melchior
244. *1789-1799: A Revolução Francesa*, Carlos Guilherme Mota
245. *Proust: A Violência Sutil do Riso*, Leda Tenório da Motta
246. *Ensaios Filosóficos*, Walter I. Rehfeld
247. *O Teatro no Cruzamento de Culturas*, Patrice Pavis
248. *Ensino da Arte: Memória e História*, Ana Mae Barbosa (org.)
249. *Eisenstein Ultrateatral*, Vanessa Oliveira
250. *Filosofia do Judaísmo em Abraham Joshua Heschel*, Glória Hazan
251. *Os Símbolos do Centro*, Raïssa Cavalcanti
252. *Teatro em Foco*, Sábato Magaldi
253. *Autopoiesis. Semiótica. Ecritura*, Eduardo Elias
254. *A Arte do Ator*, Ana Portich
255. *Violência ou Diálogo?*, Sverre Varvin e Vamik D. Volkan (orgs.)
256. *O Teatro no Século XVIII*, Renata S. Junqueira e Maria Gloria C. Mazzi
257. *Poética do Traduzir*, Henri Meschonnic
258. *A Gargalhada de Ulisses*, Cleise Furtado Mendes
259. *Dramaturgia da Memória no Teatro-Dança*, Lícia Maria Morais Sánchez
260. *A Cena em Ensaios*, Béatrice Picon-Vallin
261. *Introdução às Linguagens Totalitárias*, Jean-Pierre Faye
262. *O Teatro da Morte*, Tadeusz Kantor
263. *A Escritura Política no Texto Teatral*, Hans-Thies Lehmann
264. *Os Processos de Criação na Escritura, na Arte e na Psicanálise*, Philippe Willemart
265. *Dramaturgias da Autonomia*, Ana Lúcia Marques Camargo Ferraz
266. *Música Serva D'Alma: Claudio Monteverdi – Ad voce Umanissima*, Ibaney Chasin
267. *Na Cena do dr. Dapertutto*, Maria Thais Lima Santos
268. *A Cinética do Invisível*, Matteo Bonfitto
269. *História e Literatura*, Francisco Iglésias
270. *A Politização dos Direitos Humanos*, Benoni Belli
271. *A Escritura e a Diferença*, Jacques Derrida

272. *Introdução à Semanálise*, Julia Kristeva
273. *Outro Dia: Intervenções, Entrevistas, Outros Tempos*, Ruy Fausto
274. *A Descoberta da Europa pelo Islã*, Bernard lewis
275. *Luigi Pirandello: Um Teatro para Marta Abba*, Martha Ribeiro
276. *Tempos de Casa-Grande (1930-1940)*, Silvia Cortez Silva
277. *Teatralidades Contemporâneas*, Sílvia Fernandes
278. *Conversas sobre a Formação do Ator*, Jacques Lassalle e Jean-Loup Rivière
279. *Encenação Contemporânea*, Patrice Pavis
280. *O Idioma Pedra de João Cabral*, Solange Rebuzzi
281. *Monstrutivismo: Reta e Curva das Vanguardas*, Lucio Agra
282. *Manoel de Oliveira: Uma Presença*, Renata Soares Junqueira (org.)
283. *As Redes dos Oprimidos*, Tristan Castro-Pozo
284. *O Mosteiro de Shaolin: História, Religião e as Artes Marciais Chinesas*, Meir Shahar
285. *Cartas a uma Jovem Psicanalista*, Heitor O´Dwyer de Macedo
286. *Gilberto Gil: A Poética e a Política do Corpo*, Cássia Lopes
287. *O Desafio das Desigualdades: América Latina / Ásia: Uma Comparação*, Pierre Salama
288. *Notas Republicanas*, Alberto Venancio Filho
289. *Mística e Razão: Dialética no Pensamento Judaico*, Alexandre Leone
290. *O Espaço da Tragédia: Na Cenografia Brasileira Contemporânea*, Gilson Motta
291. *A Cena Contaminada*, José Tonezzi
292. *O Homem e a Terra*, Eric Dardel
293. *A Simulação da Morte*, Lúcio Vaz
294. *A Gênese da Vertigem*, Antonio Araújo
295. *História do Urbanismo Europeu*, Donatella Calabi
296. *Trabalhar com Grotowski Sobre as Ações Físicas*, Thomas Richards
297. *A Fragmentação da Personagem*, Maria Lúcia Levy Candeias
298. *Judeus Heterodoxos: Messianismo, Romantismo, Utopia*, Michael Löwy
299. *Alquimistas do Palco*, Mirella Schino
300. *Palavras Praticadas: O Percurso Artístico de Jerzy Grotowski, 1959-1974*, Tatiana Motta Lima
301. *Persona Performática: Alteridade e Experiência na Obra de Renato Cohen*, Ana Goldenstein Carvalhaes
302. *Qual o Espaço do Lugar: Geografia, Epistemologia, Fenomenologia*, Eduardo Marandola Jr., Werther Holzer, Lívia de Oliveira (orgs.)
303. *Como Parar de Atuar*, Harold Guskin
304. *Metalinguagem e Teatro: A Obra de Jorge Andrade*, Catarina Sant'Anna
305. *Apelos*, Jacques Copeau
306. *Ensaios de um Percurso: Estudos e Pesquisas de Teatro*, Esther Priszkulnik
307. *Função Estética da Luz*, Roberto Gill Camargo

308. *Interior da História*, Marina Waisman
309. *O Cinema Errante*, Luiz Nazario
310. *A Orquestra do Reich*, Misha Aster
311. *A Poética de Sem Lugar: Por uma Teatralidade na Dança*, Gisela Dória
312. *Eros na Grécia Antiga*, Claude Calame
313. *Estética da Contradição*, João Ricardo C. Moderno
314. *Teorias do Espaço Literário*, Luis Alberto Brandão
315. *Haroldo de Campos: Transcriação*, Marcelo Tápia e Thelma Médici
    Nóbrega (orgs.)
316. *Entre o Ator e o Performer*, Matteo Bonfitto
317. *Holocausto: Vivência e retransmissão*, Sofia Débora Levy
318. *Missão Italiana: HIstórias de uma Geração de Diretores Italianos no
    Brasil*, Alessandra Vannucci
319. *Além dos Limites*, Josette Féral
320. *Ritmo e Dinâmica no Espetáculo Teatral*, Jacyan Castilho
321. *A Voz Articulada Pelo Coração*, Meran Vargens
322. *Beckett e a Implosão da Cena: Poética Teatral e Estratégias de Encenação*,
    Luiz Marfuz
323. *Teorias da Recepção*, Claudio Cajaiba
324. *Revolução Holandesa, A Origens e Projeção Oceânica*, Roberto Chacon
    de Albuquerque
325. *Psicanálise e Teoria Literária: O Tempo Lógico e as Rodas da Escritura e
    da Leitura*, Philippe Willemart
326. *Os Ensinamentos da Loucura: A Clínica de Dostoiévski*, Heitor O´Dwyer
    de Macedo
327. *A Mais Alemã das Artes*, Pamela Potter
328. *A Pessoa Humana e Singularidade em Edith Stein*, Francesco Allieri
329. *A Dança do Agit-Prop*, Eugenia Casini Ropa
330. *Luxo & Design*, Giovanni Cutolo
331. *Arte e Política no Brasil*, André Egg, Artur Freitas e Rosane Kaminski (orgs.)
332. *Teatro Hip-Hop*, Roberta Estrela D'Alva
333. *O Soldado Nu: Raízes da Dança Butō*, Éden Peretta
334. *Ética, Responsabilidade e Juízo em Hannah Arendt*, Bethania Assy
335. *Alegoria em Jogo: A Encenação Como Prática Pedagógica*, Joaquim Gama
336. *Jorge Andrade: Um Dramaturgo no Espaço Tempo*, Carlos Antônio Rahal
337. *Nova Economia Política dos Serviços*, Anita Kon
338. *Arqueologia da Política*, Paulo Butti de Lima (E338)
339. *Campo Feito de Sonhos*, Sônia Machado de Azevedo (E339)
340. *A Presença de Duns Escoto no Pensamento de Edith Stein: A Questão da
    Individualidade*, Francesco Alfieri (E340)
341. *Os Miseráveis Entram em Cena: Brasil, 1950-1970*, Marina de Oliveira
342. *Antígona, Intriga e Enigma*, Kathrin H. Rosenfield (E342)
344. *Isto Não É um Ator*, Melissa Ferreira (E344)

Este livro foi impresso na cidade de Cotia,
nas oficinas da Meta Brasil, para a Editora Perspectiva.